丸山真男と戦後民主主義

清水靖久
Shimizu Yasuhisa

北海道大学出版会

目次

まえがき

丸山眞男が第二次世界大戦後の日本の民主主義について考えたことをこれから論じる。一九四五年に日本が戦争をやめてから、人々は、焼跡と瓦礫の廃墟のなかから再出発した。過去の歴史を反省し、民主主義をよいこととして、日本社会の民主化をめざした人々がかなりいた。それほど反省しなかった政治家は、米国に従って復興と再軍備などを進めたが、一九六〇年に日米安保条約改定の山場が来た。岸首相が乱暴に国会を動かすのを見た人々が、戦前の日本に戻るのを恐れて国会を取囲んだとき、丸山真男[1]（一九一四―九六年）は人民主権の発動を見た。本書の表紙（カバー）は、岸首相に抗議した六月一八日の国会前の人々の写真と、抗議概念として民主主義を説いた七月二一日の丸山の写真がともに『エコノミスト』別冊（60 09）[2]に載った[3]のを組合せたが、丸山が戦後、民主主義を求める人々の希望とか価値感とかをよく表現したことを示そうとした。人々が民主主義を自分たちのものにしつつあった六〇年前後、丸山も新たな歩みを始めるが、その多岐な歩みや戦後史の屈折に注目して、本書[4]は考察を進める。

一九六四年に戦後の民主主義は虚妄だったかを論じた丸山は、戦後民主主義を代表する学者と見なされるようになった。やがて民主主義が形骸化したもの、嫌悪すべきものに凋落したのは、日大や東大で紛争が拡がったときだった。東大駒場の廃墟には、裏表紙（カバー）のような落書きがあった（浜口タカシ『大学闘争 70年安保へ』69 08）。一九六九年五月二三日、ガラスが割れ机が動かされた教室の黒板にペンキで書かれた文字は、「民主平和のきらいは人に全共斗」と読めるが、「民主平和のきらいな人に全共斗をば飲ませたい」と書こうとしたのだろう。八〇年前のオッペケペー節(5)(89 12)の「権利幸福嫌いな人に自由湯(自由党)をば飲ませたい」をもじったのだろうが、その他者説得の思想とは違って、もともと民主平和の嫌いな人に全共湯を飲ませたのでは、仲間同士のぬくもりしか生じない。そこには異質な他者がいないと丸山真男なら批判しただろうが、民主と平和がそれほど嫌われたのはなぜか。一九六〇年との落差を見つめることから本書は考察を始めた。

丸山真男と戦後民主主義についてはすでに多くのことが語られ、ほとんど論じつくされたように見える。近年では丸山真男の敗北や憂鬱や間違いを指摘しなければ著書が出版されないのは、丸山論が終ったのだろうか。それは『丸山眞男集』だけ読んで丸山を論じる場合のことであり、考えなければならないことはまだ沢山あるし、調べれば明らかになることは少なくない。丸山は、戦後民主主義の旗手とよく言われるが、一括的概念としての戦後民主主義には批判的だった。しかし戦後民主主義を貶す言説には我慢がならず、「戦後民主主義の「虚妄」の方に賭ける」という不可解な反語を記した。民主主義は否定によって鍛えられると説いたが、戦後民主主義が悪く言われるのは嫌だった。そのように時に矛盾する丸山の思想を内から理解するには、彼自身の問題意識を把握し、彼が何を問題としつづけたかを考えることが欠かせない。根本的には良心の自由を重んじる自由主義者だった丸山が戦後、民主主義に賭けたのはなぜかとか。それを考えることは、解放だったが従属でもあった日本の戦後の矛盾を負った民主主義が、数々の批判を受けながら、しばしば有名無実化しながら、ともかく継承されてきた歴史を知ることになるだろう。

一九六八―九年の大学紛争は、戦後日本の思想史の分岐点であり、抗議の声が制圧されるのを見た人々の意識を屈折させた。民主主義をめぐる知性の歴史にも大きな刻印を残したが、その一つとして、丸山真男が全共闘の学生から追及され、知的世界から病気退場したことがある。丸山が代表すると考えられた戦後民主主義も、あるいは漫罵され、あるいは冷笑された。あれは何だったのか。大学紛争では何が争われたのか、なぜ長引いたのか、そもそも学生は何に抗議したのか、わかる人は当時もそれほど多くなかった。とくに東大紛争における丸山は触れにくく、その後も聞くに聞けなかったので、ほとんど誰も立入ろうとしなかった。学生の研究室封鎖に対して「ナチもしなかった」と丸山が言ったというのが語り草だが、言ったか言わなかったかを論じるだけでは十分でなく、丸山が言うはずのないことを言ったとすればなぜか、誰に向かって、どのような歴史的経験にもとづいて言ったかを考える。東大紛争における丸山の思索を論じなければ、日本の戦後民主主義を解明できないし、批判的に継承することもできない。本当は同時代経験をもつ人たちに論じてほしいが、当時中学生だった私が試みる。一九六九年に生じた歴史の断層を掘り起せるだろうか。

丸山真男の思想を知るには膨大な著述や回想や丸山研究があるが、東大紛争のことについては、丸山没後刊行の『自己内対話――三冊のノートから』(98 02)で活字化された「春曙帖」くらいしかない。「昭和三六年以降雑記帳」と丸山が扉頁に自筆したこの帳面は、一九六〇年以前の手帖からの抜書きも少なくないが、六〇年代とくに六八―九年の手記が多く、六九年二月からの授業再開の記録には誰もが息を飲んだ。これが刊行された経緯には問題もあるようだし、筆記者が公表するつもりがなかった手記を用いるのはためらわれるが、棺が蔽われたのち、それまで知られてなかった東大紛争における丸山の思索について考えないわけにはいかない。この帳面は、右から左へ順序よく書かれているわけではなく、いつ何に対して書かれたのか実につかみにくい。二〇〇九年に東京女子大学丸山眞男文庫で「春曙帖」の原物が(のち画像が館内限定で)公開されてから、『自己内対話』は難読の文字をよく解読した編集者の労作だが、肝腎な筆記の誤読や編み損じがわずかにあることがわかった。そのことを明らかにしながら、丸山が書いた時間順に並べ替えて「春曙帖」(これからは鉤括弧をほぼ省く)を解明することを試みる。

これから戦後日本で民主主義を説いた丸山の多岐な歩みを思想史的に明らかにする。日本が破滅的な戦争に駆りたてられたのは十分に民主的でなかったからではないかと戦争直後に考えた人々は多かったが、瓦礫の只中での問いと反省を保ち、六〇年安保後も日本社会の民主化をめざしつづけた人々もかなりいた。その一人の丸山の発言としてよく知られた言葉を手がかりに考察を進める。一九六四年、占領下の民主主義は虚妄を含むという言説に対して、「戦後民主主義の「虚妄」の方に賭ける」と丸山が言い切ったところから、戦後民主主義という言葉が流布し、毀誉褒貶の的になった（第一章）。六四年に丸山が「永久革命」として民主主義を説いたのは、戦後半年余り迷いに迷って獲得した人民主権の思想の持続だったが、しかも革命的でなく逆説的だった（第二章）。六一年から一年半、米英両国に滞在した丸山は「アメリカはわからない」とのちに語ったが、その背景にはビザ問題だけでなく、戦後日本と米国との不可解な関係があった（第三章と補注）。六四年の丸山は、「他者をその他在において理解する」知性の機能を説いたが、マンハイムが民主的討論を説いた原文を見ないまま、シュミットの要約を受けとめ、やがてレーヴィットを通じて、ヘーゲル的な自己内対話に帰っていった（第四章）。

本書の後半では、東大紛争で丸山が考えたことを論じる。一九六八年十二月に東大法学部研究室を封鎖する学生に「ナチもしなかった」と言ったのは、丸山が言うはずのない言葉として嘲りの的となった（第五章）。六九年一月、安田講堂で学生と機動隊が激突した直後、東大紛争で「概念の解体」を痛感したと丸山が語ったのは、シュミットが批判したロマン主義を当時の学生に見たからだった（第六章）。二月、法学部で授業が再開されたとき、追及する学生に「人生は形式です」と丸山は言ったが、なぜ形式に固執したのだろうか（第七章）。「戦後民主主義ナンセンス」の声が高まるなかで、病床にあった丸山は、全共闘の学生を理解しきらず、戦後民主主義の継承者とは思えなかった（第八章）。そのようにして一九六九年の終りまで論じれば、丸山真男と戦後民主主義についてかなりのことを明らかにできる。敗戦によって民主主義が与えられた戦後日本で民主を説くのは愚かなところがあったが、それゆえ嘲笑され漫罵されたとしても、民主主義を自分たちのものにするのが知性の働かせどころだった。そこに光もあれば闇もあり、継承すべきものもあったことを戦後思想史のなかで論じる。

（1）丸山眞男を呼ぶとき、一九六〇年代当時通用していた漢字の表記を本書は用いる。丸山は、一九五〇年代の終りから八〇年代まで、ほぼ「丸山真男」と書かれていた。著者名を見ても、『日本政治思想史研究』5212（新装版8306）、『現代政治の思想と行動』5612‐5703（増補版6405）は「丸山眞男著」だが、『政治の世界』5203、『日本の思想』6111、『歴史思想集』7211、『戦中と戦後の間』7611、『後衛の位置から』8209、『日本文化のかくれた形』8407、『「文明論之概略」を読む』8601〜8611は「丸山真男著」だった。『忠誠と反逆』9206の著者は「丸山眞男」であり、この表記が蔓延したのは一九九〇年代からだった。

（2）本書では文献の出所の示し方として、それだけで特定できる場合は、書名か誌紙名のあとに西暦の年月（日）二桁ずつを略記する。

丸山の著述のうち、『丸山眞男集』『丸山眞男座談』所収の著作談話は、掲載の誌紙名や書名を省いて、初出の題名と西暦の年月（日）二桁ずつを略記する。『丸山眞男書簡集』『丸山眞男手帖』（『丸山眞男話文集』）『丸山眞男集 別集』所収の書簡や談話や草稿は、年月日二桁ずつに宛や談などを付す。『丸山眞男講義録』『同 別冊』は講義録、『丸山眞男回顧談』は回顧談、『丸山眞男手帖』は手帖と略記する（手帖は年月でなく号数を付記する）。東京女子大学丸山眞男文庫所蔵の草稿類は、「文庫」と記して資料番号を付す。同文庫所蔵の「春曙帖」に丸山がつけた頁は、［ ］で示す（‐はその右頁）。引用文中の……は原文のまま、…は著者清水による中略。丸山以外の者の著述についても準じるが、掲載の誌紙名か書名は記す。出版社は、かつてそれを短冊に書かなければ書店で注文できなかった時代の慣行に従って記すのでなく、それなしには特定できない場合の必要に応じて記す。

（3）二つの写真が載った『エコノミスト』別冊は、昭和三五年（一九六〇年）九月一〇日発行と裏表紙の奥付にあるが、八月二三日に発売されたことが当日の毎日新聞広告からわかる。「〝安保〟にゆれた日本の記録 1960年5月―7月」と題された同誌は、『サンデー毎日』『エコノミスト』『毎日グラフ』が共同編集した別冊であり、「毎日新聞社の全取材陣が総結集」したと広告にある。なお、一九六〇年代も月刊誌は、発行月の前月一〇日前後に発売されることが多く、週刊誌紙は、発行日の一週間余り前に発売されていた。

（4）本書は、既発表の論文を集成する書物として企画されたが、丸山の多岐な歩みや戦後史の屈折（本書九頁一九行）に注目して考察するうちに、著者が新たに執筆した原稿が半分以上を占めた。第一、二、三、七章は、既発表の論文をもとにしており、あとがきに初出を示した。その論文を本書に収めるに際して、年月日などの表記を統一し、表現の修正や削除をわずかに施した。発表後に解明したことを加筆する場合は、行間に注記するか、章末に補注を設けた。

本書の研究と出版に対して、日本学術振興会の科学研究費補助金（JP17530112, JP25370088, JP16K02209）の助成を受けた。

（5）オッペケペー節は、帝国議会開設翌年の一八九一年七月に大当りしたが、永嶺重敏『オッペケペー節と明治』18 01によれば、憲法発布直後の八九年二月、もと自由童子・川上音二郎らが演じはじめ、十二月にほぼ確定した歌詞が出版されている。

（6）民主主義は、第二次世界大戦後、外から上から与えられた面とともに、下から人々が抱きしめた面があるし、戦前から人々が求めつづけた面もある。「民の主」（＝君）ではなく「民が主」という思想は、東アジアでは一八六四年に初めて『万国公法』に表現され、翌年日本に到来したが、日本では主張しにくい思想でありつづけた。一八九九年に初めて木下尚江が翻訳語でなく主張の語として民主主義を唱え、一九一六年に吉野作造は民主主義の語を避けて民本主義を説いたが、一九二〇年代には民主主義を主張できた。しかし一九三〇年代には主張しにくくなり、名ばかりどころか、民主の名も減っていった。清水靖久「民主主義」（米原謙編『「天皇」から「民主主義」まで』〔政治概念の歴史的展開9〕16 09）。

（7）民主主義は不自然だと丸山は晩年まで繰返したし、民の一人として「民が主」と唱えることは知性ある者がつまずくところだろう。戦後日本で民主を説くのは、最晩年の木下尚江が宗教改革の宿願に触れて念仏を説いたのと、もちろん違うが、似ている。「凡ソ世ニ念仏バカリ愚カナル者ハアラジ、而カモ此道ナラデ行方途絶ヘシ者バカリ哀レナルハアラジ」相馬愛蔵宛37 09 24、『木下尚江全集』第19巻03 12、三七〇頁。

第一章　戦後民主主義は虚妄か

　第二次世界大戦後の日本の民主主義は、「戦後民主主義」としばしば呼ばれる。この言葉は、「もはや「戦後」ではない」と告げられた翌一九五七年にすでに用いられているが、よく語られるようになるのは一九六四年、丸山眞男『現代政治の思想と行動』増補版で「大日本帝国の「実在」よりも戦後民主主義の「虚妄」の方に賭ける」と著者が書いてからだった。翌六五年は、戦後二十年でもあって、守るも攻めるも戦後民主主義を論じた。そのことによって日本の戦後の民主主義は、歴史の多くの分岐を抜きにして、一括して「戦後民主主義」として論じられるようになった。それは丸山の意図に反する結果であり、丸山は「弱った」と感じていた。戦後民主主義と丸山については多くのことが論じられてきた(1)が、丸山の弱った感を論じた研究がない。

　丸山は、戦後民主主義の旗手と呼ばれることがあるが、その旗を振ったことはない。「戦後民主主義の「虚妄」の方に賭ける」という発言にしても、まさに反語的な表現であって、その意味はどちらにも取れる。戦後民主主義は「虚妄」でなかったというのか、大日本帝国の「実在」となぜ対比するのか、結局丸山は戦後民主主義に賭けたのか、不可解なことが多い。東京女子大学の丸山眞男文庫には「増補版への後記」の原稿や草稿などが保存されており、インターネットで公開されているので、何度も推敲した丸山の思いを窺うことができる。軍事占領下の民主主義は虚妄を宿すと大熊信行が論じたのが、丸山には「我慢がならない」と感じられたのはなぜかを考えたい。

　一九六四年は、戦後日本の転換の年だった。東京オリンピックや東海道新幹線だけでなく、経済成長とともに戦

写真1、2：上の写真1は1945年か翌年、米軍機から撮影された国会前の焼野原、Web。

本書表紙の1960年の国会への道の角度を変えたのが64年の整備工事。

下の写真2は2015年8月30日の国会前の大群衆、毎日新聞社提供。

後の日本社会が大きく変貌した。国会前の道路が直角に整備され、六〇年に大群衆が斜めから国会前へ進んだ広場的空間は消えた（写真1、2）。政府の憲法調査会が七月に最終報告書を出して十年来の憲法改正の企図は挫折したが、八月一五日には政府主催の第二回全国戦没者追悼式が靖国神社で開かれ天皇が参拝した。三島沼津の石油コンビナート建設計画は市民の運動で中止されたが、原子力発電が六三年初発電から六六年営業運転に向かって推進された。植木等の主演映画が六二年の「ニッポン無責任時代」から続々上映され、責任追及の声は「ハイそれまでョ」と笑い飛ばされた。米国は八月トンキン湾事件でベトナム戦争を本格化し、翌六五年二月から北爆を始めた。大学には戦後生まれの若者が初めて進学し、高校では現代国語の教科書に丸山真男「「である」ことと「する」こと」が採録された。この六四年の三月、丸山真男は五十歳になった。

そのような戦後社会の変化のなかで、戦後民主主義という言葉がよく語られるようになったのは、多分に、丸山が書いたからだった。戦後民主主義といえば丸山真男、丸山真男といえば「永久革命としての民主主義」という今日も残る連想が、ともに『現代政治の思想と行動』増補版から生じた。さまざまな論者が、丸山の不可解な表現を意識しながら、戦後民主主義の一語をめぐって議論した。戦後民主主義は、日本の戦後の矛盾を含んで、貶されやすいところがあったが、丸山は、貶し言葉に苛立ちながらも、民主主義を自分たちのものにしようとした。六四年から一年余り、戦後民主主義の矛盾や民主主義の逆説について、丸山らが考えたことを論じたい。

一　戦後民主主義の「虚妄」

丸山が「戦後民主主義の「虚妄」の方に賭ける」と書いたのは、『現代政治の思想と行動』（上56 12、下57 03）の増補版（64 05）を出すとき、三部構成の各部への「追記」とは別に「増補版への後記」を執筆した一九六四年五月初旬だった。丸山は、「戦後歴史過程の複雑な屈折や、個々の人々の多岐な歩み方を、粗雑な段階区分や「動向」の名でぬりつぶすたぐいの「戦後思想」論」から、「戦後についての、十分な吟味を欠いたイメージが沈澱し、新たな「戦後神話」が生れていること」を問題とした。「こうした神話（たとえば戦後民主主義を「占領民主主義」の名において一括して「虚妄」とする言説）」が若い世代の増加とともに無批判的に受容される恐れがあり、「こうした過去の忘却の上に生い立つ、戦後思想史の神話化」を防ぐ一つの方法として、戦後に発言した知識人が自らの過去の言説を資料としてさらすことを説いた。そして戦後思想史の「神話化」について説明したうえで、「私自身の選択についていうならば、大日本帝国の「実在」よりも戦後民主主義の「虚妄」の方に賭ける」と書いた。そのことが「増補版を出すにあたっての私の「意地」」だという。

丸山の「増補版への後記」は、何度も練られたものだった。翌年丸山が振返ったときは「未来社の印刷所で夜の十二時すぎてゲラを見ているうちに、ちょっとタンカを切りたくなった。ぼくにもタンカを切るぐらいの自由は許してくださいよ」とおどけた（「民主主義の原理を貫ぬくために」65 06）。晩年の回想では「印刷所でちょっと書いたのが有名になったんです。うっかりものは言えないというのが正直な感想です」と語った（丸山を囲む会、88 11 27談）。しかし丸山文庫に残された「後記」の原稿や草稿や『自己内対話』の手記を見ると、たしかに丸山は深夜の印刷所で最後の校正をしたのだろうが、おそらく四月下旬に手記を書き、それから「後記」の草稿を書き、さらに原稿を書いて、校了までに何度も推敲したことがわかる。

丸山が新たな「戦後神話」の例とした「戦後民主主義を「占領民主主義」の名において一括して「虚妄」とする言説」は、大熊信行の言説を指していた。それは当時の大方の読者に想像できたが、大熊の名前を示さなかった理由は想像しにくい。相手の反撃を招いて手間取ることがないように当てこすったということはまさかないだろう。晩年の丸山は、鉤括弧つきの「虚妄」という表現について、「反語を使ったんですね、「実在」よりも「虚妄」に賭けるという。もし、意識していたとしたら、大熊信行氏の「占領民主主義」という言葉です」と説明した（88 11 27

談)。大熊が「占領民主主義」と言った形跡はそれまでないが、軍事占領下の民主主義について言ったのを「占領民主主義」と要約したのだろう。しかし大熊は、かりに「占領民主主義」について言ったとしても、その名において「戦後民主主義」について一括的言説を述べたわけではなかった。

大熊信行は丸山より二一歳年長、戦後の解放感と占領の屈辱感との矛盾を統一しようとする思想にはわかりにくいところがあったが、少なくとも大日本帝国に帰ろうとする復古派や保守派ではなかった。六三年末の「日本民族について」(64 01『世界』)では、「八月十五日」は「日本民族が自己を失った日」なのに、丸山がその日を「新しい日本の建設」の「決意」の日としたこと(「復初の説」60 08)に疑問を述べたうえで、「軍事占領下に民主主義が成立した、という通念」は「事実の誤認」であり、「軍事占領下に政治上の民主主義が存在したという考えかたは、一言にして虚妄である」、民主主義が育ったように見えるとすれば「そのなかに虚妄を宿している」と論じた。四月の「軍事占領と日本の民主主義」(朝日新聞64 04 07～09)では、軍事占領下の日本の民主主義を「仮構」とし、制度の「民主化」は進んだが、政治上の民主主義は国家主権の喪失ゆえに存在しなかったし、「真の民主主義」という「空虚な観念」によって教育が行なわれ、日本の「平和思想」も「虚妄」の上に形成されていると論じた。「日本の民主主義は明治維新に始り」、昭和二十年八月十五日に終ったとは明言しなかったが、「講和条約の発効によって再発足する」とした。

その間に大熊は、さまざまなメディアで発言しつづけた(2)。朝日新聞のコラム「きのうきょう」に毎水曜日書いたし、二月七日の教育テレビ座談会「国旗と国歌」に出演もした。大熊が司会した座談会も多く、「大東亜戦争をなぜ見直すのか」(64 02『潮』)では、「大東亜戦争肯定論」(63 09～63 12〔＋64 04～64 12〕『中央公論』)の林房雄に賛否両論を述べ、「大東亜戦争の思想史的意義」(61 09『中央公論』)の上山春平を評価し、竹内好や五味川純平とも友好的に議論した。「日本の戦後知識人」(64 02『季刊社会科学』)では、山本新、鈴木成高、山田宗睦と座談しながら、日本の戦後知識人は「占領政策の全形態を思想の上でまで鵜飲みにしてしまった」が、「軍事占領という統治形態は、民主主義の正反対のもの」だと持論を語った。「『インテリゲンチァ』は自己批判せよ」（6403『潮』）では、大熊が戦後知識人論を一通り述べてから、「進歩的知識人」など知識人の無力について四人の論者と議論した。「『マッカーサー回想記』批判」（6405『日本』）では、三月二三日の新聞広告の袖見出し「『無条件降伏』と称して行われた、あの占領政策の正体が何であったかを考えるべきだ」の通りに、清瀬一郎や細川隆元と意気投合した。(3)

大熊は、「戦後民主主義」を「虚妄」としたのではなかった。軍事占領下の民主主義という「通念」や「考え方」を「虚妄」としたが、占領下の制度の民主化は認めたし、占領終了後の民主主義まで否定したのではなかった。それでも南原繁門下で護憲派の中村哲は、朝日新聞に寄せた「戦後民主主義の評価と反省」（640419、21、23）で、欧米各国の戦後民主主義を比較し、日本の「戦後民主主義」は「占領下の民主主義」ではあっても、「ポツダム宣言が誓約した民主主義と平和の原則」の上に作られ、世界人権宣言とも共通すると評価して、大熊に反論した。これによって、大熊の主張は「戦後民主主義」を「虚妄」とするものと理解される余地が生じた。もし中村の戦後民主主義比較論が介在しなければ、戦後民主主義をめぐる議論は生じなかったのではないか。

さて、丸山が手記「春曙帖」（『自己内対話』9802）に、今日では即答しにくい問いと激しい思いを記したのは、朝日新聞の中村の連載を読んでから、四月下旬のことだろう。「日本は敗けてよかったのか、それとも敗けない方がよかったのか、戦後民主主義の「虚妄」を、それだけをわめくものは、この問いに答える責任がある。戦前の日本帝国は「虚妄」でなくて「実在」だとでもいうのか。それなら私は日本帝国の実在よりもむしろ日本民主主義の虚妄をえらぶ」。大熊は「戦後民主主義」の「虚妄」だけをわめくものだと丸山が見たとすれば、かなり穿った見方であり、それほど戦後日本が貶されるのに苛立っていたのだろう。戦後民主主義が「虚妄」だと言われた（と思った）ら、戦前日本帝国の方がもっと「虚妄」ではないかと反射的に考える思惟様式が丸山にはあった。「戦後民主主義の「虚妄」の方に賭ける」ではなく「日本民主主義の虚妄をえらぶ」が、丸山の最初の表現だった。

「後記」の草稿（文庫 282-1-1-6）で丸山は、押しつけ憲法論などの政界神話とともに、戦後知識人論などの評論を問題として、「戦後の歴史過程の複雑な諸側面や微妙な分岐をおそろしく荒っぽいイメージでぬりつぶしたり」する「歴史の神話化」を批判している。それらの合流地点に「戦後民主主義を「占領民主主義」の名において一括して「虚妄」とする神話」が渦まいているとして、「あの日本民族が経験した未曾有のショックから汲みとった筈の思想的反省が「虚妄」のレッテルによってかくも無雑作に押し流されようとすることに我慢がならない。戦後の民主主義が「虚妄」なら、戦前の大日本帝国は虚妄以前ではないのか。すくなくも大日本帝国の「実在」よりは人民主権と平和憲法の「虚妄」に私は賭ける」と書き、それから「虚妄以前ではないのか」以下を抹消して、「何だったというのか」と書き改めた。そして「こうした戦後史の神話が戦前にはねかえって、大東亜戦争の「肯定」論や「宿命」論にゆきつくのはまさに勢の赴くところ当然だろう」と記して途切れた。戦後民主主義の内実が「人民主権と平和憲法」だったこと、戦後神話の終着点として林房雄の議論が意識されていたことがわかる。

「後記」の原稿（文庫 282-1-1-5）では、丸山が「意地」をはるのは本書旧版への「学問的な批評」に対してではなく、戦後日本の思想的過程についての十分な実証的吟味を欠いた「神話」の流布に対してだという。「最新流行の諸神話」は、戦後疎外された怨恨をもつ戦前派の知識人と、泰平の現在感覚を砦とする若い世代という「二種類の人々の協奏の産物」であり、「押しつけ憲法論」などの「政界神話」よりは洗練されているが、「戦後思想史の段階区分や知識人論についての神話」や「戦後歴史過程の複雑な屈折や、同時的に存在したさまざまの分岐やニュアンスを、一色でぬりつぶすたぐいの評論」によって、固定観念が沈殿してゆくという（このあたりの原稿三枚をゆか里夫人が清書しているのは、家業として手伝ったのかはともかく、丸山が深夜の印刷所でちょっと書いたのではない一証左だろう）。このような諸傾向の合流地点に渦まいているのが「戦後民主主義を「占領民主主義」の名において一括して「虚妄」とする神話」だとして、「荒涼とした瓦礫の只中で汲みとった筈の思想的反省が「虚妄」のレッテルによってかくも無雑作に押し流されようとすることに我慢がならない。戦後民主主義が「虚妄」ならば、戦前の大日本帝国は何だったというのか。私自身はどんなに差引勘定をしても、大日本帝国の「実在」よりは戦後民主主義の「虚妄」をえらぶ」と書き、「をえらぶ」を抹消して、「戦後民主主義の「虚妄」の方に賭ける」とした。

丸山が五月初旬に最後は印刷所で「増補版への後記」を校正するまでには、そのような経緯があった。丸山は、戦争直後の「瓦礫の只中」での「思想的反省」から出発しており、その反省を押し流そうとする論者と対峙していた。戦後民主主義を「虚妄」とする神話は、「歴史の神話化」の諸傾向の合流地点に渦まいているので、とくに「我慢がならない」と感じていた。しかし最後の校正では、その思いを抑えた。新たな「戦後神話」を全体として批判するなかで「戦後民主主義」を「占領民主主義」の名において一括して「虚妄」とする言説」をその一例とし、離れた後方の段落で、戦後民主主義を「虚妄」と見るのも論者の価値観の問題として認め、「私自身の選択についていうならば、大日本帝国の「実在」よりも戦後民主主義の「虚妄」の方に賭ける」と書いた。それでも「戦後神話」の一例として大熊の「言説」を暗に批判したことと照応していることはわかった。「戦後歴史過程の複雑な屈折や、個々の人々の多岐な歩み方」を十分に吟味するという学問的課題を説きたかった丸山は、おそらくそれゆえ最後の推敲で「我慢がならない」という感情に根ざした価値判断を消したが、「戦後民主主義の「虚妄」の方に賭ける」という「意地」の表現だけは残した。

結局丸山が「戦後民主主義の「虚妄」の方に賭ける」と書いたのは、複雑な反語であって、「虚妄」という否定語からしても、戦後民主主義に賭けたとは言えない。丸山が戦後民主主義は「虚妄」でないと思っていたのかもわかりにくい。丸山が「反語を使った」と言うのなら、「虚妄」でないと思っていたのだろうとかつて私も考えていた。しかし「私は戦後の民主主義思想や運動のなかに「虚妄」がなかったというのではない」と草稿や原稿では留保しているし、戦後民主主義に「虚妄」が含まれていたことは丸山が経験的によく知っていた。その事実認識とは別の価値判断として、丸山は「戦後民主主義の「虚妄」の方に賭ける」と書いた。戦後民主主義に「虚妄」があるとしても戦後民主主義に賭けるというのではなく、戦後民主主義が「虚妄」だと言うなら言え、自分はそれに賭けるという買い言葉であり、タンカだった。

増補版の刊行後、たしか住谷一彦が「名文句」だと言ったので、丸山はびっくりし、「弱った」と思ったと晩年回想している(88.11.27談)。そこでは、「戦後民主主義と一口に言う」ことによって理念と運動と制度と現実とを概念的に区別しない問題についての持論が語られている。しかし当時丸山が弱ったと感じたとすれば、戦後民主主義についての一括的な価値判断がもっぱら注目されたからだろう。丸山は、戦後歴史過程の屈折や人々の多岐な歩みについて「実証的吟味を経た戦後史」をつくる「学問的課題」を説き、それゆえ「戦後神話」を批判したのに、戦後史についての事実認識よりも価値判断が称讃され批判され、戦後民主主義という一括的言説が流布するのは、丸山が意図しなかった結果だろう。「戦後民主主義の「虚妄」の方に賭ける」という不可解表現ではなく、「人民主権と平和憲法」に私は賭けるとした草稿のままだったら違っていたのではないだろうか。

大熊の「言説」についての丸山の理解が正確でなかったことも、弱った感の一理由だろう。たしかに大熊が占領下の民主主義を一括して「虚妄」としたのは、「粗雑な段階区分」に違いなかった[4]。まだ戦後一九年弱のうち七年弱の占領期、それも起源的な占領期の民主主義を「虚妄」としたら、戦後の民主主義を「虚妄」としたようなものだろう。それでも大熊は、戦後民主主義を一括して「虚妄」とはしなかったし、「戦後民主主義」という言葉も使わなかったし、「大日本帝国」に帰ろうとしてもなかった。ただ占領下の民主主義は「虚妄」を宿すと言っただけだが、それを一括して「戦後民主主義」の問題としたのは丸山だった。込み入った経緯や勘違いから、丸山は、「戦後神話」の諸傾向が合流する渦を大熊の言説に見て、暗に大熊を批判する形で、戦後民主主義を「虚妄」とする言説に触れ、戦後民主主義の「虚妄」の方に賭けると言い切った。それから戦後民主主義をめぐる議論が始まった。

二　守るも攻めるも戦後民主主義

戦後民主主義という言葉は、丸山も『現代政治の思想と行動』増補版への「後記」より前に書いたことがなかった。丸山は、五八年五月二四日の講演（「政治的判断」58 07）で、革新政党が憲法擁護など「守る」という言葉をよく使うのに対して、保守政党は「一般的に戦後民主主義はゆきすぎているという状況判断にたっている」と語ったようだが、この「戦後」の二字は初出の講演速記にはなく、九五年の『丸山眞男集』収録時の加筆であり、あるいは「戦後、民主主義は…」と記したかったのかもしれない。「丸山は一九五〇年代末のある機会に、「戦後民主主義」には sublime なもの、崇高なものが欠けているということを語ったことがありました」という三谷太一郎の回想（11 11 10講演、『丸山眞男記念比較思想研究センター報告』8、13 03）も注目されるが、「戦後の民主主義」ではなく「戦後民主主義」と語っただろうか。丸山が民主主義に崇高なものを求めていたのなら、戦後の民主主義に批判をもっていたのは当然だろう。

「戦後民主主義」は、丸山が初めて書いた六四年や翌年には、新しい言葉だった。当の大熊信行が「この言葉はすごく新しい。これには特殊な含みがある」と語っている（座談会「戦後民主主義を検討する」65 07『潮』）。六四年八月に二年ぶりで帰国した江藤淳は、「「戦後民主主義」という言葉が論壇や文壇にあらわれはじめたのが、ちょうど米国から帰ってきた翌年あたりのことだった」と回想している（「文反故と分別ざかり」79 07『文学界』）。その記憶は、山田宗睦『危険な思想家』（65 03）をめぐる朝日新聞の特集「明治百年と戦後二十年」に江藤も寄稿したことと結びついていたが、丸山の『現代政治の思想と行動』増補版の刊行時に江藤が日本にいたら、記憶が一年早まっていただろう。

もっとも「戦後民主主義」は、六四年より前にも散発的に用いられていた。きわめて初期の事例として、五八年の松下圭一「忘れられた抵抗権」(58 11『中央公論』)が知られている。松下は、フランスのレジスタンス運動が精神的遺産として戦後世界に残されたという比較の視点から、それを欠く「戦後日本の民主主義」について論じ、「戦後民主主義が、内からの革命としてではなく、敗戦と占領による「外からの革命」として実現された、という戦後民主主義の条件そのものが、日本の民主主義にとって不幸であつた」と振返った。そしてようやく浸透しはじめた「戦後民主主義」が、教員勤務評定などの攻撃を受けて危機にあるという認識から、「戦後民主主義の否定」へと動く反動政策に抗して戦後民主主義を「確保」するために、またマス・デモクラシーの現代的堕落を防ぐ「保障」としても、「抵抗権」の思想の意義を説き、「共闘会議」の組織を育てようとした。

それよりも早い例として、五七年の谷川雁の用例がある。「民衆の無党派的エネルギー」(57 12 02『日本読書新聞』)で谷川は、日本の民衆のなかに社共両党とは異なる無党派の革新派が生れていると指摘し、「戦前の知識層にある懐疑と弱さのからみあった奇妙にも純粋な革命組織へのあこがれと違って、はじめて量的な左翼を形成した戦後民主主義の底部には、それにくらべればもう少しましな計算力、すなわち清らかな健康さがある。アジア民衆の狡智がある」と述べて、戦前の知識層の意識との対比で戦後民主主義を評価した。「現代詩の歴史的自覚」(58 07『新日本文学』)でも、吉本隆明の戦争責任論を評価しながら、「戦時民衆の「軍国主義」に戦後民主主義の母胎を発見すること」を問いかけた。もっとも「私のなかのグァムの兵士」(60 07『思想の科学』)では「戦後の民主主義」と書いたように、用語はまだ一定しなかった。

そのように「戦後民主主義」は、戦前戦中と区別された戦後の意識があれば、また外国の戦後との比較の視点が加われば、用いられて不思議はない言葉だった。おそらく戦後十年を経た五六年の中野好夫の「もはや「戦後」ではない」(5602『文藝春秋』)や経済企画庁『経済白書』(5607)の同じ表現のように、戦後に距離をとる感覚とともに、間もなく用いられただろう。松下の場合のように、敗戦と占領によって「与えられた民主主義」をかなり意識して用いることもあっただろう。しかしたとえば「戦後文学」とは異なって、「戦後民主主義」は「戦後の民主主義」の単なる短縮形以上の意味を帯びなかった。「戦後平和主義」と今日でもまず言わないように、「戦後民主主義」と言うことは六三年まで稀だった。

六〇年安保でも、「戦後民主主義」が語られることはほとんどなかった。松下圭一は「国民運動をどう発展させるか」(6008『中央公論』)で、六月一八日に至る安保反対国民運動とくに国会デモについて、「制度として導入された戦後民主主義が、一人一人の自発的行動として成長していることをものがたるものであった」と論じた。藤原弘達は座談会「政権の周辺」(同誌同号)で、「なにもかも暴力で片づけるところに戦後民主主義の問題もあるのではないか」と語ったが、この言葉が問題として意識されていたのだろうか。福田歓一は「日本民主主義の可能性」(6008『世界』)で、「強行採決の暴挙」によって「戦後民主主義そのものの破壊」を全国民が感じとったと論じたが、その言葉に込めた意味はわからない。

六〇年安保後の民主主義批判の論集『民主主義の神話——思想的安保闘争の総括』(6010)でも、右の福田歓一論文の揶揄的引用(黒田寛一「党物神崇拝の崩壊」)以外、「戦後民主主義」の語は見られない。谷川雁は「定型の超克」で、「強制された民主主義」「戦後社会の思想原理」「戦後一五年間の革新運動の病弊」「反体制陣営の思想的空洞化」「擬似市民主義」を批判した。吉本隆明は「擬制の終焉」で、丸山ら「市民民主主義者」の「擬制民主主義」を批判したし、森本和夫も「六月行動の政治と文学」で、「形式的民主主義の虚偽性」が「戦後日本の原理」だと論じた。他方、六〇年安保で保守派に転じた江藤淳は、「〝戦後〟知識人の破産」(6011『文藝春秋』)で、丸山の「復初の説」(6008)に「戦後の知識人の思考の型」「占領下という温室に咲いた花」「八月十五日正午で停っていた」時計を見て、「知的破産のあとの空虚さ」「「戦後」という仮構」「理想家の幻想」を批判した。そのように戦後の民主主義は、六〇年安保後の急進、保守の両方から「神話」「幻想」と批判されたが、「戦後民主主義」とは呼ばれなかった。

国会図書館で索引化された資料を検索すると、図書名か雑誌論文名に「戦後民主主義」が用いられた例は六四年まで二点しかない。篠原一「戦後民主主義と議会制」（62 08『世界』）は、「戦後の日本民主主義」が正教化されたことの問題を時期区分して論じたが、戦後民主主義の語は本文中にはない。鈴木正「戦争責任と戦後民主主義」（62 10『思想の科学』）は大熊信行との論争文であり、大熊は「戦後の民主主義を認めること」ができない、彼は「戦後民主主義に民族的主体性を認めず、むしろ戦争下と戦後の保守勢力にそれを認める」、占領軍に「与えられた民主主義」という観念は戦前の民主主義の苦悶の歴史から見ても頽廃的だと鈴木が批判しても、当の大熊が「戦後民主主義」の語にとびつくことはなかった。索引化資料の題名中の「戦後民主主義」の点数は、六五年から急増する。(5)

「戦後民主主義」が議論の主題となったのは、やはり六四年五月に丸山が「戦後民主主義の「虚妄」の方に賭ける」と書いて、さまざまな反響が生じたからだった。大熊が占領下の民主主義を「虚妄」としたのに対して、丸山が思わず「戦後民主主義」を論じて、大熊を暗に批判したことは、最後の校正で抑制したにもかかわらず注目を引いた。戦後の民主主義について考えていた人たちが、まずは「占領民主主義」との関係で、それは「虚妄」だったのか、与えられただけだったのかを「戦後民主主義」の一語で論じた。そして占領期に限らない戦後について、降伏から現在までにわたって、民主主義の思想から政治体制までを指す言葉として「戦後民主主義」を論じた。「虚妄」という貶し言葉への反論から始まったように、「戦後民主主義」は貶し言葉でもあれば褒め言葉でもあって、知性のみか種々の感情や意地が込められ、愛憎相半ばするというか愛憎相反的な言葉になった。

『現代政治の思想と行動』増補版に対しては、いくつもの書評が「大日本帝国の「実在」よりも戦後民主主義の

「虚妄」の方に賭ける」という丸山の選択を好意的に論じた。他方で林健太郎は、「戦後史をどう観るか」（6409『中央公論』）で、丸山の現在の立場について「大日本帝国の『実在』よりは戦後民主主義の『虚妄』を信じる」と曲げて書き、日本の経済力と国際的地位が著しく向上した現在の事実からすれば、「戦争直後というきわめて特異な状況の下に発生した意識を固定化し、それを現在の意識と誤認するという倒錯」であり、それに支えられた「虚妄」だとした。「賭ける」が「信じる」と変えられたことを丸山は忘れなかった（「民主主義の原理を貫くために」6506、881127談）し、東大紛争ではその林を軟禁した学生への抗議に普遍的な人権感覚から署名したのにという因縁を生じた。これに対していいだももは、林の近代化論的な戦後史観を批判し、丸山の「名文句」に「もろ手をあげて賛成」した（「虚妄の民主主義という戦後神話」6410『現代の眼』、「「復初の説」ということ」6411『新日本文学』）。

六四年末に小田実が丸山の孤独な少数者意識に危惧を述べたのは予言的だった。「「難死」の思想――戦後民主主義・今日の状況と問題」（6501『展望』）で小田は、「自らを孤独なる少数者とみなす人たち」の一人として丸山を挙げ、「戦後民主主義の「虚妄」に賭ける」という考え方は「まちがっている」とした。「彼らは少数者ではない。私よりはるかに年下の世代をふくめて、彼らの言説は共感者をもつ。いや、すくなくとも、現在では、まだまだ多数派の共感者をもつのだが、ただ、そのような悲壮感にあふれたストイックな考え方は、時代が動き、より新しい世代が出現するとともに、自ら後続部隊を絶ってゆくことになるだろう。それは、今日進歩陣営のなかに見られる「敵には寛大、味方には峻厳」の純粋好みの厳格主義を支え、進歩陣営そのものを破壊させる」。もっとも小田は、六五年四月からのべ平連の運動でときどき丸山に会いに行き、六七年十月一五日の街頭カンパ募金活動に丸山を連れ出すほどだった（「激しい親近感」9603、丸山集9月報）。

山田宗睦『危険な思想家――戦後民主主義を否定する人びと』（6503）は、久野収、日高六郎、鶴見俊輔の推薦文を得て刊行され、論争を巻起こした。山田は、「わたしは「戦後」にすべてを賭けている。この本は、戦後を擁護するとともに、戦後を殺そうとするものたちを告発した書物として書いた。…戦後否定の声が一つに合わされようとしている。維新百年が勝つか、戦後二十年が勝つか。…わたしは戦後二十年のがわに賭ける」と前書きして、戦後的価値を疑う「戦後反動」の著述家十人余り、竹山道雄から大熊信行までを「危険な思想家」として告発した。また、「平和と民主主義は陳腐で退屈だ」と考える戦後派の若者の雑音も危険だと論じた。「戦前の日本帝国主義の実在よりは、戦後の民主主義の「虚妄」に賭ける」と引いた丸山の大熊批判が告発の根拠のようだった。のちに山田自身が「先が見えぬまま書いた恥ずかしい本」と自嘲した（朝日新聞89 10 27夕）ように、戦後二十年を擁護するとは何を意味するか、戦後民主主義の否定がなぜ危険なのか、説明しきれていない乱雑な著作だった。高坂正堯が「戦後民主主義を守ると自称する人々は、意味のない告発をしたり、それに無責任な喝采を送ったりする代りに、自らの信念について語るべきだ」と反論した（「論戦への招待――戦後は貴方だけのものではない」65 05『日本』）のももっともだった。

この山田の著作を受けて朝日新聞が「明治百年と戦後二十年」を特集し、竹山道雄、野間宏、林健太郎、遠山茂樹、江藤淳、小田実、林房雄、加藤周一の八人、いわば保守派と進歩派が交互に寄稿した（65 04 05夕～08夕、19夕～22夕）。林健太郎は、独立回復と経済復興によって「戦後民主主義」が定着したのに、その事実に目をつぶる人たちは「戦争直後の混乱状態」を重視しているのだから、「「戦後二十年」などといわず、「戦後五年」と正直にいう」ことを勧めた。江藤は、民主主義は「価値の相対性、あるいは多元性の感覚をお互いに認めあうところにしか成立しない」のに、「安全な思想家」が「唯一絶対不可侵の新しい国体として「戦後民主主義」を信じるか」とつめよるのは、「二十年前の八月十五日で一切が変ったという幻想」からの自己欺瞞だと論じた。民主主義が「国体」のようになることは丸山も繰返し批判していたが、江藤は「「戦後民主主義」という新しい国体」「八月十五日の幻想」を批判した。他方で小田実は、「戦後民主主義の視点に立って過去をとらえない限り、その過去は私たちにとって意味のあるものとはならない」と論じて、最近強まってきた「過去の無条件賛美の風潮」に抗そうとした。そのようにして守るも攻めるも戦後民主主義を論じた。

民主主義を求める若者には、戦後民主主義の否定を危険視する山田宗睦の図式を疑う者もいた。『新日本文学』五月号の短文「「危険な思想家」と戦後民主主義」で大沢真一郎は、擁護すべき「戦後の諸価値」とは何かと問い、戦後の平和や民主主義そのものの矛盾を指摘した。「「上から外から与えられた」ということと「民主主義」とは、そもそも矛盾しているのだが、この矛盾した「民主主義」が「戦後民主主義」であったのだ」、「民主主義的に行動する習慣も能力も主体性もない人間が民主主義的に行動することを強制された」ばかりでなく、「人々はこの強制された民主主義を自らの民主主義であるかのように錯覚し、自己欺瞞に陥った」、だから「形骸化した「戦後民主主義」がそれとしては「陳腐で退屈」なもの以外でなくなってしまった」のも当然だという。三七年生まれの大沢は、その後も戦後民主主義の幾重もの困難と矛盾を論じたが、六九年三月に国民文化会議の事務局を退くまで、同会議で戦後的価値に立った文化活動や反戦運動を続けた。

さて、丸山は、『新日本文学』編集長の針生一郎から六五年四月中旬か下旬にインタビューを受け、六月号（五月四日配本）に「民主主義の原理を貫ぬくために」を発表した。「明治百年か戦後二十年か」という山田宗睦の問題提起は困るし、丸山の思想と関係があると言われるのはかなわん、「大日本帝国の〝実在〟よりは戦後民主主義の〝虚妄〟に賭ける」がやたらに引用されたが、「ちょっとタンカを切ってみただけですよ」と振返った。一年前の林房雄や大熊信行の言説を暗に引き、『中央公論』『自由』の「現実主義」の横行に触れ、「ここ二、三年の保守ムード」への反発にも理解を示しながら、丸山が言いたかったのは「戦後民主主義がどんなにチャチなものであろうと、その中から可能性をひきだしてくる以外にわれわれの未来はないんだということ」だった。「戦後の民主主義を基盤として育ってきた運動」がもしなかったら、「戦後の民主的な自由」はもっと冒されていただろう、「われわれは既得権益をもっているのだし、この民主主義的な既得権益を大事にしなきゃいけない」と語った。

丸山は、「戦後民主主義なんてつまらん、退屈きわまるものだ」という若い人たちの「虚妄感」は認めながらも、厳しかった。「ぼくにいわせれば基本的に甘ったれの心情がそこにあるということなんです。…ただイヤダイヤダとダダッ子のようにわめいているようなところがある」。「イマジネーションが欠けてるんですね。喫茶店で女人と話したことが、秘密警察につつぬけになる、つかまると拷問が待っているというようなことはつい昨日まであったし、現に世界の各地で行われている」と語ったのは、約三〇年前の東大前の喫茶店「白十字」での経験だろうが、「つい昨日まで」のように記憶していた。「想像力の貧困のためにわれわれが日々享有している権利があたかも自然現象のように、当然の現実であるかのようにそれによりかかって、挫折とか疎外とかいっている。親が窓からほうりださないという「現実」によりかかって、電車のなかで大の字になって、イヤダイヤダと泣きわめいている子供を連想するんです」。ということは、親が子供を電車の窓からほうりだす極限的な「現実」を想像していたのだろうか。

丸山は、戦後民主主義をめぐる擁護と否定の両方の議論から距離をとって、民主主義を守るのでなく、まさに「民主主義の原理を貫ぬく」ことを考えていた。といっても原理主義的にではなく、制度と運動との両極の平衡を志向していた。「民主主義ってのは、制度と運動の統一なんです。完全に制度化されちゃったら、国体みたいになっちゃって、民主化の契機がでてこない、そういう民主主義というのは言語矛盾なんです。他方制度化の面がなければ、これは完全なアナーキーで、これだけのものが制度として蓄積されたという契機がなくなって、毎日が混沌とした状況の連続になってしまう」。ところが「民主主義の擁護なんていうと、議会制度とか、それも既成の慣習によって動かされている制度をまるごと守るように思うから、それはつまらんということになるのは当然だ。実際には権利の擁護で、それは運動によってしか擁護できないものなんですね」。そのように制度と運動との両極の平衡を保とうとするまでの丸山の思索の歩みを次節で辿りたい。

その前に、大熊信行の反論に触れておきたい。大熊は、丸山の戦後民主主義論が自説を指していると認め、何度も反論した。六四年末の「社会主義と国民主義」(6501『日本』)では、「ここ半年ばかり、丸山氏のこの「賭け」の宣言ほど、いろいろの論者によって飽かず引用され、くり返し賞讃されたものはない」と前置きして、敗戦には個人としての解放感と民族としての屈辱感との矛盾があり、それをいかに統一するかが課題なのに、その一面だけに「賭ける」のは「政治学者のことばであるのだろうか」と疑った。「知識人は頽廃する――丸山真男氏の〝賭け〟の思想はどこへ行くか」(6505『日本』)でも、大熊は「平和と民主主義」の敵だという虚像が山田宗睦『危険な思想家』から生じているとして、その発想法の責任を丸山にも問うている。丸山は、「民主主義の原理を貫くために」(6506)で、「大熊信行氏なんかは、「賭ける」なんていい方は政治学者にあるまじきことだっていうんです。マジメ主義者にはかなわない、うっかりタンカも切れないという感じがするんですよ」とかわした。

なお丸山は、戦後民主主義への否定的言辞が高くなった六九年の経験ののち、おそらく翌年末、大熊に書信を送って相互理解に至ったらしい。大熊が「日本民族について」などの論文を集めて『日本の虚妄――戦後民主主義批判』(7011)を出したら、丸山から来信があり、戦後日本の民主主義が「錯覚と虚構とそして虚妄を宿しているのは事実だとして、しかし、他方において疑うべきもない新しい真実が存在し、それが成長し、発展しつつあることも断じて否定を許さない。その真実はなにか」と問うていたらしく、「深く心を打たれた」という(「戦後日本の欺瞞について」7103『諸君』)。戦後民主主義には「虚妄」もあるが、一方たしかに「真実」もある、それをも同時に問題にしてほしいという来信だったようであり、「これは非常にうれしかった」、それからヒントを得て、『日本の虚妄』を増補して『日本の運命――戦後民主主義の虚妄と真実』と改めたいと大熊は述べた(「『日本の虚妄』について答える」7106『民族と政治』)。もともと丸山は、戦後民主主義に「虚妄」があったことは百も承知だったから、しかも大熊が「虚妄」と言ったのは軍事占領下の民主主義についてだったから、その部分否定とは相容れないわけではなかった。

三　民主主義の逆説

丸山は、戦後民主主義には賭けなかったとしても、戦後、民主主義に賭けたし、日本社会の民主化をめざして思索してきた。丸山にとって民主主義は行なうことであって、啓蒙的に教える(説教する)ことではなかったし、防衛的に守る(擁護する)ことでもなかった。そのような丸山の思索の歩みについては第二章で扱う。そこで論じるように丸山は、⑴四五年八月から半年余り、民主主義の強制や「民主主義万々歳」の新風潮への反感があり、民主主義そのものへの懐疑もあった。⑵四六年三月に人民主権の思想に転じ、民主主義に賭けたし、「いわゆる民主革命」を論じた。⑶五〇年前後から「民主勢力」の運動に加わり、日本社会の民主化を妨げる勢力に抗議した。⑷六〇年安保で人民主権の発動を見て、民主主義の「抗議概念」を最も強く示すとともに、「永久革命」としての民主主義を説いた。

六〇年安保直後の七月二一日に丸山は、議会制民主主義の概念の三段階を論じ、特権への「抗議概念」と、守るべき「正統概念」とを対比した(「議会制民主主義のゆくえ」60 09)。西欧では議会制民主主義は、一九世紀の第一期には特権階級や支配体制に対する「抗議概念」だったが、第一次大戦直後までの第二期と過渡期を経て、第二次大戦後の第三期には、一種の既得権益として「正統概念」となり、日本の戦前の「国体」のように「異端に対して護持さるべきもの」となったという。日本で「人民主権が直接発動して第一期的状況が噴出するといった事態」が生じた直後のこの二概念は、議会制民主主義に限らない民主主義そのものの概念として、民主主義はもともと「抗議概念」だったこと、それがいつか「正統概念」になることを考えさせる。戦後ずっと「抗議概念」として民主主義を説いてきた丸山が、六〇年前後から民主主義の「逆説」を強調するのはなぜか、民主主義の「抗議概念」から重点を変えたかを考えたい。

丸山は、戦後日本の民主主義が外から上から強制された矛盾や困難だけでなく、民主主義そのものの矛盾や逆説について思索してきた。「矛盾、これ現代世相の一面に非ずして何ぞや」（「現代世相の一面を論ず」2912、回顧談）と中学四年で書いた丸山が、民主主義の矛盾や逆説に敏感だったのは不思議でない。戦争直後の手記「折たく柴の記」（451029）では、「いはゆるデモクラシーに内在する矛盾」を問題として、大衆民主政における民意の尊重が権力の集中を弱めることを警戒した。戦後半年余りで民主主義に賭けたのちは、「民主主義意識によつて裏付けられない民主主義制度」の「ナンセンス」（講演原稿断片、文庫79）などを問題とした。五〇年前後からは、「『英米的』民主主義の原理と相反する前近代的諸要素がまさに、「英米的」民主主義の防衛の名において復活強化されて行く」ことや、現代のような「政治化」の時代に大衆が「非政治化」することを「いたましいパラドックス」と呼んだ（「ある自由主義者への手紙」5009、『政治の世界』5203）が、民主主義という正しい理念が実現しないことを逆説と見る素直さもあった。民主主義は「非政治的な市民の政治的関心によって」支えられるというのも「やや逆説的な表現」だった（「現代文明についての一試論」590111）。

丸山が民主主義そのものを逆説とするのは六〇年前後からだった。「民主主義の歴史的背景」（5902）では、民主主義の理念は「政治の現実と反するパラドックス」を含むから、議会政治の制度を物神化することがないように、不断の「民主化」が必要だと説いた。ところが六〇年には、「民主主義の理念そのもののパラドックス」（「感想三つ」600920）に注目し、民主主義は「人民の支配――多数者の支配という永遠の逆説」を内に含む概念だから、「制度」でなく「運動」であり、「永久革命」だとした（600813春曙帖[6]など）。「人民」を絶対化する社会主義その他の思想に対して、「人民の支配」という概念そのものの逆説を突きつけ、制度よりも運動を重視する思考だったが、八月一五日の鶴見俊輔ら四人の座談会と声明、丸山も出席した十月九日の六月行動委員会シンポジウムなどを経て、谷川雁や吉本隆明らの「文学的」政治論とその思想的基盤を次第に強く意識した。「安保闘争における私の言動は…その後左右両翼からの激しい批判を浴びたことは、ひとの知るとおりである」と草稿（文庫 282-1-1-3）に書いたように、右の保守派の丸山批判に反論するとともに、むしろ左の急進派の丸山批判や「無内容なひとりごと」に「手がつけられない」思いをしながら六四年に至った。

丸山が『現代政治の思想と行動』増補版（64 05）の「第三部　追記」で、民主主義は「『人民の支配』という逆説を本質的に内包した思想」だから「永久革命」だと著作では初めて説いたのは、ありえない「革命」の幻影を描く反体制運動に対する反論でもあった。民主主義を「制度」に吸収されない永遠の「運動」と捉えることで「日々の政治的創造の課題」とする「永久革命」説は、字面通り革命的というよりは日常的であり、革命の日常化というか、現在の制度を活用することを説くものだった。制度を否認する人々を見ると「電車のなかで大の字になって泣きわめいて親を困らせている子供を連想したくなる。どちらにも「反抗」の根底に「甘え」がひそんでいるからである」という。この増補版で丸山は、そのように左の急進派に対して逆説としての民主主義の「永久革命」を説くとともに、大熊信行の占領下民主主義「虚妄」説に反論した。大熊は保守派ではなかったが、右からの民主主義空虚論と共鳴しており、それに対して丸山が「戦後民主主義の「虚妄」の方に賭ける」と書いたことが前述の反響を呼んだ。

六四年夏の丸山は、戦後民主主義が「外から」「上から」のものと理解されがちなのに対して、「外から」の圧力は否定できないとしても、「下から」進んで取った面を強調した。八月と九月に開かれた二つの座談会のうち、鶴見俊輔らとの座談会「戦後知性の構図」（64 10）では、敗戦直後の知的世界で「民主主義革命」を叫ぶ「人民主義」が沸騰したが、占領軍の政策の急転回に直面したこと、他方では「民主主義万々才のちまたの叫び」に唱和できない「沈潜主義」が丸山自身も含めてあったことなどを指摘した。梅本克己、佐藤昇との鼎談「革新思想の問題状況」(64 11)でも、敗戦後の民主化は、軍事占領のもとで進行したという意味では「外から」の革命の性格が明治維新より強かったが、維新政府が「上から」変革したのとは対照的に、戦後は民衆運動の「下から」のエネルギーが奔騰して変革が進んだので、思想内容からは「外から」の変革とはいいきれないと論じた。そのように「戦後民主主義の「外から」的な性格」よりも「下から」的性格を重視することで、民主主義がただ「外から」入ってきたという発想やそれへの反発を解こうとした。

民主主義は「運動と制度の統一」だということも、六四年九月の鼎談で丸山が語っていた。「運動と制度との関係は、経済でいえば生産力と生産関係みたいなもの」だというのは、生産力の発展が生産関係を突破するのと同じことを考えていただろうが、民主主義は「現実の政治体制」と等視されてはならないし、「制度のほかに運動がある」と述べた。ところが六五年四月の鼎談(二つの鼎談が編集されたのが『現代日本の革新思想』66 01)では、「民主主義とは運動と制度の矛盾の統一体であって、全部運動というものじゃないし、逆にまた全部制度というものでもない」と語ったように、制度よりも運動を重視する思考をかなり抑えて、運動と制度との平衡を保とうとした。その関連で竹内好について「民主主義の制度的側面を無視しすぎてアナーキスティックになっている」と批評したし、「安保後の極左派」が「オール否定に傾きやすい」ことにはもっと批判的であり、「安保前後の心情ラディカリズム」の心理を分析した。

丸山は、六五年四月の談話「民主主義の原理を貫くために」(65 06)でも、すでに触れたように「民主主義ってのは、制度と運動の統一なんです」と語った。完全に制度化されたら「国体」のようになるが、他方で制度化がなければアナーキーになるという。それゆえ民主化の契機を保ちながらアナーキーを避けるためには、一方では正統概念としての「国体」から民主主義を区別する必要があった。他方では民主主義を混沌としないように、極左派の異端好みを批判しなければならなかった。一方は六五年の丸山の八・一五発言での戦後民主主義の再論につながっていくが、他方は六〇年前後からの反体制運動の制度否認の問題であり、「人民の支配」という逆説の強調によって丸山は反論した。この談話でも丸山は、「現在の言葉ラディカルと街頭ラディカルとから成る極左派」を批判し、彼らが「一匹狼」「異端好み」なのは現状維持に奉仕しているとして、「俺こそ正統である、今正統を僭称してる思想はインチキなんだという立場から、不断に、正統たろうとする異端」つまり「本当の異端」になるように求めた。ということは丸山も、正統たろうとしていたのだろうか。自分ではその意識はなかったかもしれないが、戦後民主主義の思想的正統を探求していた。(6)

丸山は、左右両翼からの批判を意識するとともに、「両極性の平衡」を志向する「正統の思考パターン」を強めていた。後年の「闇斎学と闇斎学派」(80 03)によれば、「正統」の思想的条件としての「両極性の統一」や「反対の一致」とは、「中間的立場を保持すること」ではなくて、本来の中庸の意味で「矛盾しあるいは対立する二つの契機のいずれをも捨象せず、いずれをも一方的に肥大させずにその平衡を保持する」ことであり、俗流化して言えば「矛盾の弁証法的統一」でもあった。民主主義は「運動と制度の弁証法的統一」(「庶民大学三島教室」80 09 15談、「早稲田大学学生ゼミ」83 11 26談)だとそのころ丸山が語った思考法が、民主主義そのものを逆説とした六〇年前後から現れ、制度と運動との統一を説いた六五年ころ強まったように見える。もちろん「真理は一つ」という正統思考は見られないし、異端を排斥する思考からは遠かった。それでも制度より運動を重んじるのでなく、運動と制度との中を執るのとも違って、運動と制度との両極を肥大させずに平衡を保持しようとした。(7) 戦後民主主義がどんなにチャチなものであろうと「その中から可能性をひきだしてくる以外にわれわれの未来はない」とすれば、それも民主主義を自分たちのものにする試みだっただろう。

ところで戦争と平和の問題では、丸山は、理想と現実の間の平衡を志向するよりも、遠い理想へ現実を導こうとした。「憲法第九条をめぐる若干の考察」(65 06)では、日本国憲法の平和主義について「理想と現実」の関係を問題とし、「建て前と現実との二元論」でもなく、高柳賢三の第九条政治的宣言論のような「理想」=「政策決定の枠」でもなく、第九条を「現実の政策決定への不断の方向づけ」と考えることを説いた。憲法前文の「人民主権原則」に触れ、「政策決定の是非に対する終極的な判定権というものが人民にあるという、人民主権の思想」は、「戦争抑止」のためでなく「戦争防止のために政府の権力を人民がコントロールする」ことに生かされなければならないとした。また憲法前文の「人間相互の関係を支配する崇高な理想」を「普遍的理念」と捉えて、特定の他国家に日本の安全と生存をゆだねるのではなく、「普遍的な理念を現実化する」ための積極的な行動に政府を義務づけているとした。戦争の超国家化(核戦争)への上昇と、下国家化(ゲリラ戦)への下降という現代国際政治の両極分解的傾向を見すえたうえで、「第九条の精神、すなわち軍備を全廃し、国家の一切の戦力を放棄することに究極の安全保障があるという考え方」は「過去の国家の常識に反するひとつの逆説」だが、「現代の核時代における軍備が持っている逆説」との選択を日本国民に問いかけた。

四　否定をくぐった肯定

逆説としての民主主義の思想は、丸山の八・一五発言にも表現された。六五年八月一五日は日曜日で、戦後二〇年とベトナム戦争の激化を背景に、多種多様な集会が開かれた。前夜からのテレビ中継が放送中に中止された「戦争と平和を考える」ティーチ・イン(鶴見俊輔、無着成恭、小田実ら司会)や、日本武道館での政府主催第三回の全国戦没者追悼式などもあったが、午後一時半から九段会館(旧軍人会館)に千人余りが集まった八・一五記念国民集会(日高六郎、藤田省三司会)があり、最後の方で吉野源三郎と丸山が演壇からではなく聴衆席から発言した。丸山は、司会者が指名したから発言したという(「二十四年目に語る被爆体験」69 08 03談)が、準備は十分にしていたようであり、戦前戦中の個人的な体験を初めて公の場で語った。その発言記録として「二十世紀最大のパラドックス」(65-10)がある[8]。

その発言記録によれば丸山は、一九四五年の八月十五日の母の命日に兵隊にいて母の死に目に会えなかったこと、その直前の八月六日に広島市宇品の兵隊で原爆投下の真下から約四キロ〔四・五キロ〕のところで被爆したこと、高校生だった一九三三年に唯物論研究会の集会に出ただけで特高につかまり「君主制を否定しているではないか」と鉄拳を見舞われたこと、それら痛切な体験を語りながら、戦前の国体は戦後の民主主義とは違うこと、日本が帝国主義の最後進国から平和主義の最先進国になるという「パラドックス」を実現したいことを述べた。とくに「戦前と戦後のちがい」について、丸山を思う歌を詠んだ母の引き裂かれた感情に触れ、丸山の特高体験から汲みとれる「戦前の日本の体制を特徴づける一つの思想的意味」として、国体(天皇制)への「支持」が懐疑も疑問も許さない「支持」であり「否定をくぐらない肯定」だったのに対して、戦後の天皇制「支持」は国民主権原則によって否定する権利が保証された「支持」だと論じた。「戦後の民主主義は虚妄だとかそうでないとかいう議論」については、「いい気なもんだなあ」と思うが、「戦後民主主義や日本国憲法への疑問や懐疑が出されることそれ自体は大変結構なことだ」とした。戦前に「大日本帝国憲法なんて虚妄だ」と公然口にした場合と比べると、「戦後民主主義が虚妄だとか、平和憲法なんてつまらんということを公然と主張できること、そのこと自体が、戦後民主主義がかつての大日本帝国に対して持っている道徳的優越性を示す」と述べた。

この八・一五発言のためのメモ(文庫637-2)五枚が残されており、二枚は当日午前の墓参後の走り書きだろう。「多摩墓地——私にとっての八・一五——公の場で私の八・一五をはなしたことはない、私の個人的趣味ではない、ひっそりと当日をしのびたい——生きているのが偶然、紙一重のところで生きのこった——多くの人々共通——何度かそういう体験があったが、何といっても八月六日」、いくつかの「もし……だったら」。「紙一重が戦友と私とを死と生との永遠に会うことない途にひきさいた。偶然で生きている私、自然人としては宇宙人のように無重量な私の生をどうしたら意味ずけ(3)うるか。私は何とかして重量をとりもどしたい。戦前と戦後」。「死の間際までひきさかれていた私の母」の歌。「昭和のはじめの天皇制」について、「国体はカイギのるつぼできたえられているか」という手記で高校生の丸山は特高に殴られたが、「否定がタブーだったのではない、問いを発すること自体がタブー。天皇制を支持するとか否定するとかいう。「支持」の意味、否定をくぐった肯定自体が原理的に不可能」、「日本国民の自由に表明した意思――↓人民主権」。「戦後民主主義の「虚妄」」について、「民主主義は虚妄だ、日本国憲法、平和憲法などはナンセンスだといえる言論の自由！　いい気なものだなあ。もし大日本帝国憲法は虚妄だ、皇国はナンセンスだ、↓ぶちこまれるだけでなく一生、一挙手一投足がカンシされる」、「虚妄だという言説を自由にいわせる道徳的優越性。民主主義は反対者、否定者を通じてきたえられる」。

　そのように丸山は、「無重量な生」を意味づけるためにも、戦前と戦後、国体と民主主義とを区別しようとした。民主主義がかつての国体のように語られているというのは、丸山が繰返し述べてきた批判だったが、去る四月には、「戦後民主主義を否定する人びと」を危険視する山田宗睦に対して、戦後民主主義を「新しい国体」とするものだと江藤淳が批判していた。それはもっともであり、山田著は戦後民主主義を否定できない正統概念としかねなかった。しかし丸山は、江藤に対しても、戦後民主主義は国体とは違うことを示そうとした。戦前戦中の国体は否定どころか問いを許さなかったし、懐疑の坩堝で鍛えられていなかったが、戦後の民主主義は「否定をくぐった肯定」であり、まさに「反対者、否定者」を通じて鍛えられると反論した（その部分は発言記録にはないが）。また、大熊に対しては、戦後民主主義の「虚妄」を言える言論の自由について、「いい気なものだなあ」という異和感の一方で「道徳的優越性」も感じており、「戦後民主主義」が「虚妄」か否かを議論する気はなかった。

　発言用メモの後半三枚（順番は疑わしい）は事前に執筆され、過去の意味づけと平和主義に関わる。「八・一五」に

「現在の時点からどういう意味を与えるか」が問題だ、「歴史はなぜ書きかえられるのか。それは後世から過去に与える意味ずけが変るからである」、「敗戦による旧日本の崩壊、日本の生れ変りに現在どういう意味を与えるか」が争点だ。「禍を転じて福となす」「まけるが勝」「あとの鳥〔者〕が先になる」「最後のものが最先になる」を挙げて、「禍の意味ずけ、すぎさった事実としての過去の意味ずけの仕方がわれわれの将来の行動を規定する」。「勝敗そのものの意味をかえてゆく、戦争に敗けたわれわれは、それを転てつ機として平和に勝つ途をすすむほかはない」。「帝国主義の最後進国であった日本は、敗戦によるポツダム宣言受諾と平和憲法の制定によって、まさに平和主義の最先進国になった」。「ポツダム宣言を発した連合国の方がふんぎりがつかずモタモタしている。アメリカはもっともモタモタして、平和の敗者になっている。後世の一史家は、これを二十世紀の最大の皮肉と呼ぶであろう。またわれわれは後世の一史家にそういわせようではないか」。

　そのように丸山は、過去の「八・一五」にあえて現在から思想的意味を与えようとした。「禍を転じて福となす」「まけるが勝」といった逆転の論理によって、「戦争に敗け」て「平和に勝つ」という一見吉田茂風の転轍、「帝国主義の最後進国」から「平和主義の最先進国」への意味変化を進めて、日本と対照的なアメリカの平和主義のモタモタを「二十世紀の最大の皮肉」と呼ぼうとした。発言記録では「帝国主義の最後進国」日本が「平和主義の最先進国」になったことを「二十世紀の最大のパラドックス」としたいというやや単調な逆説になっているが、おそらく最後でアメリカ帝国主義の皮肉を「パラドックス」として論じる時間がなかったのではないか。この集会では、一八歳の学生石井伸枝の感動的な発言などベトナム戦争反対の主張が大半だったなかで、大日本帝国にこだわった丸山の発言は個性的であり、その一方では後ろ向きで一国的に見えたが、いや、時間さえあればベトナム戦争を批判するつもりだったのだろう。

　丸山の八・一五発言は、戦後日本の民主主義と平和主義に関する渾身の発言だった。記録の題名「二十世紀最大のパラドックス」は十分に逆説的でない平和主義に関する発言からつけられたが、民主主義の方はかなり逆説的だった。戦後の民主主義は、戦前の国体のような正統概念ではないから、懐疑も否認も許される。どれだけ否定されてもよいところに道徳的優越性があり、「否定をくぐった肯定」がある。むしろ反対や否定を通じて民主主義は鍛えられるという逆説だった。ちなみに丸山自身は「天皇制を完全に否認する気持」を保っていたはずだが、「今日、国民の多数が戦後の天皇制の存続を支持」したら、「国民の自由な選択」である限り、否定をくぐった「支持」だった。それが「ポツダム宣言から日本国憲法における国民主権原則の採用にいたる巨大な歴史的転回の思想的意味」だと丸山は考えており、戦中戦後の断絶の神話を創作したわけではなかった。また、限界状況における逆説的真理を表現するイロハガルタの言葉として「急がばまわれ」「まけるが勝ち」のほかに、発言記録では「うそから出たまこと」が加えられているが、戦後の民主主義が虚妄を含んでいても真実を出せばよいと言いたかったのではないか。[9]

さて、『丸山眞男集』に収められた六〇年代の著作で「戦後民主主義」の語が用いられたのは二つしかない。[10]『現代政治の思想と行動』「増補版への後記」(64 05)で「戦後民主主義の「虚妄」の方に賭ける」と書いた丸山は、この「二十世紀最大のパラドックス」(65 10)で「戦後民主主義が虚妄だ」とか主張できること自体がその「道徳的優越性」を示すと論じた。占領下民主主義「虚妄」説に反発した丸山は、戦後民主主義の一語が流布する結果を招いたのち、戦後民主主義への疑問や懐疑は大変結構だと態度を改めた。戦後民主主義に対する貶し言葉に苛立つのをやめ、廃墟のなかの決意に立ち返って、戦後民主主義を自分たちのものにしようと試みた。戦後民主主義は、戦前戦中の「国体」のように異端を排斥する正統概念ではないが、「否定をくぐった肯定」というゆるやかな正統的思想、異端や異論を容れる思想的正統として提示された。それを示した丸山の思想が、政治の世界とは別の知的世界で、戦後民主主義の思想的正統と見なされるようになる。その正統的思想の寛容さを抑圧的と感じる者もいるだろうし、丸山には「我慢がならない」ことがもっとあるだろう。

戦後民主主義は、その後も毀誉褒貶相半ばする言葉でありつづけた。この一語が戦後日本の原理のように用いられ、戦後民主主義といえば丸山が連想された。憲法改正もないが政権交代もない戦後日本が全体として否定されるとき、戦後民主主義が悪く言われたし、丸山も批判された。敗戦と占領によって与えられた憲法と民主主義の問題だけでなく、ベトナム戦争や沖縄支配や基地問題での米国への従属、アジアでの侵略の歴史や経済進出、自民党政権の永続や政官財の複合、外国人や女性や少数者に対する差別などから、戦後民主主義が問われた。戦後五〇年あたりからは、何十年間戦争しなかった「戦後」民主主義を肯定する意見も拡がったが、逆に「戦後体制からの脱却」を掲げて結集する勢力もあり、戦後民主主義をめぐる抗争は今も続いている（一九八七年に朝日新聞社を襲撃した赤報隊が声明で否定したのは戦後民主主義だったとする番組18 01 28も放送された）。戦後民主主義は、解放だったが従属でもあった日本の戦後の矛盾を負っているし、普遍的となった民主主義が外から上から与えられた矛盾を宿してもいる。民主主義そのものが矛盾や逆説に満ちており、民主的な制度も形骸化するし、多数者の支配も有名無実化する。そのことをめぐる丸山らの思索をせめて六〇年代末まで本書後半で辿る。

（1）丸山は戦後、民主主義に賭けたが、戦後民主主義には賭けなかったと私は考えるので、丸山は戦後民主主義「虚妄」言説に対し「仮に「戦後民主主義」が「虚妄」であるとしても、なおも自らの実存を賭けてコミットするという強い決意を示した」という宇野重規「民主主義と市民社会の模索」（『戦後日本の思想水脈』3、16 08）の見解はとらない。なお、戦後民主主義という言葉の初出についても、小熊英二『１９６８』下（09 07、一七三頁）、三浦信孝編『戦後思想の光と影』（16 03、一二〇頁）には取違えがあり、趙星銀『「大衆」と「市民」の政治思想』（17 05、一六〇頁）が間違いを免れたのは、一九五八年十一月の松下圭一論文を「きわめて初期の事例」とした都築勉『戦後日本の知識人』（95 01、二三八頁）の発見に返ったからだろう。一九五七年の用例を本文中に示しておいた。

（2）大熊の著述については榊原昭夫「解題」（大熊信行『日本の虚妄〔増補版〕』0907）が詳しい。松田義男編「大熊信行著作目録」（1607改訂、Web）が網羅的なのには改めて敬服した。

（3）清瀬一郎は、五六年に「あの戦争は聖戦だ」と言った文相であり、六〇年安保から六三年十月まで衆議院議長だった。なお、林房雄は、「大東亜戦争肯定論」第六回（6405『中央公論』、四月一〇日発売）で、大熊が「日本民族について」（6401）で引いた和辻哲郎の言葉から「大東亜百年戦争」の宿命観を立論し、丸山の「超国家主義の論理と心理」（4605）の一節、日本の指導者には開戦への決断の意識が見当らず、ずるずると戦争に突入したという一節を引いて「見当ちがい」だと一蹴したが、大熊と組んでいるように丸山には見えただろう。

（4）占領初期の民主化政策から四八年前後の冷戦的占領政策への急転換は、丸山が繰返し強調したところであり、後年の「中野好夫氏を語る」（8508）でも、「占領政策の決定的転換を無視して、「占領時代」として一括するのは、それだけで一種の戦後史の神話化です」と語っている。

（5）六一年まで　〇点、六二年　二点、六三年　〇点、六四年　〇点、六五年　一二点、六六年　五点、六七年　六点、六八年　八点、六九年　一九点、七〇年　一〇点。「戦後民主主義文学運動」は除き、雑誌の計八回の「戦後民主主義」特集は各一点と数えた。国会図書館の不採録期間の『文藝春秋』の目次も見た。

（6）後年丸山は、和辻哲郎も津田左右吉も柳田国男も「みんな明治国家の正統性に対する反逆者として出発してるんです。で、そこから、それではない「正統」の探究——自分ではその意識はないかもしれけ《ママ》れども——をしたというのが、ぼくのとらえ方なんです」と鶴見俊輔らに語った（850602談）が、丸山も残存する大日本帝国の正統性に対する反逆者として出発し、別の正統を探求したと考えられる。なお、「思想的伝統」を生かす丸山の思想史研究が共時的には「思想的正統」を探す試みだったことについては、松沢弘陽「丸山眞男における近・現代批判と伝統の問題」『思想史家　丸山眞男論』0207、三〇八頁。

（7）一九六〇年度冬学期の政治学講義の結語で丸山は、運動と制度との弁証法的統一という発想を早くも次のように述べている。「制度のなかに運動を見、運動のなかに制度的なものを見る。制度とは（相対的に）凝固した運動であり、運動とは（相対的に）融解した制度である。克服さるべき思考法。イ．既成の、とくに制定法に書かれた制度の絶対化。ロ．一切の制度的なものを敵視する、混乱と同一化された運動。↓「政治オンチ」を脱すること。」

（8）「二十世紀最大のパラドックス」は、『世界』十月号の「八・一五記念国民集会の記録」の十一発言の一つであり、速記録をもとに『世界』編集部が要約、構成した記録だが、そのまま掲載されることは決してなく、丸山に校正してもらっているはずという（伊藤修の教示）。丸山発言の記録としては、「八・一五国民集会」（毎日新聞65 08 16夕）もかなり詳しい。毎日新聞記者の佐藤健は、この国民集会で丸山が司会したとか不確かな記憶ながら、丸山が語った言葉だけは忘れられないと、三〇年余りのちに元先輩記者に示している（岡本博「記」98 09『丸山眞男座談』2月報）。なお、八・一五記念国民集会と丸山発言については、苅部直『物語　岩波書店百年史3——「戦後」から離れて』13 10、五二頁以下。

（9）初出の「おける」が『丸山眞男集』9（二九一頁）では「いたる」に改められている。なお、「二十世紀最大のパラドックス」の初出のコピーに丸山が書込みした画像（文庫766）が東京女子大学図書館で閲覧できるが、初出の「おける」のあとの「国民主権」が「人民主権」と改められており、この言葉への丸山のこだわりを感じさせる。既知の二収録、二ドイツ語訳（『丸山眞男集』別巻　新訂増補版15 07、九五、一二二、一二四頁）とは別の機会の書込みだが、いつの書込みかは不明。

（10）『丸山眞男集』所収の全著作でも、「戦後民主主義」の語が初出時に用いられたのは合計六つ、残り四つしかない。「近代日本の知識人」（77 10→82 10）、「日本思想史における「古層」の問題」（79 10）、「戦後民主主義の『原点』」（89 08）、「弔辞」（96 09）。

補注　第二節最後と第三節最後の段落は、初出論文の字数制限から圧縮または削除していたが、本書で復元した。注7も本書で追加した。

第二章　永久革命としての民主主義

丸山真男の「民主主義の永久革命」説は、知る人にはよく知られている。丸山没後まもない追悼番組「丸山眞男と戦後日本」の第二回「永久革命としての民主主義」(96 11 19放送)で、東大退学者として丸山に最も親しんだ安東仁兵衛が、「先生の結局ね、政治的立場は何ですか」と丸山に質問したことがあり、丸山はなかなか答えなかったが、「うーん、あえて言えば、民主主義の永久革命論者かな、とおっしゃったですよ。ね。永久革命としての民主主義者か」と回想したことが大きい。さまざまの人が丸山の「民主主義の永久革命」説を論じてきたが、それがどれだけ革命的なのかは見方が分かれた。「永久改革」と表現した方が正確ではないかという意見もあった。「永久革命」という言葉がいつどこで用いられたかを調べるのが第一歩だろう。

丸山が民主主義の「永久革命」を説いたのは一九六四年、『現代政治の思想と行動』増補版(64 05)の第三部への「追記」でだった。それまで六〇年安保の直後に、手記や談話や書簡で数回述べただけだった。晩年の談話「戦後民主主義の『原点』」(89 08)で、「理念と運動としての民主主義は、何十年も前にいったことをくりかえすのは気がひけるけれど、「永久革命」なんですね」と振返ったのも、六四年の「追記」を念頭に置いたものだろう。そのとき丸山が「永久革命」を説いたのは久しぶりであり、ずっと繰返していたわけではなかった。丸山没後に発表された談話筆記にまで拡げても、八八年に中国人留学生との会合(88 10 05談)で「永久革命としての民主主義」について語った(文庫 879-6-4-1「中国社会科学研究会との会合」メモでは、言い残した問題を詳しく記した)くらいだし、あと九三年の『忠誠と反逆』合評会(93 04 24)で「サムライ・スピリットの永久革命」は考えない、「民主主義の永久革命」しか考えないと語ったくらいだろう。

同じ『現代政治の思想と行動』増補版(64 05)の「後記」で、「戦後民主主義の「虚妄」の方に賭ける」と丸山が書いたことも、この民主主義の「永久革命」説と似たところがある。「虚妄」に賭けるという不可解な言葉が「永久革命」以上に反響を呼び、その後も丸山自身は「戦後民主主義」の語をほとんど用いなかったのに、「戦後民主主義」といえば丸山(丸山といえば「永久革命」)と連想されるようになった。そこには一九五〇年代末から六〇年代前半にかけての日本社会の大きな変化と、丸山自身の思想の重点の変化が現れていると私は感じたので、「戦後民主主義と丸山眞男」(改題のうえ本書第一章として収録)について論じた。丸山は、戦後民主主義には賭けなかったとしても、戦後、民主主義に賭けたので、日本社会の民主化をめざして著述し運動したが、六〇年前後から民主主義の逆説を強調したことを素描した。そして戦後日本で民主主義が外から上から与えられた矛盾や困難について、また民主主義そのものの逆説や矛盾について思索するなかで、丸山が一方で民主主義の「永久革命」を説き、他方で戦後民主主義「虚妄」説に反発したのはなぜかを考察した。その原稿のうち、一九四五年から六四年までの丸山の民主主義思想を素描した部分を切り離して、この第二章とする。

六〇年安保直後の七月二一日に議会制民主主義の三段階を論じた丸山は、特権への「抗議概念」と守るべき「正統概念」とを対比した(「議会制民主主義のゆくえ」60 09)。西欧では議会制民主主義は、一九世紀の第一期には特権階級や支配体制に対する「抗議概念」だったが、一九世紀後半から第一次大戦直後までの第二期の「議会制民主主義の黄金時代」(女性の普選運動を丸山がどう考えていたのか不明)とその後の過渡期を経て、第二次大戦後の第三期には、一種の既得権益として「正統概念」つまり「異端に対して護持さるべきもの」「共産主義の脅威に対して守るべきもの」になったという。それは日本の戦前の「国体」のようなものだが、西欧では議会制民主主義が「抗議概念」だった第一期以来の伝統が潜在して牽制しているので、「人民主権が直接発動して第一期的状況が噴出するといった事態」があまり起らないという。その事態が日本で生じた六〇年安保時のこの二概念は、議会制民主主義に限らない民主主義そのものの概念として、民主主義はもともと抗議概念だったこと、それがいつか正統概念になることを考えさせる。

丸山自身が、戦後ずっと抗議概念として民主主義を説き、日本社会の民主化を妨げる勢力に対して攻撃的知性を発揮してきた。とくに五〇年代には「民主主義というのは、本来大学の研究室の中で学者が考え出した一つの思想でなくて、実際は、激しい闘争のなかで、泥にまみれながら発展して行つたイデオロギーですから、元来形式論理的にキチンと組立てられた概念でなく、人々の日常的な欲求とか、希望とか価値感とかいうもの――それ自体もまた歴史的に変つて行くものですが――そういうものと不可分離に結びついた思想だと思う。それだけに、あまり理路整然と分類したり規定してしまうと、肝心の民主主義のもつ生命力がどつかにふき飛んでしまう危険がある」と語り、歴史的には「社会的特権を打破する政治運動」としてデモクラシーは発展してきたと述べた(「民主主義をめぐるイデオロギーの対立と日本」5301)。そのように特権と闘争し妨害に抗議しながら泥まみれで発展してきた民主主義について、その生命力を大切にしながら丸山が思索した軌跡をいくつかの時期に分けて論じたい。丸山の思想について時期区分ができるわけではないから、一九四六年の「転向」、五〇年、六〇年の活躍の三つを区切りとして叙述していく。

一　民主主義への懐疑

丸山は、戦前戦中も民主主義を論じることはあったが、理想とすることはなかった。一九三五年の夏休みには法学部緑会懸賞論文「デモクラシーの危機を論ず」を書く準備をしたし、翌夏の懸賞論文「政治学に於ける国家の概念」(36 12)では、「ファシズム独裁」が「民主化の地盤」である立憲機構を破壊して成立したことを批判的に論じたが、その克服の方向は見出せなかった。三五年からの国体明徴運動で、東京帝国大学法学部が誇大にも「民主主義無国家思想に対する学術的弾劾状」(蓑田胸喜『国家と大学』38 02)を右翼から突きつけられたあたりから、「民主」は主張しにくかった。清原貞雄『日本思想史』上の書評(43 06)で丸山は、「民主主義は国民一般に政治に対する主動的地位を容認する立場」だとして、「国民を統治の客体としか考えない儒教」を「民主主義の教」とする著者を批判したが、民主主義を肯定したわけではなかった。

一九四五年八月一五日にポツダム宣言受諾の放送があり、やがて戦勝国が掲げた民主主義が正しいことになったが、戦後半年余り丸山は迷いに迷ったという。一つには、民主主義が占領軍によって外から上から強制された矛盾があり、それなのに「民主主義万々才」(「戦後知性の構図」64 10)の風潮が生じたことへの異和感があった。外国によって「あてがはれた自由、強制された自由」とは「本質的な矛盾」だと十一月一日の戦後初めての講義で丸山は言ったが、強制された民主主義も同じく矛盾だった。十一月二四日(『矢部貞治日記』74 05)の復員学生歓迎集会では、「昨日まで軍国主義を呼号していた、それと同じ姿勢で、民主主義をいっているじゃないか」と丸山は言ったという(「現代はいかなる時代か」59 08 09)。矢部貞治が「デモクラシーとは」とラジオ放送した翌週の東京帝大法学部の政治学講義は二五番教室が超満員になった(45 10 31矢部日記)ほど、民主主義への関心が高まっていたが、丸山は「あまのじゃく根性」からも世の中の一変に反発していた(「原型・古層・執拗低音」84 07)。

もう一つには、民主主義に内在する矛盾への理論的な懐疑が丸山にはあった。手記「折たく柴の記」で丸山は、「我が国デモクラシーの諸問題」として、「一、天皇制との関係」、「二、いはゆるデモクラシーに内在する矛盾」の克服、「三、政治教育の問題」について検討したが、二では大衆民主政における民意の尊重と権力の集中との矛盾を主に意識しており、議会の権限増大によって内閣の執行権を弱体化する「デモクラシーの危機」を招かないように、権力の集中を「いかに民衆の意思に根拠づけるか」が問題だとした(45 10 29)。もっとも「デモクラシーの精神的構造」に注目して、「一、まづ人間一人〳〵が独立の人間になること」、「二、他人を独立の人格として尊重すること」を原則とし、とくに「間違つてゐると思ふことには、まつすぐにノーといふ」ような「「ノー」といひうる精神」の重要さを記したが、デモクラシーが「単なる多数支配」に堕すことを恐れてもいた(45 11 04)。現代日本はデモクラシーが「至上命令として教典化される危険」が多分にあると見ていたし、デモクラシーを「国民的統一意思を作り出すための一つの技術的手段」として統治技術の視点から相対的に捉えていた(45 11 09)。

戦後半年余りの丸山は、多様な意見を重んじる自由主義者であっても、多数の意向を重んじる民主主義者ではなかった。四五年一杯までは「猫もしゃくしも民主革命といってワァワァいう気分」に反感をもっていたという(「戦争と同時代」58 11)。しかし青年文化会議で同世代の学者と活動し、三島庶民大学で民衆の問いに接するなかで、民主主義の思想を自由主義の基盤のうえに受入れていった。庶民大学では、自由主義も民主主義も「人間理性に対する信頼を基礎とした主張」として「共通の地盤」に立ち、歴史的にも「封建主義に対して自由主義の主張がまず現われ、やがてそのなかから民主主義が成長して行った」と説明した(「デモクラシーと人間性」46 04 30)。原稿断片(文庫82)では、民主主義が「その反対物(独裁)」(「民主主義的扮装」で登場した「ファシズム」)を生み出すのを防ぐためにも、民主主義がたえず「個人主義自由主義を内包してゐる事が必要である」と記した。「デモクラシーとは、government of the people, by the people, for the people である」という「リンカンの有名な定義」のうち「by the people、つまり国民の自発的な意思とその決定に基く」ことが民主制の所以だとし、欄上には「国民が自ら国家の主人となること」、「国民の意向を尊重するといふのでは足りない」と書いた。

二　人民主権の思想

四六年三月六日に日本政府が発表した憲法改正草案要綱に接して、丸山は第九条の戦争放棄ではなく第一条の人民主権に驚いたという[1]（「戦後民主主義の『原点』」89 08）。それまで丸山は、天皇に責任が及ばないように配慮する「重臣自由主義」に立っており、「天皇と一体化したような国民という考え」だったが、戦後半年も思い悩んだ揚句、ポツダム宣言と同じ思想に、つまり人民主権の思想に「転向」したという（回顧談[2]）。三月二二日に「超国家主義の論理と心理」（46 05）を書き上げ、主に自由主義の思想から、国民をなお呪縛する「国体」を批判的に分析し、戦争指導者の「主体的責任意識」の欠如や日本社会の「抑圧の移譲」の体系に抗議したが、末尾の一文で民主主義の思想を表明した。「日本帝国主義に終止符が打たれた八・一五の日はまた同時に、超国家主義の全体系の基盤たる国体がその絶対性を喪失した日でもあつたのである」と書いたのち、「国体がその絶対性を喪失し」のあとに「今や始めて自由なる主体となつた日本国民にその運命を委ねた」という一句を挿入した（ＥＴＶ 96 11 18放送、文庫 353-2）。日本国民が「自由なる主体」となるという人民主権の思想がこの論文の最後の立脚点であり、その思想を八月一五日に遡らせて、再出発する決意を表した[3]。焼野原の銀座では、四月一〇日の衆院総選挙（最初の男女平等普通選挙）に向かって「民主々義日本の建設」「再出発」の文字が大書されていた（次頁写真３）。

人民主権にもとづく民主主義に賭けるに至った丸山は、「精神の革命」を重視した。超国家主義論文の前書きでラッサールの言葉を引いて「凡そ精神の革命を齎らす革命にして始めてその名に値するのである」と記した部分は、三月二二日原稿にはないから校正時の加筆だろうが、原稿用紙の裏には、「機構の変革」と「意識の変革」とを対置して、「意識の革命こそは実は民主主義革命の」、「意識の革命を伴ふ革命にしてはじめてその名に値する」との鉛筆書きがあり、「民主主義革命」と活字にするのはまだ躊躇したのかもしれない。「孫文と政治教育」（46 04 06談）では、孫文が「治者と被治者を完全に峻別する」東洋思想にもとづく「被治者根性」を克服して、「日常生活の中にデモクラシーを実現」しようとしたことを「人心の改造」「精神の革命」の見地から高く評価した。「政治と台所

写真3：読売新聞社の「選挙教室」立看板。1946年3月11日から4月10日まで銀座三丁目の明治製菓売店隣の焼跡に設置された。3月30日撮影。Photographer＝Decerbo; Record Group 111SC; National Archives at College Park, College Park, MD. U.S.A.

の直結について」(4607)では、「民主政治は人民が国家の主人であるところの政治形態」だから「人民の一人一人が治者としての気構えと責任を持つところに、民主主義の本質がある」として、「訴え」だけで「意見」を持たない「被治者根性」を批判した。原稿断片(文庫182-1-6)では、「デモンストレーション、ジェネラル・ストライキ、屋外集会等は勤労大衆が直接に(代表者によらずに)、自己のpublic opinionを表明する方法であり、新らしい主体的意思の表現方法である。直接民主政の表現。…治者が直接ラヂオ等で訴へるのだから、治者に直接訴へてもいゝ」と記し、直接民主主義を肯定した。

丸山が「民主主義革命」を論じたのは、ほとんど「いわゆる」つきだが、四六年末から四七年にかけてだった。[4] 四六年十一月に日本国憲法が公布され現代かなづかいが告示されて間もない講演原稿断片(文庫79)の目次からは、当時の丸山の眼光の焦点を想像できる。「いわゆる外からの革命として開始された諸過程の一段落とその悲劇性」「支配層の改革のサボタージュ」「民衆意識の立ち遅れ」「制度の変革に精神の変革が伴はぬこと」「民主主義意識によつて裏付けられない民主主義制度というのはナンセンス」「民衆の自発性の欠如」「吉田内閣とスト問題」「いわゆる民意は正しい「輿論」ではない」「被治者根性」「具体的直接的利害えの固着」。同じ原稿断片で丸山は、「縦の忠誠」「権威への依存」に対して、「個人の自立」を媒介とする「横の連帯」「相互依存、扶助」と書き、自立と連帯を模索していた。四七年は「日本のいわゆる無血革命第二年目」(「若き世代に寄す」4701 01)であり、「正しい国民主義運動が民主主義革命と結合」(「陸羯南」4702)することを説き、二・一スト中止で労働運動が沈滞してからも、「八・一五にはじまり、また現にわれわれの目前で引続き進行している、有史以来の変革——いわゆる民主革命」(「科学としての政治学」4706)、「明治維新が果すべくして果しえなかった、民主主義革命の完遂という課題」(「日本における自由意識の形成と特質」4708 21)に丸山も期するところがあった。

しかし当時の民主主義の思想や教育には、丸山は強い疑問を感じていた。今日は「あの人がと思われる様な人々までが」民主主義を謳うが、「民主主義えの途はそんなにまつすぐな大道だとは思はない」、「真の民主主義は血と涙を以て漸くあがなはれる。私は民主主義者であるということがある意味で命がけの勇気を要する時代がもう一度めぐつて来ないかをおそれる」と四七年に丸山は書いた(文庫107-39。欄上にErwirb es, um es zu besitzen. とあるのは、ゲーテ『ファウスト』の言葉だろう、「それを所有するには、それを獲得せよ」)。吉野作造「政治学の革新」(2001)の「価値の転換への爆弾的要請」を評価した講演では、「デモクラシーの認識はきれいごとであつてはならぬ」と戒めた(「現代政治学の課題」4712)。また、「学校の教科書に書いてある様な民主主義の定義ばかり」を教え、「民主主義と対立するものの考え方」との対決なしに、「何でも民主主義はいいのだ、いいからこの通りにやれという、お説教的形態」をとると、受取る側には「この間まで一億一心とか、国体明徴とか言われたのと同じ仕方」で民主主義が入るが、理性よりも感性の領域に浸透させないと民主主義は「決して根をおろさない」という（「二つの青年層」4804）。丸山が四六年七月三日の公民科教科書編纂会議で「国家生活」「近代政治」合計二〇〇頁前後の執筆を担当した（片上宗二『日本社会科成立史研究』9304、三九六頁）が、中等学校教科書株式会社の原稿用紙を沢山もらって結局執筆しなかったのも、翌年度からの公民科に代る社会科の導入のためだけでなく、そもそも教科書に懐疑的だったからかもしれない。

丸山にとって民主主義は、自然や政治社会に対して「人間が主体性を確立する」近代的な学問や知性の問題でもあり、庶民大学以来の「学問の民衆化」の問題でもあった。丸山は、「民衆の問題というのは、むしろやはり自分のなかにある内面的意識の問題で、やたらに民衆民衆という問題じゃないのではないか」と語り、学者が講演行脚して「啓蒙活動」するよりも「最も本格的な仕事をすること」が民衆のためになるとして、「血のにじむような苦しみ」で「本当のアカデミズム」を立てようとしていた（「新学問論」4701）。「文明の精神」「人民独立の気風」を強調した福沢諭吉に「価値判断を不断に流動化する心構え」としての「主体性」の強さを認め、「議論による進歩」「他説に対する寛容」「パティキュラリズムの排除」などは人間の知性の活動と社会の複雑多様化によって進むと福沢の思想を論じた（「福沢諭吉の哲学」4709）。

米ソの冷戦でGHQが民主化から復興反共へと占領政策を転換した四八年前後、丸山ら若手学者は公法研究会を組織し、官吏制度の民主化や日本国憲法の改正を主張した。この公法研究会は、「立法の民主化について」（4708『法律時報』）で「政府、官僚が人民の主人ではなくてその召使いであるという、新憲法の基本的原理」を説き、「〃国家公務員法案〃に対する意見」（4709『帝国大学新聞』）で官吏制度の民主化を論じ、「国家公務員法批判」（4711『法律時報』）も発表した。それでも四八年十月に政権復帰した吉田茂内閣は、GHQの指示通りに国家公務員法を改正し、公務員の争議行為のみか政治活動をも禁止した。公法研究会は「憲法改正意見」（4904『法律時報』）を発表し、前文について「民主主義の根本原則」から「直接民主政治」を排すべき理由はないとし、第一章は「人民主権を宣言する章」とすべきであり、「天皇制の廃止による共和制とすべきことが理想」だが、それは将来のこととして、「実現可能な改正案ということになれば、天皇制を承認した上で人民主権を明確にすべきである」と述べた。第一条は「主権は日本人民にある」、第二条は「天皇は日本人民の儀章たるべきものである」と改め、天皇の「生前の退位」も認めるとした。

超国家主義論文で「国体」つまり天皇制を批判した丸山が、道徳的精神的な意味で天皇制の廃止を考えるようになったのは、日本ファシズム支配の「無責任の体系」を素描した「軍国支配者の精神形態」(4905)を発表したころだろう。「戦後の民主化運動に対して内心憎悪と反撥を感じている厖大なる力」(「〝社会不安〟の解剖」4908)を強く意識したころでもあった。「八・一五以前の日本の社会構造に根ざした」保守的社会意識を民主化するために「大衆の自発性、能動性」を伸ばそうとした丸山は、「大衆のモッブ化」を問題とした旧師で元文相の田中耕太郎と激論した(「現代社会における大衆」4910)。その前後に「リベラルだがデモクラティックでない」「明治的な知識人」の「重臣リベラリズム」の無力について語った(「日本の思想における軍隊の役割」4910)のは、天皇の責任追及を回避する重臣自由主義と訣別したからだろう。五二年一月九日の座談会で丸山が「天皇制がモラルの確立を圧殺していることに対して、どうにもがまんのならないものを感ずる。…これを倒さなければ絶対に日本人の道徳的自立は完成しないと確信する」と述べたのは、「この二、三年」の考え方だという(「日本人の道徳」5203)。

三　民主勢力の運動

四六年三月から民主主義者として人民主権の理念を抱いた丸山は、五〇年ころから「民主勢力」の運動に加わった。六七年の回想(「普遍的原理の立場」6705)によれば、「戦争直後の時代」のあと、レッドパージと講和問題を転機に「第二期」が来て、押されはじめた「進歩勢力」というのか「民主勢力」の肩をもつようになったという。四九年には平和問題談話会(三月)もレッドパージ(七月)も始まっていたが、大雑把には五〇年から六〇年までを「第二期」、本節「三　民主勢力の運動」の時期と考える。丸山は五一年一月から九月まで、五四年二月から五五年三月まで肺結核で入院し、その後自宅療養もしたので、また五八—九年から民主主義の逆説を説くとともに、市民が担う民主主義を構想するので、五〇年代を一括するのは困難だが、平和問題談話会の活動から六〇年安保の運動までを一つの時期として論じる。[5]

日本社会の民主化をめざす丸山は、占領政策の転換以来、戦前の日本社会に逆戻りしようとする勢力に押され気味だった。朝鮮戦争開始直後の五〇年七月二〇日付の「戦後日本のナショナリズムの一般的考察」(5112)では、「戦後の日本社会の「民主化」の実質的な進捗の程度」を回顧し、「「外部からの」あるいは「上部からの革命」がいかに本質的な限界をもっているか」に知識的な日本人は気づいていると書いたが、外から上からの民主化には限界があっても、下からの民主化も「強大な旧勢力の残存」と「家父長的な労働関係」に押えられて「前途遼遠」だった。「日本の諸社会関係の民主化をひきとめ伝統的な配線構造を固定化している力がどんなに強靱なものか」を示した「ある自由主義者への手紙」(5009)では、「日本社会の民主化にとっては誰の眼にも顕著な独裁者型の指導者よりもボス型のそれにヨリ多く警戒の眼を光らせる必要」を丸山が常々言うのは、「独裁者は民主主義を、いわば外から公然と破壊し、ボスはそれを内部から隠然と腐蝕させる」からだと論じたが、それほど悪いボスが学界にも他の社会にも沢山いた。時事通信社の丸山担当編集者がレッドパージで解雇されたとき、丸山は抗議して『社会思想五十年』の執筆を中止した(長谷川才次宛50 08 20)。

民主主義は、冷戦の緊張が強まるにつれて、守るべき現実として擁護されるようになった。「八・一五以前に直接連なる諸勢力」と丸山が呼んだ保守反動勢力が、「ソ連型民主主義」や全体主義に対して、「英米的民主主義」の防衛を叫んでいた。丸山は、「日本社会のどこに「防衛」するに足るほど生長した民主主義が存在するのか」、「当面の問題は既存の民主主義の防衛ではなく、漸く根の付いたばかりの民主主義をこれから発展伸長させてゆくことなのだ」と記し、デモ隊と占領軍とが衝突した人民広場事件（50 05 30）への取締りを例示しながら、勤労大衆の組織的行動への法的制限に抗議した（「ある自由主義者への手紙」50 09）。戦後日本の民主化は「国家機構の制度的＝法的な変革」にとどまっていて、「社会構造や国民の生活様式」にまで浸透せず、いわんや「国民の精神構造の内面的変革」には至っていないと判断し、「「デモクラシー」が高尚な理論や有難い説教である間は、それは依然として舶来品」だとして、「デモクラシーの非合理化」を説いた（「日本におけるナショナリズム」51 01）。

五二年四月の講和条約発効の前後から再軍備と米軍基地、破防法の問題、やがて原水爆禁止、憲法改正の問題が続いたが、日本人の所与的で一次元的で権力支配的な「現実」観ゆえの「仕方なしデモクラシー」を丸山は歎いた。「戦後の民主化自体が「敗戦の現実」の上にのみ止むなく肯定されたにすぎません」、日本人にとって民主主義とは"It can't be helped" democracy だという皮肉な記事が戦後まもなく『ニューズウイーク』に載っていたが、「仕方なしデモクラシー」なればこそ「逆コース」に、「仕方なし再軍備」に向うのだろうと論じ、「既成事実への屈伏という私達の無窮動《ペルペトゥーム・モビーレ》(6)」に抗そうとした（「「現実」主義の陥穽」52 05）。講和発効目前の憲法改正論に対しては、「民主主義と平和主義を前進させる方向において論じられているのではないので賛成出来ない」と回答した（読売新聞52 04 28）。また、五〇年代の米国ではマッカーシイズムが拡がり(7)、「「民主主義」の名において「民主主義」の敵を排除する」、「異端の排除すなわち民主主義的自由と考えられてくる」、「正統化された思想に画一化していく」ことが進んでおり、日本でも同じことが行なわれるのを丸山は警戒した（「民主主義の名におけるファシズム」53 10）。

戦後しばらく丸山は、勤労大衆とくに組織労働者が民主主義を担うことを期待していた。『政治の世界』（52 03）では、「労働組合こそは現代社会における大衆の原子的解体に抵抗する最も重要な拠点」だとして、デモクラシーを支える自発的結社のモデルを労働組合に求めたが、のちに「組合官僚化と、ある意味での労働貴族化というものが、これほどになるとは夢にも思わなかった」と自己批判的に回顧した（84 10 06談、『自由について』05 07）。五三年四月の衆院総選挙では左派社会党に応援気味に注文をつけた（「選挙に感じたこと」53 04 18）し、総評高野派の雑誌『国民』（54 04～56 07）の創刊前の編集会議で「群をぬく面白さだったのは丸山眞男氏で期待されたが、ほどなく何度目かの結核再発で入院された」という。[8]丸山は、高野実の「ぐるみ闘争」を評価しており、高野に反発した総評幹部が「公共企業体や大手筋の組合中心」になって、地域的に横に拡げようとしないことに批判的だった（「結核療養者より医師への注文」56 11）。ちなみに大衆の原子化と関連することとして、五三年二月の講演で丸山は、現代のマス・コミュが「知性を原子化する作用」の例として、ニュース映画が無関連な場面を次々と押しつけるので持続的な思考能力が減退すると語った（「ファシズムの現代的状況」53 04）が、これは同月始まったテレビ放送のことではまだなかった。丸山は映画館でも思索する知性の人として、「マス・コミュニケーションの発達によるわれわれの知性の断片化・細分化」を心配していた。

五五年に社会党の左右統一に対抗して自由民主党が十一月に保守合同し、五四年三月以来自由党憲法調査会長だった岸信介らが憲法改正をめざしたことに丸山は危機を感じた。もっとも五五年二月の衆院選で左右社会党が憲法改正発議阻止可能な三分の一を確保していたし、[9]五六年七月の参院選では社会党が自民党の六分の五まで迫った。その参院選で丸山は、野党が議席を確保するために候補者調整を申入れる計画を練ったらしい（『南原繁書簡集』87 01、七一五頁）。丸山は、戦後の「法律革命」の影響が国民生活の底辺に漸次定着し、新憲法は今日相当広い国民層において一種の「保守感覚」に転化しつつあることを最近の新現象として観察した（『現代政治の思想と行動』上「追記」56 12）。五七年八月に岸内閣が憲法調査会を設けたのに対抗して、五八年六月発足の憲法問題研究会に我妻栄と宮沢俊義を入れたのは丸山らであり、[10]法学部に「いるのはちょっと無理だな」と思うほど主流の田中二郎らの怒りを買ったという(回顧談)。

しかし丸山は、憲法を守るとか民主主義を擁護するとか、守勢に立つことはなかった。憲法擁護国民連合の雑誌『平和と民主主義』の座談会「平和と民主主義のとりで　憲法」(58 05)でも、終戦直後には「下から出て来たいわば定型化されないエネルギー」があったこと、保守党から見れば「押付けられた憲法」がわずか十年間で国民に定着したこと、労働評論家の岡十万男が労働者の「既得権利」と言ったのをややずらして、「既得権益」を失いたくないという一種の「保守感覚」が憲法の砦になっていることを指摘した。「護憲」の意味については「何も現在の憲法それ自身をありがたがるということではなくて、それは戦後獲得した民主主義のシンボルだ」という。また、「権力からの自由」よりも「何々への自由」という積極的自由を重視するのは間違いであり、「権力を絶えずチェックする」武器、「権力に対する抵抗権の保障」が憲法だという。憲法を守るのではなく「権力をして守らす」という立憲主義的な自由主義を根本としていた。ちなみに憲法については、座談会「一年の後、十年の後」(60 01 01)で、埴谷雄高が「今度の戦争で与えられた平和憲法ができて…」と言ったら、丸山は「憲法もそりゃ成立の経過から言えば与えられたものかもしれないけどね。憲法自身が戦後のいわゆる民主的解放のシンボルなんで」と反論し、「戦後の民主的な改革」の評価に帰着させたこともある。

民主主義は、戦後十年余りを経て、日本社会で広く擁護される正統的価値になりつつあった。かつて冷戦ゆえに異端を排斥しても防衛するべきイデオロギーとされたのとは違って、建前として守るべき制度とされるようになった。岸首相も国会で、「国民大衆の理解と納得の上に立つ政治こそ民主政治の正しい姿である」「国会の運営を民主主義の原則に従って円滑に行う」、「暴力の横行」は「反民主主義的勢力」に便乗されるし「民主主義の敵である」と演説した(57 02 27、57 11 01)。他方では、革命運動の混乱も五五年から次第におさまり、民衆のなかから革新の動きが生まれていた。谷川雁は、「戦前の知識層」の「革命組織へのあこがれ」とは違って、「はじめて量的な左翼を形成した戦後民主主義の底部には、それにくらべればもう少しましな計算力、すなわち清らかな健康さがある。アジア民衆の狡智がある」と論じて、「戦後民主主義」の無党派的エネルギーに早くも期待した（「民衆の無党派的エネルギー」57 12 02『日本読書新聞』）。

五八年秋の警職法国会では、「いまは民主主義の世の中だから」とか、「日本は民主主義の国である以上」とか、秩序の攪乱者への「反民主主義」とか、「変則国会の正常化」とか、「議会否認の風潮の台頭をおそれる」とか言われたが、そこに丸山は「状態」的思考や「である」論理を見て取った。「議会政治がちょうどかつての日本の「国体」のように、否定をくぐらずに、頭から神聖触るべからずとして、その信奉が強要される」、「タブーによって民主主義を「護持」しようとする」という「倒錯」を指摘し、「過程」的思考や「する」論理を対置した。「自由を擁護することに比べて、自由を市民が日々行使することはさらに困難である」というC・W・ミルズの言葉を用いて、「民主主義も、不断の民主化によって辛うじて民主主義でありうる」、民主主義は「人民が本来、制度の自己目的化――物神化――を不断に警戒し、制度の現実の働き方を絶えず監視し批判する姿勢によって、はじめて生きたものとなり得る」と論じた（「現代文明についての一試論」59 01）。

民主主義は逆説だと丸山が語ったのは、そのような民主主義の正統概念化に抗するものだった。五八年七月一四日の講演「民主主義の歴史的背景」（59 02）では、民主主義の「理念」「制度」「文化」を区別したうえで、Demos＋Kratia つまり「人民の支配」という理念と政治の現実との不可避的な矛盾に言及した。ルソーの指摘の通り、現実の政治では多数支配は不自然であり、少数者の支配が行なわれるし、権力によって強制力が行使される。「民主主義の理念は、本来、政治の現実と反するパラドックスを含んでいるのであり、このパラドックス性を忘れて、実際に行われている「民主主義」政治を物神崇拝することは、警戒しなければならない」。しかし「人民の支配」が理論的に矛盾を含み、そのまま実現できないとしても、むしろそれゆえ「たえず民主化せねばならないという結論が出て来る」。「民主主義を既成の制度として、あるいは固定的なたてまえとしないで、不断に民主化してゆく過程として考える」、「民主主義を完成品としてみるのではなく、つねにプロセスとしてみる」ことが重要だという。日本の議会政治の制度こそが民主主義だと現実を理想化し美化する傾向を批判したものであり、「未来に向って不断に民主化への努力をつづけてゆくことにおいてのみ、辛うじて民主主義は新鮮な生命を保ってゆける」という。

五八年秋の警職法国会は、政府提出法案が反対デモゆえに成立しなかった稀な例外となり、新しい市民の政治参加の可能性も見られた。「民主主義をになう市民の大部分は日常生活では政治以外の職業に従事している」から、「民主主義はやや逆説的な表現になるけれども非政治的な市民の政治的関心によって」支えられると論じた。もっとも政治や経済の領域での「する」価値とともに、学問や芸術の領域では「である」価値が必要だと考える丸山は、「ラディカル（根底的）な精神的貴族主義がラディカルな民主主義と内面的に結びつくこと」が現代日本の知的世界に要求されるとした（「現代文明についての一試論」5901）。この精神的貴族主義は、民衆を蔑視する「エリート」の意識とは異なって、「大衆に対する奉仕の意識」や義務の意識であり、それがなければ「多数という名の暴力」にデモクラシーが屈してしまうという（590113談、別集2）。「貴族とは特権じゃない。大衆への奉仕ですよ」とも語った（「憂える〝流される時代〟」590207）。「大衆の自己訓練能力、つまり経験から学んで、自己自身のやり方を修正していく——そういう能力が大衆にあることを認めるか認めないか、これが究極において民主化の価値を認めるか認めないかの分れ目です」ともいう（「政治的判断」5807）。のちに六〇年安保の五月二七日、窓外にデモの歌声を聞きながら、「しろうとの政治活動というのがデモクラシーの考え方の基礎」であり、警職法のときから「だんだん在家仏教主義は根づいてはきたと思う」と振返った（「擬似プログラムからの脱却」6007）。

六〇年安保の激動の一か月には立入らないが、抗議概念としての民主主義を丸山が最も強く語ったときだった。岸首相が五月一九日の深夜、衆議院に警官隊を導入して会期延長と新安保条約を可決したとき、それを民主主義の破壊と捉えて民主主義を擁護する運動が昂揚した。丸山は、「敗戦の直後のあの時点にさかのぼれ」「私たちが廃墟の中から、新しい日本の建設というものを決意した、あの時点」八月一五日にさかのぼれと六月一二日に説いた（「復初の説」6008）。しかし「民主主義擁護というスローガンをなまに出すこと」ではなく、「立ち上がる行動自体をその主体に即してみれば、それが民主主義なのだ。…現実の過程の意味は初めて人民主権を人民が自らの行動を通じて血肉化して行くということでしょう」と六月二三日ころ語った（「現在の政治状況」6008）。「民主主義の原理というものが、とにかくはじめは上からきたものではあるけれども、それが十五年の過程を経て国民の間に浸透していった。…上からの憲法が、この闘争を通じて下からの憲法に変わってゆく。…人民主権を血肉化させるという闘いになる。八・一五において起こるべき闘争は実はこれからはじまる」と七月八日に語った（「安保闘争の教訓と今後の大衆闘争」6007）。そのように人民主権の発動を見た丸山は、廃墟の中の決意について、下からの民主主義について、自己内対話について（明星学園講演600711談）語るなかで、民主主義の抗議概念をくっきりと示した。

六〇年安保の運動では、「民主主義をまもる学者・研究者の会」（民学研）や、「みんなで民主主義を守る会」などが結成され、岸首相が採決強行で民主主義を破壊したのに抗議したが、丸山は民主主義を守るという発想から遠かった。「デモクラシーがいわばかつての日本の国体みたいになっちゃって、「デモクラシーの世の中だから」云々というように、デモクラシーが日々作られるものでなしに、まるですでにでき上ったものとしてあるような雰囲気が支配的になった」（「政治学の研究案内」6005）ことへの疑問が早くからあったという。「民主的思想に対する懐疑をおそれないで、民主主義の思想に対する疑いを深めていくこと。なぜ民主主義はそんなに価値があるか、民主主義はちっともありがたくないじゃないかという考え方をどんどん出していくことによって、それによって獲得された民主主義はほんとうに力強い。否定を通じて踏み固められた民主主義は、ほんとうに強い」（「内と外」601122談）と語ったように、民主主義を鍛えようとしていた。それとともに、抗議概念としての民主主義によって日本社会の民主化を妨げる勢力とたたかってきた六〇年までの丸山の思想は、重点を変えつつあったのではないだろうか。

四　民主主義の永久革命

六〇年安保直後の八月一三日、丸山は、民主主義の「永久革命」について春曙帖[6-]に書いた。「社会主義について永久革命を語ることは意味をなさぬ。永久革命はただ民主主義についてのみ語りうる。なぜなら民主主義とは人民の支配——多数者の支配という永遠の逆説を内にふくんだ概念だからだ。多数が支配し少数が支配されるのは不自然である(ルソー)からこそ、まさに民主主義は制度としてでなく、プロセスとして永遠の運動としてのみ現実的なのである。／「人民の支配」という観念の逆説性が忘れられたとき、「人民」はたちまち、「党」「国家」「指導者」「天皇」等々と同一化され、デモクラシーは空語と化する」。民主主義は「人民の支配」であり、少数の支配という通念に反する「逆説」だから、制度でなく「永遠の運動」であり、「永久革命」だという。その「観念の逆説性」を忘れて「人民」を「党」その他と同一化する者とは、一君万民的な天皇制論者も含むだろうが、主には社会主義者、とくに共産党が「人民」を絶対化するのを意識したものだろう。書き出しからしても、当時かなりの人々がめざしていた社会主義の革命に対して、民主主義の「永久革命」が語られている。

民主主義は逆説だから「永久革命」の運動だという考えを丸山は間もなく公表した。『週刊読書人』(60 09 19)の「五・一九と知識人の「軌跡」」では、春曙帖の記述とほぼ同じなので引用を節約するが、「民主主義だけが永久革命の名に値する。…ルソーの言いぐさじゃないけれど、…「人民の支配」ということは、それ自体が逆説的なものだ。だからこそ、それはプロセスとして、運動としてだけ存在する」と語った。『声なき声のたより』(60 09 20)に寄せた「感想三つ」では、「永久革命」の文字はないが、「声なき声は、声をあげた瞬間に声ある声になる」というパラドックスにたじろぐことはない、「なぜならそれは人民(多数)ということと支配(少数支配)とを一緒にした民主主義の理念そのもののパラドックスに通じているからだ。デモクラシーが逆説だからこそ、それは運動としてだけ本当に存在する。…声ある状態を固定することもまた運動の死を意味する。願わくばこの会に不断の生命あらんことを――」。

丸山が「永久革命」と書いた翌々日の八月一五日、谷川雁、吉本隆明、鶴見俊輔、藤田省三が座談会「ゼロからの出発」(『日本読書新聞』60 09 05、12)を開いたが、丸山も誘われなかっただろうか。座談会では、「丸山真男さんの議会主義」も剝製の縫いぐるみではないかと谷川が疑い、いや丸山さんの「復初の説」も「原人主義」だと藤田が反論したが、今日ではわかりにくい会話のなかから、谷川が起草した同日付の声明「さしあたってこれだけは」が生まれた。その声明は、暗に共産党の「独断論や形式主義」や思想対立排除を批判し、人々の「内発性、自律性」を深める「反体制陣営の体質改善」を訴えていた。これには一二九名が賛成し、「反体制」を自認していなかっただろう丸山もやはり賛成している(『日本読書新聞』60 10 03)。しかし丸山が「人民の支配」という「観念の逆説性」を忘れずに説いた「永久革命」は、彼らの急進的な反体制運動に次第に向けられていったと思われる。

十月九日の王子労政会館での六月行動委員会の安保闘争総括シンポジウムには丸山も出席した(写真4)。吉本隆明が「ぼくは絶望し絶望し、絶望しきったところまで落ちてから革命家になりたい」などと語り、トロツキスト、アナーキスト、サンジカリストたちが討論し、丸山が「諸君の話は思想であるのはわかるが、政治ではない。政治を語ってはいるが、政治的行動の論議ではない。よしんば行動の論議ではあっても、行動そのものの結果責任を検証しあい、今後の政治行動に移るための具体的論議になりえていない」と批判したという(中島誠「現代の偶像12　丸山真男」68 12 01『朝日ジャーナル』[11])。吉本はそのころ、丸山が「八・一五と五・一九」(60 08)で滅私奉公的な革新運動派に対して私的利害優先の政治的無関心派を否定的に評価していると見て、私的利害を優先する「真性の「民主」(ブルジョア民主)」の立場から丸山の「擬制民主主義」を批判した(「擬制の終焉」、共著『民主主義の神話』60 10)

写真4：1960年10月9日、王子労政会館での六月行動委員会の講演シンポジウムで発言する丸山真男。『丸山眞男講義録』3、1998年7月、カバー。

が、九八年の回想では、公の席で丸山に会ったのは唯一この集会であり、丸山が何か発言したと記憶しているという(『吉本隆明が語る戦後五五年』12、0311)。

十月二四日からの東大法学部での政治学の講義でも、丸山は「永久革命」とは言わなかったが、ほぼ同じ考えを述べた。年が明けたころ、「そもそも民主政――すなわち人民統治――government of the peopleとは、本質的に矛盾概念である。…民主政が本質的に矛盾概念であるからこそ、それは不断の、また無限の過程または運動としてのみありうる」として、民主政下の政党が直面する「決定の集中性と参加または抵抗の分裂性のディレンマ」を論じた。この人民統治とは、原稿(文庫1157-3)では「人民支配」が修正されていることからしても、人民が支配むしろ統治することであり、government of the people の people は目的格ではなく主格だった。それも矛盾概念であれば、人民主権と言うだけでは始まらないという問題でもあっただろう。講義の準備メモ(文庫915-3)には「デモス＋クラチヤという民主政の本質的、内在的なパラドックスを政党はもっとも集中的に表現している」とも記されている。

六一年十月に渡米した丸山は、「永久革命者の悲哀」(5605『群像』)で知られる埴谷雄高に手紙を書いた(611201)。出発直前に丸山編『人間と政治』(6110)の巻末論文「現代における人間と政治」の遅れで執筆者の埴谷に迷惑をかけたお詫びと、丸山の『日本の思想』に対する書評(「均斉感をもった構築」6112『図書』)へのお礼を兼ねた手紙だった。その書評で丸山の方法を論じた埴谷が「市民社会」的発想のあとの段階を目標としているらしいことに、丸山は論及した。「私は社会主義こそ歴史的に一つの段階を代表する体制と思想であり、これに反していわゆる「市民」的民主主義はギリシャの昔からあって、社会主義をのりこえても生きつゞける――というよりは永遠に制度化を完了しないプロセスと思っています。その意味で民主主義の永久革命説といってもよく、そうなると正反対の方向からまた貴兄の考え方と相重なる面が出て来るかも知れません」。「市民」的民主主義は、社会主義「革命」とは「正反対の方向」だが、埴谷の「永久革命」とは「相重なる面」があったのだろう。

さて、米英両国滞在から六三年四月に帰国した丸山は、普遍史的発展段階論を脱しており、単一の近代を到達目標とする近代主義者ではもはやなかったが、民主主義者ではあった。『現代政治の思想と行動』増補版「第三部 追記」(64 05)では、著作で初めて民主主義の「永久革命」を説いた。「およそ民主主義を完全に体現したような制度というものは嘗ても将来もないのであって、ひとはたかだかヨリ多い、あるいはヨリ少ない民主主義を語りうるにすぎない。その意味で「永久革命」とはまさに民主主義にこそふさわしい名辞である。なぜなら、民主主義はそもそも「人民の支配」という逆説を本質的に内包した思想だからである。「多数が支配し少数が支配されるのは不自然である」(ルソー)からこそ、民主主義は現実には民主化のプロセスとしてのみ存在し、いかなる制度にも完全に吸収されず、逆にこれを制御する運動としてギリシャの古から発展して来たのである」。その場合「人民」は、「個と多の緊張をはらんだ集合体」であり、もし「即自的な一体」として表象されたら国家や指導者と同一化され、「全体主義的民主主義」の危険があるという。これはタルモン(J. L. Talmon, *The Rise of Totalitarian Democracy*, 1952)の概念を用いたのだろうか、個を生かした多数を重んじる立場から、人民民主主義の困難を直視していた。民主主義を「特定の体制をこえた「永遠」な運動」と捉えて初めて、民主主義は「現在の日々の政治的創造の課題」となるという。

六四年の丸山の民主主義の永久革命説は、やはり永遠の運動を説いているが、民主主義を永遠の「日々の過程」としており、革命的というよりは日常的であり、むしろ現在の制度の活用を説くことに力点があった。「第三部追記」で丸山は、六〇年安保闘争における丸山自身の言動を振返るとともに、「有頂天の革命的精神」のあとの「宿酔」のひどさに触れ、ありえない「革命」の幻影を描いたり、挫折感から「敗北」を繰返したり、世界中で最も低く安保闘争を評価したりする人たちへの失望を記した。「私は議会制民主主義を理想の政治形態とはけっして考えていない」「いうまでもなく民主主義は議会制民主主義につきるものではない」と再度断ったように、丸山は議会主義だと謂れなく批判されることに反論した。「来たるべき制度、あるいは無制度のために、現在の議会制民主主義の抽象的な「否認」をとなえる」人たちについては、「(現在の制度の)「外」にいるつもりで「疎外」のマゾヒズムをふりまわす人々を見ると、どうしても電車のなかで大の字になって泣きわめいて親を困らせている子供を連想したくなる。どちらにも「反抗」の根底に「甘え」がひそんでいるからである。」

「第三部 追記」の草稿(文庫 282-1-1-3)からは、民主主義の「永久革命」を説く丸山が誰を意識していたかが窺える。「安保闘争における私の言動は…その後左右両翼からの激しい批判を浴びたことは、ひとの知るとおりである」と書いた丸山は、「左」からの「市民主義」批判(「私自身は市民主義という用語は使用していないが」)と、「右」からの「イデオロギーの虚構性」批判(福田恆存の「常識に還れ」など)に触れ、安保闘争前後から目立ってきた「文学的」政治論の奇妙な流行」を問題とした。それらは事柄の叙述と理論的分析と価値判断の表明とを区別しないし、「マルクス主義的なコトバと実存主義的なコトバとをつなぎ合せただけの、まったく無内容なひとりごと」だという。その「文学的」政治論とは、やはり谷川雁や吉本隆明らのそれや、それが受け入れられる思想的基盤のことであり、「現在の言葉ラディカルと街頭ラディカルとから成る極左派」(「民主主義の原理を貫ぬくために」6506)、「安保前後の心情ラディカリズム」(『現代日本の革新思想』6601)と丸山が呼んだ人たちの政治論だろう。

同じ草稿で丸山は、トロツキーとスターリンとを対比したS・ノイマン『恒久の革命』の一節を春曙帖[39⁻]から書き写している。「ロシア革命に永久革命を求めたトロツキーは、あらゆる革命の発展傾向を無視して、ロシアが「結婚生活の散文的な落着き」に移行しつゝあるときに灼熱するような「永遠のハネムーン」を望んだ病膏肓のロマンティストであったかもしれない」。しかし逆に、「「人民の支配」の観念の永遠の逆説性が忘れられて、「人民」が特定の「党」と、「官僚機構」と、さらにはその最高指導者と同一化したところに何がうまれたかは語る必要がないだろう」。そのようにスターリンの独裁と粛清こそ最悪であり、「人民の支配」の観念の「逆説性」が忘れられたからだった。それと比べればトロツキーの「永久革命」はましであり、それをやや意味転換してロマン主義を脱色し、革命的というより日常的なものとして、「左」のラディカルに示そうとしたのではないだろうか。

永久革命あるいは永続革命 permanent revolution は、意味不明瞭な言葉だった。マルクスの『フランスにおける階級闘争』や「中央委員会への呼びかけ」(ともに一八五〇年、Revolution in Permanenz)で用いられはじめ、当時は革命の執行機関として議会を中断しないという意味だったが、その後の意味ははっきりしないという(良知力「革命史における言葉の虚像について」8205『思想』)。一九二九年にソ連を追放されたトロツキーが翌年刊行した『永続革命論』は、一国社会主義でない革命をめざす人たちの経典となった。矢部貞治は、「多数者が統治し少数者が統治せらるるは自然秩序に反する」というルソーの言葉を「必然」として肯定するとともに、「衆民政の「一般意思」原理は一の「動的原理」であり或意味にては「永久不断の革命」である」というA・ウェーバー(A. Weber, *Die Krise des modernen Staatsgedanken in Europa*, 1925)の見解をもとに、デモクラシーにおける少数指導者の権力を成員個々人の支持に根拠づけようとした(「現代独墺に於ける衆民政諸論(三)」3202『国家学会雑誌』)。その矢部が、「所謂「永久不断の革命」(Revolution in Permanenz)乃至「日々の一般投票」(le plébiscite de tous les Jours)」としての「一般意思」を最高原理とする「共同体的衆民政」をシュミットの「主権的独裁」と矛盾背反しないと論じて国民動員の方向へ進んだ(「独裁政と衆民政」3511『政治及政治史研究』)のとは反対に、丸山は「永久革命」の概念によって革命を日常化しようとした。

丸山が六〇年安保直後、民主主義は逆説だから「永久革命」だと論じたとき、トロツキズムもスターリニズムも天皇制思想も、さまざまな政治思想を念頭に置いていただろうが、次第に谷川や吉本らの「文学的」政治論やその思想的基盤を強く意識したと思われる。制度を否認する急進派による「左」からの丸山批判に対して、「人民の支配」の「永遠の逆説性」によって反論したのだろう。『現代政治の思想と行動』増補版の「第三部 追記」の民主主義の「永久革命」説がそれだったが、むしろ同書の「後記」で戦後民主主義「虚妄」説に反論したことの方が大きな反響を呼んだ。軍事占領下の民主主義は「虚妄」だと言った大熊信行は必ずしも保守派ではなかったが、いわば「右」から戦後民主主義が批判されたとき、丸山が反発したことは、それまでの多岐な歩みから理解できる。丸山が戦後、民主主義に賭けたのは、廃墟のなかでの思想的反省と人民主権の決意があったからだろうが、やがて加わった「民主勢力」が優勢だったことはほとんどなく、それでも日本社会の民主化のために運動し、それを妨げる勢力に抗議してきた。

六〇年を境に戦前回帰的な勢力が衰えるとともに、「左」から急進的な反体制派が現れた(「右」からも新しい保守派が現れた)。そのとき丸山は、民主主義はほとんどありえない逆説だから「永久革命」だと説いた。もともと戦後の民主主義が外から上から与えられたという矛盾や困難についてだけでなく、民主主義そのものの矛盾や逆説について丸山は思索してきた。民主主義が不自然な逆説だということは、五八年夏の講演「民主主義の歴史的背景」(5902)で語ったが、民主主義の理念は「政治の現実と反するパラドックス」を含むからだった。ところが六〇年には、「民主主義の理念そのもののパラドックス」(「感想三つ」 600920)に注目し、「人民の支配」というほとんど不可能な逆説ゆえに民主主義は「永久革命」であり、制度ではなく運動だと論じた。しかし「革命」の字面にもかかわらず、そこから運動は強く生じなかった。民主主義の「永久革命」説は、革命の幻影を描く急進派に対して、革命の日常化を説くことになった。

丸山が民主主義の「永久革命」を説いた形跡は、冒頭で触れたように、その後八八、九年までない（早稲田学生ゼミ83 11 26の記録は小見出しのみ）。ただ、六九年二月二一日、東大紛争で安田講堂を占拠した学生を機動隊で排除した激突からほぼ一か月、法学部が授業を再開したとき、なぜ授業を再開するのか質問する法闘委（全共闘）の学生に対して、「講義は日常的な制度だ。日常化と、問題解決という意味での正常化とはちがう。非日常的な状態の永続、もしくは非日常的な手段の永続的な行使が永久革命だという定義を、トロツキーはどこで言っているか」と丸山は反論したという（加藤一郎宛69 02 25）。この脈絡が私にはわからなかったが、おそらく「永久革命」を文字通り革命的に受けとめた学生が、民主主義は「永久革命」だと言ったではないかと丸山に質問したのだろう。丸山が手記や草稿で触れただけのトロツキーの永久革命論への言及が学生に通じたかは別にして、トロツキーが著作のどこかで言っていなければ、非日常の永続が永久革命だという概念は成り立たないだろうか。その反論は、余りにも文献主義ではなかっただろうか。

（１）　ＧＨＱ原案の the sovereignty of the people's will が、要綱では「国民至高意思」（各新聞見出しでは「主権在民」）とされており、「主権が国民に存すること」と改められるのは七月だから、丸山は東大の憲法研究委員会で英語原案を見て驚いたのだろう。阪本尚文「丸山眞男と八月革命（１）」15 07『行政社会論集』参照。
なお丸山は、八月に革命があったと解釈すれば国民主権主義への変更を説明できると宮沢俊義にアイディアを提供したことはあっても、八・一五に革命があったと発言したことはない。事実と異なる伝説が松本健一『丸山眞男八・一五革命伝説』（03 07、08 07）などによって流布されている。

（２）　『丸山眞男回顧談』上（06 08）で丸山は、超国家主義論文を書いて重臣リベラリズムから「転向」したと回想したが、何へ「転向」したのか明言しなかった。主にそのことについて、また戦後半年余り丸山が迷いに迷った経緯について、清水靖久「丸山眞男、戦後民主主義以前」11 12『法政研究』で考察したので、本文では戦後半年余りについては記述を削った。

(3)『現代政治の思想と行動』増補版の「後記」(64 05)で「戦後民主主義の「虚妄」の方に賭ける」と書いた丸山は、戦後一六年にわたって執筆した同書の諸論文について、「右の賭けが公理もしくは偏向として基底に流れていることには変りはない」と記して、最初の超国家主義論文以来の一貫性を強調した。丸山が戦後、民主主義に賭けた出発点が、超国家主義論文だった。

(4) 日本政治思想史の講義では、「我国の民主革命」(の「二重の課題」)について四八年五月二八日の初回でも語ったようだ。

(5) 四八年九月から東京と京都の各部会で平和問題を討議し、十二月に合同討議した会合から、四九年三月に平和問題談話会が発足した。七七年に丸山は、四八年の声明や各部会報告について、「今日往々にして誤解されますように、戦後のバラ色の啓蒙時代——いわば平和と民主主義というものが合唱というより斉唱として世界にこだましていたような、そういう雰囲気の所産ではなかった」と回想した(「一九五〇年前後の平和問題」77 05 25談)。戦後民主主義についても往々言われる「戦後のバラ色の啓蒙時代」、「平和と民主主義」の斉唱は、丸山から見れば誤解であり、余りにも七〇年代的な理解だった。

(6)「無窮動」perpetuum mobile は「永久革命」と似た概念だが、「ナショナリズム・軍国主義・ファシズム」(57 03)ではファシズムについて用いられている。『現代政治の思想と行動』旧版および増補版では、二例とも「ベルベトゥーム・モビーレ」とルビが付されて原語が謎だったが、『丸山眞男集』では、初出の通り「ベ」二字が「ペ」と正されている。

(7)「民主主義の名におけるファシズム」(53 10)の初出にあった「自由」の二字が『丸山眞男座談』2(98 09)、『丸山眞男手帖』68(14 01)掲載の座談会発言では脱落している。

(8) 山部芳秀「社会主義協会分裂のころ」97 11『君子蘭の花蔭に』(名前表記「眞男」はママ)。実際に『国民』創刊号(54 04)の後記には、「発起人の一人である丸山真《ママ》男先生は、とくに創刊号に御執筆いただゞく予定でしたが、急に健康を害され御入院になりましたので果せませんでした」とある。道場親信「革新国民運動と知識人」0701『現代思想』が詳しい。

（9）のちに丸山は、「改憲問題を唯一ではないにしても最大の争点として」闘われた五五年二月の衆院総選挙の前後について、「改憲に抵抗する国民意識が意外に強いことが総選挙を通じてハッキリあらわれたので、これ以後の保守党は憲法の三原則というものはわれわれも堅持するのだということを強調しだす」という変化に注目した。「憲法第九条をめぐる若干の考察」6506。

（10）「我妻、宮沢の二人が憲法問題研究会に入って、憲法調査会に加わらなかった」ことが「調査会にとっては決定的といえるくらいの痛手」「いわば骨抜き」になったという丸山の回想（回顧談）は、憲法調査会と憲法問題研究会との先後関係を記憶違いしているのではないだろうか。

（11）中島誠『戦後思想史入門』（6808、五八頁）の回想とはかなり違っており、その後数か月で中島が入手した別の記録があるのではないだろうか。王子労政会館で丸山が発言している写真（本書五七頁。961119放送）が残されているくらいだし。なお十月九日の日付は、前日の毎日新聞などの会と催し欄による。

補注　本章第三節末尾で立入らなかった六〇年安保の激動における丸山の発言の日付を拾う。いつか日録を作成する人のために。六月一二日講演「復初の説」（6008『世界』）のあと、一三日に東大で教授学生懇談会、一四日に民主主義を守る全国民のつどい、一五日は東大で留守部隊、一八日は夕方国会前へ。二三日（安保批准書交換日）か翌日、討議「現在の政治状況」（6008『世界』）があり、二六日（自宅で丸山写真撮影）の共同通信インタビュー「新安保反対闘争を顧みる」（神戸新聞600702ほか）が続く。その二六日（『思想の科学』七月号発売日）のあと、インタビュー「八・一五と五・一九」（6008『中央公論』）があり、聞き手は藤田省三だった（文庫447-2）。その後は飛ばすが、本書表紙カバーの写真が撮影された七月二一日の座談会「議会制民主主義のゆくえ」（6009『エコノミスト』別冊）に至る。その前の七月一七日、「来年やめる話」を丸山がしたという（竹内好日記）。

第三章　アメリカの不可解さ

日本という状況のなかでリベラルであるとはどういうことか、考えつづけた丸山真男について、アメリカ合衆国との関連で考察したい。他人と考えを異にする自由を重んじた丸山は、他者を他者として理解することを強調した。その他者は、個人だけでなく集団的な他者でもあったが、丸山にとって不可解な他者が米国だった。米国には、丸山が対話を続ける知識人がおり、それに立ちはだかる国家機関があった。丸山が渡米した最初の二回、米国入国のためのビザが一旦拒否され、次には制限された事実に注目することから、私は本章の研究を始めた。

丸山真男は、生涯に四度、米国を訪問した。一度めは四七歳で初めての海外渡航であり、一九六一年十月から翌年六月までハーバード大学に滞在、そのまま欧州へ渡り、十月から六三年三月まで英国オクスフォード大学に滞在した。二度めは七三年六月、ハーバード大学とプリンストン大学から名誉学位を受けるため約二週間滞在、それから欧州へ渡り、合計二か月渡航した。三度めは七五年、五月からオクスフォード大学などに三か月滞在して帰国したのち、十月末からプリンストンの高等研究所に滞在、翌年五月中旬にカリフォルニア大学バークレーに移って八月末まで滞在した。四度めは八三年三月から三か月、再びバークレーに滞在した。丸山の海外渡航先は、それ以外に六五年六月のイタリア、八一年五月の中国、八三年八月の主にドイツがあるが、最後の渡航でも一か月余りの短い旅行だった。

六一年に丸山が米国へのビザを一旦拒否された事実は、長くほとんど知られていなかった。五〇年にレッドパージに反対した丸山や同僚らが、その後長く米国へのビザを拒否され、そのことを米国の冷戦政策の遺産として受けとめたことは、『丸山眞男集』第五巻（95 11）の松沢弘陽「解題」に記されているが、必ずしも丸山とも六一年とも特定されていない。実際には丸山は、一九六一年の七月にビザを拒否され、ハーバード大学教授のジョン・フェアバンク（一九〇七―九一年）らの働きかけがあってビザ不適格が免除され、十月に米国に入国した。丸山がビザ不適格とみなされたのはなぜか、そのことを丸山自身が知らなかったか、わからない。しかしいつまでもビザが出ない時期に丸山が書き上げた評論「現代における人間と政治」[補注1]（61 10）は、政治学から日本政治思想史へ力点を移した丸山の最後の現代政治論となったが、社会の同質化や画一化に抗して境界に住むことを説いたなかに、米国への疑問や抗議を読みとることができる。

七三年に再び米国へ渡航しようとした丸山がビザを一旦取消され、三週間の制限つきで発給されたことは、『丸山眞男集』別巻（97 03）の川口重雄「年譜」などに記されていたが、『丸山眞男回顧談』下（06 10）の刊行でかなり明らかになった。六一年の丸山のビザ不適格の記録がこの七三年まで抹消されずに残っていたことが主な原因であり、またもフェアバンクらの働きかけで同年八月にはその原因が除かれた。このときの米国訪問までには紆余曲折があったが、丸山は、東京大学を去った七一年の秋には米国から招かれており、「私も早く一くぎりついたところで海外亡命しようと思っています」（松沢弘陽宛72 11 21）と記したこともある。この「海外亡命」という言葉は、かつて東大法学部研究室への愛着を丸山が説明した言葉「戦前戦中の私にとって一種の国内亡命の地」（福田歓一宛69 10ほか）と符合しており、亡命者としての知識人に再び近づいていたことが窺われる。その飛躍の機会がビザ問題で挫かれた面がなかっただろうか。

このとき米国から丸山を最初に招いたのは、一九六七年にハーバードからバークレーへ移っていたロバート・ベラー（一九二七―二〇一三年）だった。ベラーは、丸山の四度の渡米すべてに立ち会った唯一の人だが、とくにこのときはそれぞれの伝統の探求における神話への関心という点で丸山と強く共鳴していた。ともに新聞人の子として育ち、米国の国務省によって旅券かビザを拒否され、普遍主義や日本思想の低音やトクヴィル理解などでも関心を共有する二人が、もしこのときすぐ意見交換していたら、その後の歩みは違っていたかもしれない。丸山は、込入った経緯からバークレー滞在を無期限延期したとき、ベラーなきバークレーには魅力を感じないと洩らしたほどだった。しかし丸山が七六年と八三年にバークレーを訪問したとき、ベラーがいるのとは別の魅力をそこに認め、米国を見直すことがなかっただろうか。

さて、米国を理解することが丸山にとって重要だったのは、戦後日本の誰にとっても以上だった。一九四五年に米国の爆撃機が広島に原子爆弾を落したその下に丸山がいたことはもちろん見過ごせない。占領下日本の民主化を進めた米国が冷戦の激化とともに政策を転換して米国内でも自由を抑圧した五〇年代、丸山は、米国にこそファシズムを見て批判しつづけ、正統と異端という終生の問題をそこから摑んだ。また、最初の米英両国滞在から帰った六三年には、日本政治思想史の講義の構想を改めて、日本思想の古層というもう一つの終生の問題と取組むようになった。「一九六一年にはじめて外遊して、あらためて文化接触というもののもっている大きさを痛感して、幕末維新だけでなく、日本思想史を古代からその目で見直すようになった」（『日本思想史における「古層」の問題』79 10）という回想からは、普遍史的な発展段階論を否定して文化接触の観点を導入するうえで米国の経験が大きかったことが想像される。

米国は、欧州と比べると、丸山には不可解だった。六七年三月の鶴見俊輔（一九二二―二〇一五年）との対談（「普遍的原理の立場」67 05）で、「今でもアメリカはわからないところだなという感じです」と丸山は語っている。しばしば一緒にされる欧米について「ヨーロッパとアメリカとはまるで違う」と指摘して、「私が実際に行った感じもそうです。つまり、ヨーロッパへ行ったときは未知のところへ来た感じがまるでしなかったが、アメリカはまったく見当がつかない感じ。だから、帰ってきて、いちどもアメリカ論を書きません。難しいなあって感じです、アメリカを論ずることは」と告白している。「伝統」に寄食しているヨーロッパには「何か混沌とした新しいもの」は何もないから、「現代のヨーロッパから何かとてつもないものが出て来るとは思えない。ところがアメリカからは何が出てくるかわからない無気味さと、その意味での面白さがありますね」とも語っている。そのような米国の無気味さと面白さ、混沌とした新しさ、要するにわからなさは、何に由来していたのだろうか。

アメリカはわからないと丸山が語ったのは、たとえば一九五八年に渡米した小田実がヨーロッパ人よりもアメリカ人の方がわかるとためらわずに答えるのと反対であり、おそらく稀な例だった。丸山にとって米国の不可解さは、米国をよく知る鶴見と自分との違いの意識からも来ており、「あなたと違う点のひとつは、私はもともとアメリカってものをまったく知らなかった」ことだと鶴見に語っている。丸山と鶴見のこの対談では、両者のいくつもの相違点と共通点が確認されたが、「自分の精神のなかに自分と異質的な原理を設定して、それと不断に会話する」という「自己内対話」の方法が共有されたことが見逃せない。丸山は、鶴見という異質な他者と対話しながら、米国を不可解な他者として他在において理解しようとしていた。[1]

「他者をその他在において理解する」ことは、自己を外化して認識し自己自身に還帰するヘーゲルの思想に学んだ丸山の知性の方法だった。その言葉は、「現代における人間と政治」(61 10)の末尾の一文に含まれるが、この評論が六一年の渡米直前に執筆されたときはまだなく、一九六四年に増補版『現代政治の思想と行動』に収められたときに追記された。この評論は、六三年の英訳『現代政治の思想と行動』には収録されなかったが、六九年の英訳増補版に収められ、その言葉がヘーゲルの用語であることもそこで示された。末尾の一文の直前に記された「内側を通じて内側をこえる」ことは、六一年には「リベラル」の現代的課題だとされたが、六四年には知識人のそれと改められ、六九年には'liberal'のそれに戻されたことは何を意味するのだろうか。丸山にとって知識人とリベラルとはほとんど同義だったようであり、自己と他者を他在において理解する知性は、境界に住み境界を越える知性とも、リベラルであろうとする思想とも関連していた。

　日本社会でリベラルであることの意味を丸山が考えるとき、まず意識したのは前世代のリベラルな知識人だった。「戦後ずっと考えつづけてきたことは、日本という状況のなかでリベラルであるということはどういうことなのか、行動によってリベラルであることを実証してゆくには、どういう選択をすべきなのか、ということです」と六四年九月に語った丸山は、直ちに続けて「それには当然、自分もふくめて戦前の大日本帝国リベラルはどういうものだったかということへの反省があるわけです。自由というものは、いつの時代でも抵抗の精神によって担保されている」、「権力に対する抵抗、権力からの自由という思想的契機を欠落してしまったら、自由主義者のミニマムの条件を欠くことになる」と述べている（「革新思想の問題状況」64 11）。そのように丸山には、いわゆるオールド・リベラリストが権力に対する抵抗の精神に乏しく、行動による実証を欠いたことへの自己批判を込めた批判があった[2]。

　それとともに丸山がしばしば意識したのは、米国のリベラルな知識人だった。「戦後間もなくの時期にも見られたような日本とアメリカの思想的位相のちがい」の例として、「「リベラル」という言葉と実質とが、日本とアメリカとではかなりくいちがっている、というような問題」を挙げた（「「クリオの愛でし人」のこと」77 04）ように、リベラルの意味の日米の違いに丸山は敏感だった。丸山が対話した米国の知識人も、多くはリベラルだったが、過去の原爆投下を非とするか、政権から距離をとるか、米国がリベラルなデモクラシーであることを懐疑するかなど、食い違うことも少なくなかった。米国の知識人と日本の知識人、米国の社会と日本の社会、米国の外交政策と日本、そして欧州のそれらやアジアのそれらを媒介的に理解しながら、自分がリベラルな知識人であろうとする意味を丸山は考えつづけた。

　さて、これから丸山のビザ問題をめぐる調査報告の形をとって、米国との関連で丸山の思想について考察する。

丸山にとって米国の不可解さの一因はビザの問題だったのではないかと想像して始めたこの調査は、好事家的調査でないとはいえない。しかし米国は、自由を求める移民、難民、亡命者を招きつづける国であり、時に渡航者を拒む国だから、ビザの問題は米国理解の鍵の一つに違いない。欧州諸国が短期滞在ビザの免除を日本との間で相互に実施したのが多くは一九五五年（英国は六二年）だったのに、米国が試行したのは八六年だったように、米国の国境における入国管理はいつも厳しいし、とくに五〇年代のマッカーシイズムとその後遺症の時期は厳重だった。鶴見俊輔も、五一年ころスタンフォード大学助教授に呼ばれたのを受けたとき、神戸の領事館でビザがおりなかったというが、同じような例は少なくなかっただろう(3)。

丸山は、ビザを拒否されかけた経験をほとんど語らなかった。ビザを拒否されることは、入国後のために準備したことが台無しになるから大打撃であり、理由によっては不名誉と感じられ、理由はまず示されないから不愉快でもあって、誰も語りたくないのは当然だろう。今日では不当な一九三三年の逮捕経験と一九四五年の原爆経験について、丸山が六五年まで公に語らなかったように、およそ私事を告白するのを嫌ったからでもあっただろう。丸山自身知らなかったかもしれない六一年のビザ拒否のことはもちろん、七三年のビザ制限のことも、入江昭、クレイグ、ベラー、シャイナー、スカラピーノら、米国で丸山と親しかった各氏に二〇〇六年に聞いたが、誰も全く知らなかった。調査の最終段階で最大の教示を受けた有馬龍夫も、知っていたのは七三年のことだけだったという。丸山が国境を越えようとして拒否されかけた経験は、境界に住むことを説いたこの知識人を理解するためにも、また国家の境界での人の選別について考えるためにも、知るに値する。

丸山は、ビザの問題について一般的になら語っている。七九年に「本当におかしなものですね、パスポートとかビザとかいうものは。ビザはなおさらおかしいけれども」と洩らしたのは、国境や領土を管理する「国家とは何か」という問題からビザへの疑問に行着いたときだった（慶応学生ゼミ79 06 02談、手帖12、一五頁）。また、一九四九年半ばからの米国の占領政策の決定的転換に触れて、「ぼくらが、戦後解放感を味わったのはいわば瞬間にすぎない。たちまちレッド・パージ問題の時代にとってかわられる。追放という意味が完全に逆転するわけです。戦争責任を狙いとした追放から、今度は「左」の追放が始まる。リベラル・レフトまでがにらまれるようになる。それはどういう人々がアメリカへの入国ヴィザ（査証）を拒まれたり、制限つきのヴィザしか出なかったかを調べれば、おどろくばかりです」（「中野好夫氏を語る」85 08）と回想したのは、自分の経験を調べるように促していたのではないだろうか。ビザを拒否されたり制限されたりした丸山の経験は、たしかに驚くばかりだった。

一　境界に住むこと

丸山は、東京帝国大学法学部の学生のころ、欧州と比べて米国には無関心だった。「ぼくはヨーロッパ志向で、アメリカに対する関心がなかった」（回顧談上06 08、一三二頁）と振返っている通りであり、一九三六年夏執筆の論文「政治学に於ける国家の概念」（36 12）にも米国への言及はない。「私などはアメリカについては映画のギャングや巨大金融資本程度のイメージしかなく、かつて大学三年のとき友人に貰ったチャールズ・メリアムの American Political Ideas〔ママ〕 に接して初めて、ここにヨーロッパとは異質の学問があることを知ったというような思いがあります」（「福沢諭吉と新渡戸稲造」84 10）ともいう。ちなみに丸山が卒業直前に武藤一雄からもらったメリアムの著書は『政治権力 *Political Power*』（一九三四年）であり、ドイツ的訓練を受けた目にはわけがわからなかったという（84 10 06談、『自由について』05 07、七四頁）。

一九三七年四月に助手になった丸山は、「一九三六―三七年の英米及び独逸政治学界」（38 01）などで、ドイツの国家学や社会学だけでなく、英米の政治学をも紹介している。コールやバーカーやラスキら英国の多元的国家論者の著作が多いが、米国の政治学史の躍進の実例としてセイバイン『政治理論史』を挙げ、シューマン『国際政治学』、ラスウェル『政治』やメリアム『社会変動における政治の役割』、『世論』の著者リップマンの『善い社会』などにも触れている。政治的多元主義には早くから関心があり、ラスキよりも米国のメアリー・フォレット『新しい国家』(一九一八年)に魅力を感じたことは、晩年よく振返った。のちに丸山が政治的態度の四分類図式を応用するローレンス・ローウェルの『戦争と平和における世論』(一九二三年)も、学生か助手の初めのころ読んだという(8503 31談、手帖21)。丸山の主な教養目録はヘーゲル、マルクス、ウェーバー、シュミット、マンハイムらドイツ系だったが、書評には英米系の自由主義と民主主義への共感が滲んでいる。

戦前戦中の丸山にとって法学部研究室は、国体論や大東亜共栄圏などのイデオロギーから唯一自由な空間であり、大日本帝国の境界領域だった。一九四一年十二月の日米開戦の日、「このまま枢軸が勝ったら世界の文化はお終いです」と南原繁から聞いて、丸山の心は治まったという(「南原先生を師として」7507)。その直前に見た最後の米国映画「スミス氏都へ行く」では、リンカーンのゲティスバーグ演説の一節に涙したという(「映画とわたくし」7904)。一九四四年七月に徴兵されて三か月、朝鮮平壌で痛い目にあった。一九四五年三月には広島に徴兵され、参謀部情報班で傍受した短波放送から、「敵サン、日本をカガク的に処理すると言っているゾ」と言ったのを村本周三が記憶している(「追悼　丸山眞男君」9704『向陵』)。しかし原子爆弾とはもちろん思わず、八月六日に爆心地から約四・五キロの宇品で被爆、九日には爆心地付近で入市被曝した。

戦争末期の丸山は、戦後の日本については大体の見当はついたが、敗戦までの道程はまるで混沌としていたと一九五八年に回顧している。ソ連の対日参戦は今すぐはないが日本の戦力の低下次第ではありうるという報告書を八月早々に提出したが、米軍が上陸して内地で血みどろの決戦になると思っていたので、戦争が「あんなに早く、しかもアッケなく終幕になるという予測は全くつかなかった」という(「戦争と同時代」5811)。ソ連参戦については半分当ったと丸山が回顧しているのは、ソ連がヤルタ密約ゆえでなく原爆投下による日本の戦力低下を見て参戦した、つまり原爆がなければ日本は戦争を止めなかったと考えていたことになる。そうであれば、原爆体験も思想化しにくかっただろう。もちろん米国の原爆とともにソ連の参戦を終戦原因とする点で、米国人の多くが信じる終戦神話とは異なるが、国民の犠牲が深甚でも戦争を止めなかった大日本帝国政府に対する丸山の不信はそれほど強かった。

さて、戦後の丸山は、初期の占領政策によって解放感を味わったが、占領者に対する感情は複雑だった。連合軍総司令部の矢継ぎ早の民主化指令は予想外であり、というのもギャングと財閥という米国の資本主義についての中学以来の固定観念が当初あったからだという（「昭和天皇をめぐるきれぎれの回想」8901）。しかし「アメリカについての第一の表象は、それはやはり、アメリカの資本主義というよりは、アメリカ民主主義なんであってね。つまりアメリカは資本主義だけれども、日本に比べれば、はるかにデモクラティックな自由がある、そちらのほうに、どうしても力点が置かれていました」という（「「平和問題談話会」について」8507、680616談）。ただし「当時の解放感を味わった人は、保守派の人が後になっていうほど、占領軍にたいして甘くはなかった。…むしろ、総司令部にたいして告げ口するような日本人にたいして嫌悪感をもっていた」という（「戦後民主主義の『原点』」8908）。そして「民主主義万々歳の巷の叫びにおいそれと唱和する気になれない」（「戦後知性の構図」6410）し、「あのときの左翼にたいする異和感は、強かった」（鶴見対談6705）ともいう。

丸山は、米国の民主主義の思想や政治学をすぐには受け容れなかった。戦後間もなく訪ねてきた鶴見俊輔と議論して、「度し難いドイツ観念論のかたまり」と思われただろうと回想している（「鶴見俊輔中尉との出合い」6605）。戦前戦中の日本の思想構造を解剖した「超国家主義の論理と心理」（4605）にしても、シュミットが「中性国家」と呼んだ一九世紀西欧の自由主義の国家観の立場から、ヘーゲルの「主観的内面性の尊重」に依拠して超国家主義を批判しており、民主主義を説いてはいない。社会科学の認識における主体と対象との不断の交流作用を論じた「科学としての政治学」（4706）でも、欧州の政治学をたえず追いかけてきた過去の日本の書斎政治学が批判されたが、米国の政治学はビアードとメリアムのそれ以外は言及されていない。『社会科学入門』第一版の「政治学入門」(4910)では、ウェーバーの支配の社会学が基本的な視点であり、メリアム『体系的政治学』(一九四五年)に触れて、米国では政治の技術的契機と比べて権力的契機が軽視される傾向が疑問視されている。

丸山が米国の政治学を本格的に学んだのは、一九五〇年以後だった。「戦後アメリカ的な社会科学がどっと入ってきた。ぼくなんかも戦争まではわりあい英米の文献に目を通していたつもりだったけれども、戦後フタをあけてみると、非常にいままで知らなかった方向が発達していて、非常にショッキングだった」(「戦争と同時代」5811)という。社会科学のなかでも政治学に限れば、ラスウェル『権力と人格』(一九四八年)のフロイト的概念を日本で最初に紹介した書評(5010)から、アメリカ政治学の猛勉強が始まった。『政治の世界』(5203)では、紛争から出発して政治過程を論じたが、後半は権力の正統化をめぐるドイツ国家学的な議論になった。『政治学事典』(5405)の編集を経て、『社会科学入門』新版の「政治学」(5606)では、「近代政治学の祖国アメリカ」の政治学をよく消化して、旧版の面目を一新した。ラスウェルやイーストンやトルーマンやリースマンやその先蹤らの著作に言及しながら、市民的デモクラシーから大衆デモクラシーへの変質に対する応答として、政治過程論と行動様式論が発達したことを明らかにした。

さて、これよりさき、米ソ両超大国の冷戦が激化して、国家が社会生活に介入し敵味方の対立が先鋭になる政治化の時代が再び訪れた。米国の日本占領政策も一九四九年半ばまでには逆転し、五〇年の年頭の辞でマッカーサーが自衛権を容認し、六月に朝鮮戦争が始まると共産党の非合法化とレッドパージが進行した。米国内でも二月には非米活動家を追放するマッカーシー旋風が始まり、ソ連の原爆開発や中国の共産主義化によって自由主義体制が危機にあるという不安から、スパイの摘発と忠誠審査が繰返された。お互いが信用できなくなる恐怖の時代のなかで、丸山は、現実政治の動向の一つに関与するようになった。平和問題談話会では「三たび平和について」(5012)をまとめ、二つの世界の対立を固定化する思考を排して、日本の中立と全面講和の道を追求した。

五〇年の丸山は、リベラルであることを行動によって実証しようとした。「リベラルな知識人」はファッショとともに共産主義とも一線を画すべきだという友人の指摘に対して、「政治的プラグマティズム」の立場から、日本の民主化のために共産党弾圧に反対した（「ある自由主義者への手紙」5009）。レッドパージが拡がるなかで、時事通信社が編集者を解雇したのに抗議して、同社から刊行を予定していた『社会思想五十年』の執筆を拒否し、公表した（長谷川才次宛5008 20、『東京大学学生新聞』5009 21）。東大における追放対象者として丸山らが噂されたとき、十月九日の法学部教授学生職員合同集会で教授と学生との提携を求め、後退しない決意を告げた（同紙5010 19）。それは、「丸山眞男は鮮やかに自由の何たるかを示した」と藤田省三が感動を伝え、「先生方を守ろう」という緊張感が学生の間にみなぎっていたと坂本義和が記憶する事件だった（藤田「絶筆５」0006『みすず』、坂本「態度決定」ということ」9610『世界』）。そのような丸山の行動が、米国のビザ拒否の理由かもしれないと受けとめられたことは冒頭に記した。

五〇年の暮に結核にかかった丸山は、翌年手術を受けて療養生活に入った。五二年には回復したが、五四年には結核が再発して再手術、五六年まで療養生活が続いた。米国の冷戦政策のもとで日本の再軍備が進行するのに対して、現実は所与でもなければ一面的なものでもなく、政府だけが選択するものでもないとして、戦前戦中の泥沼から「仕方なしデモクラシー」「仕方なし戦争放棄」を経て「仕方なし再軍備」へ至る「既成事実への屈伏」を拒絶しようと説いた（「「現実」主義の陥穽」5205）。五二年四月の講和条約発効で占領が終ったことは、米国を正面から批判する困難を除いた。しかし独立した日本は、日米安全保障条約によって米国の世界戦略に組込まれた。

丸山は、米国の国際的国内的な動向にファシズムの再来を見て批判しつづけた。「国際的な反革命の総本山」（「ファシズムの諸問題」5211）、「反革命の世界的総本山」（「ファシズムの現代的状況」5304）と米国を呼び、「国際的反革命の総本山となったアメリカ合衆国の内政におけるファッショ化」(「ファシズム」5405、5703)を繰返し問題とした。最後の「ファッショ化」は再掲時に「マッカーシー主義」と書き改められたが、五四年十二月の上院のマッカーシー非難決議まで猛威を振るったその旋風は、五七年五月の彼の死の前後まで続いた。「自由主義の非常に長い伝統をもったアメリカにおいて、正統と異端という、自由主義とは最も相いれない考え方が最近において非常に有力になってきた。アメリカで大規模に行われている「忠誠審査」や非米活動の取締りは、まさに正統と異端という考え方が、自由主義の総本山として自他ともに許しているアメリカに有力化したことを示しています」(「思想と政治」5708)とされたように、正統と異端という丸山の問題関心そのものが、米国における忠誠要求や異端排斥に触発されていた。

それとともに丸山が米国に見たのは、画一的な大衆社会だった。ファシズムの強制的な同質化による「個性も理性的批判力もなく、外部からの刺激に受動的に反応するだけの、砂のように画一的なマス」のみならず、およそ高度資本主義下の近代社会で形成される「原子的な大衆」が問題だった(「ファシズムの現代的状況」5304)。つとに丸山は、一九四九年に筑摩書房の古田晁から贈られた洋書のうちラスキ『アメリカン・デモクラシー』(一九四八年)から学んで、米国ではジャーナリズムや放送や映画が人間を画一化する傾向が強く、ただ「ヴォランタリイ・オーガニゼーションの活動」や「ノンコンフォーミズムというピューリタンの伝統」が画一化傾向をチェックしていると論じており、また一方では巨大ジャーナリズムによって「民衆の意見の劃一化される危険」が多いが、他方では夥しい自主的組織が「劃一化に抵抗する力」となっていると指摘していた(「インテリゲンツィアと歴史的立場」4912、『政治の世界』5203)。ラスキのその米国批判は、百年以上前に「私はアメリカほど真の精神の独立と討議の自由が少ない国を知らない」と記したトクヴィル『アメリカのデモクラシー』(一八三五、四〇年)の観察を新しいマス・コミュの段階で再確認したものだった(「ファシズムの諸問題」5211)。

丸山は、トクヴィルに学びながら、米国の大衆的民主主義について考えていた。五五年二月の日記(「断想」5601)には「ちかごろはもっぱらトクヴィル一辺倒」と記しており、「トクヴィルを大衆デモクラシー時代の予言者とみることには問題がある」としても、諸条件が平等な米国では他人への同調と社会の画一化が進みやすいこと、多数の横暴と政治の集権によって民主的専制が生じること、しかし地方自治や自発的結社がそれらの傾向を阻んでいることなど、トクヴィルの観察は示唆的だった。そしてリップマンやリースマンらからも学びながら、「大衆」について「自主的集団に結合して積極的なエネルギーになる面と、逆に合理化＝官僚化の反面として原子化され、受動的な「孤独なる群衆」(D・リースマン)に転化して行く面と、二つの矛盾の統一として把えること」を心がけていた(「政治学」5606)。翻って日本について、「放送や新聞の個性が乏しいという点では典型的な大衆社会といわれるアメリカよりも、日本の方がはるかに甚だしい」と指摘せざるをえなかった(「思想のあり方について」5709)。

さて、五七年ころから丸山は、それまで格闘してきた天皇制もマルクス主義も風化して、精神的に「スランプ」を感じるようになったという(「戦争と同時代」5811)。そのころ自由民主党中心の政治体制が形成され、経済成長とともに大衆社会が成立しつつあった。残る格闘の相手は、自由や民主主義を掲げながら各国の独裁政権を支えている米国であり、そこで唱えられはじめた近代化論だっただろう。[4] その年丸山が「日本の思想」[5](5711)を執筆したことは、それまでの「戦争体験をくぐり抜けた一人の日本人としての自己批判」という関心とは異なって、たとえば「日本の思想的伝統を生かす」という「関心方向の新たな起点」になったという(「あとがき」6111『日本の思想』)。丸山の研究の力点は、政治学から日本政治思想史へ次第に移っていった。

そのころ丸山は、ベラー『徳川時代の宗教』(一九五七年)を読み、価値の観点から多元的な近代化を論じた著作に刺激を受けた(書評5804)。業績価値と普遍主義を原則とする西洋の近代化に対して、日本の近代化においては特別関係主義が集団への献身を強めて普遍主義の代用機能を果したとする見解として高く評価し、ただ特別主義が社会の合理化を阻んだ逆機能の面が見落されていることを批判した。米国社会をモデルとするパーソンズの理論を日本の徳川社会に適用する妥当性は留保しながらも、丸山は、日本の特殊主義の伝統を問題として意識するとともに、本当の普遍主義とは何かを問いはじめたと思われる。ちなみにベラーは、ハーバードの大学院生最後の一九五四年夏、かつて一九四〇年代末に共産党員だったときの関係者の名前を言うように強要され、国務省から旅券発行を拒否されて日本での現地調査ができないまま一年間で博士論文を執筆し、二年間カナダのマッギル大学へ去っており、米国の境界領域に住んでいた(6)。

丸山の問題関心は、日本社会の民主化のために、非政治的な自発的結社を多様に形成することに向かっていた。「現代文明についての一試論」(5901)では、自由が「日々自由になろうとすることによって、はじめて自由でありうる」ように、民主主義も状態ではなく運動であって、「非政治的な市民の政治的関心」によってはじめて支えられることが強調された。そして人々が職業的な政治家になるのでもなく、狭い個人主義に私化した大衆にとどまるのでもなく、いわば非政非衆の市民として政治的に発言し行動するには、自主的集団が不可欠だった。「開国」(5901)では、「自由討議、自主的集団の多様な形成、及びその間の競争と闘争」が「開いた社会」の標識とされ、明六社のような「非政治的な目的をもった自主的結社」から「非政治的領域から発する政治的発言という近代市民の日常的なモラル」が育つはずだったと論じられた。「自主的集団はなぜ育たないか」と題する丸山の講演が五九年には三度行なわれている。

丸山は、社会の同質化や忠誠の集中に抗するために、複数の集団の境界に立つことを重視した。「非政治的な市民」に期待すること自体が、「政界」の外部あるいは境界領域に注目するものだった。「忠誠と反逆」(6002)では、「原理・人格・集団への忠誠」のうちの「人格への忠誠」として、封建的忠誠における緊張と相剋を描いたが、近代の日本ではそれが狭い「個人主義」と「他人志向型の行動様式によって荷われた集団主義」へ解体したことを問題とした。「個人が各種の複数的な集団に同時に属し、したがって個人の忠誠が多様に分割されているような社会」では、とくに「その中の多様な集団が拠って立つ価値原理や組織原則においてもプルーラルな場合」には、忠誠の集中が困難であり、特定の集団や価値原理からの疎外が別の集団や価値原理への忠誠によって補充されやすいとして、多元的な集団や価値原理による自由の確保をめざしていた。

六〇年初夏の安保条約改定をめぐる激動のなかでの丸山の行動は、日米関係に関するものとしてよりは、五月一九日深夜に採決を強行した岸政府に対する抵抗あるいは市民的不服従として意識されていた。「権力が万能であることを認めながら、同時に民主主義を認めることはできません」(「選択のとき」60 08)と五月二四日に訴えた丸山は、「日本で自由主義者であるということが、いかに大へんなことであるかを、あらためて今度ほど痛感したことはない」(「擬似プログラムからの脱却」60 07)と五月二七日に洩らしている。(7) 丸山にとって安保闘争は、既成事実に屈伏しない抵抗運動であっても革命運動ではなく、「事実にたいする原理の、権力にたいする権利の、存在にたいする存在理由のための——総じて精神の独立性のための、たたかい」であり、「それが同時に抵抗者自身の内部に色々な形で巣喰っている自然的事実主義とのたたかいであってはじめて本当の意味で「ラジカルな」抵抗になる」ものだった(「八・一五と五・一九」60 08)。

丸山がそのように抵抗者自身の内部でもたたかっていた以上、「世間のイメージ」によって引裂かれることは避けられなかった。六七年の鶴見対談では、六〇年安保の行動は「防衛」であって、自分は「保守なんだ。保守なんだけど向こうから攻撃かけてきたから、そんなら受けて立とうというだけのことで、とくに積極的にこっちから政治参加したということじゃないんです、わたしの心理では。元来隠遁型なんです」と説明している。丸山が狭い個人主義への私化を問題とする一方では保守的な隠遁家でもあったとすれば、公的イメージが膨らんで「今日の国士」の一人に数えられたこと(『文藝春秋』60 12)は堪えがたいことだっただろう。丸山が米国へ行こうとしたのも、六〇年安保で「心身ともにヘトヘト」になって「日本脱出」の話に応じたものであって、「また「国士」になるのはまっぴら御免です」と記すことになる（都留重人宛61 07 19）。

さて、その米国のビザが出なかった一九六一年夏に丸山が書き上げた[補注1]「現代における人間と政治」（61 10）では、ナチの全体主義の問題を歴史的に限定するのではなく、現代の人間に対する普遍的挑戦として受けとめ、一九三〇—四〇年代のドイツにも一九五〇年代の米国にも見出した。チャップリンが描いた「逆さの世界」の住人が逆さを逆さとして意識せず正気を狂気として扱う[8]ように、グライヒシャルトゥングという政治的同質化と画一化が進行する社会では、内側の世界の中心部に住む多数の「同調者」は自分たちが自由だと思い込んでいる。三〇年代のナチの「同伴者」だったシュミットでさえ、戦後の著作『獄中記』（一九五〇年）では「私的内面性への引退」によって外部の政治の世界からは自由だったかのように居直っており、その責任解除の姿勢から「私的内面性」の頼りなさを丸山は感じていた。他方ナチへの「抵抗者」となったニーメラーは、内側の世界の境界領域の住人だったが、不安が増して抵抗したときは手遅れだった。それに対して外側の「異端者」や「亡命者」は内側の住人の実感から遊離せざるをえず、五〇年代のマッカーシー旋風の憎悪と不信、恐怖と猜疑の世界から亡命したチャップリンやトーマス・マンにとって、圧倒的多数の同調者のなかで異端者の孤立感は大きかった。そこで引用された米国でのマンの見聞には、ビザ拒否ではないが「旅券交付の拒否」などが含まれており、米国に対する丸山の疑問や抗議が滲んでいた。

それでは同質化と画一化が進む現代の社会で人間はどこに立てばよいのか。二つの世界の境界地域、内側と外側では内側、中心部と周辺（辺境）では周辺と丸山は考えた。リップマンのいうステレオタイプ化したイメージによる擬似環境のなかに私達の自我は分ち難くあることを考えれば、シュミットがたてこもった「私的内面性」は、百年以上前にトクヴィルが米国社会に見た中間団体を欠くゆえに公事への関与を避ける「狭い個人主義」でしかなかった。それはリースマンの「他者志向型のエゴイズム」のような自我の関心の構造だった。多くの知識人は境界領域の住人だが、リベラルであるためには外側からの異った通信への「寛容」だけでは不十分であって、イメージの交換を阻む障壁への「抗議」が不可欠だという。「境界に住むこと」によって外側と交通を保ちながら内側のイメージの固定化をつきくずすこと、「境界的な発言と行動」によって「内側を通じて内側をこえる」ことこそ、「リベラル」の困難な、しかし光栄ある現代的課題」だとされた。知らず知らず「中心部に移動して行く」のではなく境界に立ちつづけることが、丸山にとって現代における知性の意味だった。

そのように丸山が現代社会の境界に住むことによって内側を越えることを説いたとき、かつて「科学としての政治学」(47.06)では疑問を呈したマンハイム、異なる社会的利害を相関させるために自由に浮動する知識人の役割を強調したマンハイムを思い浮かべていなかっただろうか。マンハイムの社会学的な知性は、シュミットがたてこもった「私的内面性」や、丸山が超国家主義批判で依拠したヘーゲルの「主観的内面性」の尊重とは異なるものだった。丸山にとって私的内面性は、大勢に抗して我ここに立つと人が言う拠点であり、自己と他者を他在において意識する自己内対話の源泉でもあったが、それだけでは不足だった。ちなみにシュミット『獄中記』で引用された「学問的自由の前提は、いかなる他の集団をも、またいかなる他の人間をも、その他在において把握しようとする根本的な好奇心」だという一九四五年のマンハイムの対独放送の言葉は〔第四章参照〕、それがシュミットによる引用だったからか、このときはまだ「現代における人間と政治」の末尾に記されていない。マルクスの問題提起の根底にあったという「他者を変革する過程を通じて自らもまた変革されるし、されなければならないという痛いまでの自覚」に触れた一節はある。

二　ビザ拒否と不適格免除

丸山の最初の渡米は、ケネディ大統領への政権交代がなければ難しかったかもしれない。米国では一九五三年からアイゼンハワーの共和党政権が続いており、米ソ対立をアジアに持込んだダレス国務長官の冷戦外交によって、日本国内でも政治的対立と知識人の反米的傾向が強まっていた。丸山が初めてハーバード大学から招かれたのは五八年だという（都留重人宛61 07 19、世良晃志郎宛61 11 22）が、誰が招いたのか、正式の招待だったのかはわからない。もし丸山が五九年や六〇年に米国のビザを申請していたら拒否され、それが漏れたら騒ぎになっていたのではないか。六一年一月に成立したケネディの民主党政権にハーバード大学関係者がかなり入ったことが事態を変えた。

五九年の夏、ハーバード大学院生の有馬龍夫が丸山を訪ねて、東アジア研究所長のフェアバンクからの招聘を伝えている（有馬「丸山先生とハーバード」96 08丸山集13月報）。丸山が年末に有馬へ宛てた書簡によれば、その後シュウォーツ、ロッカード、ライシャワーからも招待の手紙を矢継早に受けたが、堀豊彦退官後の一九六〇年度の東大法学部の政治学の講義を丸山が臨時に担当せざるをえなくなり、スタンフォード大学行動科学センターからの招待とともに断っている。六〇年初夏の安保の激動ののち、八月末の日本近代化に関する箱根会議ではライシャワーや有馬と同席しており、来年は行けそうだと有馬に告げたという。六一年四月一日の丸山の有馬宛書簡には、三月の法学部教授会で海外渡航が正式に許可されたこと、フォード財団によるDistinguished Visiting Scholarsプログラムで十月から来年六月まで給費されること、仕事がたまっているので十月になってから着くかもしれないこと、「子供は家に残して妻を携行する予定であること」などが記されており、秋からのハーバード滞在が動きはじめていた。

そのときエドウィン・ライシャワー（一九一〇—九〇年）は、ハーバード大学教授とイェンチン研究所長を休職して、ケネディ政権の駐日大使になる直前だった。右の有馬宛丸山書簡にも「ライシャウアーさんにも遠慮してお祝い(?)の手紙も差上げていません」と記されているが、ライシャワーの大使就任の正式発表が一九六一年三月一四日、日本着任が四月一九日だった。米国の冷戦外交に批判的だったライシャワーは、前年六月末から日本に滞在して執筆した「壊れた対話」(*Foreign Affairs*, October 1960)で日本の反政府勢力と米国との相互理解の必要を説いたことから、チェスター・ボールズ国務次官の個人補佐官になったハーバード出身のジェームス・トムソンによって駐日大使に推薦されたという(『ライシャワー自伝』徳岡孝夫訳87 10、二四七頁)。後述の事情からフェアバンクがトムソンへ送った書簡(61 07 27)では、ライシャワー大使が東京到着後、公邸へ招待した日本人のまさに最初の一人が丸山だと強調されている。

フェアバンクは、一九五二年に国際安全保障に関する上院マッカラン委員会の聴聞でマッカーシイズムと戦ったことがあり、五五年にハーバードの東アジア研究センターを創設してから、ディクタフォンと秘書を駆使して「不撓の著述家――と言うよりは猛烈な覚書や手紙の口述家」となった(フェアバンク『中国回想録』四七六頁、四三一頁、『ライシャワー自伝』一七七頁)。その口述筆記の書簡の写しが、フェアバンク文書としてハーバード大学文書館に保存されたことによって、本章の研究も可能になった。丸山によれば、「アメリカでは中国研究の権威だし、中国の最高首脳とも個人的につきあいがある。戦争前から中国に行っていて、僕がハーヴァードで、米中関係がよくなったら第一回目のアメリカ大使はあなただと言ったら、ニヤニヤ笑って否定もしなかった」という(89 06 26談、手帖31)。丸山とは五三年と六〇年のデモの夏に東京で会っており(フェアバンクのスウェイン宛書簡61 07 27)、中国革命理解に関して丸山は示唆を得たという(「追記および補註」56 12)。

六一年四月中には丸山がフェアバンクへ書簡を送ったのだろう、フェアバンクは、五月八日に丸山へ宛てて歓迎の書簡を認めている。あなたがアメリカの物事すべてを心から称讃するとは誰も期待していないと信じてよいと前置きしているのは、丸山が米国に批判的であってもよいかと断ったからではないだろうか。我々はパースペクティヴをとても必要としているとして、アメリカの人々は自分たち以外の誰もがいささか間違っていると感じやすい危険があるから、その視野を拡げてくれるようにと丸山に期待したのは、マッカーシイズムに苦しめられたリベラルならではだった。そして義弟アーサー・シュレシンジャーがハーバードの教授だったときアイゼンハワー政権を批判してばかりいたが、最近ケネディ大統領の特別補佐官になってキューバ問題に関わり、ハーバードの元同僚から『ニューヨークタイムズ』で批判されていることに触れて、責任ある地位についたリベラルを見舞う困難について哲学的に思索させてくれる好例だと記している。丸山は、リベラルが責任を負うことにはおそらく同感だったが、米国のリベラルのように中心部に移動することは考えていなかっただろう。間もなく丸山が執筆した評論「現代における人間と政治」は、フェアバンクへの応答でもあっただろう。

丸山が米国のビザをいつ申請したかはわからない。七月にはビザはまだ発給されていなかったが、そのことに言及した丸山の書簡はない。在ハーバードの都留重人宛の七月一九日の書簡で「出発までに大きな原稿を二つも書き上げねばならぬ」とあるのは、「現代における人間と政治」(61 10)と、結局未完の形で発表された「近代日本における思想史的方法の形成」(61 11)のことだろうか、その原稿執筆があるので九月末ぎりぎりに当地を発つことしか決めていないという。五九年刊行開始の『人間の研究』全七巻のうち最後に残った一巻が丸山編の『人間と政治』であり、「この巻の発行が甚しく遅延したのはまったく編者ひとりの事情による」と「はしがき」で丸山が断った七月中に、同巻所収の「現代における人間と政治」をも書き上げられただろうか。(補注1) 七月二四日の有馬龍夫宛書簡では、出発日は「仕事山積のため、九月二十五、六日になると思います」と記しているが、去る五月八日のフェアバンク書簡に対して、「日本で安保以来、現実政治の問題を論ずるハメになっていささか閉口していたのに、アメリカでまた大議論をするのはカナワないという気持」から、「『亡命』して静かに勉強したい」ので「そっとしておいていただきたい」と丸山が返事に書いたのは失礼だったかと気にしている。

さて、丸山が申請したビザは、国務省によって一旦拒否された。十二年後の七三年七月六日のインガソル駐日大使のフェアバンク宛書簡は、六一年のビザ拒否 visa refusal について次のように報告している。六一年七月、東京の米国大使館は国務省に対して、丸山教授は学界における極めて重要な人物だから、ビザ不適格 ineligibility の免除 waiver が司法長官から彼のために得られるべきだと推薦した。その免除はもちろん与えられ、彼は米国に入国した。彼のビザ不適格の問題は、六一年に引続き慎重に再調査されたが、最終決定には至らなかったと。その記述からは丸山の何がビザ不適格と判定されたか不明だが、国務省によるビザ拒否を知った東京のライシャワー大使は、丸山に知らせると失礼になると思っただろう、おそらく丸山には知らせないまま、七月に司法省によるビザ不適格免除を国務省に働きかけた。おそらくハーバードの同僚だったフェアバンクにも連絡して、国務省への働きかけを要請した。国務省は、ビザ不適格の免除を司法長官から得て、丸山へのビザ発給を可能にしたが、年内に再調査したにもかかわらず、ビザ不適格の判定を改めることはなかった。

フェアバンクは、六一年七月二七日、国務省の日本担当官キングドン・スウェインへ次のように書き送っている。丸山真男教授を特別訪問教授としてハーバードへ招こうとする計画は、当時同僚だったライシャワー博士と私が強く支持したものであり、というのも彼は紛れもなく日本の知的世界で最も影響力ある著述家思想家の一人だからだ。日本で多くの知識人が政府に批判的であり、軍国主義復活を恐れ、アメリカ「帝国主義」を疑っているとき、日本の政治と思想のこの戦略的部門に効果的に接触する回路を求めることは極めて重要だ。丸山教授が、その記録中にあるかもしれない何らかの発言や交際 some statements or associations のゆえに、もしそれだけを考慮したなら、通常はビザ不適格のカテゴリーに入ると判定されうると知っても私は何ら驚かない。しかし彼にビザを拒否することが、米国の国益を大きく損なう仕打ちであることは確実だ。その結果として報道機関が大騒ぎすれば、日本の知識人たちとの関係は悪化し、世界中で反米活動に用いられるだろうと。そのように警告したスウェイン宛書簡の写しをおそらく添えて、フェアバンクは、同日、ボールズ国務次官気付でトムソンへも書簡を送っており、国務省のハーバード人脈を活用したということができる。

丸山がビザ不適格と判定されるような発言や交際があったとすれば何か。当時の国務省日本担当官スウェインに聞きたかったが、手紙にも電話にも応答がなかったので、二〇〇六年夏、プリンストンに近いペンシルバニア州ニュータウンの住所を訪ねた。そこはクエーカーの退職者共同体だった。彼は一九二〇年生まれ、四一年ハーバード大学卒業、戦中は欧州で従軍したが、四六年に国務省に入り、札幌の領事なども経験し、六六年には国務省をやめて宗教活動に専念した絶対平和主義者であり、リベラルだと言っていた。彼は丸山の名前は知っていたが、六一年に丸山のビザ問題を扱ったことは記憶になく、彼宛のフェアバンク書簡の写しを見せても、「何らかの発言や交際」に思い当たるところはなかった。米国は「国際的な反革命の総本山」だという五二、三年の丸山の発言はビザ不適格事由に該当するかと質問したら、意味次第ではありうるという返事だった。国務省が丸山へのビザ発給を決定するには、東京の駐日大使からの推薦よりもハーバード大学教授からの要請の方が効いたらしく、スウェインはフェアバンクの学生ではなかったが、フェアバンクから要請があったのなら不適格を免除する方向で処理しただろうと語った。

米国の移民国籍法では、ビザ不適格事由が健康、犯罪、安全保障の三つに大別されている。丸山は、どれも全く該当しないわけではなかった。健康関連では、五六年まで肺結核を患っており、結核ゆえに米国に入国できない人は多かったという。犯罪関連では、三三年に十九歳の丸山が唯物論研究会の講演会に出席しただけで、共産青年同盟の活動家と疑われて検挙され、何日か留置されており、戦後から見れば不当逮捕だったとしても、ともかく逮捕歴として扱われたかもしれない。七三年五月に米国大使館が丸山のビザを一旦取消したとき、十六歳のときからの住所すべてを用紙に記入するように丸山に要求した(フェアバンクのインガソル宛書簡730618)のは、高校生以来の犯罪歴に着目したからだろうか。安全保障関連では、米国の外交政策への反対、共産党など全体主義政党への所属、ナチによる迫害虐殺への加担、テロ活動やテロ組織との交際などが今日でも移民国籍法には列挙されているが、五〇年の丸山のレッドパージ反対やその後の米国外交政策批判が不適格事由に該当すると判定されたのだろうか。

丸山がなぜビザ不適格と判定されたかは結局よくわからない。主には安全保障関連の事由だろうが、何かは特定できないし、他の二事由も複合していたかもしれない。七三年のビザ取消の直後に丸山が推測したところでは、占領期のある種のブラックリストにたぶん彼が載っており、その時期から引継がれた何らかの安全保障規定に米国大使館が従っているのではないかという(フェアバンク書簡730618)。GHQの公安担当の参謀第二部長ウィロビーは旧特高の資料を入手し、治安維持法下の思想犯リストをもとにレッドパージの候補者リストをつくったと言われているという丸山の談話(「戦後民主主義の『原点』」8908)からして、戦前の警察資料が占領期に国務省の丸山の記録に入ったこともありうる。ハーバード大学文書館のライシャワー文書やフェアバンク文書だけから想像しても埒が明かないが、それよりさき米国国立公文書館に問合せたところ、一九四〇年以後のビザ関係資料はまだ処分されていなければ国務省に残っているとのことだった。そこで国務省に対して情報自由法請求(051211)と再三の催促をしたところ、国務省の外交政策記録機関などを探しても資料は発見されなかったとの回答があり、東京大使館の調査がまだ残っているとのことだった。(のちに国務省から届いた回答080610によれば、私の情報自由法請求を受けて東京大使館も調べたが、丸山真男教授関係記録は見つからなかったという。)

さて、一旦拒否された丸山のビザの発給が決まったのは、六一年八月中旬だろう。丸山の受入れを世話した中東研究センター秘書マリア・フォン・メリングは、八月上旬には丸山が入るアパートを見つけていたらしいが、八月一七日の丸山宛書簡でそれを知らせた。丸山は、八月三一日の返書でそのことを感謝しており、九月二九日に出発する予定を伝えている。同じ八月三一日に神田山の上ホテルの便箋を用いて有馬龍夫へ宛てた書簡も一部分が残っているが、会話を練習する暇が全くないのでベストセラーの『英語に強くなる法』(岩田一男『英語に強くなる本』61 08)でも読もうかと記している。「大正時代の書物を読むのに明け暮れしている毎日」とあるのは、津田左右吉と和辻哲郎のことを集中的に調べていたのだろう(「如是閑の時代と思想」90 11)。南原繁古稀記念論文集『政治思想における西欧と日本』下(61 11)所収の「近代日本における思想史的方法の形成」は、もともと前年七月締切だった(宮田光雄宛60 03 08)が、結局未完の形で発表された。『日本の思想』(61 11)の十月の「あとがき」で、「私が本書の校了以前に旅立ってしまった」と丸山が記したのも、十月一一日の出国の直前だろうか。[(9)][(補注2)]

丸山は、十一月六日のライシャワー宛英語書簡で、ハーバード大学があるケンブリッジへの無事到着を伝え、東京出発前は多忙と遠慮から訪問できなかったことを詫びているが、ビザ問題の記述はなく、そのことでライシャワーに世話になった気持ちは窺えない。宮崎市定と同じ研究室であり、フェアバンクが教授たちとの昼食会を設定してくれており、シュウォーツやハーツらとの比較思想史の研究会を計画しているといった到着二週間半の様子が記されている。また、日本近代化に関する第二会議での報告「変化する理想国の像」をジャンセンから求められたとして、ライシャワーが出席できないのを惜しんでいる。十一月二六日のライシャワーの返書も、丸山がハーバードに溶け込んでいることに安心し、約一週間前から書店に置かれている『日本の思想』の刊行を祝するものであり、ビザのことなど書かれていない。

三　アメリカは画一的か

丸山は、一九六一年十月中旬から翌年六月中旬まで、八か月余り米国に滞在した。十一月にはニューヨークでの日本研究の集りに行き、一月二三日から五日間のバミューダ島での近代日本研究会議では、「近代日本におけるユートピアと模範国」The Changing Images of Model States: Modern Japan and Utopia と題して報告した。四月二日にはボストンでのアジア学会総会で「個人析出のパターン」Patterns of Individuation — A Conceptual Scheme と題して報告したほか、アイヴァン・モリス編『現代政治の思想と行動』英語版に収められる九論文の翻訳の校閲もした。四月二四日から五月一七日まで東部中部の大学と南部二都市を巡る長旅に出ており、西部の大学もバークレーとスタンフォードには寄りたかったが南部旅行のために断念したという(岡義武宛62 05 21)。

米国の大衆社会に丸山がどれだけ入ったか、たとえば「砂のように画一的なマス」「原子的な大衆」とかつて描いたような人々とどれだけ接したかはわからない。英語の日常会話が苦手だという丸山の書簡に頻出する自遜の言葉は、後年の英語会議の録音を聞いただけでも真に受けてはならないと感じるが、アパートから歩いて五分間のハーバード大学東アジア研究センターでの学術交流と二度の報告準備や翻訳に明け暮れた以上、その時間は十分になかっただろう。これまで主にプロフェッサーとつき合ってきたが、学者はどこでも似たようなものなので、「これからはもう少し色々な階層の人々と接触の機会を持ちたい」といった反省や決意が丸山の書簡にしばしば記されているが、「アメリカのように文字通り空間的におそろしく大きな国」は「何年居てもどれほども分るものではないという諦めの気持がいつも心の底によどんでいる」ともいう(岡義武宛62 02 20)。雪のケンブリッジにとじこもり、「日本のどこかで長期カンヅメになっているような気分です」(松本三之介宛62 03 26)と洩らしてもいるが、知識人に限れば相当に異質な他者との接触や理解を試みていた[10]。

丸山の米国理解は、米国での生活によって深まっただろうか。「我々は大抵、見てから定義しないで、定義してから見る」とリップマン『世論』(掛川トミ子訳、上87 07 一一一頁)は言うが、現地で見聞きしたことによって定義していたイメージは変っただろうか。渡米前の固定観念的なイメージとしては、「元来英米流の民主主義は、そういう思想なり言論なりの面における多様性の尊重、多様性を通じての統一ということが前提になっている」という丸山の発言がある（「民主主義の名におけるファシズム」5310、「追記および補註」5612で再掲）。英国はともかく、「多から一」E Pluribus Unumと一七八二年以来国璽に記されている米国についてのこの発言には前後があって、「「民主主義的自由」という考え方を漸次限定して行って、国民の意識なり思想を規格化し、画一化して行く」、「異端の排除すなわち民主主義的自由と考えられてくる」、「正統化された思想に画一化していく」傾向がマッカーシイズムのもとで進んでいると認識されていたが、その画一化傾向は弱まっていただろうか。また、自発的組織の活動やピューリタンの伝統がコンフォーミズムを阻むというラスキやトクヴィルから学んだ反対傾向は確認されただろうか。

渡米二か月余りの丸山の印象では、米国はかなり画一的だった。「アメリカ全体として見ると、右翼の大衆的浸透は侮り難いものがあり、例のジョン・バーチ・ソサィエティなども地域や職場に細胞や大衆組織をつくって行くやり方において、過去のマッカーシーのような一人のスタンドプレーとちがって決して楽観を許しません。軍人が公然と右翼関係の講演会に出てアジったり、自由主義こそ赤の温床だというような論理が出て来たり、他方で左翼は話にならないほど微弱で、まさにその故に右から「左」までに共通した恰好のスケープゴーツとされたり、アイクがジョン・バーチを正面きって攻撃したというのであっぱれ「自由主義者」として喝采されたり、どうも僕にはすべてが、三〇年代の中期の日本に何となく似ているように見えてなりません。しかしなにしろ広い国ですから、そういう傾向――マスコミを通じて見たアメリカ――だけから判断できないいろいろ矛盾した側面があり、それが面白いところだと思います」（家永三郎宛6112）。そのように左翼の微弱に対する右翼の浸透ゆえの意見の画一化から「三〇年代の中期の日本」が連想されたが、しかし「広い国」の「矛盾」しあう多様な側面に丸山は目を向けようとしていた。

社会の画一化に抗するはずの結社形成を丸山がどれだけ目撃したかといえば、六〇年代初めの当時は歴史上それが最も衰弱していた時期であり、ジョン・バーチ・ソサィエティのような右翼的結社が目立ったくらいだった。

「私が行ったころのアメリカでは、サイレント・ジェネレーションといわれた、五〇年代のマッカーシズムの影響の下に育った若い世代――マッカーシズムそのものはだいぶ前にすぎたんだけれども、まだ、とくにマルクス主義に関しては、ものいえば、くちびる寒しの雰囲気が強く残っており、また経済的繁栄を享受し、政治的に無関心なマイホーム主義が若い世代にひろがっていた。学生運動なんか、ほとんどなきにひとしく、三〇年代の「華やかなりし」昔話を、よくきかされた。ただフリーダム・ライダーといって、ハーバードの学生なんかで、南部にバスを借り切って出かけて行って、人種差別反対運動に参加する連中が出てきて、ようやく「沈黙の世代」の雰囲気がちょっと変わってきたなどといわれていた、その程度のものだった。ところがそれからわずか五、六年後の今日をみると、黒人問題にしてもベトナム戦争にしても、方々の大学での学生運動は、ほとんど想像ができないほどの興隆です」（『対決の思想』6806、670429談）と数年後の激動の時点で丸山が振返ったように、公事への関与を避ける狭い個人主義や私化の傾向が当時は拡がっていた。

それでも丸山は、米国で優越的な個人の態度を結社形成的とみなした。丸山の報告「個人析出のパターン」は、一九六五年以後の文献[11]から想像するしかないが、近代化の多方向性というシュウォーツの問題提起への応答として、ある社会に優勢なパーソナリティ類型から、その政治社会制度がたとえば民主主義へ向かうか権威主義へ向かうかの蓋然性を判断する試みであり、ローウェルの座標図式を借用しながら、共同体から析出した個人が結社形成的associative（一九六五年には連帯的）か非結社形成的（離散的）かを縦軸とし、政治的権威の中心からの距離が求心的centripetalか遠心的かを横軸として、自立化（個人主義化）individualization、民主化democratization、原子化atomization、私化privatizationの四つの型を設定し、それぞれの特徴と移行を論じた。内面志向型の「自立化」は英国のヨーマンリーや北米植民地のピューリタンが原型であり、その対極として他者志向型の「原子化」はヒトラー直前のドイツなどに典型的とされた。結社形成的な型のなかでは、自由を理想とする遠心的な「自立化」と、平等を理想とする求心的な「民主化」とが区別され、歴史的には英国では前者が、米国では後者が優勢であり、その相違の実例はトクヴィルのアメリカ・デモクラシー研究に豊富に見られるという[12]。

そのように丸山は、かつて一括りにした「英米流の民主主義」を分けて考えようとしていた。多様性と統一とでは、英国は多様性、米国は統一に重心があると理解したということもできる。そして「自立化」最大の国は「民主化」最大の国よりも全体主義への免疫が強いという指摘からは、英国流の連帯的な個人主義が最も高く評価されていたように見える。もっとも各種の自発的結社が成員の全人格を飲込むことがない結社形成型において、過度の政治化や集権化を抑える「自立化」と政治的無関心を阻む「民主化」とが均衡することが近代化の理想状態と考えられがちだという指摘もある。しかし結社形成型の社会でも、高度の技術的近代化とともに、自我から逃避する「原子化」や公事から引退する「私化」が強まり、民主的制度の機能障害が生じることが警告されている。なお、日本では早くから「私化」と「原子化」が優勢であり、とくに「私化」が大衆社会段階以前から最大となり、戦後は正統と認められたという。丸山は、日本の「私化」を問題とするとともに、米国の大衆社会にも類似の傾向を観察していたと思われる。

丸山は、四、五月に中南部を旅行して「アメリカの広さ」を改めて実感したときも、もちろん人種的な分裂は目撃しただろうが、やはり米国の画一的傾向を再認識している。「一つの国といえるのかと思う位に、地理的な多様性、利害の分化が甚だしく、それでいて「イデオロギー的」には奇妙に画一的です」。この観察は、「日本はそれと反対に、イデオロギー的には極左から極右までまことに多様ですが、地域差とか人種とか、いや社会的利害の点でさえかえって案外ユニフォームなのではないでしょうか」という自国理解と表裏だった。そのさい「昔から不断に世界各国から移民が入って来てはアメリカの風土に同化されて行く」が、「同化させる「実体」は何なのか」、「「実体」がないから同化し易いという逆説も成立する」とも論じており、日本の「「ナチュラル」ナショナリズム」とは異なる「人為的、自覚的ナショナリズム」を看取していた(安田武宛620521)。日本とは正反対の事情からだが、多様な人々が意識的に同化していく画一的なナショナリズムを米国で見たのだろう[13]。

さて、ハーバードの知識人との交流においては、丸山はリベラルな雰囲気を味わっていた。さきの渡米二か月余りの印象の前段では、「ハーバードの中の雰囲気は、はなはだのんびりしていて、その限りでリベラルであり、例の限定戦争論で有名なキッシンジャーなどに対しても、政治学部でさえも私の会った教授の多くは全く批判的でした。例の防空壕談義などは、食卓での笑い話になる程度です」(家永三郎宛6112)と記している。ケネディ政権の国家安全保障会議の補佐官も務めていたキッシンジャーが全面核戦争論を否定して戦術核兵器の局地的使用を説いた『核兵器と外交政策』(一九五七年)の限定核戦争論に対しても、多くは批判的だった。将来の核兵器の実戦使用はとにかく避けるべきだという意見で一致していたのだろう。

それでは過去の原爆投下についてはは、丸山を囲んでどのような議論が交されただろうか。六九年八月三日に中国新聞記者の林立雄に語ったところ(手帖6)では、学者の集まりで「お前、戦争中、どこにいた」という話になり、「私は広島にいた」と言うと、向こうがびっくりして「じゃあ、原爆に遭ったのか。よく生きていたな」と言うという。「アメリカへ行って、原爆に遭った話をすると、途端にみんな真剣になりますよね。寄って来ますよ。どうだ、どうだ、というので。こればっかりはね、アメリカ人共通のあれですね。相当右翼的な人でも、原爆の話をすると、イチコロですね。うーん、イチコロです。原爆について、日本がどんなに強い主張をしても、日本人が、われわれがどんなことを言っても反駁しませんね。かなりやってみましたけれども。日本人が、そう発言するのは、もっともだということは共通の認識ですね」。

原爆についての丸山の強い主張とは、原爆が過度の苦痛を与える残虐兵器であり、非戦闘員を巻込む無差別攻撃の点でも国際法上違法だということだろう。もちろん無差別爆撃はドイツも日本もしたし、連合国もした。丸山は、ドレスデンや東京への空襲と比べて原爆だけがとくに残虐だとは思えなかった、少なくとも一九五四年のビキニ水爆被害のころまでは深く考えなかった、その意味で原爆体験の思想化が足りなかったという(補注3)(鶴見対談67 05)。しかし晩年の丸山の談話(94 08 10、手帖5)によれば、原爆は放射能でいつ発病するかわからない恐怖の点で、ドレスデンなどを焼き尽した巨大な爆弾とは違うのに、日本政府にも「今でも巨大な爆弾という認識しかない。アメリカのマジョリティ——九〇%以上がそうだ。学者でも」という。原爆と通常兵器との質の違いについては、時期は不明だがヨーロッパでも議論しており、「僕は珍しく興奮したな、やっぱりあの時は」と振返っている(14)。丸山は「広島への原爆投下については、最後まで非難されており、どうして米国政府が非を認めないのか、不可解だとされていた」と入江昭が伝えている(「丸山眞男先生とアメリカ」03 06 26講演、『丸山眞男記念比較思想研究センター報告』1、05 03)。

一九六一—二年のハーバードで丸山が被爆者として一九四五年の原爆投下を非難したとき、多くの学者は反駁せず、丸山の発言はもっともだと認識したとしても、あの原爆投下の非を認めただろうか。戦後のソ連膨張を牽制する政治的効果や、本土決戦による米国兵士の多数の犠牲を避ける軍事的効果による正当化論は別にしても、国体護持にこだわる日本政府とくに軍部が原爆なしに降伏したかを疑う学者は多かっただろう(15)。ソ連は原爆投下に急かされて参戦したと誤解している米国人は今日でも多いから、米国の原爆投下とソ連の参戦と日本政府の国体護持派の執念と日本国民の疲弊などの要因が織りなす終戦神話にもとづく原爆投下の正当化論は当時相当に根強かっただろう。

丸山が米国の学者を他者として認識したように、米国の学者は被爆者の丸山を他者として認識しただろうか。のちに丸山は、別の文脈で「エキゾティックな興味で日本を見る」西洋人の「フジヤマ・ゲイシャガール的日本観」に触れて、「これはぼくのいう他者として認識するのとは似て非なるもので、極端にいえば、珍らしい動物を見る目と同じです。これはいくら観察しても、その観察が自分自身にはねかえってくる、ということがない。純粋に客体としての観察ですから、主体自身は変らない」と語っている（「他者との出会い」7602）。つとに社会科学の認識における主体と客体との相互移入の問題を直視し、他者と自己との相互変革の自覚をマルクスに見た丸山にとって、自己と無関係なものとして他者を認識することは空しかった。米国で原爆の話をした丸山は、相手が「イチコロ」になったとしても、自己批判のない他者認識にさらされていると感じなかっただろうか。

丸山が米国のリベラルな知識人の権力政治の論理に危うさを感じたのも、そのような原爆論議と無関係ではなかっただろう。米国は「パワー・ポリティックスの論理」に遅れて目ざめ、リベラルな人々も「「力の外交」の現実主義にバタバタといかれてしまった」、政治学者までが「政治的な問題を軍事的な戦略戦術のタームで語る傾向」が顕著になったとのちに論じている（「現代における平和の論理[16]」6506）。丸山は、もちろん自分も政治学者として権力政治の論理になじんでおり、その観点から平和と中立を論じてもきたが、核大国においてリベラルな政治学者までが軍事的思考様式に傾斜しているのに異和感を覚え、政治学者の論理と被爆者の感覚との間で引裂かれる思いがしただろう。六一年十一月にコロンビア大学でトルーマンに会ったあと、「彼はもちろん面白いけれども、やはり大文字で書いたP・S（政治学以外に関心のない人をハーバードではこういうらしい）に属する人という感じがしました」（福田歓一宛611124）と記したように、Political Science だけの政治学者への距離感が生じていた。

丸山は、米国のリベラルな知識人と接するなかで、リベラルであることの意味を考えつづけた。国際政治におけるパワー・ポリティックスの問題だけでなく、ハーバードの知識人がケネディ政権に参与するのを見聞きして、日本の知識人はそれほど民主的ではない政権とどのような距離をとるかという問題も考えざるをえなかった。のちに田中首相の収賄をめぐるロッキード事件が報道されたとき、「自民党（リベラル・デモクラティック・パーティー）といわゆる「極左[17]」とを峻別し、何でお前達はもっと政府与党に影響力を行使しないのか、などと僕などを「批判」していた（少くも前回一九六一年にハーバードに来たときの、少数の友人をのぞいた一般的な受けとり方はそうでした）アメリカの日本学者にショックを与えただけでも、ロッキード事件が暴露されたことは良かったと思います」（木下順二宛76 06 04）と回顧したように、当時のハーバードの知識人は、リベラル・デモクラシーを掲げる政党の内実を疑わなかったのかどうか、日本でも政府与党に抵抗するばかりでなく影響力を行使するべきだと丸山に説いたのだろう。自由民主党の性質の問題もあったが、リベラルであるためには権力に近い中心部に移動してはならないという決意が丸山にはあった。日米のリベラルの違いの一つがそこにあった。

丸山は、六二年六月中旬に米国を離れ、その夏を欧州各地で過ごして、九月末から翌年三月末まで英国オクスフォード大学のセント・アントニー・カレッジに滞在した。招いたのはリチャード・ストーリーであり、カレッジの小さなコミュニティで親密なつきあいが続いた。三月にハドソンのセミナーで一回報告し、大学講義も一度だけしたが、のちの七五年に滞在したとき、「前回滞在のときの Hudson 司会の Far Eastern Seminar は、御承知のようにきわめて informal なものでしたが、今度は何となく雰囲気がアメリカ式真面目主義の Seminar になった」（福田歓一宛75 05 27）、「Hudson 司会のときのような relax した雰囲気とはちがい、アメリカ式の真面目（?）な又、人数も多いセミナーになった」（萩原延寿宛75 05 26）、食事についても「ほとんど毎日カレッジで食事して、ほとんど全員とダベり合った昔を思うと、ああここも大衆社会化したな、とつくづく思います」（掛川トミ子宛75 06 12）と懐旧の念を洩らしている。逆にいえば米国の大学は、六一―二年当時から、フォーマルで真面目で多人数であり、要するに大衆社会的だと感じられていた。[17]

四　日本の方が画一的か

一九六三年四月中旬に帰国した丸山は、その年から日本政治思想史の講義の構想を改めて、文化接触による思想変容の問題を導入し、外来思想を受容し修正変容する世界像の原型について考察するようになった。シュミットのマルクス論から学んだ「ヘーゲル的な考え方」[18]にもとづいて、自分を対象化して認識すれば無意識的な思考様式の弱点を克服できるように、日本の過去の思考様式の構造を解明すれば原型を突破できると考えたようであり、「過去をトータルな構造として認識することそれ自体が変革の第一歩」だと後年丸山は語っている（「日本思想史における「古層」の問題」7910）。六三年度の講義の最後に「祖先の思考のパターンからそう簡単には抜け出せない。民主主義がそれを否定するものとの真の対決をしていない」と丸山が述べた（熊野勝之「神農もはじめはうずに目を回し」9605、丸山集2月報）ように、日本の民主主義を鍛えることも意識していた。その考察は、特殊主義などの思想的伝統を解体する試みだっただろうし、七〇年代には一部が日本でよりも英米両国でまず発表されたように、日本思想の個性を外国人にも理解されるように説明する試みでもあっただろう。

そのような文化接触と文化変容という観点の思想史への導入は、「普遍史的な発展段階論の否定」を伴わずにはいなかったという（「思想史の方法を模索して」7809）。近代化を多元的に見ることを五〇年代後半から心がけていた丸山は、「The「近代化」があるのではなく、複数「近代化」がある」として、西欧由来の発展段階説から近代化を構成することは「西ヨーロッパの発展を全世界に普遍化することになる」と否定している（「普遍の意識欠く日本の思想」6407）。それは普遍的なものを特定の外国の文明に癒着させて理解する「擬似普遍主義」であって、それへの反動として特殊的なものを絶対化する「土着主義」との悪循環が続くことが問題だった（「日本の近代化と土着」[19]6805）。普通の人間のなかに普遍を見ようとする丸山は、「日本のなかに世界がある、隣りの八さん熊さんが人類なのだ」と説いたという内村鑑三に学んで、「アメリカ人は人類で、熊さん八さんは人類でない」ような発想を批判した（「点の軌跡」6312）。多元的な近代化を説きながらも米国流の産業化合理化を暗黙のモデルとする近代化論も、擬似普遍主義の一種だっただろう。[20]

丸山は、日本思想の個性を各地域のそれと比較するさいに、米国との対照を強く意識していた。たとえば六六年度の講義(講義録6、0011、一三頁)では、「民族的同質性(homogeneity)の保持と高度の伝統文化の所有。両者の併存。すなわち同質性が原始のままに続くのではなく、高度の伝統文化の下に維持されたことが日本文化の特質である。その反対の極としてアメリカを考える。そこには移民が不断に流入し、人種的同質性もなく、国家も人為的である。そこでアメリカ人というidentityを保障するものは、国旗と憲法しかない。アメリカで星条旗が必要とされるのと、日本で日の丸を掲げるのとは非常に違うのである」と述べている。米国の社会は日本と対極的に見えるが、同質性では共通するところがあり、しかしその原理は相違している。そのような米国を異質な他者として理解し、翻って日本を他在において理解することを丸山は試みた。

丸山が米国と日本とを対照するとき、同質性よりも異質性を特質とする欧州を対極的なものとして意識していた。六四年度の講義では、「いわゆる西欧文化(Western culture)とかWestern ideasも、歴史的に決して単一かつ等質ではなかった。むしろヨーロッパほど、多元的に異質的な文化の接触を大規模に経験した地域は他にはない。そこにこそ今日のヨーロッパ文化(思想)の豊饒さの秘密がある」と述べている。「ヨーロッパという単一な文化圏が昔からあったように見えるのは後から見た考えで、歴史的には異質的なカルチュアが猛烈にぶつかり合って渦巻を起こしている」(「経験・個人・社会」6801)、「ヨーロッパというものはもと非常に異質的な文化、異質的な民族・人種・言語、そういうものが絶えず接触し、混乱を起こしながら、だんだんとあるまとまった文化圏をなしていった社会、その意味で、多元的な社会だった」(「丸山真男教授をかこむ座談会の記録」6811、671002談)とも語っている。

異質性や多元性を特質とする欧州と比べれば、日本は画一的な大衆社会という点で米国と相似ており、時に追越していた。日本では「思想によって生きるという伝統」が乏しく、「イデオロギーの終焉もヘチマもないんで、およそこれほど無イデオロギーの国はないんですよ。その意味では大衆社会のいちばんの先進国だ」という(「民主主義の原理を貫ぬくために」65 06)。新聞紙面の画一化が進んでいることを例にして、「これは私は、新聞だけでなかなか解決できる問題ではないとは思うのです。早い話が大学がやはり戦前と比べると個性を喪失し、似たり寄ったりになってきている。どうも高度資本主義の一般的傾向ということだけじゃなく、日本文化のパターンも関連しているように思いますね。つまりもともと日本は言語・宗教・人種などの点で同質性が高いところへ近代化を東京や大阪を中心に押し進めたから、大衆社会の画一性が、ある意味で欧米よりははなはだしいでしょう」(「日本の言論」66 01)と文化論的にも説明しようとしていた。

それに対して米国の社会も画一的であり、個人は多数の圧力に弱いが、日本よりは強いと丸山は感じていた。「アメリカ人の考え方は画一的だとよくいわれ、ある意味ではその通りなんですけれど、インテリと議論するとよくお前の意見はスティミュレイティングだといいますね。…そういうスティミュレイティングな意見を歓迎するという空気はやっぱりアメリカの自由主義の伝統だと思うのです」(同前)と語ったように、知識人の自由主義の伝統に関しては、米国の画一性を見直す面もあった。それと比べれば、どう見ても日本の方が画一的だった。「日本はやはり温室ですから、どうしても自立しないで寄っかかる傾向がある」、「「自立した人間」ということばがこれだけ流行るけれど、しかしやっぱり「集団自立」でしかない」、「アメリカ人は客観的条件へ逃げる度合いが少ない」、「トクヴィルに「ここには精神の独立がない」と言われたアメリカでさえ、日本とくらべて雰囲気からの自由がある」という(68 04 24談、手帖35)。

しかも米国は、欧州と違って異質なものを拒絶する傾向があり、その点で日本と似ていることが大きな問題だった。「アメリカの価値体系と異質的な価値体系をもった国なり文化圏なりと膝をつき合わせて一つの世界で交わることに習熟していない、むしろそれを忌みきらう伝統」があり、そこから「孤立主義」も生まれるし、逆に「自分と異質的な分子をたたきつぶそう」という「世界の憲兵」意識も出てくるという(「現代における平和の論理」65 06)。

一九六〇年代の丸山には後進国意識はなかったが、それでも日本が米国のあとを追っていると観察せざるをえないときがあった。「日本は、どうも支配層だけじゃなくて、国民一般の動向が、五、六年から十年くらいずつ遅れて、アメリカのあとを追っている。だからいまがちょうど「イデオロギーの終焉」の花盛りで、そのうちにまた風向きが変わってくるんじゃないか」と日本社会の激動を予想したのは六七年四月だった(『対決の思想』6806)。

丸山は、日本と異なるが似ている米国の社会を考えるとともに、超大国として世界に影響を及ぼす米国の外交を問題とせざるをえなかった。とくに米国が六四年八月からベトナムへの軍事介入を段階的に拡大したことには強く批判的であり、六五年四月の投書や声明に加わり、六六年八月中旬には「ベトナムに平和を！日米市民会議」に出席、六七年十月一五日には小田実らと街頭行動もした。六六年七月下旬に駐日大使を辞任したライシャワーからは離日前の夕食に招かれたが、志賀高原発哺にいるので行けない、もし志賀高原に来られるならベトナム問題を議論したいと書き送っている(ライシャワー宛660801)。米国のベトナム介入は最初から誤りだと感じていたライシャワーも、米国は最後は軍事的に勝利できると考えていた(『自伝』四七五頁)から、もし会っていたらどのような議論になっただろうか。ライシャワーは、日米両国の学問的知的接触を深めたいと考えており、翌年八月ミシガンでの国際東洋学会議で会うことを互いに期している(丸山宛660811)が、丸山が出席した形跡はない。

さて、丸山は、大衆社会の同質化や画一化に抗する知識人の自覚を強め、異質な他者を理解する知性の働きを強調しようとした。一九六四年五月に『現代政治の思想と行動』増補版を刊行して「現代における人間と政治」を収めたとき、「境界から発する言動」によって「内側を通じて内側をこえる」現代的課題を「リベラル」のそれから「知識人」のそれへ書き改め、さらに「知性の機能とは、つまるところ他者をあくまで他者としながら、しかも他者をその他在において理解することをおいてはありえないからである」という一節を末尾に追記した。増補版の「後記」に「大日本帝国の「実在」よりも戦後民主主義の「虚妄」の方に賭ける」と記したのは、大熊信行の「占領民主主義」という言葉を意識して最後に印刷所で書いたという(881127談、手帖25)が、その追記も同様のものだったかもしれない。

丸山は、知識人の自覚を強めても、リベラルの立場を捨てることはなかった。「革新思想の問題状況」(6411)では、「ぼくは、リベラルの旗をあくまでおろさない。しかし日本の政治状況では、右が与党だし、その方に重力がかかっているから、具体的政治判断ではむしろ左に近くなってもしかたがない」と語っている。再掲の『現代日本の革新思想』(6601)では、この談話の中ほどに加筆して、「日本の政治状況では、ビッグ・ビジネス、高級官僚と癒着した保守党が万年与党で、政治的磁場がはじめから一方に傾いている。はかりでいえば右に重しがかかっているから」と改めたように、自民党と財界と官僚とが癒着した日本の政治的磁場と戦うために、自由主義を民主主義と結合することを忘れなかった。そして自由についても、「ザ・リバティ」という「定冠詞をつけた自由という概念」に立つのでなく、「リバティーズ」つまり「「諸自由」という複数概念」に立つことによって、「諸自由間の矛盾と衝突の調整という問題」と取組もうとしていた。

リベラルな知識人としての丸山は、さまざまな批判を受けていた。吉本隆明は、「生活者である大衆にたいする嫌悪」を丸山に見ながらも、戦後知識人の大衆崇拝的傾向よりも「生産的な志向」を丸山がもつことを尊重しており、幻想の西洋を極限とする「虚構の立場」の洞察力を認める一方で、進歩的リベラルの「現実的な立場」の限界を指摘した(「丸山真男論」6201—6302『一橋新聞』)。そのとき海外にいた丸山は、吉本の批判を無視してはいなかった(掛川トミ子宛630301、今井寿一郎宛630609)が、おそらく土着主義批判が応答であり、論争的性格を有する説には相対的な価値しか認めなかった荻生徂徠にならったのかどうか、直接には答えなかった。ちなみに鶴見俊輔は、吉本の丸山論に「戦後日本の官僚機構内部の思考」への批判(書評6305『一橋新聞』)を見ており、鶴見自身の「日本知識人のアメリカ像」(5607『中央公論』)に対する吉本の「井の中の蛙」論法による批判(「日本のナショナリズム」6406

『現代日本思想大系』4）を正面から受けとめ、大衆的で日本的で特殊的なものを重んじようとしていた。

六七年の丸山と鶴見との対談は、いくつもの点で考えさせる。すでに触れた自己内対話の方法、占領期左翼への異和感、原爆体験の思想化不足、六〇年安保と市民的不服従のほか、吉本隆明の批判への応答のしかた、ウチ・ソトの発想の問題、日本的な特殊性が先行する思想と日常的な思想との違い、普遍をどこに見るか、どちらが知識人主義かなどもある。保守と自己規定した丸山は、「大衆社会というのは一口に言えば、型なし社会ということでしょう」と述べて、明治以後の大衆社会化によって崩れた型の意味を説き、民主主義の未成熟とも結びつけたうえで、型に反逆する『思想の科学』を批判しており、知識人と大衆という六〇年代の問題設定のなかで、リベラルかつ保守的な知識人としての姿勢を保ったように見える。自己内対話の方法を共有する鶴見は、『日常的思想の可能性』（67 07）の「あとがき」で、型なしを戒めながらも型くずしの方向に賭けると応じたが、それとともに丸山の批判を受けとめて『日本的思想の可能性』と予定していた書名を改めており、そのことを繰返し感謝した（「雑談の役割」07 06『図書』など）。

この対談で丸山が、米国をよく知る鶴見に向かってだが、「アメリカはわからない」と言ったことは、やはりよくわからない。一九六〇年代半ばの米国社会の激動の印象も加わっているだろうが、一九六一―二年に丸山が「実際に行った感じ」でもあった。「ヨーロッパ文化の抽象化」と理念化が自分の思想のなかにあることを丸山が承認していることはもちろん無視できないが、むしろ「自分の精神のなかに自分と異質的な原理を設定して」対話する丸山の方法からして、社会のなかに異質なものが多いほど理解しやすかったということはないだろうか。丸山の複雑な頭脳には、欧州は異質的な文化が混合した多元的な社会としてかえってわかりやすく、米国は同質的で画一的な大衆社会として全体主義への免疫が弱く、「何が出てくるかわからない無気味さ」と面白さがあったのではないか。そうであれば、丸山にとって日本はもっと同質的で画一的だったからわかりにくく、米国と日本を他在において理解する試みがさらに必要だった。

さて、丸山は、一九六九年に『現代政治の思想と行動』の英訳増補版を刊行したとき、新たに「現代における人間と政治」を収めた。その末尾では、内側を通じて内側をこえる「知識人」の現代的課題を「liberal」の現代的課題に戻し、他者を他者として理解する「知性の機能」に関する一節に「ヘーゲルの用語を用いれば」と挿入して、understanding others — to use Hegel's terminology — as others (in ihrem Anderssein) とした。この評論の英訳者キャメロン・ハーストによれば、彼の英訳原稿には「その他在において」というドイツ語はなかったというから、ヘーゲルに関する挿入句と一緒に丸山が加筆したのだろう。ハーストが英訳について丸山と相談したのは、六九年の四月、丸山が入院していた病室でだったという。

そのとき丸山が念頭に置いていたのは、ヘーゲルの弁証法的な知性だった。主体が自己を外化し、外化した自己を他在において認識し、自己自身に還帰する媒介の運動によって真理に近づいていく。そのような知性の働きにおいては、他者を自己と無関係なものとして理解することも、自己と同質的な自明のものとして理解することも否定され、しかも異質な他者の理解が自己自身にはねかえることが重視されて、主体は同一性を保ちながら変っていく。ヘーゲルの『精神現象学』(一八〇七年)に強く刺激されながら助手論文を書いた丸山は、四八年度の講義でも『精神現象学』の弁証法的な媒介を「自己運動する自己同一性」、「自己内反省」すること、「自己否定を媒介にして自己に還流していくもの」として強調しており、六〇年度の講義では「自由=他在において自分自身であること」と記したように、他在において他者や自己を意識する精神の運動に自由を認めていた。

丸山が六三年四月に帰国したとき、岡義武が退官した直後であり、東大法学部の政治学関係のシニア教授になった。六四年十月には法学部の評議員になり、比較政治やアジア政治外交史の講座増設のために文部省と交渉もした(回顧談下、二七七頁)。そのころ東大教養学部の政治学担当助教授の口が空いたので立教大学着任二年めの佐藤誠三郎を戻してほしいという使者として丸山が立教に現れたという。高畠通敏の回想（鶴見俊輔宛書簡040519、「あしがくぼ通信」Web）によれば、「私は思わず、それは先生の日頃いわれていることと違うのではないですかといいましたが、先生は、日本の学問の中心として東大を支えてゆくことがいかに大事かと、同じ口上を繰り返されるだけでした」。そのように丸山が東大の政治学を背負ったのは、「本来強力なライヴァルたるべき京大政治学があの有様で、自分の大学での再生産もロクにできない」ので「院生や助手を育てる義務・負担が東大に重くかゝって来た」とのちに説明した（家永三郎宛71 04 03）通りだったとすれば、丸山の負担は大きかっただろう。しかも丸山は、六七年二月に次期法学部長に選出され、健康上の理由で辞退した。代りに選ばれた辻清明が六八年十一月まで学部長を務めたことが、丸山のいう「ある事情から生じた小生の道義的な自縛」（同前）だろうか。

さて、一九六八―九年の東大紛争においても、丸山は、リベラルな知識人であろうとした。他者を強制し弾劾する学生に抗議し、身体の自由や良心の自由を身を以て示そうとした。異質な他者を他在において理解する知性にもとづいて、大学が大衆社会化し学生が集団同調的に行動するのに抵抗したということもできる。六八年十二月二三日の法学部研究室封鎖に対して「ファシストもやらなかったことを、やるのか」と問いかけたのも、六九年二月二四日に文学部階段教室に拉致され、「形式主義者」と罵倒されて「人生は形式です」と応じたのも、本気で学生を教育しようとしていたからだろう。二月二一日の講義初回で、研究室封鎖は「ナチも軍国主義者もやらなかった」と丸山が言ったと新聞で読んだと言う学生に、「都合のいいときだけ、ジャーナリズムの記事を信用するのか」と問い返した（加藤一郎宛69 02 25）のは、十二月二四日の毎日新聞記事が誤っているのか、本人に事実を確かめもしないで記事を信用する態度を批判したのかわからないが[21]、学生を鍛えるための叩き台としてあえて挑発的であろうとした。

リベラルな知識人としての丸山が抵抗したのは、画一的な大衆社会に対してだけでなく、大量迅速にイメージが流通する情報化社会に対してだった。「情報化社会が日本の場合、コトバや思考タイプのコンフォーミズムを一層ひどくしているようです」(三谷太一郎宛70 01 29)と記した丸山は、大衆社会の人間の問題を越えた現代の同調的な人間の問題に直面していた。大衆社会における「イメージの一人歩きの問題」(「思想のあり方について」57 09)は早くから意識していた丸山だが、「現代は――はなはだいやなことですが――何といってもイメージの時代で、私についても、本人がなすすべがないほど、丸山についてのイメージがふくれあがって私をがんじがらめにしています」という逆境にあった(安田武宛70 06 27、執筆年を改めた)[22]。

東大紛争における丸山は、日本社会とくに大学が大衆化し情報化するなかで、個人として行動することが極めて困難な状況にあったように見える。「見てくれの自己顕示を競う過度情報化社会」(高木博義宛71 12 09)で、マスコミでの発言だけが注目されることが丸山には堪えがたかった。「タンカをきってカッコよくとび出すような単独行動は小生のとらないところ」(家永三郎宛71 04 03)であり、「マス・コミ向けの個人プレイ」をしないというのが一九六八年末からの、あるいは最初からの方針だったという(福田歓一宛69 10 08、木下順二宛69 10 17、熊野勝之宛71 05 03)。「私は、ゲバ学生よりも、世の「評論家」たちの態度――ろくに調べもしないで、マス・コミの断片的報道からの臆測や、安田城攻防のような「事件」のショックで、ひとのことをパリサイ人的にあげつらう軽薄さとコンフォーミズムに呆れています」(今井寿一郎宛69 10 01)と告げたように、学生によりも評論家やマスメディアに傷ついていた。

六〇年代末の丸山に対して、六〇年前後の丸山の著作にもとづく問いを突きつけることは有効だろうか。「現代における人間と政治」(61 10)で社会の同質化画一化に抗して境界に住むことを説いた丸山は、「こうした領域に住むことの意味を積極的に自覚し、イメージの交換をはばむ障壁の構築にたいして積極的に抗議するような「リベラル」でありつづけただろうか。リベラルであるためには寛容よりも抵抗が大事なのに、自分は依然リベラルであると思いながら、また公平に判断していると信じながら、「権力の弾圧の恐怖なしにでも彼は中心部に移動して行く」ことはなかっただろうか。「忠誠と反逆」（60 02）の表現を借りれば、「原理への忠誠と組織への忠誠のするどい緊張」を否応なく意識しただろうが、「組織への忠誠と原理への忠誠とは癒着する傾向を強めなかったかどうか」。ホワイト『オーガニゼーション・マン』（一九五六年）が警告した「自由人」の「組織人」化は、丸山がたえず戒めたところだった（「現代社会の政治と経済」58 01ほか）が、後述のように組織への忠誠の伝統が非常に強い人たちのなかで、リベラルな知識人が組織人にとどまることはなかったか。

丸山は、そのような問いを自己内で繰返しただろうが、それでも他である anders sein ことはできなかったのだろうか。社会が大衆化し情報化するなかで、年齢とともに組織における責任が増すとき、どのように自由であろうとするかは、誰にとっても他人事ではない。日本社会における型の意味を説き、東大法学部の政治学を背負った丸山は、いつか中心部に移動していたとしても、大学や学部に抵抗したか不明だとしても、同調的な学生には抵抗したし、マスメディアにも抗議した。組織をとび出すような単独行動はとらなかったとしても、精神の内部では境界に住み境界を越えようとしていただろう。逆境のなかで丸山は、やがて国境を越えようとする。

高畠通敏は、一九七〇年五月の「職業としての政治学者」（『思想の科学』）のなかで、丸山の「〈政治的知性〉の立場からの現実政治批判」に触れて、「境界人」としての自覚が説かれた評論「現代における人間と政治」を想起した。六〇年安保において「体制内的な日常構造をそのままにしておいて、街頭でインスタントな運動を組んだ当時の運動の全体構造」がその後十年の大学反乱や市民運動再編のなかで問われざるをえないとすれば、「知識人の政治参加のあり方が、そしてその指導的イデオロギーでもあった戦後政治学の内部構造が問われざるをえない」と論じて、境界にとどまる知識人による指導や管理を批判した。知識人としてではなく市民として「集団や組織をになう主体性」を探求する道を歩んだ高畠は、やがて「統治の理性と現実を認識できる「境界人」的知性だけでなく、自治の理性と現実をも認識できる「集団人」的知性を開発しなければならない」（『政治学への道案内』76 04）と説く。

しかし境界人的知性にもまだできることがあったのではないか。

五　海外亡命の途

東大紛争でつらい思いをした丸山は、身体的にも苦境に陥り、退職を考えた。心不全のため一九六九年三―四月に入院、そこで発見された肝炎のため六―八月に入院、翌年二―五月にも入院し、その後も肝臓の数値が悪くて療養が続いた。丸山が退職を決意したのは「昨年三月の病気入院と同時」(団藤重光宛70 09 06)というが、遡れば一九五〇年代から大学を辞めたいと思っていたともいう(回顧談下、二六六頁)。六九年九月に「ここ数年来重く心にのしかゝっていた途」として木下順二に辞意を洩らし、十月八日には政治関係六教授に翌年三月退職の意思を書き送っており、しかし「法学部のなかだけでも納得させるのに、これからが一苦労です」と意識していた(木下宛69 10 17)。福田歓一との相談では、「たびたび日本から姿を消せば、すくなくも現在よりは「たった一人」になれるのではないか」という気持ちから「転職」を口にしたところ、同僚への話し方に気をつけるように言われたらしく、法学部は「組織へのロイヤルティの伝統」が非常に強いので「心理的な抵抗がどんなに大きいか」思い巡らしている(福田宛69 10 20)。そのように日本脱出の気持ちが生じていたが、東大からひっそりと消えて行くには、法学部ならではの手順と調整が必要だった。

丸山は、そのような段取りの途中の七〇年六月二七日、安田武に宛てて胸中の抱負を吐露している。「私は現在まだまだ精神的に色気十分で、それより前にやりたい仕事を山ほどかゝえています」。「私は余命を、自分本位に考えて、自分にとって本格的な仕事(いうまでもなく、日本思想史の領域です。それも、いくらも研究者のいる近代日本ではなく、古代から江戸時代までの日本です)に集中したいと思っております」。丸山イメージによる前述のがんじがらめをふりほどくには、「いわゆる現代のトピックについては、それがどんなに重要なものであろうと直接に語ることを避けて、「うしろむきの予言者」という歴史家の宿命に徹することよりほかにありません」。それは「アカデミズムに空間的に立てこもる」ことではないと辞職を暗示したうえで、「日本思想史の一介の研究者としての途を歩む」ことだという。「私が自分の仕事を限定し、集中させるためには、病気後最初のスタートが大事」だとして、その仕事に専念する決意だった。政治関係六教授に辞意を伝えてから一年後の七〇年十月、やっと教授会宛の正式の辞意表明に至ったらしく、七一年三月に停年まで三年を残して退職した。

「ぼくが全共闘にやられたということは、海外に誇大に伝えられて閉口しました」と晩年には回想した(回顧談下、二五五頁)が、ハーバードやオクスフォードなどから届く国際的友情の便りに丸山は慰められた。国内の人心の頼りなさ冷たさとは対蹠的に、「はるばる海のかなたの友人・先達から、いや友人とさえいえずたゞ同じ「学問共和国」の住人という程度の知合いから、私の病気を伝えきいて、すぐさま同情や激励や療養のための申出でやを寄越す」人心の美しさ優しさを垣間見たという(岡義武宛700812)。「私が東部に滞在していた一九六一―二年とは、アメリカの様相もおそろしく変ったようで、もし健康を害しなかったら、その変化の一部なりとこの眼で見られる機会があったろうに、と残念です」と在ニューヨークの三谷太一郎宛の書簡(700129)で記した丸山は、三谷がハーバードに移った年末には、フェアバンク、シュウォーツ、ヴォーゲル、クレイグらが自分の病気を心配しているようだが、「精神的には元気で、自宅でもっぱら、記紀や比較神話学などの「過去学」を勉強していると伝えて下さい」と頼んでいる(三谷宛701201)。

フェアバンクは、ハーバード大学卒業式で丸山に名誉博士号を授与しようとした。六九年に丸山が病で辞退すると「丸山に学位を授けることにより、名誉を受けるのは丸山ではなく、ハーヴァードである」と書き送っており、翌年も招待があったという(回顧談下、二六二頁)。フェアバンク文書には六九年の招待に関する資料はなかったが、七〇年のピュージー学長の招待を再び辞退してフェアバンクとライシャワーに申し訳ないという丸山のヴォーゲル宛書簡(70 06 23)が回覧されている。フェアバンクの丸山宛書簡(70 07 08)には、彼自身が同年思いがけず名誉学位を受けたので名誉の意味が減じたが、「重要な国際的ジェスチャー」として丸山に名誉を与えたかったと記されており、学生反乱に対抗する知識人の国際連帯が意図されていた(23)。七一年と翌年の丸山のフェアバンク宛年賀状によれば、丸山の健康状態は七一年春から恢復したという。

さて、丸山の米国再訪に至る経緯はかなり錯綜しているが、丸山が退職した七一年の秋にベラーが招いたことが始まりだった。ベラーは、「アメリカにおける市民宗教」を発表した六七年にハーバード大学からカリフォルニア大学バークレーへ移っており、翌年から日本韓国研究センターの所長をしていた。七九年に改組された日本研究センターの文書庫に保存されている書簡などによれば、ベラーは、七一年の九月に石田雄と会って丸山の一年間のバークレー滞在が可能か尋ねており、十月一日に丸山へ書簡を送って、バークレーの国際研究所の訪問研究者プログラムで丸山を招きたい、講義義務はなくハーバードのときのように議論に参加してほしいと誘った。ただ、ベラー自身は七二―七三学年にプリンストンの高等研究所に滞在する予定なので、七二年一月からの暦年なら八か月は自分もいるが、七二―七三学年なら自分は不在であり、しかし丸山が去る前には帰って来ると記した。

それに対して丸山は、十月二八日のベラー宛英語書簡で、自分の人生で最も楽しい年月の一つを過ごしたハーバードのプログラムとバークレーのそれは似ていて実に魅力的であり、気候もよいだろうから、問題は時期と期間だけだと答えている。第一に現在数名の大学院生を指導しており、彼らの論文完成を助ける「義理」を感じる限りで自分は伝統主義者なので、七二年三月までは日本を離れられない、第二に仕事をいくつか抱えており、『日本思想大系』の荻生徂徠の巻の校注解説は七二年六月までに終えなければならない、第三に何といってもベラーが七二―七三学年にいないのなら行く気がしないので、プリンストンから帰ってから招いてくれると嬉しいという。そして数年前から自分の関心は遠い過去の日本へ、神話の世界へ遡っており、古代日本の思考様式の基礎にあった基本的カテゴリーを取出したい、仏教や儒教を「日本化」する歴史的過程の核心に触れるために、日本人の世界観の「原型」を摑みたいと考えており、そのような自分の関心は以前よりずっとベラーの関心に近づいているのではないか、我々が十年前にハーバードで議論したように愉快に議論できる日を楽しみにしていると記している。

そこでベラーは、十一月三〇日の丸山宛書簡で、丸山がすぐ日本を離れられない事情はわかったので、七三年の一月からか九月からバークレーに招きたいと記した。しかし実はベラー自身はプリンストンの高等研究所で常任の所員になるかもしれず、そのときはバークレー滞在後の丸山をプリンストンに呼ぶことができるが、七二年の秋までは見通しが立たないので、とりあえず七三年一月からのバークレー滞在を申請しておき、延期や中止もありうるという含みにするという。そして日本文化の基礎的構造についての丸山の研究には最も関心があり、アメリカ文化の神話的構造に向かっている最近の自分の思考はたぶん丸山の思考と同方向であり、意見交換できたらとても刺激的だろうから、遠からず丸山と長時間をともにしたいと希望した。七一年秋のこの希望が実現したのは、七三年の一日を除けば、七六年の五月だった。ベラーは、十二月二一日にバークレーの国際研究所の副所長ニール・スメルサーに書簡を送り、七三年一月か九月からの訪問研究者として丸山を強く推薦している。

丸山は、そのようなベラーの招きで海外渡航を決心したが、行く先は決めかねていた。七二年一月一五日のベラー宛英語書簡では、プリンストンの高等研究所はまさに丸山が前から滞在したかったところであり、もしベラーが常任所員になったら、七三年中にプリンストンに直行するのが自分の第一希望であり、そこで一年過ごして次の年にバークレーへ移れないかという。また英国オクスフォードから招いてくれる話があり、財政上の理由から半年以内だろうが、ベラーがいないバークレーよりはオクスフォードの方が魅力的だという。[24]しかし不確実な話を当てにはできないので、七三年一月からのバークレー滞在を受けたいと思う、ともかく七三年には海外へ行くと決めたし、一年以上日本を去るつもりだと記した。ところが直後に副所長スメルサーから研究計画その他に関する箇条書きの質問書が届き、丸山が回答したら、さらに詳細な研究計画の説明を求める書簡が来たので、まるでフルブライト奨学金に応募しているようだと丸山は当惑したという(ベラー宛72 08 02)[25]。そのことを知らないベラーは、二月二九日の丸山宛書簡で、プリンストンのことはこの秋まで確定しないので、バークレーの国際研究所滞在のために努力しているが、自分の不確かさのせいで丸山の訪米が不明確になったと詫びている。

さて、七二年の丸山は、「小生の健康もめっきり回復致しました」、「自分を省みますと残された課題の重さに焦燥を禁じえません」と印刷した年賀状を知人に送り、海外渡航の決心を時に洩らしている。二月二一日には「私も一両年のうちには、おそらくさま〴〵の面でおどろくほど変貌したであろうアメリカを十年ぶりで訪れることになるでしょう」と記した(北沢方邦宛)。五月には英文原爆体験記を受取って、「もし私がふたゝびアメリカに(或はどこでも海外に)出かける折があれば」何部か持参したい、いずれ被爆者のために何か助力をしたいと告げた(青木やよひ宛)。そのころ丸山は、大事な「病気後最初」の仕事として「歴史意識の「古層」」(72 11)を執筆するとともに、『南原繁著作集』を立案していたが、在英の福田歓一に宛てて「私のような隠遁者にも、結構、日本というところはせわしい国で」、政治学者のイーストンやクリックが訪ねてきたことを伝え、ストーリーらへの挨拶を頼んでいる(72 05 22)。

丸山が滞在先としてハーバードを選んだのはそのころだった。七二年八月二日のベラー宛英語書簡によれば、年初のスメルサーの再請求に丸山が当惑していたら、間もなくハーバード大学東アジア研究センター副所長のアルバート・クレイグ(一九二七—)が訪ねてきたので、困っていることを話したところ、クレイグは「ベラーなきバークレー」について語ったという。クレイグが帰国してすぐハーバードから俸給と旅費を明示した招待状が送られきて、研究計画など示さなくてよいから「ただ来春来てください」とあったという。クレイグの訪問は二月か三月だろうか、今度こそ卒業式での名誉学位授与を受けてもらおうとしたのだろう。丸山は、五月一九日クレイグ書簡による来春のハーバード招待を喜んで受諾すると五月三〇日のクレイグ宛英語書簡に記している。右の八月二日ベラー宛書簡で丸山は、たぶん来年四月から六月まで米国ケンブリッジに滞在する、それから海外に滞在しつづけるか一旦帰国するかは健康状態次第だが、ともかくバークレー訪問は近い将来にはなく、無期限に延期すると告げている。ベラーには迷惑をかけたが、もともと極めて魅力的だったのはバークレーよりも、ベラーと議論する機会の方だったと説明している。

ベラーは、それでもなお丸山を招こうとした。バークレーでは、八月二三日に所長代理のアーウィン・シャイナー（一九三二―）に宛てて、丸山のバークレー来訪はまだ可能だとして資金工面の善後策を示している。[26] プリンストンの高等研究所では、社会科学部門の唯一の常任教授であるクリフォード・ギアツ（一九二六―二〇〇六年）が、早くも七二年九月二五日に丸山へ書簡を送り、社会科学プログラムの所員として来年を過ごす気があるか問合せている。ギアツの旧友ベラーが現在ここにいて、日本文化における基礎的パラダイムの歴史的発展に深い関心がある丸山を推薦しているという。引く手数多となった丸山がどのように返事をしたか、高等研究所の文書からはわからない。

さて、丸山は、十月から『南原繁著作集』の編輯と『日本思想大系』の徂徠「太平策」校注に追われていたが、十一月二一日には在英の松沢弘陽に宛てて「私も早く一くぎりついたところで海外亡命しようと思っています」と告げている。丸山が東大法学部を去りがたかったのは「戦前戦中の私にとって一種の国内亡命の地であった法学部研究室への愛着」（福田歓一ほか宛69 10 08）ゆえであり、「法学部研究室は、小生にとっては大げさにいえば国内亡命の場としてのイラショナルな愛着がまつわっています」（三谷太一郎宛70 12 01）、「東大法研は――東大一般では断じてないのですが――少くも小生が定期的に特高憲兵の呼び出しをうけているような環境のなかで、自由に思想史の勉強をさせてくれた、いわば「国内亡命」の地」（家永三郎宛71 04 03）だったと説明したことからしても、[27] 松沢宛書簡中の海外亡命という言葉が単なる戯言だったとは思われない。丸山は、戦前戦中の自分が法学部研究室で国内亡命した経験を思い出しながら、いいかえれば大日本帝国の境界領域に住んでいた経験を想起しながら、かつて愛着の対象だった法学部研究室という組織を去った今、自由な知識人として海外亡命しようとしていた。亡命者となって日本社会を外からあるいは境界から見ようとしていた。

丸山が日本社会を脱出する先は、まずは米国だった。右の松沢宛書簡では直ちに続けて、「やはり講義をしないでお金をくれて、招んでくれるなどという、「結構」な大学はアメリカ以外にないので、さし当りは来年四月ごろから、健康だめしの意味もあって、気安いハーバードへ三ヶ月くらい行くつもりです。夏にはヨーロッパをまわって帰る筈です」と記している。それは丸山ならではだったが、たしかに七五年五月の丸山の渡英の財源（萩原延寿宛75 05 26）からしても、米国の大学は提供できても英国の大学は容易に提供できない「結構」だった。七三年四月から三か月のハーバード滞在、さらにプリンストンやバークレーへの滞在と、健康次第では米国を自分の眼で見る機会がかなり長期に生じつつあった。「アメリカのもつ多様で複雑な諸側面を、急激に変貌するアメリカと変貌しないアメリカとを同時的にとらえて」（三谷宛70 01 29）くるつもりだっただろう。

六　ビザ取消と制限

『丸山眞男回顧談』（下、二六二―五頁）には、一九七三年に米国二大学の卒業式で名誉博士号を受ける経緯が語られている。六九年と七〇年にハーバード大学のフェアバンクから招待があり、次はクレイグが来て「とにかく前から話が出ているんだから、こんどは受けてくれ」と言ったという。「それで、病気もよくなっていたので、オーケーしたんです。そしたら、驚いたことに、全く偶然なんだけど、プリンストンから名誉博士号授与の知らせが入ったのです。同じ年で、卒業式がわずか一日の差しかない。ハーヴァードをオーケーしたあとでしょう。クレイグに電報を打った。そしたらすぐ返電があって、「ノープロブレム、アクセプト、ボース」。何も問題ないということで、両方に出ることにしたのです。そのときです、ビザでもめたのは」。二つの卒業式が一日の差ではなく一日の間があったことはともかく、プリンストン大学からの名誉博士号授与は全くの偶然ではなかった。

プリンストン大学で丸山への名誉博士号授与を企てたのは、近代日本研究会議以来の友人マリウス・ジャンセン（一九二二―二〇〇〇年）だった。同大学図書館のジャンセン文書によれば、ジャンセンは、七三年一月二日のボウエン学長宛書簡で、丸山が四月から六月まで米国ケンブリッジに滞在することがクリスマスカードからわかったので、戦後日本第一の知的指導者が名誉学位授与の射程内に入ることになると知らせた。そして丸山の仕事を紹介したうえで、三、四年前ハーバードは彼に名誉学位を授与しようとしたが、彼が病気で旅行できなかったので、今年こそ授与しようとしていると考えるのは道理であり、丸山は二つの名誉学位を受けるに値すると促した。丸山は、その合理的な分析方法が戦前の非合理性と対照的に見えた六〇年代まで「若い日本」の英雄だったが、皮肉にも急進主義が通り過ぎていき、六〇年代末の学生の憤怒と非合理主義の流れが彼の健康を壊したとき、東大法学部の図書室に立てこもって新しい極端主義への抗議を表したとジャンセンが記したように、ここでも学生の過激さに対抗する知識人の国際連帯が図られていた。ジャンセンは、名誉学位に関してはクレイグらと連絡しなかったようだが、一方的に模倣行為をする条件は十分に与えられていた。

七三年の丸山は、そのように少なくとも前年末までは、四月から六月までハーバードに滞在する予定だったが、短縮することになる。その理由は十分に明らかではないが、肝臓機能検査の数値が上昇して年末年始は下田で静養しており（中村智子宛73 01 08ほか）、予定の仕事が遅れたことが大きかった。『日本思想大系』第三六巻（四月一〇日刊行）の「太平策」の解説のため、一月中旬から一か月近くカンヅメになっており、その後感冒にやられたという（世良晃志郎宛73 04 09）。丸山がホテルで二月二七日に書きはじめたクレイグ宛英和両語書簡（三月一日神田で投函。半月前のクレイグ宛書簡が住所誤記で届かなかったために出し直したもの）は、二月初めにボック学長から博士号授与の手紙が届いたので出席の返事を出したが、仕事の遅れのため四月到着は無理で、五月初めになりそうなので、それなら六月の卒業式出席とは別に、今秋か来春に少なくとも三か月滞在することも選択肢ではないかというものだった。クレイグは、六月の卒業式のための滞在は約二週間にして、今秋か来春にもっと長く再訪するようにと三月七日に返事を送っており、それで短縮が決まったらしい。

そこへプリンストン大学から名誉学位授与の知らせが届き、丸山は困惑した。三月二三日のボウエン学長の招待状は、郵便ストライキで遅れただけでなく、丸山自身を数週間躊躇させたらしく、四月二六日に事務局長のフィンチが再照会の書簡を丸山へ送っており、翌日にはジャンセンも丸山宛書簡で、丸山の到着はもう二、三週間遅れるとクレイグから聞いたとして、今後の予定を問合せている。丸山が躊躇したのは、一九七〇〔六九〕年以来三度も名誉学位授与を決定してくれたハーバードへの「義理」の感情からであり、両方受けるようにとのクレイグの返電で出席を決めたという（ジャンセン宛英語書簡730523）。ちなみに大使だったライシャワーは、エールを加えた三大学から六六年六月に名誉学位を授与する話が来て全部断ったが、アイビーリーグのビッグ・スリーを総なめしたのは愉快だったという（『自伝』原著二九七頁）から、丸山も遠慮することはなかっただろう。丸山は、五月一一日までにはプリンストン大学へ出席の電報を送っている（フィンチの丸山宛730511）。

さて、丸山は四月も仕事で多忙であり、またもカンヅメ状態だったかもしれない。四月二五日には「仕事でしばらく家を留守にして居りました」、「目下のところさし迫った仕事に追われて居り、その後も山積した雑用やすでに約束ずみの面会でつまって居りまして、当分ひまが出来そうもありません」と安西敏三宛書簡を代筆してもらっている。『南原繁著作集』第四巻（五月一八日刊行）の解説は、丸山の前年の説明（中村哲宛720330）では三か月前締切だったから、早く完成していただろうが、末尾には「一九七三年四月」と記されている。五月第二週も未知の外国人の来訪が二度あり、「ジェット機公害の一つです」と歎いている（西田毅宛73 05 14）。旅券の手配やビザの申請をする時間があっただろうか。

それでも丸山は、五月二二日までには旅程を固めた。同日のライシャワー宛英語書簡では、授与式での付添人役にまず感謝し、三月か四月初めを予定していた出発が遅れた事情はクレイグから知らされただろうと想像したうえで、六月七日ニューヨーク経由ケンブリッジ着、一一日プリンストン着、一二日プリンストン大学卒業式出席、その晩ケンブリッジ帰着という過密日程で、一四日ハーバード大学卒業式出席の翌日まで友人と快談する時間もないと記している。五月二三日のジャンセン宛英語書簡では、六月七日から一二日晩までの日程に加えて、二〇日ころ英国へ出発という予定を記しているが、ハーバードの全行事が終って数日後にジャンセンを再訪すること、もしベラーがそこにいれば彼を再訪することも考えているという。

そのような経過を詳しく述べたのは、このときのビザ問題がどの程度の障害だったかを考えるためだ。丸山が米国のビザを申請したのが仮に二月であれば、ビザ発給が遅延したので四月から三か月の滞在予定を短縮せざるをえなかったのかもしれず、本章の研究もその仮定から出発したが、三月初めのクレイグとの往復書簡からしても、ほぼありえない。当時在米の朝日新聞記者松山幸雄は、「ハーバード、プリンストンからの招待状があるのに、さんざ待たされたあげく、発給されたビザが『滞在は三週間に限る』だからね」と丸山から授与式後に聞いたと回想しており、「丸山さんも「米国の外交政策に対する非友好分子」とにらまれたらしく、東京大使館のいやがらせを受けた」と解釈している（「「知性の人」丸山真男さん」信濃毎日新聞96 09 01）が、「さんざ」とはどのくらい待たされたのだろうか。インガソル駐日大使のフェアバンク宛書簡（73 07 06）には、五月の丸山のビザ申請は急な申込み short notice だったと記されているが、五月二二日までに旅程を固めてからビザを申請したのだろうか。もしそうであれば、その無用心からして、六一年のビザ拒否の事実を丸山はおそらく知らなかったと考えられる。

さて、丸山のビザ取消と制限の経緯は、六月一五日の朝食でフェアバンクが丸山から聞取って一八日にインガソルへ送った書簡に詳しい。丸山の回顧談によれば、東京の米国大使館で丸山だけが残され、過去の住所を記入させられたのち、今日はビザは出せないと領事から言われた。ビザは「いっぺん出ていてキャンセルの印が押してあった」ので、外務省の有馬龍夫に相談したところ、「どういうことをしたのかわかりませんが、国務省とやりとりがあって、出発まで一週間くらいで余裕がないから、再発行ということになって、発つ前日に新しいビザが届いた」という。フェアバンク書簡によれば、丸山のビザは、最初は数回訪問用として発給され、そのスタンプの上にキャンセルとあった。それは見苦しいと思った丸山が外務省で新しい旅券を入手したら、米国大使館はそれに一回訪問用のビザ・スタンプを押し、「ハーバード、プリンストン大学の卒業式に出席するため三週間」と手書きしており、六月四日から三〇日まで有効だった。丸山が十六歳以降の住所すべてを記入させられたこと、占領期のブラックリストが引継がれているのではないかと推測したことは前述した（本書八七頁）。

それほどのことが「出発まで一週間くらい」で行なわれたということは、誰もが非常な関与をしたに違いない。丸山が米国大使館で受取った旅券中のビザが発給後に取消されていたのは、後述の大使館の国務省宛報告の五月三〇日か前日だろう。丸山が南原に「外ム省の visa の事が 4:00 ごろ終ると申上げた」という福田歓一宛の伝言メモは、東京女子大学での石原謙の名誉神学博士号授与式に南原が出席した日（『東京女子大学学報』73 06）のものだから、丸山が外務省で旅券を再発行してもらい、ビザの申請もしたのは、六月四日の月曜日のことだろう。その日のうちに六月四日から有効のビザが発給され、六日にビザつきの旅券が丸山に届き、七日に丸山はニューヨークへ飛んだことになる。

ハーバードではライシャワーが、リースマン、シュウォーツ、フェアバンク夫妻らも招待して、九日の自邸での夕食会を準備していた（丸山宛73 06 04）。回顧談によれば、「リースマンとか、四、五人ぼくがよく知っている人たちが来ていました。ライシャワーには気の毒だったんだけど、その場でビザを見せて、前駐日大使としてどう思うかなんて聞いたんです。困ったふうに苦笑いして、何かのミステークだろうと言いました。リースマンの方が大憤慨で、官僚のやることは実にいい加減だと、ほかの例もあげていました」。ライシャワーは、六一年の丸山へのビザ拒否と不適格免除に関与しているので、そのこととの関連を思って苦笑いするしかなかっただろう。丸山が六一年のビザ拒否の事実を知らなかった可能性は一段と高い。

フェアバンクは、その夕食会には欠席したようだが、一四日の卒業式の翌朝、丸山からビザのことを聞いて憤慨した。そして一八日のインガソル大使宛書簡で、右の事実を列記して抗議した。このことは日米の知的関係の発展のための努力を台無しにする恐れがあり、ライシャワーへ書簡の写しを送るだけでハーバードの誰とも話していないが、大使館は判断の誤りを認め、同じようなことを二度と起こさないようにしてほしい、とくに丸山教授は名誉学位授与のために何度も招待しなおしたほど我々の評価は高いのに、安全保障への危険として大使館員に扱わせるとは呆れるとフェアバンクは記した。

このフェアバンク書簡に対して、七月六日のインガソル書簡は次のように回答した。大使館では、丸山教授のビザ申請をできるだけ速く処理するために、旅券にビザのスタンプを押すと同時に必要な書類審査をしたが、その結果六一年のビザ拒否が明らかになり、ビザは取消された。六一年七月のビザ不適格の判定、東京大使館から国務省への働きかけ、司法長官からのビザ不適格免除の取得と入国については既述(本書八五頁)の通り。彼のビザ不適格問題は、六一年に引続き慎重に再調査されたが、最終決定には至らなかった。彼のビザ記録は残りつづけ、今年五月の渡航直前のビザ申請まで問題は生じなかった。しかし丸山教授をビザ不適格とかつて判定した根拠は今や問い直されてよく、我々は五月三〇日にそのように国務省に報告した。それでも今回の件では、彼のために免除を得て一次入国ビザを与えるしか選択はなかったし、司法省移民局にはそれ以外のことができなかった。将来は丸山教授が四年間の数次入国ビザを得られるように過去の判定を覆し、関係の全記録を抹消できるようにしたいという。

インガソル大使のこの説明が正確だとすれば、古いビザ記録が残っていた怖さは別にして、もし丸山のビザ申請が渡航直前でなかったら、ビザの取消もなかったかもしれない。大使館は丸山のビザ記録をゆっくり調べ、四年間有効の数次ビザのスタンプを押すこともなく、最初から期限つきの一次ビザを出していたかもしれないからだ。日本と米国との間で数次ビザが導入されたのは六六年だから、一次ビザしか取得した経験がない丸山には、数次ビザが取消された意味が理解しにくかった面もあっただろう。ともかく丸山は、米国入国のためのビザを取消され、そのうえ三週間に制限された。その理由は知らされなかったので、不可解であり、無気味だっただろう。その秋か翌春に三か月以上米国に滞在しようとしても、同じことが起きるかもしれなかった。

丸山のビザ取消の理由が古いビザ記録だったとすれば、やはり怖い。六一年のビザ拒否について既述したように、丸山がなぜビザ不適格と判定されたかは不明だが、その記録が十二年間消えていなかった。丸山の推測通り占領期のブラックリストが引継がれていたとすれば、五〇年前後の発言や交際の記録が約二十三年間残っていたことになる。もし三三年の不当逮捕が警察資料を通じて国務省に記録されていたとすれば、四十年前のことがひっかかったことになる。もっとも本当の理由はそのような古い記録ではなかったかもしれず、「日米安保批判派」の丸山への嫌がらせだったという松山幸雄の解釈も全くは排除できない。松山は、のちにフェアバンクに会って丸山の話を伝えたら、「国務省はＣＩＡ（中央情報局）に引きずられがちだからね。困ったものだよ」と呆れ顔で言われたという（前掲記事）。[28] 丸山のビザ記録がどのようなものだったか、国務省の十分な情報公開が万一あれば別だが、結局はわからない。丸山は、六一年のビザ拒否の事実もおそらく知らないまま、七三年に国務省からビザを一時拒否された。

ところで丸山は、六月一一日にプリンストンに着いて一泊し、翌日の卒業式に出席してケンブリッジにとんぼ返りする前に、ジャンセンに授与式に付添ってもらっただけでなく、ベラーとギアツに会っている。ギアツは、一二日のケイソン高等研究所長宛書簡で、丸山は来年の春と秋に高等研究所に来たい、夏はバークレーでベラーと過ごしたいと言っており、歓迎すべきだが、秋からならよいのにとやや困惑している。ちなみに翌年三月一七日の丸山のギアツ宛書簡によれば、このとき丸山は高等研究所のことを詳しく聞けなかったが、それは急いでいたためだけでなく、ベラーが娘について語ったことに動顚していたからだという(29)。

さて、丸山は、名誉博士号に伴うらしい世界一周の切符(「森有正氏の思い出」79 09)で、六月二二日に英国へ渡り、オクスフォードなどに滞在したのち、七月八日からケルン、ミュンヘン、パリなどを廻り、八月二日に帰国している。六月二八日の朝日新聞夕刊に掲載された「丸山氏に米国の両大学が名誉博士号」という記事をケルンで見て、ニューヨークで松山幸雄が「私はマスコミから先生を防御するのが自分の役目と思っています。ただ簡単に事実だけ送っておきました」と言っていたのに、「やっぱりマスコミはマスコミですね」と記している(萩原延寿宛73 07 15)。そこには、松山に洩らしたビザの問題を触れて廻られはしないかという心配がなかっただろうか。丸山がライシャワーらとフェアバンクにしか話さなかった微妙な問題なのに、松山はのちにフェアバンクに伝えているくらいだから。丸山は、ミュンヘンに来て「はじめて、日本を出てからたった一人ぽっちになりました」、「痛切にひとりになりたかったのです」(同前)と記しているが、何かに傷ついていたのだろうか。

丸山が帰国して間もなく、丸山のビザ問題は解決した。八月二二日のインガソル大使のフェアバンク宛書簡は、次のことを喜んで告げている。国務省は、丸山教授がビザ不適格とみなされるべきではないという我々の見解と一致した。それゆえ今後彼が米国訪問のためにビザを申請するとき遅延を経験することはもはやないし、四年間にわたって数次入国できるビザを我々は発給できると。この書簡は、同時にライシャワーにも写しが送られ、八月三〇日にはフェアバンクから有馬龍夫に写しが送られた形跡があるので、丸山にも伝えられただろう。丸山がフェアバンクに相談した効果があったことになるが、彼が大使級の有力な知識人だったからというよりも、マッカーシイズムと戦った経験があるリベラルな知識人だったから見過ごせなかったということだろう[30]。

丸山は、ビザ問題の解決を知ってかどうか、名誉博士号授与への西田長寿の祝辞に対して九月七日に礼状を出している。「両大学がカチ合ったのは全く偶然で、お互に驚いたようです」と記しているのには前述のように少し疑問を感じるが、「私には過ぎた名誉ですが、日本の外務省やいわゆる親米派学者にはいささかショックだった、という話を仄聞して正直のところ一寸痛快という気がしております」という。親米派ではない自分に名誉を与える人々がいる米国を見直す気持ちもあっただろう。丸山を招く米国と拒む米国の両面を経験したが、国家機関による妨害はもはやない。丸山は、米国との国境で痛い目にあったが、米国の知識人の助力で、国境の壁を自由に越えられるようになった。しかしその国際的友情の結果として、米国以外の方面への飛躍の途が狭められはしなかっただろうか。

結びに代えて

日本社会でリベラルであろうとした丸山の思想について米国との関連で考察する試みは、あと少なくとも一九七五―六年と八三年の三、四度めの米国滞在を追跡しなければ完成しないが、ここで切上げたい。私が大学に入った一九七三年までの丸山の軌跡を辿りたかったという個人的な理由は述べてはならないとしても、その後の丸山と米国については資料を十分に見ていないだけでなく、「故事来歴ヲ僉議シテ日ヲクラス事ハ学問ノ大病ナリ」という丸山が引く徂徠の言葉(「『太平策』考」73 04)に同感する者として、来歴の詮索に傾いた叙述をこのまま続けることは慎みたい。境界に住む知識人として社会の同質化や画一化に抵抗した丸山が、六九年以来の逆境のなかで国境を越える海外亡命を考えたこと、ところが米国の国家機関によって拒絶されそうになり、その理由として六一年に米国の安全保障への危険と判定されたらしい記録があり、七三年まで消えていなかったこと、しかし米国のリベラルな知識人の抗議によって障害が消えたことを示せたとすれば十分だ。

ただ、残る二度の米国滞在について、日本人との接触の一場面ずつに触れておく。七五年十月末にプリンストンに単身到着した直後の丸山は、滞在中の長田豊臣や古矢旬と連日のようにつきあっており、「二人とも、私のイメージが会って話してみると一変した、といって既にやや恋人のごとく連日やって来ます。逆にいうと、文章やうわさを通じての丸山というのはよほどつき合いにくい、いやな奴なのでしょうね。呵々」と記した（掛川トミ子宛751106）が、そのころの丸山のイメージを思えば大笑できないところがある。また、八三年五月のバークレーのシンポジウムで高畠通敏は、丸山から「私は高畠君に嫌われているようだが」と突然言われ、「私の方で面食らいました」というが、七〇年の高畠自身の評論「職業としての政治学者」か、六〇年代半ばの佐藤誠三郎転任問題かを思い浮かべるしかなかった（鶴見俊輔宛040519）。丸山は、自分が嫌いな他者とも対話する知性を重んじたが、自分を嫌っていると思われる他者とも対話する感性をそなえていただろうか。

さて、丸山にとって不可解な他者としての米国理解についてこれまで考察してきた。丸山は、六〇年代初めには全体主義への免疫を弱める米国の同質性や画一性に注目したが、やがて激変した米国社会や初めての西海岸の経験もあって、内部の多様性や個性に目を向けていく。たとえば「アメリカは、文化的多様性の背景もあって、一言〔方〕では処置なしの思い上りとエゴセントリズムがありながら、他方ではまさに仮借なき内発的告発があり、その両極の生み出すダイナミズムがこの国の面白いところです」（木下順二宛760604）、「新聞を見ても、キャンパスの色々な催しを見ても、独創性はともかく、多様性という点は流石にアメリカで」（松沢弘陽宛830505）と記している。米国のリベラル正統派のシニシズム（掛川トミ子宛760116ほか）に注目し、ジョン・ダウアーの近代化論批判を含むノーマン再評価（萩原延寿宛751207ほか）を歓迎し、ベラーの独立宣言演説や政治学者批判（古矢旬宛760620、松沢弘陽宛830505）に共感している。民主主義を支える非政治的市民の政治的関心のいわば実例のような光景を米国ではしょっちゅう見かけるともいう（「中野好夫氏を語る」(31) 85 08）。丸山は、米国の自己中心的な世界像や自己肯定的な傲慢さには終始批判的だったが、内発的に自己批判する境界の住人が沢山いる米国を見直したと思われる。

丸山は、そのように米国を重要な他者の一つとしながら、翻って日本理解を深めた。日本社会の同質性についても、六〇年代には比較的な事実認識として述べていたが、七〇年代にそれを強調した日本謳歌論への批判もあって、八五年三月の談話ではその消滅を予言している。これから日本は激しい文化接触を必ず経験するから、「ヨーロッパと似てくるわけです、異質文化とのごった返しのなかに置かれるわけですから。同質性ということが消滅するわけです」と。そして「矛盾したものを同時的に捉えていこう」とする自分の思想把握の根本を「対立物の統一というヘーゲル」の考え方に遡っている（手帖19）。日本とは対極的に多元的な他者として欧州を理解し、不可解な他者として米国を理解し、似て異なる日本を他在において理解する丸山の知性も、ヘーゲル的な対話的知性だった。他者を自己と同質なものとしてでなく無関係なものとしてでもなく異質な他者として理解しようとする丸山にとって、米国の不可解さはおそらく消えることがなかっただろう。

他者を他者として理解する丸山の対話的知性は、社会的にはリベラルであろうとする思想と関連していた。丸山の自由主義の思想は、第一に自己内対話、第二に境界的知性、第三に政治的関心を特徴としていたと考えられる。第一に、自己や他者と他在において会話する自己内対話は、私的内面性やかけがえのない自我の意識にもとづいており、我ここに立つという精神の独立をもたらす。第二に、境界に住み境界を越える知性は、社会の同質化や画一化に抵抗し、結社を複数つくり、諸自由間の自由を求める。第三に、政治を絶対化せず公事から引退しない非政治的な市民の政治的関心は、日本の非政治的な自由主義を克服し、権力への抵抗や監視を生じ、民主主義を支える。そのような思想のうちでどの特徴が保たれ、どれが弱まったか、生涯を通じてさらに検討したいが、その根底には、「異質的なものとの対決を通じて自分のものをみがきあげ、きたえていく」（67 10 02談）ことがあった。

丸山の自由主義の思想は、自己内対話にとどまらず、社会的にも異質なものがぶつかりあうことを核心としていた。その思想からすれば、七〇年代の丸山が特定の他者感覚をリベラルと呼んだことには一時の変調が認められないだろうか。たとえば「ラジカルな思想家に左右を問わず一番欠落している、あのリベラルな――「民主的」という意味でない――他者感覚」を竹内好に認めて寛容を説いたこと(「好さんとのつきあい」78 10)や、福沢諭吉が強調した「大人と大人との仲間」「他人と他人との附合」として他者感覚を要約したこと(「日本思想史における「古層」の問題」79 10)は、他者との接触を避ける方向に向かっており、抵抗や対決の契機を弱めたのではないか。

リベラルな知識人としての丸山の思想を米国との関連で考察するなかで、その変調についても考えたかったが、ここで切上げる。しかし丸山は、他者との関係で変りながらも、自己を保ったように見える。追悼番組(96 11 18 f 放送)で繰返された九五年十二月の丸山の遺言的な言葉、「最後に理屈を言いますならば、他者感覚のなさということです。他者がいないんです。同じ仲間とばかり話をしますから」、「皆さん、どうか、横につきあっていただきたい」(手帖24)という言葉は、東大法学部の丸山ゼミのタテの会が化した丸山ゼミ有志の会の懇談会での発言だったことはともかく、あるいはそれゆえにこそ、訴えるものがある。[32] 何度も痛い目にあいながら、日本社会の同質的傾向とぶつかった丸山の知性から、もっと学びたい。

(1)　小田実『何でも見てやろう』(61 02、六五頁)。丸山や小田の例も含めて、福沢諭吉あたりからの日本知識人の米国経験を歴史的に考察することは重要だが、手が及ばない。戦後日本の男性知識人が北米体験を転機として日本主義へ「転向」する傾向を観察してきたという上野千鶴子は、北米体験が日本回帰に結びつかなかった希有な例として鶴見俊輔を挙げている(「戦後知識人の北米体験」03 07『国境 お構いなし』二二〇、二二九頁)が、小田も、実は丸山もその例だろう。なお、小田実『何でも見てやろう』に対しては、「筆力だけでなく、一本しっかりした筋が通っているのに敬服しました」という感想を丸山が寄せている(62 07版、一二六〇頁)。ちなみに六一年の『中央公論』六月号の小田実「何んとかならないか」をかなり評価したベンジャミン・シュワルツ「小田実氏の対米観を正す」が八月号に掲載されたころ、渡米前の丸山はそのシュウォーツやベラーと東京で議論していた(都留重人宛61 07 19)。

(2) 丸山は、米国の知識人がしばしば自称したようには、リベラルを自称しなかったが、そこには前世代のリベラルへのそのような批判があったと思われる。また、政治的リベラリズムの立場からは、「日本では、明治以来そうですけれども、リベラルというのは、単なる〝ノン・ポリ〟で、捉われない考え方」を意味する(「安倍先生と平和問題談話会」66 08)という語意への不満もあっただろう。さらに、「状態」ではなく「運動」としての自由の概念(「現代文明についての一試論」59 01)もあっただろう。それは、「自由は不自由の際に生ず」という福沢諭吉の思想に通じる社会の運動でもあったが、本文で後述する「自由=他在において自分自身であること」というヘーゲル的な精神の運動でもあった。丸山は、リベラルであると自己肯定した途端に自己との対話も他者との対話も止まることを早くから自覚し、自由であることの難しさを意識していた。

(3) 鶴見俊輔・加藤典洋・黒川創『日米交換船』06 03、一八五頁。フェアバンクも、五一年に占領下の日本へ旅行しようとして、米軍の発行する入国許可証 U.S. Army entry permit が得られなかったという。フェアバンク『中国回想録』蒲池典子・平野健一郎訳94 07、四七〇頁。原著一九八二年、三四〇頁。

(4) 各地域の政治体制を問わず主に経済発展を比較研究する近代化論に対しては、丸山の反応は両義的だった。近代化論は「マッカーシズムのイデオロギー主義にたいする、アメリカのリベラルのひとつの対応形態」であり、「自由とか平等とか民主主義とかファシズムとかいった「主義」を一切合切「近代化」の範疇から排除して、その意味で「没価値的」に近代化を定義する傾向」を伴った点で、丸山には対話可能な理論だった。しかし「私たちが戦後に日本社会の民主化をいった場合の「近代化」――つまりエトス的側面を不可欠の契機とした「近代化」概念とはどうしても喰いちがいが出てくるし、現に箱根会議でも喰いちがった」という(『現代日本の革新思想』66 01)。しかもリベラルな近代化論者が、自由や民主主義などの価値を表面では排除しながら、実は世界中が産業化合理化して米国のようになることを暗黙の目標としていた面、その意味での擬似普遍主義の面には抵抗感があった。六〇年夏の日本近代化に関する箱根会議でライシャワーやホールら米国のリベラルの楽観的傾向を批判して近代化の両義性や多義性を強調したシュウォーツの論文に丸山が共鳴したのもそれゆえだろう。

(5)　ハーバード大学のフェアバンク文書には、英語で記された六〇年までの丸山の著作目録が残されており、この論文はNihon no Shisō (Some Patterns of the Development of Ideologies in Japan)と記されていた。

(6)　ベラー「編集者へ」7712『みすず』、ベラー「ハーバードにおけるマッカーシイズム」0504『思想』。丸山とベラーについては、Andrew Barshay, "The Protestant Imagination," July 2006, IPSA Paper、山本智宏「現代社会における「伝統」の問題の一考察」0605『政治思想研究』。

(7)　丸山がそのように洩らしたのは、同じ自由主義者と思っていた清水幾太郎が民主主義の原理など信じていないことを二四日夜の首相官邸で露呈したからだろうか。

(8)　この評論では、「逆さの世界」における正気と狂気の転倒の例として、英国では核武装の一方的廃棄運動が狂気として扱われること、米国でも「広島の原爆投下に関係したクロード・イーザリーが、罪責感からはじめた核兵器反対のための行動が「その筋」によって狂人扱いされ、精神医学者の「証明」付でついに精神病院に入れられた」こと、しかしバートランド・ラッセルによれば「イーザリーが自分の動機を説明したいくつかの声明は、完全に正気であり、すくなくも、原爆投下の正当性をあくまで弁護する当の責任者トルーマンよりは、はるかに正気なのである」と記されている。

(9)　ほかに同時期に発表されたものとして、武田清子編『思想史の方法と対象』(6111)所収の「思想史の考え方について」があるが、前年十月三日の講演記録を丸山がいつ仕上げたかはわからない。伝記的事実に立入れば、六一年十月一二日の毎日新聞には丸山が「十一日羽田発の日航機で渡米した」とあるが、十一月六日の丸山のライシャワー宛書簡では、東京を発って四日後にケンブリッジに着いたらしく、それから二週間半が経ったというから、東京出発は十月一五日ころに延びたかもしれない(補注2)。

(10)　ハーバードで丸山が接したのは、フリードリヒ、ハーツ、マクロスキー、レイコフ、シュクラー、シュウォーツ、ヒューズ、ホワイト、パーソンズ、ヴォーゲル、クレイグ、ベラー、有馬、入江らだった(福田歓一宛611124、有馬龍夫「丸山先生とハーバード」)。当時ハーバードに一時滞在していたのは、宮崎市定、高坂正堯、ジョルらだった。コロンビア大学のトルーマン、ノイマン、エール大学のオルモンド、シカゴ大学のイーストンら主な政治学者を訪ねており、四月のボストンの学会ではスカラピーノや石田雄らにも会ったと思われる。南部旅行には永井陽之助と行っており、ニューヨークで岡義達に会えなかったことも研究上の一題目だろう。

(11) 六四年三月七日報告の記録(「近代化における「個体化」の諸パターン」6505『アダム・スミスの会々報』)、六五年の英語論文 Patterns of Individiation and the Case of Japan: A Conceptual Scheme (*Changing Japanese Atitudes toward Modernization*, edited by Marius B. Jansen, 1965)、六八年の「個人析出のさまざまなパターン――近代日本をケースとして」(松沢弘陽訳、M・B・ジャンセン編『日本における近代化の問題』6807)。六八年の和訳への「原著者の附記」によれば、報告草稿に「若干の国際的比較の事例」を増補するとともに後半部分"The Case of Japan"を書きおろしたのが六五年の英語論文であり、実際の執筆時期は「一年半から二年ばかりの間のズレ」があるというから、六二年三月までに執筆された報告草稿は六四年三月ころには英語論文原稿になったと考えられる。六四年九月末にはジャンセンが丸山に再校刷を送っており、同年十二月刊行を予定していた(丸山宛640929)。

(12) 丸山は、英米比較の視点の多くをトクヴィルから学んだと思われる。八五年六月二日の談話(『自由について』一三一頁)でも、前々年の米国でおそらく『心の習慣』(一九八五年)執筆中のベラーから「アメリカ研究のいまいちばんいい本」としてトクヴィルを挙げられたことを枕にして、「平等化が画一化を伴う」「狭い個人主義の跋扈」「パブリック・マインドが減退」「多数の横暴」「精神の独立がこれほど希薄」「個人が、大衆の圧力に対して非常に弱い」という米国と、「いちばんファシズムに対して免疫がある」「平等がなくて、自由が絶対」という英国とを対比している。

(13) 「アメリカはがんらい国家がなかったから、つまり国家と社会の二元性もないわけですよ。そこで、そういう「社会的」デモクラシーが全体として敵対者を意識しはじめると、内部における抵抗の契機は出にくくなる。マッカーシズムもアメリカ・デモクラシーのための運動ということで出てきた。大衆を基盤にした国体擁護の運動がアメリカでは起こりやすいという面があるわけです」(「非西欧世界の近代化」6106)という渡米直前の認識が再確認されたということもできる。

(14) その談話で丸山は、ウォルツァー『正戦と非正戦』(一九七七年、二六三―八頁)の議論に触れて、非戦闘員を巻込まなかった真珠湾奇襲と広島原爆投下との相違や、「原爆を落とす以外に日本を降伏させる手段はなかったのか」を証明していない問題を論じている。ウォルツァーは、原爆投下は非戦闘員へのテロ手段であり、日本に無条件降伏以外の降伏をさせる交渉を試みなかった点でも二重の罪だと結論したが、米国の一割未満の少数派の認識ということになるその見解に丸山も同感だっただろう。しかし丸山には、原爆の不正不当の問題以前に、自分も多数の市民も痛い目にあった原爆を論じること自体が本当はつらかったと思われる。丸山は、昭和天皇が原爆投下はやむを得ないことと発言した翌年の七七年まで広島を訪ねなかったように、廃墟だった広島を見るだけでも恐ろしかった。苅部直『丸山眞男』（一六八頁）は、平和問題談話会の時期の丸山の全面講和と中立の主張に「原爆をその身に体験したからこそ口にできる、強気の理想主義」を見ているが、丸山の生涯を通して原爆体験の意味を考えれば、震える平和主義だったと思う。

(15)　たとえば当時ハーバードにいなかったライシャワーは、一九四五年八月六日には日本の敗戦は近いので原爆投下は大変な過ちだと考えたが、その後歴史を調べてみて判断を変えたという。「原爆がなければ日本の軍部は抗戦を続け、米軍は数十万の死傷者を出したであろうし、日本側も戦死者以外に数百万の非戦闘員が餓死し、日本という国は事実上破壊されていたことだろう」、そしてソ連がヤルタ密約ゆえに日韓両国を占領し共産圏にしていただろうと想像しており、「一発めの原爆にはまだしも投下を正当化する理由がある」、二発めはないが、という。『ライシャワー自伝』一五九頁。

(16)　この対談で丸山は、直接には六五年二月から米軍が北爆を始めたベトナム戦争との関連で、「アメリカが列強のなかで最も遅くパワー・ポリティックスの論理とナショナリズムの感情に目ざめ、まさにそのいわば国家のセックスの目ざめがおそかっただけに、目ざめ方も急激でこれをコントロールするすべを知らないという問題」に触れて、「パワー・ポリティックスという観念も、もともとアメリカの自由主義と進歩主義の伝統のなかにはなじみがうすかったんですが、戦後、特に五〇年前後から政界にも学界にも、がぜん流行しだした。いわゆるリベラルな人々も、過去の理想主義的な平和主義に対する過剰反省から、または「冷戦」に対する自己の無力感へのシニシズムから、思考の振子が逆方向に揺れて「力の外交」の現実主義にバタバタといかれてしまった」、「今日では文官である国務省の役人から政治学者にいたるまで、政治的な問題を軍事的な戦略戦術のタームで語る傾向が顕著になっています。しかも、それが徹底したイデオロギー抜きの「力」のリアリズムだけならまだいいのですが、先ほどの純粋主義・理想主義が残っていて、それが軍事的思考様式と結びつくのでいっそうあぶない」と論じている。この一九六五年六月には、イタリアのコモ湖畔の会議でキッシンジャーと同席し、「国際政治のパワー・ポリティックス、とくにその軍事的側面を強調する学者には、案外に臆病な小心者が多くて、「力」に惹かれるのはその心理的補償ではないか」という「仮説」が浮かんだという(「船酔い」6511)。

(17) 米英両国の大学を見て丸山が気づいたことの一つに、日本の大学入学におけるような試験成績選抜が徹底していないことがあった。明治維新を成し遂げた下級武士は自己の存在理由を証明するために身分制を打破せざるをえなかったから、「帝国大学というのはそのために出来た。世界的に珍しいんですよ、本当に。僕は外国に行って初めて分かった。帝国大学は試験だけで身分制がなく、試験に合格すればどんな貧乏人でもどんな家柄でも入れる。これはハーバードにもオックスフォードにもない。ハーバードはお金で入れます。オックスフォードは身分です。例えば日本の皇族の子供はみんな入れます、オックスフォード、ケンブリッジ、――ひどいもんですよ。試験を通らなきゃ、どんな金持ちでも――田中の息子であろうと何であろうと絶対に東大に入れない」。もっとも福沢諭吉が批判した秀吉の出世と同じように、日本のそれは「出世デモクラシー」であり、裏返すと「引きずり降ろしデモクラシー」だという批判も丸山はつけ加えている(880810談、手帖4)が、英国の貴族的社会、米国の財産本位の民主的社会に対して、日本の大衆社会を見直す面もあっただろう。

(18) 丸山にとっての思想的伝統の問題を徹底して考察した松沢弘陽「丸山眞男における近・現代批判と伝統の問題」(『思想史家　丸山眞男論』0207)は、この考え方を問いかけている。

(19) 土着主義と擬似普遍主義との悪循環を断ち切ることはもちろん容易でなく、その談話「日本の近代化と土着」(6805)でも、東京空襲で殺された母に焦がれる疎開少年が婆と娘に魂をとられる芝居である秋元松代「常陸坊海尊」を見た丸山は、土着的なものについて「日本人をほとんど宿命的なまでの力でがんじがらめにしてきたものが、まさに私のなかにあり、私自身がそれによって引き裂かれている」と痛感したという。他方では、「過去の自分の考え方が、右のような擬似普遍主義から完全に自由であったといいきるほど傲慢ではないつもりです」とも語っている。

(20) 「日本近代化それ自身よりも、それを準備した価値体系とか、その基礎にある思考様式とか――そういう問題に最近関心を持っております」(「明治初期における政治と言葉」6810、670929談)と語ったような関心の移動が丸山には生じていた。

(21)　米国との関連で丸山の思想を考察する本章の研究では、丸山が画一的な大衆社会に抵抗した関連でのみ、また海外亡命を思うに至る背景的な経緯としてのみ、東大紛争に触れており、当時の丸山の考えを全体的に明らかにする用意はない。学問と大学をめぐるこの重要な事件については、それぞれの場面に居合せた加藤尚武、宮村治雄、佐々木武、飯田泰三らの回想を読んでもよくわからないところがある。カーメン・ブラッカーが聞いたという戯画がもっぱら語り伝えられることがないように、当時居合せた人たちには正確な記憶を書き残してほしい。「ファシストもやらなかった」という丸山発言が正確だとすれば、ファシストはナチの同意語だから、日本の「軍国主義者もやらなかった」と言ったと誤り伝えられたことを丸山は憤っていたと想像するのが常識的だろうが、むしろ反対に、「ナチもやらなかった」と言ったと誤伝されたことを丸山は憤っていたのだろうか。(この注は「本章」を除いて初出のまま。本書第五章参照。なお五行前の「戯画」については「みすず」編集部編『丸山眞男の世界』9703、八四f頁)

(22)　『丸山眞男書簡集』の編者は、この書簡を六九年の六月二七日執筆と認定すると、「退院」したという記述や「二月入院当時」を回顧した記述が年譜の事実と矛盾すること、六九年八月十七日の安田武宛書簡で丸山が安田の見舞状に返事を書きかけたが出さずじまいになったと記していることとも矛盾することが気にならなかったのだろうか。(本書三一三頁注27参照)

(23)　五〇年代にマッカーシイズムと戦ったフェアバンクも、やがて米国の東アジア学会や歴史学会の中心となっており、六〇年代末には米国の外交政策に批判的な若い学者から抗議を受けたが、正面から応じて切抜けたように見える。フェアバンク『中国回想録』五五八頁前後。ベラー他『善い社会』中村圭志訳0010、二五一頁。

(24)　プリンストンの高等研究所は社会科学部門が未確立だったから、この選択の基準はわかりにくいが、ジャンセンらがいる近くのプリンストンのプリンストン大学も併せて考慮したのかもしれない。もっとも異質な他者との接触を説いた丸山だから、誰がいるかを基準にして知己がいるところを選択したというよりも、講義義務の有無を第一に考慮したのかもしれない。

(25)　スメルサーは、二月七日のベラー宛書簡で、丸山から二通めの返事がまだ来ないが、古代日本神話の研究なら国際研究所よりも日韓研究センターの方で受入れられないかと問うており、二月二八日のベラーのスメルサーへの補足説明も効かなかったらしい。

(26)　ベラーは、同じシャイナー宛書簡で、もし自分がプリンストンにとどまることになったら丸山をそこに招こうとするだろうとも記している。翌日のシャイナーの返書の宛先住所からすれば、ベラーは八月二四日にはプリンストンへ発ったらしい。

(27)　丸山が戦前戦中の法学部研究室への愛着を表白したのは、六九年からの数年間に著しい。八四年には、戦争直後の丸山が政治学の広い問題について店を広げたのは、「もちろん正直に言って、外の嵐に窓を閉し象牙の塔にひきこもって果たして学問の自由を守ったといえるか、一市民としての義務はどうなのだ、という自己批判と気負いとのいりまじった気持もありました」と回顧している(「原型・古層・執拗低音」84 07)。この文章のもとになった八一年六月一五日の講演の録音を国際基督教大学で聞かせていただいたが、その自己批判の言葉はなく、その後強く意識されたのかもしれない。

(28)　小田実は、六七年からの米軍脱走兵援助運動ゆえにCIAの危険人物リストに載り、その後十数年、米国への入国を拒否されたという(追悼再放送番組07 08 11放送)。CIAが冷戦下の五八年から六四年まで日本の親米保守政治家や野党穏健派に秘密資金を提供したこと、その後も日本社会の極左化を防ぐ宣伝活動や組織活動のために秘密の資金援助をしたことは、二〇〇六年七月発表の国務省文書で公式に確認された。Foreign Relations of the United States, 1964-1968, Volume XXIX, Part 2, Japan, Web.

(29)　丸山は、五月二三日のジャンセン宛書簡で、もしベラーがプリンストンにいればと記しているから、ベラーをめぐる高等研究所の事件は知っていただろう。ベラーを常任教授に任用する人事案は、外部審査者五名中四名から推薦され、七三年一月一五日の所員投票では多数を得られなかったが、ギアツ以外の所員は社会科学者でなく、一月二〇日の理事会で承諾された。しかし三月二日から『ニューヨークタイムズ』がこの人事を問題とする記事を何度も掲載し、所員の多数がケイソン所長の罷免を要求するに至った。四月一二日にバークレーに残っていたベラーの長女が死去し、バークレーに帰ることにしたベラーの任用辞退が明らかにされたのは四月二七日だった。高等研究所については斎藤眞『アメリカとは何か』(95 03、原版81 06)三〇九頁以下。ベラーをめぐる事件については高城和義『現代アメリカ社会とパーソンズ』(88 01)、とくに二六一―二頁の文献。Melanie Bellah, *Tammy*, 1999, *Abby and Her Sisters*, 2002.

(30)　八一年一月に日高六郎夫妻がオーストラリア入国を拒否されたとき、丸山も同国政府に抗議している。『丸山眞男書簡集』3、一一四頁。

（31）丸山の談話は次の通り。「普通の市民が、まちの床屋さんやおかみさんが一日のうちの十分でも三十分でも政治のことを考え、政治的意味をもつ行動に参加する。たとえば物価が上がったら、たとえば肉の値段が上がったら肉屋の前でおかみさんがピケを張るとかね、そういう光景をぼくはアメリカなんかでしょっちゅう見かける」。「秋陽会記」（911103談、手帖7）では「僕がバークレーにいた時に、八百屋さんの前にも主婦がピケを張りましたね。不当な値上げだと思った時にピケを張るのは当たり前だと、いわば普通の主婦がそういうことを自然にやるんです」と語ったように、バークレーで目撃したことだった。

（32）それは、八九年十一月の「内田義彦君を偲んで」の次の言葉の重みとも通じるものだと思う。「どこまで事実かどうかは知らないが、最近のヤングについてこういうことを耳にしたことがある。それは彼等の日常交際するサークルの範囲がますます小さくなり、しかもその仲間同士でも、お互いの考え方なり立場なりを批評し合うような会話の場がほとんどなくなった、という話である。これを美化するならば、いやしくも相手の心を傷つけるおそれのある論争や言葉をひかえるという「優しさ」のひろがりとも表現できる。しかし裏返すならば、そうした「優しさ」によって担保されているのは、ひとの批判によってたやすく傷つけられるようなひよわな魂の住む世界ではないのか」。

付記　丸山真男は、一九七四年十一月六日午後、九州大学法学部大会議室での菊池勇夫学術交流基金による研究集会で「「まつりごと」の構造——日本における政治意識の「古層」」と題して講演した（『法政研究』7503、一二七頁）。歴史意識、政治意識、倫理意識という古層三部作のうち、「歴史意識の「古層」」（7211）の発表に続いて、政治意識の古層について講演した最初の機会であり、さまざまに語り伝えられている。その講演が録音されていたことを当時法学部長の谷川榮彦が教えてくださり、二〇〇七年三月、録音テープに憶えがある黒木彬文に同行いただいて法政学会の事務局など方々探したが、その二年前の文系事務部の統合のさい処分したそうで、ついに見つからなかった。オープンリールの録音テープがどこかから出てくることを願う。（本書三二六頁に後日記）

補注1　「現代における人間と政治」を収めた『人間と政治』は六一年十月五日発行。本章の初出（「丸山眞男と米国」08

03『法政研究』)では、九月三〇日の印刷日を発行日と見誤っていた(当時『丸山眞男集』9でも六一年九月刊行とされていた)。また、丸山が『人間と政治』の「はしがき」を書いた七月に「現代における人間と政治」(6110)も書き上げたと私清水は初出論文で三度述べたが、今考えれば根拠がないので本文を改めた。「物的にも精神的にも高く厚い壁を築き上げる」支配者、「イメージの交換をはばむ障壁の構築にたいして積極的に抗議するような「リベラル」」と丸山が同論説に書いたのは、八月一三日からのベルリンの壁建設を知ってからではないだろうか。渡米後の丸山が埴谷雄高宛書簡(611201、話文集続4)で「貴兄には有斐閣の『人間と政治』で大変に御迷惑をかけたので、発つ前に是非お会いしたいと思ったのですが、ついにその暇を持てませんでした」と記したことからも、執筆がかなり延引したと感じられる。八月下旬には「大正時代の書物を読むのに明け暮れしている毎日」(有馬龍夫宛610831)だったから、「近代日本における思想史的方法の形成」(6111)にとりかかっていたのだろう。

補注2　「日記」(文庫1、現在は検出しない)には、十月四日「Visaをとりに行く」、一一日羽田発、ホノルル、サンフランシスコ経由、一二日夜ニューヨーク着、一三日ボストン着とある。本文では『日本の思想』「あとがき」はいくら何でも出国前の執筆だろうと想像したが、「あとがき」も校了も、文字通り旅立ってからしたのかもしれない。

補注3　三島庶民大学での原爆論争

一九四六年から四八年にかけての庶民大学三島教室に丸山が協力したことは、六〇年安保後の談話(「五・一九と知識人の「軌跡」」600919)で丸山自身が短く言及したくらいで、八〇年代に研究が始まったが、没後の回顧談の刊行まであまり注目されなかった。丸山は、一九四五年十二月の三島文化協会の催しでの講義「明治の精神――封建的精神とのたゝかひ」を入れると、四六年二月八日から四月八日まで八回の講義「十九世紀以降欧洲社会思想史」、十二月二四、五日の講義「現代社会意識の分析」の計十一回出講し、十二月一七日には日本プレブス・リーグの創立総会にも出席した(文庫455-21)が、翌四七年には講義をしなかった。「ぼくは後半は講師に加わらなかったけれど、ただ、木部くんから入党について相談を受けました」(回顧談)と語ったように、庶民大学を開いた木部達二の共産党入党の相談に乗ったり、四月の木部の参院選立候補の応援に行ったりしたが、表面には出なくなった。

その理由として何があったのか、一つには学者が「啓蒙活動」するよりも「血のにじむような苦しみ」で「最も本格的な仕事をすること」に使命を感じたこと(「新学問論」461106談)があっただろうが、もう一つには聴講者との論争があったらしい。『清水町史』通史編下(03 09、二四五頁、平井和子執筆)によれば、名古屋帝大工学部学生で清水村新宿《しんしゅく》に帰郷していた木畠邦彦は、丸山の日本の歴史に関する講義を聴き、従来の歴史観と大きく違っていたので質問したところ、「顔を真っ赤にして反論され、非常に驚いた」、のちの妻の木畠花も「そのことがあってから、しだいに足が遠のいてしまった」という。四六年五月五日の参加者名簿に邦彦の名前があるというから、それよりあとなら、四六年十二月下旬の丸山の講義しか考えられない。これについて問合せたところ、木畠邦彦、花夫妻は二〇〇九年、一一年に逝去していたが、次男の木畠尚彦から返信(13 04 27)をいただいた。

木畠邦彦(当時は秋山邦彦)が丸山に質問したのは、皇国史観とか唯物史観とかの歴史観の問題かと想像していたら、そうではなく、原爆投下に関係する問題だったという。尚彦によれば、「丸山先生は講義の中で、広島への原爆投下は仕方がなかった、というようなことを言われたそうです。」そこは尚彦にも細部まではっきりした記憶がなく、「丸山先生は、もっと強い調子で、原爆投下があったからこそ戦争を終えることができたのだ、とまでいったのかどうかは記憶していません。」「原爆投下により多くの無辜の人が殺されたことに対して、丸山先生が、それは仕方がなかったと(あるいは、ことによるとさらに原爆投下を肯定的に)発言をしたことに対して父は憤りを覚え、それは違うのではないかと質問したとのことです。すると丸山先生は顔を真っ赤にして反論したとのことです。」邦彦は、生涯この話を数回、尚彦に語ったが、丸山の名前とともに必ず大江健三郎の名前を上げ、二人とも同じ考えだ、同類だ、けしからんと言っていたという。「丸山先生が被爆者であることは何も聞きませんでした」から、知らなかっただろうという。邦彦は、敗戦と占領の無念を抱えつづけた自民党本流の人だったようだが、よくある挿話の一つとは片づけられない。解放だったが米国への従属でもあった日本の戦後について考えるとき、民主主義が人々に抱きしめられた普遍的理念だったとともに、米国から敗戦国に与えられた帝国的イデオロギーでもあった矛盾をよけるわけに行かず、その出発点に原爆投下があったからだ。

三島庶民大学で丸山が、原爆投下は仕方がなかったと言ったのは、あの戦争が原爆なしに終るとは思えなかったし、その思いが戦後一年余りの時点でも続いていたからだろう。徹底抗戦を叫ぶ日本軍と政府を降伏させたのは原爆とソ連だと考えれば、原爆投下を容認したのではないか。丸山は、米国などの初期占領政策の基本的方向には賛成だった(89 07 07談)し、原爆を落された下で被爆していても、原爆が唯一の戦争終結手段だったという終戦神話を一旦は受容れただろう。原爆投下を非難する学生に対して、「顔を真っ赤にして反論」したのは、よほどの激論が生じたのだろう。四六年末と思われる講演原稿断片（文庫79。本書四五頁）には「民衆意識の立ち遅れ」などとあるが、その民衆の一人と衝突したと意識していなければよいが。ちなみに丸山は、東洋文化研究所の東洋文化講座のために「もともと嫌いな公開講演を二度も行なった」（「飯塚浩二著作集第五巻解説」7609）というが、二度の公開講演（孫文論460406、日本ファシズム論〔亜インテリ論〕470628）の間の四六年末で嫌いになったということはないか。

丸山が原爆体験の思想化が足りなかったと語るのは六七年、鶴見俊輔との対談（「普遍的原理の立場」6705）でだった。「いま顧りみてね、いちばん足りなかったと思うのは、原爆体験の思想化ですね。私自身がスレスレの限界にいた原爆経験者であるにもかかわらずね」、一九五四年のビキニ被爆問題まで原爆について「そんなに深く考えなかった」という。「何がその思想化を押しとどめたんでしょうか」と鶴見から聞かれても、「わかんないんですけどねえ」。丸山は、六一年の米国でも、また被爆を初めて公に語った六五年八・一五の「二十世紀最大のパラドックス」（6510）でも、「東京の八月六日」（660727）でも、「二十四年目に語る被爆体験」（690805f）でも、米国の原爆投下を非難し、責任を追及することはなかった。もっとも「原爆だけは絶対にゆるすことはできない」と七一年十月に小田耕一郎に語った（手帖22）ように、次第に変っていったことは、本書九四頁で述べた。戦争直後に原爆投下を非難した二二歳の学生との原爆論争、被爆者である（とは知られてない）丸山が原爆投下を容認あるいは弁護した論争の後味の悪さが、複雑な矛盾の発端だったかもしれない。丸山は東大紛争でも議論するときはムキになってした（781202談）というが、庶民大学でもそうだったのだろう。

丸山真男は、戦後半年余り迷ったのち、人民主権の意味での民主主義に賭け、日本社会の民主化をめざし、それを妨げる勢力とたたかってきた。「日本をあの破滅的な戦争に駆りたてた内的な要因は何であったのか」という問いが戦後の学問的出発点にあった（『現代政治の思想と行動』英語版63序文、和訳82 09）。ただ丸山は、一九六〇年前後から、制度を否認する反体制運動への批判もあって、民主主義の矛盾や逆説を強調するようになった。『現代政治の思想と行動』増補版（64 05）では、民主主義は「永久革命」の運動だと説き、やがて運動と制度との統一だとした。戦後民主主義という一括的概念には反対だったが、戦後の民主主義を「虚妄」と貶す言説を批判し、戦後民主主義の「虚妄」の方に賭けるとタンカを切ったら、丸山自身が戦後民主主義の正統とみなされるようになった。それらのことは第二章までで論じたが、本章で主に扱う一九六五年から六八年にかけては、民主主義の運動よりも制度の意味を説き、型を重んじる「保守」を自認するなど、少しずつ変っていった面もあった。日本の民主主義の未成熟を指摘するに至る丸山の思索の歩みについてこれから論じる。

一九六五年の秋に丸山は、「思想の言葉」（65 12）で、「偽善のすすめ」を提唱した。偽善は善の意識のない悪徳にまさるし、役割を演技する偽善的行動能力による「日本国民の政治的成熟」も期待できる（偽善という個人倫理には望みにくかったが）。問題は、偽善を批判する者が人間の自然として真心や官能を肯定する日本の精神風土だった。本居宣長の偽善批判に「後世の文学者や「庶民的」評論家が、「謹厳な大学教授」をからかうステレオタイプの原版」を見たとき、丸山は、民主主義や平和主義を空虚な理念として嘲笑する保守派の論者を意識していた。とくに福田恆存は、「知識人の政治的言動」(読売新聞650608 f)で、ベトナム戦争に反対する知識人がアメリカに平和を守ってもらう「偽善」を暴いたり、「当用憲法論」(6508『潮』)で、絶対平和主義を人情の自然と勘違いする「偽善や自己欺瞞」を批判し、民主主義も主権在民も「上から押附けられた自己欺瞞」「飴玉」だと論じたりしていた。[1]かねて「常識に還れ」(6009『新潮』)で丸山の安保反対運動論を冷笑的に批判し、「ライシャワー攻勢といふ事」(6310『文藝春秋』)では、地方の青年集会などで「民主主義」という言葉が出ると失笑が起ると聞いたが、戦後の進歩主義者がこの言葉に「およそ望ましき限りのあらゆる内容を詰込んでしまつた」からだとからかってもいた。

そのような右からの保守派の民主主義批判が憲法改正論としては政治的に挫折した六四年以後も、丸山は彼らを無視できなかった。左からの急進派が、民主主義の理念を本気で抱き、それゆえ民主主義が実現しない現実に苛立ち、民主主義の神話を暴露するのに対して、右からの保守派は、そもそも民主主義の理念を認めてなく、民主主義の虚妄や偽善を嘲笑した。憲法を「押附けられて仕方無く作つた憲法」と見る福田のように、憲法を抱きしめた民衆によりも、占領権力に屈した政府に同一化する視線を保っていた。第二次世界大戦についての公式説明が戦後二十年の間に説得力を弱めており、ファシズムの絶対悪を言えばデモクラシーの善を主張できる論法が、戦勝国の宣伝イデオロギーとして批判されるようになっていた。そのとき丸山は、それらの民主主義反対論にも意味を認め、民主主義が偽善であってもよいから、まず偽善をすすめた。そのうえで、それを自分たちのものにする「政治的成熟」をめざした。国民や大衆の「政治的成熟」は、五八年ころから丸山の思想的課題の一つだった(「政治的認識」5804、「政治的判断」5807、六〇年度政治学講義)。そして「政治的成熟」のためにも、他者を他在において理解する知性が必要だと考えた。

丸山が『現代政治の思想と行動』(上5612、下5703)の増補版(6405)に新たに書いたのは、「第三部　追記」における民主主義の「永久革命」、「増補版への後記」における「戦後民主主義の「虚妄」の方に賭ける」という言葉のほかに、「現代における人間と政治」(61 10)を第三部第八章に収めて末尾に加筆した次の言葉がある。「なぜなら知性の機能とは、つまるところ他者をあくまで他者としながら、しかも他者をその他在において理解することをおいてはありえないからである。」六一年の初出では、「「リベラル」の困難な、しかし光栄ある現代的課題」として、「内側を通じて内側をこえる展望」をめざすことが「「知性」をもってそれに奉仕するということの「意味」である。」と結んでいたが、六四年の増補版では、「リベラル」を「知識人」と改めたうえで、右の「なぜなら…」の一文を加えた。この言葉は、知識人にとっての知性の課題として、他者を他者として理解するとき、「他者をその他在において理解すること」、それも自分とは異なる他在として理解することだけでなく、自分自身の他在と対話しながら理解することを説いたと考えられる。

丸山が他者を理解する知性を問題としたのは、左右両翼から挟撃された六〇年代の思想状況への応答でもあったが、ドイツの思想家をめぐる思索からでもあった。「他者をその他在において理解する」ことは、これまでカール・マンハイムの言葉とされてきたが、意外にも当のマンハイムの一九四五年の大学論の言葉とは少し違っており、カール・シュミットが『獄中記』(一九五〇年)で要約した言葉だった。また、カール・レーヴィットの一九四〇年の日本的自愛批判における他在概念も混入していた。三人のカールとも、ナチによって相異なる深刻な経験をしただけでなく、ヘーゲルの『精神現象学』(一八〇七年)から強い影響を受けていた。三人に劣らずヘーゲルを熟読した丸山は、自己の他在と対話しながら他者を理解する観念論哲学を受けとったが、しかもマンハイムに学んで、意識の存在拘束性を自己批判的に考察する知識社会学を自分のものとしていた。それなのにシュミットやレーヴィットに導かれて、マンハイム社会学以前のヘーゲルの自己内対話に帰ることはなかったかを考える。

一　マンハイムとヘーゲル

第二次世界大戦後に投獄されたシュミットの『獄中記』*Ex Captivitate Salus*, 1950[2] を丸山がいつ読んだかはわからない。『政治学事典』(54 05)の丸山執筆項目「シュミット」の末尾の文献一覧に入っているが、丸山が著述でその内容に言及したのは「現代における人間と政治」(61 10)が最初であり、一九六〇年ころ精読したのではないだろうか。春曙帖には、「永久革命」としての民主主義についての初めての記述(「35.8.13」の日付)[6-]の次の頁[6]に同書からの引用がある(次の頁だから近い時の筆記だとは限らない)。「学問的自由の前提は、マンハイムによれば、「いかなる他の集団、いかなる他の人間をも、その他在において把握しようとする根本的な好奇心」にある。Carl Schmitt, Ex Captivitate Salus. S. 13」。これは、マンハイムが一九四五年にロンドンのラジオ放送で新しいヨーロッパの大学の構想を説いたのを受けて、シュミットがその冬に記した「カール・マンハイムのラジオ講演への応答」の一節であり、原文は Voraussetzung der wissenschaftlichen Freiheit ist „eine fundamentale Neugierde, die jede andere Gruppe und jede andere Person in ihrem Anderssein begreifen möchte.“ この ihrem とは誰を指すか難しい。シュミットはこの「応答」をマンハイムに届けようとしたが果たせず、マンハイムは四七年一月九日に死去した。

『獄中記』の「応答」でシュミットは、マンハイムの学問的自由論に賛成しながらも、十二年間のナチの全体主義的支配のもとでも、学問的好奇心は完全には消滅しなかったと論じた。権力者は厳重な統制によっても一国民の精神を全面的に掌握することはできなかったし、ドイツの知識層はその個人主義ゆえに外面は権力に服従しても、私的内面に逃避して精神の自由を確保したという。シュミットは、マンハイムの学問的好奇心論に「客観的精神の弁証法(対話法)」を見て、「精神の道は誤謬をも通り抜けるが、精神はその誤謬のなかでなお精神でありつづける」という(出所不明だが、索引によれば)ヘーゲルの言葉を記している。ドイツ知識層の精神的自由に対する政治権力の

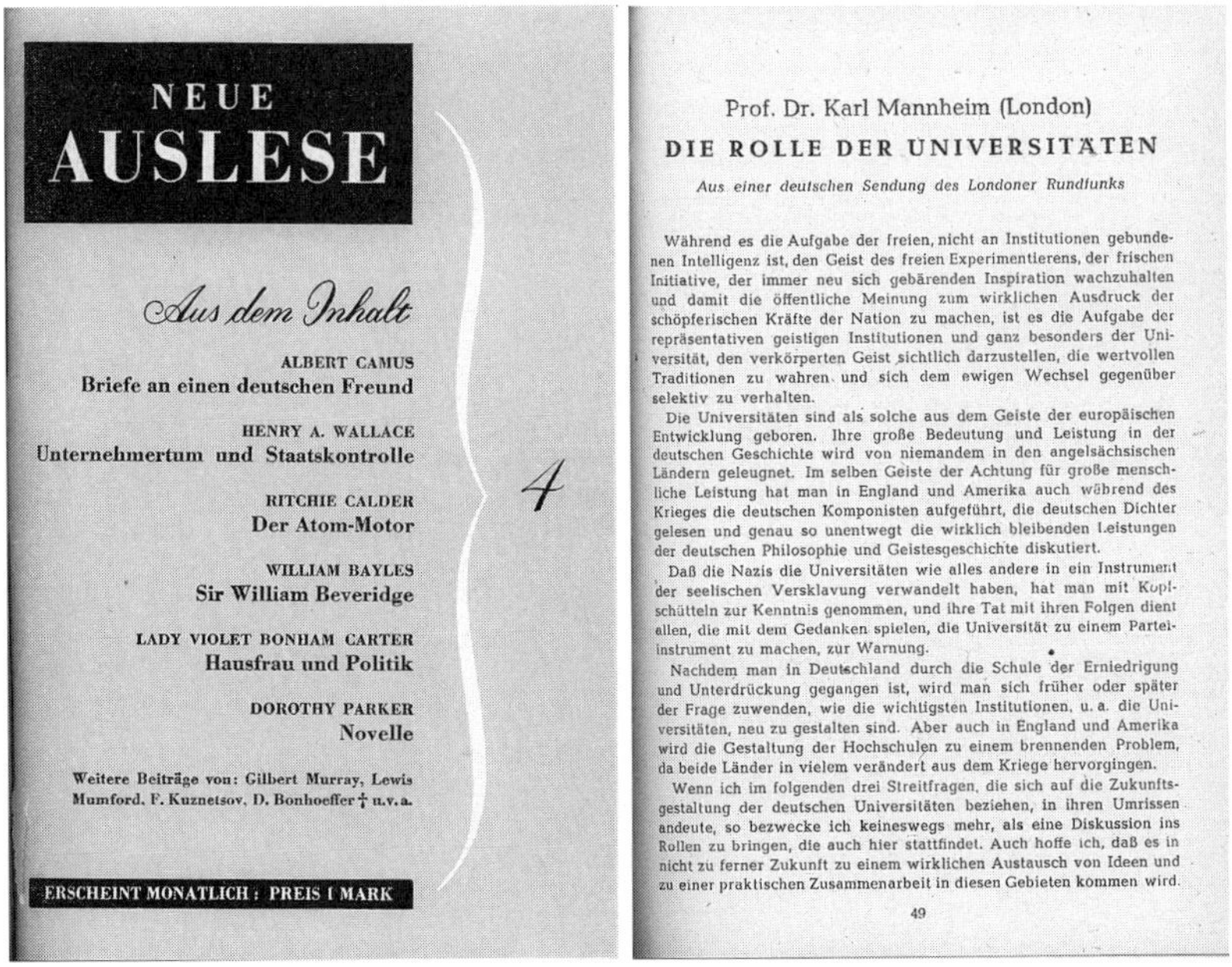

NEUE
AUSLESE

Aus dem Inhalt

ALBERT CAMUS
Briefe an einen deutschen Freund

HENRY A. WALLACE
Unternehmertum und Staatskontrolle

RITCHIE CALDER
Der Atom-Motor

WILLIAM BAYLES
Sir William Beveridge

LADY VIOLET BONHAM CARTER
Hausfrau und Politik

DOROTHY PARKER
Novelle

Weitere Beiträge von: Gilbert Murray, Lewis Mumford, F. Kuznetsov, D. Bonhoeffer † u.v.a.

4

ERSCHEINT MONATLICH : PREIS 1 MARK

Prof. Dr. Karl Mannheim (London)

DIE ROLLE DER UNIVERSITÄTEN

Aus einer deutschen Sendung des Londoner Rundfunks

Während es die Aufgabe der freien, nicht an Institutionen gebundenen Intelligenz ist, den Geist des freien Experimentierens, der frischen Initiative, der immer neu sich gebärenden Inspiration wachzuhalten und damit die öffentliche Meinung zum wirklichen Ausdruck der schöpferischen Kräfte der Nation zu machen, ist es die Aufgabe der repräsentativen geistigen Institutionen und ganz besonders der Universität, den verkörperten Geist sichtlich darzustellen, die wertvollen Traditionen zu wahren und sich dem ewigen Wechsel gegenüber selektiv zu verhalten.

Die Universitäten sind als solche aus dem Geiste der europäischen Entwicklung geboren. Ihre große Bedeutung und Leistung in der deutschen Geschichte wird von niemandem in den angelsächsischen Ländern geleugnet. Im selben Geiste der Achtung für große menschliche Leistung hat man in England und Amerika auch während des Krieges die deutschen Komponisten aufgeführt, die deutschen Dichter gelesen und genau so unentwegt die wirklich bleibenden Leistungen der deutschen Philosophie und Geistesgeschichte diskutiert.

Daß die Nazis die Universitäten wie alles andere in ein Instrument der seelischen Versklavung verwandelt haben, hat man mit Kopfschütteln zur Kenntnis genommen, und ihre Tat mit ihren Folgen dient allen, die mit dem Gedanken spielen, die Universität zu einem Parteiinstrument zu machen, zur Warnung.

Nachdem man in Deutschland durch die Schule der Erniedrigung und Unterdrückung gegangen ist, wird man sich früher oder später der Frage zuwenden, wie die wichtigsten Institutionen, u. a. die Universitäten, neu zu gestalten sind. Aber auch in England und Amerika wird die Gestaltung der Hochschulen zu einem brennenden Problem, da beide Länder in vielem verändert aus dem Kriege hervorgingen.

Wenn ich im folgenden drei Streitfragen, die sich auf die Zukunftsgestaltung der deutschen Universitäten beziehen, in ihren Umrissen andeute, so bezwecke ich keineswegs mehr, als eine Diskussion ins Rollen zu bringen, die auch hier stattfindet. Auch hoffe ich, daß es in nicht zu ferner Zukunft zu einem wirklichen Austausch von Ideen und zu einer praktischen Zusammenarbeit in diesen Gebieten kommen wird.

49

写真5：*Neue Auslese* 1(4)の表紙と49頁。

本質的な限界を指摘したシュミットの態度に「ふてぶてしい居直り」を感じた丸山は、ドイツ知識層の「私的内面性への引退」の伝統の頼り〔本書八〇頁〕なさを論じ、内面と外部との区別や無関係によって政治の世界の選択を自ら責任解除する「精神」の（光栄ではなく）悲惨を見た（「現代における人間と政治」61 10）[3]。

シュミットは、マンハイムのラジオ放送を獄中で聴くことができたのだろうか。長く疑問だったが、連合国情報サービスの月刊小冊子『新選現代文献』*Neue Auslese—aus dem Schrifttum der Gegenwart,* 1(4), 1946.1 に、マンハイム「大学の役割」Die Rolle der Universitäten がロンドンラジオのドイツ語放送から採録されているのを最近見つけた（写真5）。マンハイムは、ヨーロッパの大学を再建するために、ナチが精神的奴隷化の道具として大学を用いたことへの反省に立って、(1)大学は国民的であるべきか、人類的であるべきか、(2)大学は新しい民主的社会において民主教育の道具とされるべきか、特定の主義から自由であるべきか、(3)未来の大学では研究と専門教育と教養知識とがどのような関係にあるべきかを論じた。(2)に関して、ナチの世界観宣伝に懲りたからといって、大学をただ非政治的で客観的にすればよいわけではなく、時代の争点について論争し討論することが大切であり、そのためには対立状況を扱う固有の規則の明確化と全党派の自制心が必要だとして、次のように論じた。

英国の大学がすぐれているのは、実践を通じて討論の規則を教える点にある。民主的討論 demokratische Diskussion の意味を実際に獲得するためには、その意味を大学で体験しなければならない。そのさい重要なのは、ただ論敵を受動的に容認することではない。いかなる人間をも、いかなる他の集団や党派をも、その他性において捉えようとする根本的好奇心 eine fundamentale Neugierde, die jeden Menschen, jede andere Gruppe oder Partei in ihrer Andersheit ergreifen möchte がその前提にあることである。それによって知識以上のもの、自分の人格を本質的に豊かにするものが期待できる。論争的問題を避けるのでなく、寛容と協力の精神で問題をともに加工することによって、共同行為ができる形式がもたらされる。

社会学者マンハイムは、そのように英国の大学で実践されている民主的討論の前提として、他者をその他性 Andersheit において捉える根本的好奇心を説いた。そこにナチの宣伝的権威的教育への批判もヘーゲル的概念も含まれていたとしても、学問的自由の前提として他者を他在 Anderssein において理解する根本的好奇心を説いたわけではなかった。ところがマンハイムの大学論を読んだシュミットは、その民主的討論の前提を学問的自由の前提と置換えて、あのように要約したのだろう。違いは大きくないように見えるが、Past Masters, Hegel Werke 2 でヘーゲルの著作全文を検索したところ、Andersheit はヘーゲルの用例が全くなく、およそヘーゲルとは無縁の社会学的概念だろうが、Anderssein は二六一回用いられており、まさにヘーゲル的概念だった。シュミットは、ナチ加担後の「私的内面性への引退」を自己弁護するようにそれを用いていた。

丸山は、シュミットが曲げて要約したマンハイムの学問的自由論を受けとめ、シュミットの居直りには反発しながらも、マンハイムの大学論をおそらく読まないまま、他者を「他在において把握する」とはと考えつづけた。六四、五年ころには、当時まだ新語だった「国際交流」にちなんで次のように春曙帖に記した。(4)「国際交流よりも国内交流を、国内交流よりも、人格内交流を！　自己自身のなかで対話をもたぬ者がどうしてコミュニケーションによる進歩を信じられるのか」[178-]。さらにコーヒーが好きという主張と紅茶が好きという主張との間の論争が不毛なことに触れて、「自己内対話は、自分のきらいなものを自分の精神のなかに位置づけ、あたかもそれがすきであるかのような自分を想定し、その立場に立って自然的自我と対話することである。他在において認識するとはそういうことだ」[178-]。そのように自分が嫌いなものを好きであるかのような自分を「他在」として想定し、自分と対話するのが「自己内対話」だった。丸山没後に書名に採られたこの自己内対話は、他者とのコミュニケーションをめざすものではあったが、まずは人格間交流ではなく「人格内交流」であり、自己内での自己の「他在」との対話だった。

丸山は、春曙帖の次の次の頁[179]でも、「ヨーロッパの書物や雑誌で見る論争」と日本のそれとの比較においてマンハイムの言葉を引いている。ヨーロッパの論争では相手の主張が引用紹介されているので読まなくても見当がつくが、日本ではもとの文章を読まないと相手の論理を理解できないとして、「マンハイムが学問的自由とは知的好奇心にほかならず、ヘーゲル的なコトバでいえば、「他者を他在において理解すること」なのだといっていることが思い出される。ここでマンハイムはナチ世界の学問的不毛性と頽廃の根源をまさにそうした知的好奇心の欠如に見出しているのだ」。丸山がマンハイムの大学論をおそらく読まないまま見当をつけたのはさすがだが、マンハイムは「ナチ世界の学問的不毛性と頽廃」の根源を知的好奇心の欠如に見出したわけではなかった。ちなみに丸山は最初「マンハイムが学問とは知的好奇心にほかならず、ヘーゲルのコトバでいえば「他在において自分自身であること」なのだといっていることが思い出される」と書いていたが、四か所に加筆して右のように改めており、むしろレーヴィットのヘーゲル的な言葉を最初は念頭に置いていた。

レーヴィットは、一九三六年にドイツから亡命した日本を四一年に去る前年、「ヨーロッパのニヒリズム」を雑誌『思想』に三回連載し、最後の「日本の読者に与へる跋」(40 11)で、ヨーロッパ的自己批判を弁明するとともに日本的自愛を批判した。「他在に於いて自己を失はずにゐる」ことは、レーヴィットの注記[5]の通り、ヘーゲルのギリシャ哲学理解にもとづいていた。他のもの、異質なものを自分のものにするには、自分を自分から隔離できること、そのようにして得た自分への距離から、他のものを未知のものとして自分のものにすることが必要だし、獲得という精神的作業は、異質な対象を異質でなくしていく加工でなければならないが、ギリシャ人があのように自由に自分の外に歩み出て、異国に根をもつ世界を加工して自分たちの故郷にしたのと比べて、日本では自由な獲得がたいてい欠けており、異質なものを自分のものに変えようとせず、他のものから自分自身に帰ろうともせず、それゆえ自由でなく、ヘーゲル流にいえば「他在において自分自身であること」がない nicht »im Anderssein bei sich selbst« とレーヴィットは論じた。二階建ての家の階下では日本的に考え感じるが、二階にはヨーロッパの学問が並べてあり、二階と階下を往来する梯子はどこにあるのか疑問だと続けた。この観察は、丸山も「麻生義輝「近世日本哲学史」を読む」(42 12)で引用したし、日本思想理解の鍵の一つとして繰返し言及する[6]。「異質的なものとの対決を通じて」(67 10 02談)民主主義を自分のものにすることも、レーヴィットが言う「自由な獲得」だろう。

マンハイムの言葉を要約したシュミットの「他者を他在において理解すること」も、レーヴィットの「他在において自分自身であること」も、ヘーゲルに遡るものだった。ヘーゲルは、『精神現象学』の前書きで、真理を実体としてだけでなく主体としても捉えるような知をめざした。生きた実体が主体であるのは、自分が他者となりつつ自分自身であるように媒介するからであり、否定の力によって単一のものが分裂し、分裂したものが再建されて統一するように、「他在において自分自身に帰ること」Reflexion im Anderssein in sich selbst こそ真理であり、「絶対的他在における純粋な自己認識」Das reine Selbsterkennen im absoluten Anderssein が学問の土台、知一般だとした（長谷川宏訳98 03では一一―一六頁）。すでに一九四八年度の講義で丸山は、媒介とは「自己運動をするところの自己同一性」「自己内反省」「対自的にある自我の契機」「純粋否定性」「単純なる生成」だという『精神現象学』の訳文（文庫346）を用いながら、思想を下部構造の関数とするような公式的な唯物史観を疑い、思想と社会環境とを相互媒介的に把握する「〈Dialektik〉＝「媒介性の論理」」をヘーゲルの最大の功績として、「自己内反省（in sich reflektieren）」「自己否定を媒介にして自己に還流していく」ことを説いていた（講義録1、98 05、一三頁）。もともと丸山は、大学に入って初めてドイツ観念論に出会い、ヘーゲルに「圧倒的に魅惑」され、『精神現象学』などに「大きく刺激されながら」戦前の論文を書いていた（『現代政治の思想と行動』英語版63序文、和訳82 09）。

二　他者理解と大学再建

『現代政治の思想と行動』増補版（64 05）第三部第八章末尾で丸山が、知識人にとっての知性の機能とした「他者をその他在において理解すること」は、他者を自分とは異なる他在として理解するだけでなく、自分自身の他在と対話しながら他者を理解することを意味していた。それはいくつかのことを含んでおり、第一に、他者を自分と同じ自明なものと思わないで、自分とは異質な未知のものとして内在的に理解する（他者感覚）ことであり、他者への寛容の要求を含む。第二に、自分が同一化しがちな人間や集団や通念から自分自身を隔離し、距離をとって自分自身と他者を認識する（自己隔離）[7]。第三に、自分自身とは異なる自己の他在を想定し、その他在と自分が対話しながら他者を理解する（他在対話）。第四に、他者を加工することによって我がものとして獲得し、自己否定を通じて自分自身に還帰する（自己還帰）。それらのことを含む「他者をその他在において理解すること」が、丸山のいう自己内対話であり、自己を否定し自己に帰るように他者を理解することだった。それは、マンハイムやシュミットやレーヴィットがヘーゲルを読んだのに劣らず、丸山もヘーゲルを熟読して獲得した自己否定の思考だった(8)。

しかしマンハイムが第二次大戦後の大学再建の構想で説いたのは、他者である人間や集団や党派の間の民主的討論とその前提としての根本的好奇心だった。それは、ヘーゲルの哲学的な自己内対話にとどまらない社会学的実践だった。マンハイムは、『イデオロギーとユートピア』英語版第一章（一九三六年、高橋徹訳7104、一二六、一五一頁）で、ヘーゲルらが歴史や生の意味を深く理解した心理発生論的方法の功績を認めるとともに、それが個人にしか適用できない限界と、集団的生活連関における意味の発生を研究する必要から、知識社会学的方法を提唱したし、社会的存在拘束性から自己を解放するために存在拘束性を自己批判的に洞察することを説いた。その違いは丸山が知悉するところだったが、いつしかシュミットやレーヴィットに導かれて、マンハイム的な民主的討論とは異なるヘーゲル的な自己内対話に帰ることはないだろうか。丸山が自由闊達談論風発で何時間も座談し、他人の思考の惰性を揺さぶったことは多くの証言があるが、今日は皆さんのお話を聞きたいとの丸山の発言から始まる会合が、たいていは丸山の独演会で終ったように、一方的なお説拝聴も生じやすかった。

丸山は、六〇年代の講義で、マンハイムの言葉をシュミットが曲げて要約した「他者を他在において理解する」ヘーゲル的知性によく触れた。六〇年度の政治学講義の結語（6102?・）では「自由＝他在において自分自身であること」と述べた。六三年度の東洋政治思想史講義の最後でも「インテリジェンスは知識の量でも頭の回転の速さでもない。精神の反芻と持続的思索である。自己というものを直接的環境に埋没させず、引き離すために必要なもの。他者を他者として理解する、自己を他者として理解し、現在を現在から引き離す。もっと大きな文脈で見るという距離の設定。想像力によって担われた知性」と述べたし、その前に「民主主義がそれを否定するものとの真の対決をしていない」問題にも触れた（熊野勝之「神農もはじめはうずに目を回し」96 05、丸山集2月報）。六五年度講義の最後（66 02 01）では「〈自己を〉他在〈Anderssein〉の中に身を置いて、距離をもって自分自身と環境を見る」（〈〉は丸山の自筆草稿にない学生筆記）ことを説いた。六六年度講義の最後（67 02 01）でも、社交的になって「異なった考え方の人々とコミュニケーションする」ことばかりでなく、「自分が当然自明として前提している通念から自分を隔離するために…過去のものと…精神的な対話をすること」が必要だとして、「要は、たえず自分の精神の秩序の中に、自分ならざるものを措定して、それとの摩擦によって自分自身を高め豊かにしてゆくことなのである。同じ命題を肯定するにしても、結論は同じであっても、否定によって鍛えられた肯定と、そうでない直接的で無反省な肯定とは、思想的な強さも豊かさもちがうだろう」と述べた。

丸山は、六六年四月ころの座談会（「丸山真男氏をかこんで」66 07）で、大蔵省入省後の中島義雄の末路を予感したのだろうか、彼を含む五人の読者に囲まれて、知性の意味や機能を力説した。「知性」の「大事な条件の一つ」は「他者を内在的に理解する能力」であり、「自分とまったくちがった世界に生きている人の考え方を…理解する能力が、かつての秀才だった高級官僚にどこまであるか」かなり疑問だという。「異質的な他者を内在的に理解するということは、他者を自分の精神の内部に位置づけることですから、それだけ精神の内部での対話が可能になるわけです。それによって、従来の自分を自分自身からひきはがすことができる。だから、そこはちょっと逆説的なんですね。自分の中に他者を住まわせることが精神的自立へ通ずるので、そうでないとズルズルの環境ぐるみの自我主義になる」。職場などでの精神的自立について内藤国夫が悲観論を出したのにはがっかりし、「自分と同じ人間は世界に二人といない——簡単にいえばこの自覚、というより驚きの自覚が精神的な自立の最後の核じゃないか」、「要は場にいて場をこえる精神的秩序をもつということです」と説いた。この談話記録は、最初の座談内容に丸山が不満で、一か月ほどして同じ五人の読者と集まり直した座談内容を併せたものだという(内藤国夫「恩師・丸山眞男先生」97 07『60』)から、マンハイムの「民主的討論」からは遠かった。

丸山が春曙帖で、戦後日本の時代精神にナチズムに通じるものを見たのも、マンハイムの言葉のシュミット要約にもとづいていた。「他者を他在において把握する能力の衰退と欠如のうちに、マンハイムはナチズムの精神史的背景をみた。こうした自己中心的な世界像が、あたかも「自我意識」のめざめであるかのように錯覚されているのが、戦後の日本である。三派全学連とその追随者たちに共通した「客観性」や概念的定義や「コミュニケーション」への軽蔑――自己の情念の燃焼にのみ生きがいを見出す精神態度は、どんなに「イデオロギー」においてはなれているように見えても、奥深い時代精神の鉱脈においてナチズムに通じている」[170]。この「三派全学連」は、六六年末に共産同の社学同と社青同解放派と革共同中核派の三派が結成し、六七年秋のベトナム反戦デモ以後耳目を集めたが、六八年七月には分裂解体しており、丸山の場合、三派と全学共闘会議とを区別しきれなかった六八年十一月ころまでに用語例がほぼ限られる。その反客観的無概念的非対話的な情念の思想がナチズムに通じると丸山が見たのも、「他者を他在において把握する能力」が欠如しているからであり、「自己中心的」だからだったが、この記述を東大紛争における全共闘のことだと解釈するのは無理がある。

さて、マンハイムが戦争直後の対独放送でもう一つ語ったことは、ヨーロッパの発展の精神から生まれた大学の未来だった。研究や専門教育と教養知識や人格形成との間違った対立を退け、学者や学者集団が総合的探究に参加し、学生がそこで多面的な関心を育むようなコースを設けて、民主主義や民主的教育の意味や組織や未来について討論し、世界と時代と社会の問題をよりよく理解したい欲求に答え、人道的思考を深める方向で Universitas の理念の復活を説いた。おそらく丸山も戦争直後は、政官産軍学協同で日本を破滅に導いた大学の再建のために、マンハイムの大学論と違わない抱負をもっていただろう。学者が「最も本格的な仕事をすること」が民衆のためになるとして「本当のアカデミズム」を立てようとした(「新学問論」47 01)が、「日常生活のなかで絶えず自分の学問をためして行くこと」「学問と生活とを不断に媒介する努力」を説いて、一頁の中に六度も「学問」を繰返す学問熱を示した(「勉学についての二、三の助言」49 05)。しかし東大法学部については、戦争中まともだった分、「戦後の自己批判が足りない」と考えて、いろいろやったが「あきらめてしまった」、「嫌になって改革の努力を止めてしまった」という(回顧談)。

丸山は、教授と学生との精神的共同体として大学を見ていた。一九五〇年のレッドパージ反対の法学部集会では、「United we stand, separated we fall.(合すれば立ち、分るれば倒る)」と題して、「教授と学生がしっかり手をつなぎ合い、立場の異る教授相互、学生相互も学園の自由を守るという連帯感情」を説いた(50 10 09談)。五九年の全学連幹部東大構内籠城事件では、「大学の自由、アカデミッシェ・フライハイトとは何か」と題して、「大学は教授と学生によって構成される共同体である。…大学の自由とか自治とかは、市民としての側面ではなくて、大学共同体の構成員としての側面にかかわることである。…教育は支配関係でなく指導関係である。…教授を信頼しないで大学共同体を守るということ自体が矛盾である。学生の自治活動も教育過程の一環である」と論じた(59 12 10)[9]。最後の中略部分では、「教育は指導関係である以上、何が大学の自由にかかわるか、についての最後的な判定の責任は…教育者の側にある。…大学自由の解釈に承服できない学生は、その大学の教育を受けることを拒否するほかない」と記したように、学生は教授の指導に服せないなら出て行くしかないと考えていた。学問の自由とともに大学の自由や自治は、六〇年代末にその欺瞞や幻想が鋭く問われるが、丸山が「学問的自由の前提」と考えたのはシュミット経由の根本的好奇心だった。

丸山は、一九六〇年代末には大学の保守的な機能を評価するようになっていた。六八年十一月ころの春曙帖[156]では、「大学の機能。「大学」は古今東西を通じて文化的保守性(コンサーヴェーション!)によって《ママ》、いいかえれば学問的伝統の蓄積されている典型的な場所である。「大学」が全体として進歩的役割を果した例は少ないし、また大学教授のなかから、歴史の進路を決定的に変革させる影響を及ぼしたような「新しい」思想家が現われたためしもあまりない」、戦前日本の「大学の自治」対国家の闘争が可能だったのも、帝大とくに法学部が「保守主義のトリデ」だったからだという。「大学は何を学ぶところか。（イ）「遊び」としての学問、遊びに専念する場としての大学。（ロ）専門化し、分化した知識の市場としての大学。…（ロ）は問題解決の具としての学問であり、（イ）は「問題」を前提としない学問である。…どんなに切実な現代性をもつようなテーマについても、「アカデミックな」研究にはあそびの精神が必要であり、意味がある。問題解決の具としてではない学問、ただ無限の対話（自己内対話をふくむ）、ないしだべりとしての学問が、どこか分らぬ時と場所で「生きて」来るものなのだ。こういう「遊び」としての学問は紙一重でデカダンスになる」［151］。

丸山の大学観や学問観が保守的伝統的に傾いたとき、大学紛争が拡大した。丸山は、春曙帖［143-144］に「思想・学説の自由市場としての大学」と頭書し、米国大学人の言葉「大学とは本質的に、またその定義からして、あらゆる種類の観念や学説が自由に相互交換される場である」、「大学の処置（政策）にたいする不同意を、思考力のかわりに筋肉の力に訴えることによって表明する者は、この大学という制度のなかに居るべき場をもたない」などを引用し、「大学というものは、警察が介入すると想定されていない聖域であるべきだという、古くからの伝統的観念」に同感しただろう。また、「三派系が実質的に運動の推進者であり、問題提起者であったという「弁護論」」に対して、三派系の運動の弊害を列挙したうえで、「大学という地帯の特殊性」「＝自ら制度的暴力をもたず、他の制度的、いわんや非制度的暴力（右翼的暴力）をも動員しない大学の特殊性」を見ない「自己偽瞞《（ママ）》」を批判した。安田講堂激突前のこの段階では、学生の暴力といっても鉄パイプではなく木の角材を振りまわすくらいで、学生同士ひどいことはしたようだが、教師を怒鳴るものはいても殴る者はいなかった。

そのように保守的になった丸山には想像もできなかったことが六八年の大学で生じた。学生の「不満」や「不信」というが、「幼稚園の生徒に対するように、「さあ〳〵みなさん、そんな棒切れをもって危ないじゃありませんか、けがしますよ」というために、大学教師をつとめているのか。冗談ではない」、「甘ったれ坊や」を「意識的に「不親切」につきはなすのも「教育」方法なのだ」、それに反する「ハト派」の考え方には「学生を自律的人間とみない点で、意識すると否とにかかわらず、学生にたいする侮蔑がひそんでいる」と丸山は春曙帖に書いた[157]。それから、研究者のスキルの習得には、熟練した経験者に親近して教育を受ける過程を必要とするという「徒弟制の「永遠性」」[135](『自己内対話』では「永遠制」)も確信していた。さらに戦争中の東大法学部のリベラルな空気への愛着がふくらめば、英国大学の民主的討論を範とするマンハイムの戦後的大学理念から離れて、もっぱらヘーゲル的な自己内対話的知性に帰っていくだろう。ついでにいえば、ヘーゲル的知性の問題は、理性の公共的使用によって未成年状態を脱することを説いたカント的啓蒙と似て、「胎児」はもちろん幼児への根本的好奇心が弱く、理性をもつ大人しか相手にしないことがある(『精神現象学』長谷川宏訳9803、一三頁)。

三　民主主義の未成熟

一九六〇年代後半の丸山は、他者を他在において理解する知性によって、民主主義についても自己内対話と人格間交流を続けた。民主主義をよいとする自分、それを否定する自分の他在を想定しながら対話を続けた。民主主義は正しいのか、善いのか、名ばかりなのか、名ばかりでもましなのかと考えただろう。目的―手段―効果をたえず考量しながら政策決定を行なう「知性的判断」を問題とし、「知性を行使して決断する指導者が、政治的に「成熟」した指導者」だと論じた(「幕末における視座の変革」6505)ように、知性主義を強めていた。やがて思い至るのが日本の民主主義の未成熟ということだった。民主主義がよいとだけ教えられるから、外来思想と意識されがちだから、日本社会に型がないから、習慣の裏づけがないから、日本の民主主義は成熟しないと考えた。それは丸山が、六〇年前後から民主主義は「人民の支配」という逆説だと知的に論じたことや、六四年から他者を他在において理解する知性を重んじたことや、六七年に「保守」を自称したこととも無関係ではなかっただろう。民主主義をめぐる六〇年代後半の丸山の思索をここで辿る。

政治の世界では、選挙を何度しても自由民主党が議会の過半数の議席を得て政権を維持することが五五年から続いていた。六四年から首相を務めた佐藤栄作は、「忠実なる民主主義者」を自称し、「民主主義で最も大事なことは、寛容と調和もさることながら、ルールを守ることが一番大事」であり、日韓両国は「民主主義をその国是とし」ているし、「自由に恵まれたわが国の民主主義体制を守ることは、国民の総意である」と国会で演説した（67 06 13、64 11 24、65 10 13、68 12 11）。それほど民主主義が建前になり、体制そのものになれば、しかも多くの若者の意向を離れた政権が交代しなければ、民主主義はよいことだと教えられてきた若者の間に、民主主義への失望や幻滅が生じただろう。とくに東大の学生は、上からの権威に批判的な傾向があり、自由民主党を支持するのは恥ずかしいという感覚が七〇年代前半までは強かったという（「東大生はなぜ自民党支持か」78 07 15朝日新聞）。

戦後生まれの若者が六四年から十八歳になり、毎年約二七〇万人生まれた学年のうち三〇万人前後が六六年から六八年にかけて大学に進学した。丸山の「「である」ことと「する」こと」が六四年（広くは六五年）から高校の現代国語の教科書に採録され、岩波新書の『日本の思想』（61 11）を購求した学生が東大に入ってきた。「政治が民主的かどうかということを制度の建て前だけから判断する」のは「である」論理だと丸山が批判するのを読んだだろう。東大の周りの本郷通りや春日通りには都電が走る光景が七一年三月まで残っていた。一九四五年に約七二〇〇万人だった日本の総人口は、六七年に一億人を越えた。一九四〇年代に約五割いた農業人口は六五年に約二割になり、日本のＧＮＰは六八年に西側世界第二位になった。ベトナム戦争は六五年二月に米国が北爆を始め、日本の基地から米軍機が出撃することへの反対運動が拡がった。

丸山は、大学の教育や行政で多忙を極めていた。六五年は四月から教養課程の政治学も担当し、「丸山も今年は駒場の講義も加わり、平素に輪をかけた多忙にあえいで居ります」とゆか里夫人が代筆する（高木博義宛65 11 09）ほどだった。すでに六三年四月の帰国時に岡義武の退職で政治学のシニア教授となっていたし、六四年十月から二年余り東京大学評議員を務め、毎月の評議会にほぼ出席し、六五年十月二六日には、教授会の自治の下に学生の自治を置いた東大パンフ「大学の自治と学生の自治」（65 11 01）の配布について総長一任もした。法学部の講座増設の交渉で文部省にも二、三回行った（回顧談）し、法学教育改革のための法学部五年制案が六六年十月二八日に朝日新聞に報じられて十一月九日に記者会見した。頓挫した改革案については『朝日ジャーナル』（66 11 27）が詳しいが、翌々週の同誌には、東大法学部学生早野透が投書して、政治コースが「はきだめ」のようであり、古くさい分け方で講座が組まれ、現代政治学の新鮮な成果が取入れられていないと不満を述べた。

大学院法学政治学研究科は、丸山が帰国した六三年四月に社会科学研究科から再編されたが、それを担当する負担も大変だったらしい。六七年十月二日、大阪で司法修習生に囲まれた座談会で語ったのは、「大学院はゼロ予算で出発した制度でありまして、いったん出発すると大変な負担になった。修士課程と博士課程に、よその大学からも試験を受けてはいってくるんです。昔の助手みたいに、こっちがとりたい時にとるというわけにいかない。試験を突破してはいってくると、…指導せざるをえないわけです」（「丸山真男教授をかこむ座談会の記録」68 11）。六〇年前後の丸山は院生を採らないと言われていたらしいが、植手通有（博士課程修了年60）と岡和田常忠（同66）のあと、朴忠錫（修士課程入学年63）、小室直樹（63）、岡利郎（64）、飯田泰三（66）、伊藤彌彦（66）、竹内洋治（66）、吉駒明子（67）、平石直昭（68）、渡辺浩（69）、宮村治雄（69）が修士課程に入学したか助手に採用された。[10]

もちろん予算があればあったで大変であり、ロックフェラー研究や科研費研究が追いかけてきた。日本の傑出した政治学者としての丸山は、つとに一九五六、七年にスカラピーノから高く評価され、六〇年十月一七日にロックフェラー財団副所長のK・W・トムプソンから面接調査を受け、大学院修了者への奨学金を相談するなどしたが、六一年十月渡米ののち、六二年七月から九月までの渡欧研究費用五七七七ドル（一等航空券夫妻分一六〇〇ドルを含む）を支給されている（同財団文書館、Series-Box-Folder の順で 609-69-454，609-66-440，609-56-598，609-56-601）。同財団は、岡義武や坂本義和を中心とする東大法学部の国際関係研究会（占領体制研究会）に対して六一年から四年間、日本政治研究計画のために七万五〇〇〇ドルを支援し、六三年一月にトムプソンが途中報告のために同学部政治学担当九教授のうち同財団支給者七名らに面接した結果、次のように印象を記した。「東大法学部教授たちの研究は日本で影響力を持つが、彼らが自惚れているようなのが気になるし、日本では競争相手がいないと思っているのも間違いであり、京大の高坂正堯のように彼らより若いが実に創造的で有能な者もいる。…優秀で地位ある日本の学者はこれまで東京大学が生んできたという説明には、丸山を除けば、説得されない。この支援事業には吹き込まれるような指導力が欠けている」（609-56-599）。

このロックフェラー研究からは、日本政治に関する研究成果が何冊も刊行されるはずだった。六五年九月二七日の坂本のトムプソン宛書簡によれば、丸山、石田、植手、岡和田の *Western Impact on Japanese Political Culture* 一冊のほか、東大系の政治学者らによる七冊の刊行が計画されていた（609-56-600）。升味準之輔『日本政党史論』1（65.11）では、巻頭に同財団への岡義武の謝辞が掲げられ、巻末に「日本政治研究叢書」全八巻が予告されたが、そのうち升味著以外の七冊は刊行されなかった。丸山真男・石田雄『近代政治用語の受容（仮題）』が予告だけに終わった負い目から丸山は長く解放されなかった。五七七七ドルの渡欧研究費用にしても、六二年の為替（一ドル三六〇円）で二〇八万円もらった（当時の日本の物価は現在の約五分の一だった）ことが丸山の米国観に何も影響しなかったろうか。

丸山らは、ロックフェラー研究として、幕末維新期の政治用語受容の研究を進めた。「Rockefeller 分科会」ノート(文庫72)[11]には、三六〇万円の追加割当を受けて、「いかなる category をえらぶか、a)儒教—仏教的 category の意味転換、b)西洋的範疇をどんなコトバで表現するか、表現したことによって意味がどう変るか」という問題を設定し、植手、石田、岡和田の研究報告が筆記されている。「民主」の語について、中国では「人民の主人」「人君」の意味だったが、一九世紀の終りに「世襲君主制の反対概念となった」とされ、別に丁韙良訳『万国公法』(一八六四年)も言及されているが、同書が「民主」の近代語の初出文献であり、その語が democracy よりも republic の訳語だったことは当時まだ気づかれていなかった[12]。この研究会は六四年夏で終ったのだろうか。また、科研費の総合研究「日本政治思想における伝統と近代——文化接触によるカテゴリーの変容を中心として」の参加者一九人の研究代表者として丸山が六五年度(その概要6609、文庫84、別集3)と六六年度に交付されたのは一一七万円と八五万円であり、六一年から四年間七万五〇〇〇ドル(二七〇〇万円)のロックフェラー研究費とは桁違いだった。

さて、日本の民主主義が成熟しないのは、一つには、民主主義がただよいことと教えられ、否定によって鍛えられないからだと丸山は考えた。「日本での民主主義の教えかたなんか、対立物を教えないのですよ。対立物を消してしまうと民主主義が戦前の万邦無比の国体みたいになってしまう」(「日本神話をめぐって」6502)。六〇年度講義の元聴講学生との座談では、学校で「民主主義は何故いいのかといったことは教わらないのですか」と問いかけ、「これまでの戦争は間違っていたのである」という教え方を問題とし、「およそ一般的に民主主義はいい、ファシズムは悪い——ということになると、自分は関係なくなっちゃうわけですよ。この自分は何をなすべきであり、何をなすべきでないか——ということを考えさせる教え方ですね。それをどこまで戦後やってきたか」と語った。民主主義がよいのはなぜか、そもそも民主主義はほかよりよいのかを議論すること、それも万能薬のように振りまわすのではなく、自分が何をするべきかと関連させて、自分に帰ってくるように議論することを丸山は求めた(「丸山先生を囲んで」66 10、66 06 14談)。

民主主義の成熟のためには、少なくとも反民主主義の思想と対話することが必要だった。さきの大阪での座談会(67 10 02談)で丸山は、教育勅語を教科書に使って民主主義否定論と議論することを提案した。「民主主義の教科書を使って民主主義を教えても、それは昔の国体教育のようなものでだめなんです。…そういう教科書的民主主義は案外もろい」。「民主主義が世界的に承認されるようになったのは第二次大戦以後のことです。…味方も民主主義、敵も民主主義といわざるをえなくなったのは第二次大戦以後のことなんです。それぐらい新しいんです」。「反民主主義的な考え方はそんなになまやさしいものではない。それなりの長い由来と論拠をもっているということなんです。それと闘ってどうやって民主主義を築いていくかということは大変なことなんです」。「自分の精神の内部で、反対の議論と対話しながら、自分の議論をきたえていくことがあまりにもなさすぎる」。

丸山が問題として意識したのは、もう一つには、民主主義は外来の思想だという発想だった。思想的開国という問題として明治維新と敗戦後とを比較すると、「下から」の新しい思想が文化接触による「外から」の思想と重なり、「上から下からという問題と、外から内からという問題とが錯綜することになる。結局、明治の支配層は自分に都合のいい要素を土着的な国民性とし、都合の悪いものを「外来的なもの」として印象づけることに成功する。今度の場合はどうだろうか」(「戦後知性の構図」64 10)と語ったように、「下から」の民主主義が「外から」のものと印象づけられることに抵抗していた。また、敗戦後の民主化は、軍事占領のもとで進行したという意味では「外から」の革命の性格が明治維新より強かったが、維新政府が「上から」変革したのとは対照的に、戦後は民衆運動の「下から」のエネルギーが奔騰して変革が進んだので、思想内容からは「外から」の変革とはいいきれないと論じたのも、「戦後民主主義の「外から」的な性格」よりも「下から」的性格を重視していたからだった(「革新思想の問題状況」64 11)。

もっとも丸山は、近代民主主義は外来だと認めており、そのことで卑屈になるのを戒めた。六五年四月（一部は六四年九月）の梅本克己・佐藤昇との鼎談で、日本では「普遍というと何か血肉のない抽象的なものとされ、しかも抽象的というのは虚妄ということと同じように考えられやすい」、さらに普遍主義的なイデオロギーがみな「外から」入ってきたという由来があるので「外から」への反発が生じやすい、と伝統の植物主義的定義を批判して、「近代科学にしろ、また民主主義にしろ、原理自体外来的なものですよ。発生地は西欧です。そのことで卑屈になったり、コンプレックスをもつ必要はちっともない」という。他方では「民主主義についていえば、現代の欧米のデモクラシーを模範としろということじゃない。そういう意味の「外から」性を絶たなければ、日本のデモクラシーは育たない」と語った（『現代日本の革新思想』66 01）。それは中江兆民が『三酔人経綸問答』（87 05）で、上から与えられる恩賜的民権だからだめと考えず、恩賜的民権を道徳や学術で養って恢復的民権と同等に育てればよいと南海先生に語らせたのと似ていた。

しかも丸山は、近代民主主義は外来だと認めたうえで、外来でない民主主義も探そうとしていた。その鼎談の初回では、「自由とか人民の権利とか、立憲制とかいう思想、いわんや民主主義とか社会主義ということになると、イデオロギーとしては、外来であることは否定できない」（初出『現代の理論』64 11）と語っていたが、単行本収録時に「民主主義」を「近代民主主義」と改めたのは、ギリシャの古代民主主義との対比というよりは、「外から」でない民主主義を探していたからだろう。一揆における「多分の儀」とか黒船危機の「公議輿論」のようなものかはわからない。ともかく丸山は、近代民主主義が「外から」であることは認めたうえで卑屈にならず、民主主義が「下から」沸騰した戦争直後の歴史を見直すとともに、日本の民主主義が「内から」も生じたことを探すつもりだった。戦後生まれの若者にも、民主主義を「内から」育てる可能性はあっただろう。

丸山が探していたのは、日本にもありうる普遍的原理としての民主主義だった。六七年三月の鶴見俊輔との対談そういうのが、私にいわせれば、まったくかなわん誤解なんだ。なるほど民主主義とか基本的人権とかは、そりゃ普遍理念ですよ。けれど普遍ってのは、そういうことだけをいってるんじゃないんですよ。むしろ、地下鉄に乗ったり、雑踏にもまれて歩いているときにね」、日本にいるとかイギリスにいるとか意識しない、所属など無関係に一人の人間と一人の人間とが話すという感覚の形で普遍的なものが私のなかにあると丸山は語った。しかし政財界のおえら方とか広く日本の社会は「普遍的っていう発想とおよそ縁遠い」、「人類普遍の理念とかそういった抽象的な理屈はどうでもいい。そんなものは学者のおしゃべりにまかしとけばいい」という傾向が圧倒的だという。それゆえ丸山は、民主主義だけが普遍的理念ではないとしても、民主主義を普遍的理念として成熟させること、そのためにも日本政治思想史を見直すことを考えていた。

丸山の普遍的理念への確信は、日本的なものを誇る特殊主義への批判を伴っていた。梅本らとの鼎談（6409談）で丸山は、デモクラシーとナショナリズムとの結合をめざしてきたリベラルのなかにも六〇年安保後は分岐が生じ、鶴見らはナショナリズムや土着主義の磁力に引かれて、戦後民主主義の「外から」的な性格の批判を強めていると論じ、「ナショナルなものを通じてインタナショナルへ」とよく言うが、「論理的には、普遍的なものが特殊に先行して前提されていなければ、特殊から普遍へ突きぬけようがない」と断言していた。鶴見は、『現代日本の革新思想』を読んでそこに一番つまづくとして、「日本的なもの」から普遍的な思想をつくりうると言ったのに対して、それは「日常的なもの」であって「特殊的なもの」ではなく、「日常的な経験を大事にするのが本当の哲学だ」と鶴見から戦争直後以来教わったと丸山は語った。それなのに鶴見が、「ウチ」的日本主義になりやすい「特殊の強調」よりも、欧米主義になりうる「普遍の強調」の方が俗耳に入りやすいと言ったので、その状況判断は「知識人主義」だと丸山は批判した。この対談を受けて鶴見は、刊行予定の『日本的思想の可能性』を『日常的思想の可能性』(6707)と改めた。丸山の方は考えを変えただろうか。

丸山は、普遍的原理の立場から、形式や型の意味を見直す「保守」の視点をとり、日本の「民主主義の未成熟」を指摘するに至った。江戸時代に築かれた型や形式が明治から崩れていき、戦後はその傾向が加速しただけであり、「生活のなかから近代社会の新しい型を自主的につくってゆくことはついにできなかったんです。公式的にいえば、これが民主主義の未成熟ということなんですね」。大衆社会は「型なし社会」だし、アカデミーは本来「学問の型をしつける場所」なのに、思想の科学研究会は「型とか形式を蔑視する内容主義」になり、型を壊すマス・コミに無抵抗になったと批判した。かつて六〇年安保で岸政府を批判した丸山自身についても、「保守なんだ。保守なんだけど、むこうから攻撃かけてきたから、そんなら受けて立とうっていうだけのことでね、特にね、積極的にこっちから政治参加したっていうことじゃない」と韜晦した。丸山が鶴見に「よい意味でのボスになるほかない」と言った[13]のは、この対談のときくらいしか考えられないが、「日本社会の民主化にとっては誰の眼にも顕著な独裁者型の指導者よりもボス型のそれにヨリ多く警戒の眼を光らせる必要」をかつてやかましく言っていた〔本書四八頁〕(「ある自由主義者への手紙」5009)丸山が「一八〇度変った視点」から見直していたのは江戸時代だけではなかった。

日本の民主主義が未成熟なのは、丸山の考えでは、近代社会の新しい型を生活のなかからつくれなかったからであり、もう一つには、習慣の裏づけがないからでもあった。丸山は、六七年九月か十月、フランスから一時帰国していた森有正と民主主義について語りあった(「経験・個人・社会」6801)。「日本の場合、民主主義はあるわけですね、一応制度としては」と森が言ったのに対して、「私はね、それを「制度はあるけれども」とは言わないんですよ。民主主義的な法律はあるんですよ、実定法はある。六法全書にちゃんと書いてある。けれどそれは制度とはいえない。…社会制度というものは習慣と切り離しえないものだと思うのです。…民主主義はまだ制度にも十分なっていない。法律があり、すこしずつは「習慣」の裏づけもできつつあるから、ゼロとはいえないけれども、制度化されているとはいえない」として、「各自の経験の交換」によって習慣を蓄積することを説いた。トクヴィルが米国の民主主義の維持要因とした習俗に丸山も注目していたからだろうが、そもそも「人間の無意識的、習慣的な行動にまで、民主主義が浸透していかない限り、民主主義は決して根をおろさない」(「二つの青年層」4804)と早くから論じていたから、日本の民主主義を制度にするためには習慣を変えていくこと、その習慣を蓄積することが必要だと考えたのだろう。

民主主義の未成熟を改めるためには、制度を支える精神や習慣、民主主義否定論との対話も必要だろうが、人々が集まって運動することも必要ではないか。丸山は、六四年には民主主義を「人民の支配」という逆説ゆえに「永久革命」の運動だと説き、やがて運動と制度との統一だと論じたが、ここでは制度に重点を置いて、制度が習慣の内実を伴って新しい型をつくるような日常的な行動を求めた。非日常的な運動を否認したわけではないが、六〇年代後半の状況において、普遍的な理念を探すとともに、あえて制度の意味を説き、型を重んじる「保守」を自認した。そして他者を他在において理解する知性を重視した。しかし高度経済成長下の大衆社会化に抗する方向で型をつくることが必要なのか、その高度に知的な方法で可能なのか、丸山自身の他在との自己内対話も続けただろう。日本思想史において原型的思考を克服する普遍的なものを探す研究も続けた。六七年九月八日からの八王子セミナーで丸山は、岡利郎と二人きりのとき、「何をしたらいいか、自分でもわからなくなった」とぽつりと言ったという(岡利郎『山路愛山』9811。飯田泰三「解題」講義録4、9809)。何をしたらいいか、わからなくなる自分との対話をいつもしていただろうが、型を重んじる「保守」の立場をとることへの迷いも強かったのではないだろうか。

四　知識人であること

一九六〇年代後半の日本では、政治の世界は妙に安定していても、米国のベトナム戦争反対、沖縄の復帰と基地問題、水俣病など公害に対する告発、三里塚空港用地収用などをめぐって、さまざまな社会運動が拡がっていた。

ベトナム戦争について丸山は、六五年二月からの北爆に反対して加藤周一や中野好夫ら五人と投書した(14)（朝日新聞650404）。ライシャワー大使と離任前に議論しようとした（同大使宛660801）し、日米市民会議（660813）にも出席した。丸山が「ベトナムのための一日運動」を呼びかけ、六七年十月一五日午後、数寄屋橋公園でビラ撒きしたのは、小田実が連れ出したらしい（小田「激しい親近感」9603、丸山集7月報）。朝日新聞は、丸山・久野・小田の名前とともに「学者、文化人街頭へ」とだけ翌日報じたが、『ベ平連ニュース』（6711）は、月給の三十分の一をベトナムに送る「平和の船をベトナムへ」計画のために「一人一人ていねいにカンパを呼びかける丸山真男先生」たちを含む「ベ平連メンバー」の姿を写真入りで伝えた(15)。

しかしベトナム反戦運動が脱走兵援助や坐り込みなど直接行動を強めていくと、その動きに丸山は背を向けたように見える。六七年十月二八日、米空母イントレピッドから四人が脱走し、鶴見良行から相談を受けた鶴見俊輔や小田実は、吉田茂国葬の三一日、映画「イントレピッドの四人」を撮った。東大教授を入れることにして、小田がはじめ丸山に声をかけたら断られたので、日高六郎に声をかけたら「お人好し」だから来たという（鶴見俊輔「平和をつむぐ思想」0809『唯物論研究年誌』）。脱走兵の出国後、十一月一三日に脱走兵の映像を上映する記者会見があった(16)。これよりさき、十月四日には東大文学部で学生仲野雅が教員と揉みあい、十二月一九日に評議会が停学処分を決定するが、のちに東大紛争の二大争点となるのがこの文学部処分だった。十月八日に佐藤首相が南ベトナムに立つ羽田空港付近で京大生山崎博昭が殺され、六八年一—五月の佐世保、王子、三里塚に至る「激動の七か月」が続いた。「平和運動」ではなく「反戦運動」と称する三派全学連と追随者の激しい運動にナチ突撃隊の精神に似たものを感じたか、「自己の情念の燃焼にのみ生きがいを見出す精神態度」は「奥深い時代精神の鉱脈においてナチズムに通じている」と丸山が春曙帖[170-]に書いたのはそのころではないだろうか。

ベトナム戦争と並ぶ海外の事件として、六八年八月にソ連ほか五か国がチェコに侵入して「プラハの春」を制圧したとき、中野好夫、久野収、丸山真男の投書「チェコ占領に強く抗議する」が八月二五日の朝日新聞「声」欄に掲載された。ソ連などのチェコ占領は、国民の自決権を武力によって抑圧するものであり、ベトナムでの米国の軍事行動に反対するのと同じくソ連の武力行使に抗議の声をあげるべきだし、「ベトナム戦争に一貫して抗議した者のみが、ソ連の武力行使に真の抗議の声をあげる資格をもつ」とあった。友人の署名をさらに集めたうえで、各国の知識人数十名にこのアピールを送り、チェコ占領に反対する国際世論を高めたいという。十月三日の朝日新聞夕刊の記事「丸山氏らのチェコ・アピール 海外で反響高まる」は、これまで「世界の知識人を代表するような大物」を含む三十余人からの手紙のほとんどすべてが、丸山氏らのアピールに全面的な賛意を表しているとして、トインビー、ラッセル、ドアー、チョムスキー、リースマン、ヒューズの手紙を紹介したが、この国際的声明を主導したのは丸山よりも久野だったのではないかと『世界』(68 11、68 12)の記事からは感じられた。

ところがこの国際的声明は、丸山らの名前で出した方が反響が大きいから、丸山らの名前を借りたものだった。坂本義和の回想(『人間と国家』11 07)によれば、坂本が自宅を事務局とし、文書の草稿をつくり、都留重人に英訳を見てもらったら、「こういうものを、君たち自身で書けるようにならなくてはいかんよ」と言われたというし、しかも投書の右引用の一句に丸山は修正意見を述べたが、坂本は自説を通したという。丸山らのアピールを新聞で見た当時の学生は、丸山がチェコ事件で発言しても東大の問題で発言しないのはなぜかと声明知識人の問題を考えたと、四五年後も消えない記憶を私に話してくれた。もっとも丸山は、つとに森恭三との対談(「日本の言論」66 01)で、「知識人などの投書や声明の場合に、よくやりっぱなしじゃないかというような批判がありますけれども、…何も言わず、何もやらないのと、どっちがいいかを考えていくべきなんじゃないか。…やらないよりはやったほうがいい。民主主義の公民というのはそういう心構えをもった人であって、そういう人がひとりでも多くなれば、権力を[17]

ていた。

コントロールする力もそれだけ強くなる」と語り、「進歩的知識人のエリート主義」などという批評に予め反論し

六〇年代後半の丸山は、この章初めで触れた福田恆存のような右からの保守派の冷笑的な批判を受けとめるとともに、それ以上に、左からの急進派の直接行動論の昂揚に直面していた。谷川雁や吉本隆明らの『民主主義の神話』(60 10)以来、民主主義の理念を嘲笑するのでなく尊重しながら、それが実現しない現実を暴露攻撃するラディカルな評論家が増えていた。民主主義を教えられて育ってきた若者が、名ばかりの民主主義に失望し、いわば戦後民主主義の正統に対する異端として現れた彼らの主張に共鳴した。六六年に丸山は、六〇年の元学生との座談で、彼ら三十歳前の元学生の世代は「戦後の余韻」が残っているから安保闘争にもなったが、今後「大きな次元において歴史の動きとかについて何も信じない、さらに個人の生き方についても自分を超えた原理を何も信じない」若者が増えてくると「これは亡国だね」と語った。丸山ら戦前派は「いい時代も知ってる」から「戦中派からみれば甘っちょろいヒューマニズム、自由とか進歩とかへの信仰がどこかにある」のに対して、「戦中派の場合はこれがなくて、しかもケイオスの時代を生きてきたので価値ニヒリズムだけある」が、その戦中派の「戦後版」の若者が今後出てくると予想した。かつて三〇年代に理性主義を批判し嘲笑した「生の哲学」が再流行し、自由とか民主主義とか平等とかは虚妄だとする「能動的ニヒリズム」が強まるのを警戒していた(「丸山先生を囲んで」66 10)。[18]

東大紛争で丸山は、内なるものの爆発としての主体性の主張を見たらしい。六八年九月一四日の慶応三田での講義速記「福沢諭吉」によれば、思想家には二つのタイプ、自分の生活や嗜好を思想に直接流出するタイプと、自分の生活や好みを抑制して状況認識や態度決定をするタイプとがあり、前者では主体性とは「純粋に自己の内なるものの外部への放出」を意味しており、「日本では非常に不幸なことに、主体的であるということは、しばしば自分の嗜好ないし自分が本来好きであるものを他人が嗜好しなければ、それを外に爆発させるということである」、そ

こでは状況認識がしばしば「既成事実への追随」になるという悪循環が生じ、「内なるものの発露ないし爆発としての主体性と、既成事実の追認的現実主義との両方に亀裂してきたということが、日本の近代思想の不幸ではないか」と論じた。そのような思想家が本当にいたのか知らないが、ともかく状況の客観的認識を軽んじる主観主義が横行していると丸山は感じていた。まだ紛争初期だったのに、「数カ月間にわたる紛争」で「ここで話せないぐらいの肉体労働続き」「ほとんど研究者廃業のごとき状態」とこぼした。

丸山が東大紛争で完成できなくなった原稿に「日本の知識人」がある。六六年秋（66 09 18～66 10 16）に来日したサルトルから『レ・タン・モデルヌ』日本特集号刊行の希望があり、加藤周一が中心となって企画し、丸山が「日本の知識人」を受け持つことになって、六七年初めには加藤周一、石田雄との座談（文庫228、別集3）で構想を練り、二百字三百枚近くまで書き進めたが、「間もなく大学紛争が激しくなり、最終稿の完成は一向に捗らなかった。やがて私は肝炎のため、生涯で二度目の長期療養生活に入り、大学は辞めたけれども仕事の続行は不可能になって、結局「日本特集号」（一九六九年二月号）への寄稿は断念せざるをえなかった」という（「近代日本の知識人」追記82 09）。丸山が寄稿を断念したのはいつなのか、六九年三月からの療養生活や大学辞職に言及したのは余談だろうが、六八年の秋か冬だろう。遺された「日本の知識人」という草稿[19]（文庫269～275）の第六束には、「戦後知識人の諸類型（他称）」として「進歩的知識人」「現実主義的知識人」のほかに「ノンセクト・ラヂカル（原稿なし）」と一枚めにあり、その言葉が流布した六九年一月にも書く気だったのではないかと感じさせる。ともかく丸山は、原稿執筆を念かけながら、知識人とは何か、知性をどう使うかをたえず考えていた。ただ、サルトルのような反体制の革命的知識人よりは抵抗的知識人であろうとした[20]。

民主主義をめぐる丸山の思索は、他者を他在において理解する知性によって、東大紛争中も深められた。丸山は、学生大会での多数決万能や、学生仲間の「異議ナシ」満場一致について春曙帖に疑問を記した[148-]し、六九年三月上旬には「人間観の前提」という頭書で次のように書いた〔138-〕。「一人一人が顔がちがっているように、考え方や意見がちがっているのがあたりまえだという前提から出発するか、それとも、意見が一致するのが当然で、また望ましく、ちがっているのはオカしい、あるいはけしからんという想定から出発するか――それが「多数少数制」(ケルゼン)と「異議ナシ」の満場一致制(そこでは多数決は満場一致の理想に到達しない止む《(ママ)》ない状態にすぎぬ)との基本的前提のちがいであり、人間観のちがいだ。/「自由とは他人とちがった考えをもつ自由だ」(ローザ)というコトバには、脈々とした西欧の伝統が流れている。」(『自己内対話』は「多数決」を「多数派」と誤植)

　民主主義は多数決だ、いや少数の尊重が大切だから多数決でないという対立を越えて、民主主義は多数と少数との共存の原理として多数決だと丸山は考えた。一人一人の相違という人間観の前提から、ケルゼン『デモクラシーの本質と価値』(一九二〇、二九年)を想起し、議論を通じて少数の利益を反映するような政治的対立の妥協調整の原理として多数少数決制に思い至り、「異議ナシ」の満場一致制が実質的には少数に対する多数の独裁になることを批判した。もっともケルゼンが多数少数決原理を擁護したのは、全員一致に対してよりも、階級支配における多数決万能に対してだったが、全員一致の方が丸山には問題だった。ともかく丸山が一人一人の相違と共存という前提から、多数少数決として民主主義を捉え直した根本には、個人の自由のためにこそ民主主義を必要とする自由主義の思想があった。ローザ・ルクセンブルク「ロシア革命のために」(一九一八年)の違う思考をする自由に辿りついたのもそれゆえだった。Freiheit ist immer Freiheit der Andersdenkenden.というドイツ語は春曙帖にないが、その「西欧の伝統」が日本では弱いから、学生たちは集団同調主義で「異議ナシ」と「ナンセンス」しか言わないのか。あるいはむしろ教授たちは全員一致主義から教授会で多数決を避けるのか。Andersdenken の自由や Anderssein と対話する知性に依拠する丸山は、民主主義の逆説を説く知性主義や根本の自由主義ゆえに、未成熟な民主主義が成熟することにほとんど絶望しそうだった。

さて、六九年初めの丸山は、ケルゼンの著作以上に、その論敵シュミットの著作に拠って考えることが多かった。『政治的ロマン主義』(一九一九年)を念頭に置いて、東大紛争に「概念の解体」を見た(69 01 24談)し、『獄中記』の「マンハイムのラジオ講演への応答」をまた想起していた。六九年二月の授業再開に備えたのだろうか、ルーズリーフ・ノート(文庫 467-3)にレーヴィットの「日本の読者に与へる跋」(40 11『思想』)を修正しながら引用し、ギリシャ人は「ヘーゲル的意味で、他在において自分自身の家にあるように自由だった」と書いた。その左頁には、「カール・マンハイム 1945 年ロンドンからの放送(Ex Captivitate Salus, p13)」、「学問的自由の前提条件は、自分のグループとともちがった他のいかなるグループをも、また他のいかなる人間をも、それらの他在において把握しようとする根本的な Neugierde である」と記し、「他在において把握しようとする」に「ナチズムの放射状的な世界像」を対置した。そのように丸山は、なおもシュミットの要約にもとづいてマンハイムの「他者を他在において把握する」知性を受けとめ、英国大学式の民主的討論の提唱としてではなく、ナチの自己中心的な世界像への批判として理解した。そしてレーヴィットの「他在において自分自身である」自由を通じて、ヘーゲルの弁証法的知性に還帰しつつあった。

六九年四月、入院中の丸山は、「他者をその他在において理解する」知性をヘーゲルのそれと特定した。『現代政治の思想と行動』の英語版(63)の増補版(69)に新たに収める「現代における人間と政治」英訳の末尾で、the function of intelligence consists in any age in understanding others — to use Hegel's terminology — as others (in ihrem Anderssein)とした。詳しくは本書第六章で論じるが、知識人が課題とする「知性の機能」として「他者をその他在において理解すること」は、「ヘーゲルの用語」を用いれば、その Anderssein において理解することだと明示した。それがマンハイムの用語でもあることを丸山が疑わなかったことは、右のルーズリーフ・ノートからわかる。しかし社会的利害の対立を自由浮動的に調整し相関する境界的知識人としてマンハイムが説いたのは、他者をその他性 Andersheit において捉える根本的好奇心にもとづく民主的討論だった。おそらくそのことも知らないで[21]、いいかえればヘーゲルの弁証法的知性をマンハイムの境界人的知性へ開いていくことをしないで、丸山はヘーゲル的な自己内対話に沈潜していった。

（1）前者の評論に注目して丸山と福田の論争を論じたものとして、苅部直「政治と偽善」0110『大航海』。

（2）Carl Schmitt, *Ex Captivitate Salus, Erfahrungen der Zeit: 1945-47*, 1950. 丸山文庫所蔵の同書（0182581）S.13 のマンハイムの言葉の引用文の欄外には「学問的自由の前提」と書込まれ（注7塩原論文指摘）、世界内戦の袋小路を避けることがヨーロッパの現状における課題だというシュミットの見解の欄外には「白々し！」と書込まれている。同書の翻訳としては、長尾龍一訳「獄中記」（『危機の政治理論』7304）がある。ただ、「意味が分からないままで訳した部分が多い。今でも依然として多くの箇所の意味が分からない」と訳者がWebで公言しているのは怖い。http://ouranos2.web.fc2.com/MonologueJune2012.html

（3）春曙帖には、Ex Captivitate Salus からの長い和訳［11-13-］があり、その欄上に、「ドイツの全体主義と精神の内面的自由。↓権力の光栄と悲惨」と書いてある。後半は「精神の光栄と悲惨」の書き間違いだろうが、『自己内対話』では二つの和訳それぞれへの頭書のように離れているのは疑問。

（4）春曙帖のこの筆記を六四、五年ころの筆記と推定するのは、この自己内対話論［178-］と、マンハイム知的好奇心論［179］との間に、創価学会評価をめぐる知識人の大衆観への批判があり、公明党結成の六四年か、竹山道雄「創価学会はファッショか」（6508『自由』）発表の六五年かの筆記だろうから。なお、同じく間にあるテオリア論［179-］は、次の頁に一行割込んでいるが、マンハイム知的好奇心論［179］とは全く切れているのに、『自己内対話』には区切りの○がない。

（5）レーヴィットは、ヘーゲルの教育論、哲学史講義、歴史哲学講義を注記している（今日利用できる翻訳では、それぞれ上妻精訳8801三三頁、長谷川宏訳9201一四〇頁、長谷川宏訳下9408一一二頁）。レーヴィット論文の柴田治三郎訳では、ヘーゲル全集（ベルリン版）一三巻一七二頁という原注が一三巻一一七頁と記されており、一九四〇年訳の誤記が四八年訳書のみか七四年訳書まで変らなかったのは、私が翻弄されたから書くのだが、訳者がヘーゲル全集(ベルリン版)を見なかったということだろうか。

(6) レーヴィットの批判精神―自己批判精神が丸山の思想と共通することについては佐藤瑠威『丸山真男とカール・レーヴィット』0306、八五、一七六頁。丸山がレーヴィットのシュミット批判(一九三五、六〇年)を「シュミットの根本思想に横たわるニヒルな決断主義とオポチュニズムとの結合を見事に解明している」と評価した(読書アンケート8601)ことも想起される。

(7) 丸山が自分の環境から距離をとった冷徹な認識を強調するのも、マンハイム『イデオロギーとユートピア』英語版(のみ)の第五章「知識社会学」の距離化 detached perspective(ドイツ語原文では Distanzierung)から学んでいる。それについては、塩原光「丸山眞男の知性論――存在拘束性と detachment」1905『政治思想研究』。

(8) 丸山の著作が読者を捉えたのは、自分とは関係ない他人事としての社会科学の認識ではなく、客観的な認識なのに自分自身に帰ってくるような認識、身につまされる理解を提示したからだろう。たとえば「超国家主義の論理と心理」は、国体の呪縛から完全には解放されていなかった丸山自身の必死の自己説得を含んでいたが、読者はそれを感じて衝撃と昂奮を受けたのだろう。

(9)『丸山眞男集 別集』2「全学連幹部構内隠匿事件に関する法学生大会での発言」591210。その日に「法学生大会」があったか、そこでの発言かは疑問。

(10) 竹内洋治は、一九四二年生まれ、六一年東大入学、六六年に修士課程に入ったが、六七年六月ころ、修士論文のテーマで丸山と衝突したらしい。二歳下の同郷の吉田武昭の記憶によれば、竹内がカール・シュミット研究を申し出たのを丸山は肯ぜず、「こうしたナチスにも利用された危機政治学に取り組むより前に、本格的に格闘すべき対象・前期段階があり、例えばディルタイやジンメルを十分に検討・追求するべきではないか」と勧奨し、竹内は「現在の自分には十全な関心をもって研究対象とすることは出来ない」と反論し、大学に行かなくなったという。未成熟な者にはふさわしくない研究課題だったのだろうか。丸山を囲む学者の研究会で丸山が発言すると満座森閑としてひたすら拝聴する権威主義の空気への違和感も竹内にはあったという。七一年初めに丸山から電話があって竹内は退学し、藤田省三に師事し吉本隆明を訪ね、七七年から郷里豊田市で学習塾を開いて思索をつづけたが、二〇〇三年に食道癌で永眠した。「ヘーゲル研究所」という看板を家にかけたという思索の人だった（竹内洋治遺稿追悼文集刊行会編『なくてぞ人は』0308、一二四、一三六、一六一、一七六頁）。

(11) 六三年のノートとされているが、丸山の帰国年月やヤングの第二候補だったジョル招聘予定からして六四年のノートだろう。館内閲覧限定ゆえ未見だが、文庫73、文庫148もある。

(12) ジャニン・ジャン（張嘉寧）「『万国公法』成立事情と翻訳問題」『日本近代思想大系』15（9109）。清水靖久「民主主義の思想史の首頁、『万国公法』」1507『地球社会統合科学』。

(13) 丸山没後の回想で鶴見は、丸山が「東大教授としての権威に寄りかかることをよしとしなかった。しかし、あるとき、よい意味でのボスになるほかない、とも言った」と解説している（『自由について』0507、一二六〇頁）。もっとも丸山は、政権との距離の点では一貫していて、佐藤栄作首相の秘書官の楠田実が丸山に傾倒して、佐藤と会ってもらえないかと言ってきたとき、「会うなら会ってもいい。しかし、会う場合には、佐藤のほうから自分を訪ねて来る。そうしたら、会う」と丸山が答えたので佐藤は来なかった、KやSとは違っていたという。三谷太一郎「丸山先生についての断片的な回想」手帖69。ちなみに京極純一は、佐藤首相秘書官の日記（『楠田實日記』0109）に十数回（690214〜720523）名前が記され、大学問題の勉強会（690830-31）では「具体的な新構想大学案」を出したという。

(14) べ平連発足の清水谷公園デモ集会（650424）に丸山も参加したと久野収は回想した（『市民として哲学者として』9509、二六六頁）が、当時の鶴見俊輔ノート（立教大学共生社会研究センター所蔵）に丸山の名前がないから間違いだろう。

(15) 「えらいこっちゃ、丸山が街頭に立つという意義をおまえは認識せんとな」と久野収が歯がみしたという小中陽太郎の回想（「高畠通敏氏を悼む」読売新聞040721夕）は、かなり不正確だが、丸山が知的世界で特別な人になっていたことを感じさせる。

(16) 脱走兵を援助するのは日米安保条約にもとづく刑事特別法によって違法ではなかったが、脱走兵が米軍のスパイである危険もあった。実際に高畠通敏は、スパイ米兵ジョンソンが六八年十一月五日に弟子屈で消える前に彼を預かったが、偵察された被害など一言も文句を言わなかったという。吉岡忍「市民の実像を求めて」101127講演、Web。

(17) 森恭三は朝日新聞論説主幹。『新聞研究』が丸山と森とのこの対談を再録した（6803）とき、「丸山氏は周知のように、著名な政治学者、現代日本の最高の知性人のひとり」と紹介した。『丸山眞男座談』5後記。

(18)　保守派の右に反動派があり、小田切秀雄編『対決の思想』(68 06)として刊行された討論会(67 04 29)で丸山が言及している。若い社会科学者の最近の風潮として「社会科学者までが自分の政治的立場を曖昧にし、「民主的」とか「反動的」とかいう用語を野暮くさいものとして敬遠しはじめた。これこそ精神的頽廃じゃないか」と苦言したうえで、三島由紀夫と林房雄との対談(『対話・日本人論』)は読んでいない、反動の思想は今のところ大したものではない、「黙殺するのはよくないというのだったら、私は「黙殺する」ということを公言するだけのことです。つまり事実上黙殺するだけじゃなくて、軽蔑をもって黙殺すると公言します」と断言した。ところが『対話・日本人論』(66 10)の抜書き(文庫174-4。四一、四三、五八頁の抜書き)が残されており、その公言後か前かはともかく、「大衆社会における孤立」の問題などを受けとめたように見える。そのあと三島が「GHQの理念」を真に受けた「皮相な近代主義者」を嘲って、「丸山さんなどでも、ファシズムという概念規定を疑わないのは不思議ですね。ファシズムというのは、ぜんぜん日本にありはしませんよ」(七四頁)などと放言するのを丸山は無視しただろう。「対決の思想」討論会で「新しいファシズムの危険」が語られたのに対しては、「どう考えても現在の体制がファシズム体制であるとは思えません」と水を差したが、三島らの動き(のち楯の会結成68 10)をファシズム運動の萌芽と見ていなかったかは不明。

(19)　その草稿を用いた講演「近代日本の知識人」(77 10、77 06 10談)で丸山は、近代日本で知識人の間に知的共同体の共通の成員だという意識が三度成立し解体したことを知識社会学的考察に限定して論じたが、知識人の思想内容については「よそ」普遍主義と「うち」土着主義との悪循環などの問題の指摘だけにとどめた。六〇年代の「現実主義的知識人の登場」などに触れた部分もカットしたと「近代日本の知識人」の追記(82 09)にある。それで丸山が悔恨共同体と名づけた「知的共同体の解体」をもっぱら惜しんでいる印象が生じた。

(20)　春曙帖[94-]には、一九七〇年代の奔放な筆跡で次のように記されている。「知識層の役割。〔欄外に次の三語〕dissenter contester opponent／社会の異議申立て人であること──→(イ)社会の普遍的問題についてであって、個別的利益をそのまま反映した異議ではない。(ロ)サルトルの定義には、革命的知識人と抵抗的知識人との区別がない。知識人の一般的かつ、第一義的課題は後者にある」。サルトルが普遍的知識の探究者としての知識人に体制批判者の役割を求めたのに対して、丸山は、その擬似普遍主義批判に共鳴しながらも、抵抗的知識人であろうとした。

(21)　藤田省三も、「マンハイムのエピソード」(71 06『みすず』)で、「他者を自分とは異った存在すなわち他在として」内側から理解しようとする好奇心こそが学問的自由の根本的前提だが、日本では「他在たる他者」とではなく自分の「同質者」と対話する「自己愛」に陥りかねないと論じ、「心すべきことにこそ」と徒然草を引いたのは至言だが、そのマンハイムの言葉がシュミット由来だとすら示さなかったのは、丸山由来だから間違いないと軽信し、疑いもしなかったからではないか。

東大紛争の前年、一九六七年の東大法学部の次期学部長選挙と辞退騒ぎは丸山にとって「運命的な出来事」だったという（回顧談）。二月二三日の学部長選挙で丸山が当選したが、吉利和医師の診断書を得て健康上の理由で辞退し、三月二日の再選挙で辻清明が選ばれた。(1) 田中二郎ら法学部の正統派または伝統派から丸山らが孤立していた関係が六〇年代に変ったから生じた選挙結果だったが、丸山は、当選辞退と辻選出によって「負い目」が生じたという。そのとき予想もしなかった翌年の東大紛争において、「この学部長辞退が同僚の辻教授に多大の迷惑と負担をかけることになったので、著者はいわゆる大河内＝辻体制とその処置にたいする公然たる批判をする道義的資格が自らにはない」と判断したという（飯田泰三「解題」9606『丸山眞男集』10に記された丸山の後年の私的談話）。七一年三月の辞職直後にも「東大紛争のことは、これこそ話せばきりのないことですが、これまた多年の友人を傷つけたくない個人的感情と、また、ある事情から生じた小生の道義的な自縛のために、意のように動けず」（家永三郎宛710403）と回顧して、「多年の友人」辻学部長への遠慮を理由とした。「負い目」ゆえに「言うべきことも言えなかった」というが、大河内総長と辻法学部長が辞任した六八年十一月一日以降も言えなかったのかどうか。ともかく「学部長を受けていた方がよかったということもあった」と晩年まで後悔するような出来事だった（回顧談）。

東大紛争は、六七年十二月の文学部学生処分、六八年三月の医学部学生処分に端を発したが、紛争が全学に拡大したのは、六月一五日に医学部学生らが安田講堂を占拠し、一七日に大河内総長が機動隊を導入してからだった。

丸山は、六月一六日に一九五〇年前後の平和問題談話会をめぐる回顧的討論（数回の予定が一回のみ、『世界』85 07臨増）に出席し、一七日にはアイオワ州立大学ロス・タルボット宛書簡で六九年五月に同大学に滞在する意向を記した（丸山宛68 07 08タルボット書簡）。一八日は何かの研究会で、米欧の学生運動についての高橋徹と山下肇の報告を聞いている（文庫 884-5-13-1f）。丸山は、六八年度の文部省在外研究員（短期）派遣が六月六日に決定しており、六九年三月末日までに出発する計画だったが、それを断念したと書き送ったのは六九年二月中旬だった（タルボット書簡69 01 22、69 02 25）。四月中旬のニューヨークでの日本研究会議に招待するスタンフォード大学マカローの書簡（69 02 19）、アイオワのあとワシントン大学に来てほしいというヘルマンの書簡（69 02 12）も丸山文庫に残されている。東大紛争が長引かなければ、丸山は米国に行っていた。実際には六九年三月、学生たちから授業再開を追及され妨害されて丸山は病気入院し、渡米計画と授業が中断しただけでなく、丸山にとっての東大紛争も中断した。

東大紛争について丸山は、「今もわからないことが多い」と七一年三月、定年まで三年残して退職する直前に語った（日本経済新聞71 03 24。締めは「学問以外能のない男ですからね」）し、そのことを晩年も繰返した（回顧談）。一六五七年の明暦大火の原因伝説を念頭に置いて「まるで振り袖火事だ」と六九年二月に語ったことも振返った（回顧談）。丸山には動機が理解できず、因果的に説明できないことが続いたのだろうが、不可解なことを理解するのを丸山自身が拒絶していた節もある。東大紛争で丸山に何があったかは、一九七〇年代半ばの東大法学部では聞くに聞けなかったし、時に聞いても答えはなかった。丸山没後、紛争当時の手記「春曙帖」などが『自己内対話』（98 02）として公表され、晩年の回想（88 04 25〜91 05 21談、94 11 23談）が『丸山眞男回顧談』（上06 08、下06 10、定本16 07 f）として刊行されたが、丸山が何を考えていたか、今もわからないことが多い。丸山がほとんど「発言」しなかったこ(2)とが大きいが、マス・コミを通じる「言動」がなかっただけで、「沈黙」したわけではない、学生とは議論し討論していたと説明したこともある（家永三郎宛69 08 29、熊野勝之宛71 05 03）。

紛争は、丸山が嫌いなことではなかった。紛争と解決(C―S)を手がかりに政治的状況を解明しようとした『政治の世界』(52 03)以来、紛争は丸山の学問的研究対象でもあった。六九年一月二四日の大学問題シンポジウムの報告でも、丸山は、「社会的紛争解決の過程における反対」の必要を論じ、多数党が多数決で勝つだけでは意味がなく、反対党と討論することで問題が掘り下げられるとして、「社会的紛争は価値的には neutral であって、好むと好まざるとに関らず存在するものである。こう考えないと反対党の制度化という考えは出て来ない」と語った。それに対して「紛争はけしからんものとする考え」があり、「法秩序完全性」という昔あった立場からすると、紛争は「秩序が一時的に攪乱された状態」「価値的にまとまっていない過程」であり、「社会的紛争はあるべからざるもの」だが、丸山はその考えはとらなかった。社会科学者として当然のその立場が、足元の東大で紛争が泥沼になったときに保たれただろうか。ともかく「紛争はけしからんもの」と丸山が考えなかったことにならいたい。東大紛争はとんでもないことだったとか、東大紛争の犠牲者が丸山だとかの先入見がずっと強かったが、それから離れて、丸山の思索を検討する。丸山がマスコミで発言しても理解されないと思い込んだ理由の一つとして、「ナチもしなかった」発言についてこの章で考える。

一　東大紛争と丸山真男

東大紛争は、たたかった学生にとっては東大闘争であり、一九六八年六月一五日までの前史があるが、それからの時期は、闘争学生から見れば、三つに分けられる。

(1)　闘争の昂揚期：六月二〇日、憤激した学生の全学集会。二八日、安田講堂で大河内総長会見、中断。七月二日、学生が安田講堂再封鎖。五日、東大闘争全学共闘会議結成。一五日、共闘会議の七項目要求決定。八月一〇日、大河内総長「告示」。十月一二日、法学部学生のスト決議により全十学部で無期限スト。十一月一日、大河内総長辞任、医学部学生処分は取消し。

(2)　抗争と混乱の時期：十一月四日、加藤総長代行就任。四日〜、林文学部長八日間団交（軟禁）。一二日、全学バリケード封鎖をめざす共闘会議が民青（日本民主青年同盟：日本共産党系）と衝突。一六日〜、加藤代行が共闘、民青と別々に予備折衝。二二日、東大日大闘争勝利全国学生総決起集会。十二月二日、加藤代行「学生諸君への提案」。二三日、法学部研究室の建物を共闘が封鎖。六九年一月一〇日、民青＋無党派の七学部代表団学生が加藤代行と集会、確認書作成。一八日、機動隊導入、封鎖学生と激突、法研など封鎖解除、一九日、安田講堂封鎖解除。二〇日入試中止最終決定。

(3)　闘争の後退期：二月一一日、七学部代表団学生と加藤代行が最終確認書で一致。一四日、法学部で授業再開、粉砕闘争が続く。三月二四日、教養学部で授業再開、当初実態なし。五月一九日、加藤総長の全学討論集会の企画不成功。八月三日、国会で大学運営臨時措置法成立。十月一三日、文学部で授業再開、粉砕闘争が続く、新学期の十二月一五日にスト解除。

東大闘争全学共闘会議が七月一五日に決定した七項目要求は、医学部と文学部の学生処分の白紙撤回を中心として、機動隊導入自己批判や大衆団交での確認や責任者の辞職などを求めていた。このうち医学部処分は、六八年二月に上田病院長を取囲んだ医学部学生が春見医局長から暴行され、翌朝まで謝罪を要求した事件について、三月の評議会で学生一二人（と研修医五人）が処分されたが、そのなかに当日不在だった学生粒良邦彦が含まれていたので、事実誤認による不当処分として強い抗議が生じた。もう一つの文学部処分は、六七年十月の文学部協議会の閉会後、学生仲野雅《ただし》が築島裕《ひろし》助教授と揉みあいになり、ネクタイをつかんで暴言を吐いたとして無期停学処分を受けたことを指す[3]。「一学生が退席する一教官のネクタイをつかみ、罵詈雑言をあびせるという非礼な行為」（「文学部の学生処分について」68 10 28、東京大学弘報委員会「資料」）という事実がそれ以上解明されず、教官が先手だったのではな

写真6：法学部学生大会で無期限スト決議。読売新聞1968年10月12日夕刊。法闘委要求の七項目が六項目になったことがわかる。読売新聞社提供。

いか、初対面の教官に対しても「非礼」か、揉みあった二人のうち学生だけが処分されるのはなぜかなど、いくつもの疑問がくすぶりつづけたが、処分当時としては適法で正当な処分だったと文学部長は主張しつづけた。

丸山は、文学部処分を重要とみなさなかったのか、晩年の回顧談でも医学部処分を回想しても文学部処分には全く言及しなかった。春曙帖には、大学における処分の由来と限界について長い筆記があるが、「活動家のような「確信犯」の場合も、処分の教育的効果は実際問題としてほとんど期待できないだろう」[155-]と記したのは、党派活動家が一方的暴力を正当化して争っているとでも思い込んでいたのだろうか。法学部学生大会が六八年十月一二日朝まで一六時間半かけて無期限ストライキを決議した(写真6)とき、民青系の緑会委員会の四項目要求と法学部闘争委員会(法闘委)の七項目要求とが対立し、民青が反対しない妥協案として、文学部不当処分白紙撤回を除いた六項目要求としたこと(毎日新聞夕刊)も、丸山が文学部処分問題を重視しなかった一因だろう。六九年二月二一日の授業再開初回で、「処分は暴力ではない」と丸山が学生に答えた（加藤一郎宛690225）のも、「処分暴力」を言う者に反論したのだろうが、処分された行為の事実をちゃんと検討したようには見えない。その点では、林健太郎文学部長が八日間「団交」で「処分の権利は教官側にある」と言い放った（『砦の上にわれらの世界を』6904、二九二頁）のと大きな違いがあっただろうか。

東大紛争で不思議なのは、六八年十一月一日に医学部処分が取消されたのち、文学部処分が最大の争点となったのに、十分に議論されなかったことともに、十一月四日に加藤一郎が総長代行に就任するとき、「責任をまかす」ことを求めたことがある。加藤は、紛争解決のための権限集中、特別補佐選任、機密保持の三条件を示し、「評議会が紛争解決について総長事務取扱に責任をまかす」「教授会は学部長評議員にその責任をまかす」ことを受諾の条件とした（法学部教授会議事録681105）。一〇日の評議会で総長事務取扱を引き受けるときも「今回の紛争解決について意見が分かれたとき、または急を要するときには、その決定の責任を総長事務取扱に任せること」を第一の条件とした（評議会記事要旨）。「責任をまかす」は、総長代行以外の者が責任を自任して勝手に行動しないようにという意味だろうか。判断や決定をまかすとか、権限を委ねるとかとは異なるし、責任は負うもの、取るものだから、かなり奇妙な表現だった。「委任的独裁政権」と言われた加藤執行部のもとで、総長代行に責任をまかせた教官が責任を負わない「無責任の体系」が成立した。責任をまかせた林文学部長は、加藤総長代行が文学部処分の再検討を学生に提案するのを掣肘し、足を引っ張りつづけた。

東大闘争全学共闘会議が「全共闘」の三文字で呼ばれるのはほぼ十一月からだった[4]。民青による他称として始まったようだが、間もなく日大のように「全共闘」と自称することが増えた（東大闘争資料集[5]）。しかし十二月の大詰めでもまだ「共闘会議」「共闘」と呼ばれることが多かったし、新聞雑誌で東大「全共闘」が普通に用いられるのは、六九年一月中旬からだろう。共闘会議が三派（本書一四七頁）や革マルなど「反代々木」の「セクト」中心だったのが、十一・二二集会以後「ノンセクト」の主導権が強まったことと並行していた。「ノンセクト」の主導権については、十二月二〇日ころ加藤執行部も入説する助手たちから知らされ、一月一〇日ころ最首悟「玉砕する狂人といわれようと――自己を見つめるノンセクト・ラジカルの立場」（69 01 19『朝日ジャーナル』）によって広く知られる。丸山は、六八年十一月ころまでは「三派」、六九年初には「全学共闘」「共闘会議」「反代々木」、ほぼ二月から「全共闘」と彼ら学生を呼んだ。初めは反共産党の党派の学生運動と見ていたが、無党派の学生の活動をおそらく六八年暮に知ってからも、彼らを「全共闘」と呼ぶことは二月までほとんどなかった（後述の六八年暮「全共闘」一例のみ）。本書でも時々の呼称を主に用いることにする。

丸山は、自分の発言が第三者の伝聞によって拡がることを警戒していた。学生や記者との懇談用らしい自筆メモ（文庫 959-28-1）には、「第三者とくにマス・コミ関係に私の考えをつたえることは慎重にしてもらいたい。伝聞では、必ずしも悪意なしの歪曲が必ずおこる（私的な話）。効果や反撥を考慮したら本当それだけフリーな発言はできない」などとある。丸山はローマ貴族を自任しているという記事を載せた『朝日ジャーナル』（68 12 01）が出た六八年十一月下旬ころだろうか。それでも「通念とちがった「見方」を提示することにつとめる。「賛成」を求めない。認識の視角の多様さをもとめる」とある。別の自筆メモ（文庫 959-19-2-4）には、「教師であるより前に人間であること、人間が人間にたいしてしてよいことと悪いこと」とある。丸山の発言を伝聞して疑問を感じたら、丸山に直接事実を確かめればならないとしたら、丸山自身応じきれなかったに違いないが、とにかく風説を防ぎたかったのだろう。

さて、東大紛争における丸山の発言として当時報じられたものは多くない。六八年十一月八日、軟禁されている林文学部長を解放しろとの教官三百余人のシュプレヒコールに丸山も加わった（毎日新聞翌日）。そのころだろう、丸山は自分自身をローマ貴族、学生をゲルマン民族にたとえた[6]（中島誠「丸山真男――宙づりの思想家」現代の偶像12、

68 12 01『朝日ジャーナル』)。十二月二三日の法研封鎖に対する「軍国主義者もしなかった。ナチもしなかった。そんな暴挙だ」(毎日新聞翌日)。六九年一月一八日に封鎖解除された法研の破壊について「これを文化の破壊といわずして、何を文化の破壊というのだろうか」(毎日新聞翌日)。あと、声明「学生諸君に訴える」(68 11 08。弘報委員会「資料」68 11 12によれば、法学部の田中・福田・星野三教授が作成したもの)が林文学部長軟禁に抗議して、いわゆる「大衆団交」を「基本的人権の重大な侵害」「人を監禁状態において会見を強要すること自体が、許すべからざる暴挙」「理性の府としての大学にあるまじき行為」「人権の蹂躙」「大学を日本国憲法の及ばない無法地帯とする暴挙」と非難したのに賛同署名した五〇数人の一人が丸山だった。「要望書」(69 02 04)(本書二一六頁)に丸山が署名したのも、発表を前提とした行為だが、どれだけ丸山自身の発言と言えるだろうか。

東大紛争中の丸山の発言は、紛争後に発表された文献や、加藤執行部の回想会議の記録や補佐の記録など未刊行の資料(7)からも知ることができる。やはり伝聞の域を出ないものが多いが、六八年十一月八日、学部長会議が開かれていた物性研に堀米庸三と丸山が来て、林文学部長軟禁事件について強硬な申入れがあり、「警察を入れてでも出せという強い話」だったという(加藤一郎発言、回想会議記録Ⅲ、二〇頁)。同じ林軟禁事件について、同日のシュプレヒコール後、学生たちとの議論の輪ができて、「こんなことはマス・ヒステリーですよ」と丸山はやや興奮気味に話していたという(杉山光信「丸山先生からの「テスト」」96 12、丸山集16月報)。また、医学部教授会などの〈黙殺暴力〉〈処分暴力〉、われわれの〈無関心暴力〉が学生を「不法な暴力の行使」にいたらしめたが、学生は暴力以外の手段を選べなかったか反省してほしいと論じた折原浩「東京大学の死と再生を求めて」(68 08 21、私製パンフレット)を念頭に置いて、「「黙殺暴力」と裸の物理力行使と同列に置くことが、暴力の概念の無制限な拡張であり、概念のレヴェル分けは厳密にしなければならない」とゼミ学生に話したらしい(『悠悠放浪　杉井健二追想録』00 10、一四三頁)。

六七、八年の丸山ゼミに出席した法闘委学生、杉井健二（一九四二—八九年）の丸山宛書簡（69 11 03、右追想録所収）には、右の最後の談話のほか、丸山の折々の発言が記されている。六八年六月ころ前年度ゼミ参加者のコンパでの談笑があり、紛争が全学に拡大した七月の段階では、丸山が「後の八・一〇告示に近い線を出して、これ以上学生はダダをこねて無理押しするな」と「説教」したという。杉井が安田講堂の住人となって九月を迎えたのち、丸山ゼミの討論会で三回ほど丸山と論戦したが、「大学警察を独自に持っていればいい」とか、「学生は、市民社会でできないことを大学だから甘ったれてやれるんだ」とか、丸山はしばしば言ったという。十月一二日に法学部が無期限ストに入った直後、「スト支持者は、法の全学部生の何分の一かにすぎないじゃないか」と丸山に言われ、多数決をめぐって論争したという。十二月二三日の法研封鎖では、「あのとき、僕をつかまえて、説教することにより、全共闘に対する論戦を挑まれるつもりであった」とあとで直接丸山から聞いたという。それから年明け前、少人数の討論会に出たが、丸山からは何の論理展開もなかったという。六九年一月一五日正門前の労学総決起集会の雑踏のなかで出会ったとき、丸山は「法研内部の研究資料だけは大事にせよ」と言ったという。丸山の前で直立不動になった杉井（『自己内対話』で伏字）の「古風な礼儀」を丸山も春曙帖［132］に書きとめている。杉井は、二月の授業再開阻止闘争では丸山の教室にだけは行かず、五月ころ丸山がゼミの連中を集めてコンパをやりたがっているとか聞いたという。

どれも正確とはいいにくい丸山発言のうち、丸山のイメージを大きく変えた「ナチもしなかった」発言についてこれから考察する。六八年十二月二三日、共闘会議学生が法学部研究室の建物を封鎖するとき、丸山が立ちはだかって「軍国主義者もしなかった。ナチもしなかった。そんな暴挙だ」と言ったと翌日の毎日新聞が報じた。その発言は、「ナチもしなかった」と丸山が言うだろうかという不可解さを伴って、さまざまに論じられてきた。丸山のファシズム論といえば、「超国家主義の論理と心理」（46 05）でドイツと比べて日本の権力の「矮小化」と「小心翼々」を論じ、「軍国支配者の精神形態」(49 05)で「日本ファシズムの矮小性」を指摘して、ナチの主体的決断ゆえの悪と対照したように、ナチは断然悪であって、それと比べるようなことを丸山が言うはずがないと丸山読者には感じられただろう。込み入ったこの問題をできるだけ多角的に考察したく、二、丸山は何と言ったか、主に当時の報道から事実を探る。三、研究室封鎖はナチもしなかったというのは事実かを確認する。四、東大法学部の研究室封鎖に丸山が強く抗議したのはなぜか、丸山の歴史的経験から考える。五、六、丸山発言はどのように理解され批判されたか、不可解な言葉をめぐる丸山批判の連鎖を辿る。

二　「ナチもしなかった」と言ったか

共闘会議は十一月一一日に全学封鎖の方針を決めて翌日から実行したが、法研封鎖を計画したのは加藤執行部の本部だからだった。十二月一六日午前に助手共闘の最首悟が法研で加藤、坂本と話した午後、民青の学生尾花清が松田交渉委員長とたまたま法研ロビーで相談しているのが共闘学生に見えたのが法研封鎖の原因となったという。二一日(土)には封鎖計画が加藤執行部に伝わり、「本部のある法研封鎖ということは最後的挑戦だが、……」と福武直がメモ、二三日に農学部長室に本部は移された(補佐の記録)。そのあと、共闘会議学生が法学部研究室を封鎖した。なお法学部研究室(法研)は、個々の教官研究室のことではなく、一九二七年竣工の法学部三号館の建物を指していた(本書二三五頁図2)。法学部研究棟とか言えば誤解を招かないのに、戦前からの呼称ゆえに、研究室封鎖の意味が伝わりにくかった。

法研封鎖については、法学部教官と封鎖学生との間で打合せがあったらしい。東京大学弘報委員会「資料」(69 01 08)によれば、「一二月二三日(月)午後三時半頃折から全学総決起集会を終えた全学共闘会議系の学生約三〇〇名がヘルメット・角材・鉄パイプなどで武装し、法学部研究室正面玄関に押し寄せ、そのうち法学部闘争委員会系の学生を中心とする数十名の学生が教官・有志学生らの抵抗を排除して研究室内に乱入し、封鎖を宣告するとともに研究室員全員の退去を要求した。／研究室主任及び副主任はこれに抗議したが、かねての打ち合わせに従って敢えて実力でこれを阻止することは避け、封鎖学生の代表者に対し、書庫への立入りは絶対にしないこと、また個室への立入りも絶対にしないことを要求し、これを確約させた。封鎖は約一時間で完了した」。毎日新聞の内藤国夫（『ドキュメント東大紛争』69 04、一八〇頁）によれば、院生助手中心の法共闘が研究資料や図書私物に手をつけないことを教授たちに密かに約束しており、「あとあとの〝法研徹底破壊〟はこの時には予想されもしなかったのである」。ということは丸山が、のちの彼の言葉でいえば「個人プレイ」して、形だけの抗議以上に出たことになる。

十二月二三日の法研封鎖は、翌日の各紙で報じられた。毎日新聞によれば、午後二時ころから共闘会議派は安田講堂前で総決起集会を開き、約四百人が集まったが、午後三時すぎ、ヘルメットに角材を持った学生を先頭に正門わきの法学部研究室へ押しかけた。建物の正面玄関には、スト解除派の法学部学生懇談会の学生約二〇人と、何人かの教官が立ちはだかったが、学生デモ隊約五十人が建物内に入った（次頁写真7）。「つぎつぎ出入口から引きずり出される教授たち。丸山真男教授はゴボウ抜きされたあと腕ぐみをしたまま二度、三度ヘルメット学生の中に飛込み、玄関にかけ寄ろうとした。それを引戻す学生。／「君たちを憎んだりしない。軽べつするだけだ」と言いきる丸山教授。「あんたのような教授を追出すために封鎖したんだ」とやり返すヘルメット学生。「軍国主義者もしなかった。ナチもしなかった。そんな暴挙だ」と言う丸山教授たちを他の教官がかかえるようにして学生たちの群れから引離した。」

丸山に言及したのは、毎日新聞のほかは、サンケイ新聞だけだった。「居合わせた法学部の丸山真男教授は「恥を知れ。君らはファシストと同じだ」と、小柄なからだをぶつけるようにして抗議したが、たちまち鉄パイプをかまえた学生に押し返されてしまった」。共同通信系の北海道新聞は、研究室入口で教授数人と大学院生など約三十

写真7：法学部研究室封鎖。毎日新聞 1968 年 12 月 24 日。記事のレイアウトを変えた。毎日新聞社提供。

人を押しのけた封鎖の主力を法学部闘争委員会の学生約三十人とし、「もはや決断を下すときがきた」という団藤重光教授らのつぶやきを拾い、「ファシスト以上の暴挙」の見出しで教授会抗議声明の一部を紹介した。朝日新聞大阪本社版の記事は詳しく、封鎖反対の「一般学生」との緊張にも触れ、封鎖学生が「日本資本主義体制百年のにない手である官僚を生みだした東大の〝伝統〟と〝栄光〟を否定するためだ」と言ったというが、教授の名前は出さず、教授会の抗議声明を長く紹介した。ところが朝日新聞の東京本社版では、農家の跡継ぎ確保に関する埋め草的記事のために法研封鎖の記事は隅にやられ、後半が大幅に削られ、大阪版にあった写真も外された。読売新聞も写真つきで詳しく、「辻清明前学部長ら教授陣約二十人」と学生約三十人が立ちふさがったが、「あっさり」押しわけられたと報じた。紙面掲載の二写真(8、9)からは、法研に突入する学生の緊迫感と、封鎖後の学生の平静さが対照的に見えるし、駒場から来た一、二年生のクラス旗やヘルメットが目立つ。[8]「全共闘」の旗もかなり新しい。

法研封鎖に対する法学部教授会の「抗議声明」は、各紙

写真8、9：(上)15時すぎ法研の建物に突入する学生たち。北海道新聞1968年12月24日。共同通信社提供。(下)16時ころ封鎖後の法研前集会。朝日新聞大阪本社版1968年12月24日。朝日新聞社提供。

とも一部を要約紹介しているが、丸山が言いたかったことに近いものだろう。起草した助教授の佐々木毅の回想によれば、「暮れに法学部の研究室が封鎖された。教授会で学部長に「抗議声明をつくってください」と言われた。一番若造の僕が原案を書き、丸山先生たちが直してくれたものを掲示した」という（「人生の贈りもの」2、朝日新聞09 08 11夕）。別の回想では、「何とか書き上げたのを、原形をとどめないほど直され、抗議声明ができ上がった記憶があります」（佐々木毅「時代の証言者」14、読売新聞18 10 02）。法学部教授会が二三日に開かれたとは議事録にないから、予定原稿だったのかもしれないが、次のようにタイプされた文字が藁半紙に謄写刷りされていた（丸山文庫959-2-1-1、現在は検出しない。二〇一一年一月に閲覧筆写した）。「大学の本質」を「研究の自由」「思想的寛容と学問の自由」に求め、「肉体的暴力の行使」による研究室封鎖を「手段の物神崇拝」と批判し、日本の「軍部」も「ファシスト」も「研究室封鎖のごとき暴挙」はしなかった事実を指摘した。

抗議声明／全学共闘会議の諸君は、法学部教室の封鎖につづき、遂には法学部研究室をも封鎖した。われわれは諸君のこうした行動に対して強く抗議する。／諸君が自らの行動をいかなる根拠に基づいて弁護しようとも、諸君のとつた手段は絶対に大学の本質と相容れない。政治運動における手段の物神崇拝は、必ずや甚しい内面的頽廃をもたらすであろう。研究の自由を奪い、ヘルメットと角材とによつて「革命」された大学は、思想的寛容と学問の自由を基礎として作られる大学とは程遠く、自らの思想を他人に押しつけるための場にすぎない。われわれの研究と教育が戦時中軍部ファシストの攻撃にさらされた時ですら、研究室封鎖のごとき暴挙は彼らといえども敢てしなかったところである。／われわれは、大学人による肉体的暴力の行使が、大学の本質と相容れないと信ずるが故に、そうした手段によつては諸君に対抗しない。しかしそうなればこそ、われわれは満身の怒りをこめて諸君に抗議し即時封鎖を解くことを要求する。／昭和四三年一二月二三日　法学部教授助教授一同

丸山は「ファシストもやらなかった」と言ったと、その場にいた大学院生の佐々木武が丸山没後に証言した(「あの日、あの時のこと——記憶のなかの一九六八年十二月二十三日」96 10『みすず』)。全共闘の学生が玄関に突入してきたとき、佐々木のすぐ右側で丸山が学生の集団と向き合って、「ファシストもやらなかったことを、やるのか」と怒りをぶつけたが、「決して罵声ではなかった。学生と対等で議論される時の熱っぽさと「書生」のままの先生の声の調子は変わらなかった」。その夕方近く、法研の一室の窓ガラスに丸山の「発言」が落書きされていたという。「あの時、僕は先生の「発言」を素直に聞いた。何の抵抗もなく聞いた。その意味をすぐ理解できたから。僕にとって、「東大闘争」は各人各様、人それぞれの、敵も味方もない「闘い」であった」と佐々木は結んだ。その意味をすぐ理解できなかった私は、「ファシスト」とはナチのことか、日本ファシストのことか、(本書第三章注21をもとに)佐々木武に確かめた。丸山発言を素直に聞いた佐々木は、ナチのことなど思いもしなかったという。佐々木が「あの日、あの時のこと」を書いたのは、「ナチスも、日本の軍国主義もこんなひどいことはしなかった」と丸山が言ったとする朝日新聞の追悼評論「戦後日本と丸山真男」(96 09 03〜05)の一回を読んで、ただ記憶のなかの事実を伝えたかっただけだという。

丸山は「ナチもしなかった」とは言わなかったのか、わからなくなった私は、毎日新聞記者を探した。あの記事を書いたのは故内藤国夫だと考えられてきたが、元記者の原田三朗に問合せたら、当時東大担当だった松尾康二が書いたとわかり、二〇〇八年十二月、松尾の話を聞くことができた。松尾は、共闘学生の隊列に着いて法研の前まで来たとき、一人の教官が学生たちに体当りするのを目にした。松尾がよく知っている丸山だったが、骸骨のような細い体でぶつかっていくのを見て、耳にした言葉を記憶し、山上会議所の電話で本社に送稿したという。あの発言がさまざまに批判されたのは本意でなく、ただ聞いたままを記事にしたという。あんな恥ずかしいことをなぜ書いたのかと同僚の内藤から苦情を言われたことがあるが、事実を書いただけなのに、ふざけるなと思ったという。(9) そうであれば、佐々木が聞いたのは事実だろうが、松尾が聞いたことも否定できない。佐々木が法研の玄関前から一旦法研内に戻った間に、丸山が言ったことを松尾は聞いたとすれば矛盾しない。(10)

三　ナチもしなかったのは事実か

丸山が共闘学生の法研封鎖に対して「ナチもしなかった」と言うだろうか、言うはずがないと感じられるのは、「ナチもしなかった」というのは事実か、疑問だからでもあろう。これについては不正確なことがよく言われるが、ナチは研究室封鎖はしなかった(熊野直樹の教示)。ヒトラーは、一九三三年三月二三日の授権法から半月後の四月七日には官吏再建法を制定し、ユダヤ人の官吏をかつて前線で戦った人以外すべて免職とした。五月一〇日にドイツ学生協会が「非ドイツ的」書物を儀式的に焚書したが、それまでにユダヤ人教授は大学から追放されていたので、学生が研究室を封鎖することはなかった。丸山は晩年にも、日本と「非常に違うところ」として、「ナチは学生組織が大きかった。教授の追放でも、学生の突き上げで行われたという場合が多い」と語っている(回顧談)。ナチは大学でも強制的同質化を進め、学生が追放を求めたユダヤ人教授や反ナチ教授が早く追放されたので、研究室を封鎖する必要もなかったということだろう。それゆえ「ナチもしなかった」は歴史的事実の指摘としては間違っていなかった。

ナチは研究室封鎖よりもひどいことをしたので、ナチを引合いに出すのはおかしいといえばおかしい。それならナチがしたようなひどいことをしてやると学生から言われかねなかったし、毎日新聞記事にはそれに近い学生の罵詈が見える。しかし丸山は、ナチに対する極悪の評価を口にしたのではなく、ただ歴史的事実を言ったのだろう。「ファシスト」は多義的であり、イタリア、日本のファシストを指すこともあれば、ドイツのナチスを指すこともあったが、七〇年代に見直しが企てられる前であり、悪の代名詞に違いなかった。[11]「ナチ」なら極悪の代名詞だった。しかし彼らも研究室封鎖をしなかった事実を指摘するなら、「ファシストもやらなかった」（佐々木武回顧）と言っても、「軍国主義者もしなかった、ナチもしなかった」（毎日新聞）と言っても、ほとんど違いはなかった。「ファシストと同じだ」（サンケイ新聞）と言ったともいうが、「ファシスト以上の暴挙」（北海道新聞）という教授会抗議声明の要約と似ており、そのような価値判断の言葉を丸山が言ったとは考えにくい。研究室を封鎖してはいけないという思いを表現するために、「ファシストもやらなかった」と言った。「ナチもしなかった」とも言った。丸山は、それを口にするほど感情が激したのだろうが、事実認識として間違ったことを口走ったわけではなかった。

しかも丸山は、ナチの暴力的な行動だけでなく、その自己中心的な思想を問題としていた。三派全学連と追随者の「自己の情念の燃焼にのみ生きがいを見出す精神態度」は「奥深い時代精神の鉱脈においてナチズムに通じている」〔春曙帖 170-〕というかねての観察は、研究室を封鎖する共闘会議の学生にこそ当てはまると思えただろう。丸山は、ヒトラーが政権を掌握した一九三三年、高校三年生のドイツ語の授業で老学者が反ナチ演説をし、次の時間に若いドイツ人がナチをもち上げたが、「ほとんど本能的なまでのナチぎらいになったのは、大学入学以後のことだった」という〔春曙帖 129〕。「自由主義の敵に対して、自由を与えるのか」という自由主義のディレンマについて、「トレランス（寛容）を原則的に認めないものに対しては、トレラントであってはいけないんです。ぼくはそう思ってます。それはぼくのナチの経験です」と後年語ってもいる（85 06 02談、『自由について』 05 07、一五一頁）。そのような「ナチの経験」からしても、丸山が許せない研究室封鎖に対して「ナチもしなかった」と言って不思議はなかった。

四　東大法学部研究室

東大法学部研究室の封鎖に丸山が強く抗議した理由は、戦前戦中の歴史的経験に遡って考えなければならない。

丸山は、法研封鎖のあとだろう、「「東大」と私――一つの回顧――」と題して、最後に(一九六八年暮)と付記した春曙帖六頁分の手記[122-ff]を残した。「私は「東大」でどのような特権を享受し、どのような「権威」を東大教授の名において行使して来たかを、できるだけ「公正」をつとめながらふりかえって見よう」と書き出されたこの手記は、東大紛争が「私につきつけ」た反省から出発しており、その公正さを「周囲の人々の判断」に委ねるつもりで起稿された。丸山は、一九三三年に唯物論研究会の講演会に出ただけで逮捕されてから「私個人にたいする特高・憲兵の監視」をたえず感じていたこと、東京帝大法学部が原理日本社のような極右から攻撃され、撲滅国民大会を開かれたこと、丸山も四一年暮に九段の憲兵隊から召喚されて教授会での教授の発言について訊問されたことなどを振返った。六九年五月ころの続編「東大法学部への私のイメージの変遷」の表現によれば、「権力による思想的監視の目」[128]をたえず強く意識させられていた。

そのような監視と処罰の重圧のなかで一九三七年に助手になった丸山は、東大法学部研究室で自由の空気を呼吸し、「国内亡命」を遂げた。「「東大法学部研究室」はまぎれもなく私にとって「国内亡命」の場であり、日本国内に当時、これにまさる亡命の場はなかった。私はまさに東大の特権によって庇護されて安全を得た。研究室に足を入れた瞬間に私は自由の空気を呼吸した。…東大法学部の研究室は――日本帝国主義のもっとも正統的な高等教育機関といわれた東大法学部の研究室(!)は、今から考えても、別世界のようにリベラルであったし、私はこの僅かに残されたリベラルな空気を酸素吸入器をあてられたようにむさぼり吸いながら戦時をすごしたのである」。もっとも一九三九年の平賀粛学や津田左右吉事件などで「東大法学部の「抵抗」の消極性」にいらだたしさを感じるときもあったが、とにかく田中耕太郎、横田喜三郎らの東大法学部の「抵抗」は見事だったと六八年暮の丸山は回想した。文学部の国体明徴講座、経済学部の内紛、自然科学部門の軍学協同の体制と比べて、法学部は「闇一色」の日本のなかの「かすかな光」と映じたという。学問の自由どころか思想良心の自由の問題であり、精神の奥深い内面をたえず見張られているという恐怖が根にあった。「何か自分の学問の行く手に真黒い壁がある」としょっちゅう感じていたと丸山が戦後告白した（「被占領心理」50 08）[12]何かだった。

　六八年暮の丸山の回顧では、東大法学部も戦後は、反省と変革が十分でなく、それゆえ法闘委に期待するものがあった。「東大法学部の「抵抗」が、他の学部に比して見事だっただけ、それだけに、戦後における大学の根本的な反省と自己変革が、たとえば経済学部にくらべて十分でなく、その意味でむしろズルズルべったりの連続性が見られたという批判を加えることは可能であろう。…法律学の革命は、上からの革命でさえ、ついに行われずに終ったのである」。「もし全共闘（法闘委）が、まさにこの学問的な問題を法学部のレヴェルでつきつけたならば、彼等の主張は、現在の何十倍の説得力をもったろうと思われる。…彼等がいやしくも大学の革命を語り、学問の革命を語るならば、そうして、民青系のようにたんに管理機構面での制度改革に甘んじない思想的な「宗教改革者」であることを誇りとするならば」、法律学と政治学の現状に挑戦すべきだという。そのように丸山が全学共闘会議の学生を「三派系」でなく「全共闘」と書いたのは六八年暮だろうが、あとで振返って（一九六八年暮）と付記したときかもしれない。全共闘よりも法闘委を論じるなかで、「法闘委の問題提起の根本的な弱さ」を惜しむとともに、その「宗教改革者」的な挑戦を六八年暮には好意的に受けとめていた。

　話を戻して、丸山にとって東大法学部研究室は、戦時の個人的経験からして、また戦時日本の学問の自由の記憶からしても、どうしても守りたいところだった。それは過去のことではあったが、現在の丸山の人格の根に抜きがたく蓄積されていた。「戦前戦中の私にとって一種の国内亡命の地であった法学部研究室への愛着」（福田歓一ほか宛69 10 08）（本書一一二頁）などと何度も丸山が説明した通りだった。その法研を封鎖することは「軍国主義者もしなかった」、日本の「ファシストもしなかった」。その思いの深さと比べれば、「ナチもしなかった」はついでに言った言葉だろう。肉体左翼と呼ばれた杉井健二をつかまえて、前述のように親しく説教しようとした言葉だったようだ[13]。右翼がしてはいけないことは、左翼もしてはいけないと丸山はよく言っていたらしいが、ナチもしなかったことはやはりしてはいけないと言いたかったのだろう。その発言が松尾康二に拾われ、やがて丸山が言うはずのない言葉になった。しかし「軍国主義者もしなかった」ほど切実ではなかったとしても、「ナチもしなかった」も丸山が言って不思議はない言葉だった。繰返せば、事実でもあった。

五　吉本隆明の批判

十二月二三日の法研封鎖時の丸山発言は、今ではそのように理解できるとしても、ともかく難解だった。毎日新聞の記事に注目した早い反応として、藤原弘達がのちに著書（『日本教育改造案』69 09、二三頁）に記した翌日の感想がある。丸山の最初の門下生の一人だった藤原は、「昭和四十三年十二月二十三日は、私にとって大変ショッキングな日となった」と書出して、翌朝の毎日新聞の法研封鎖の記事に触れ、「諸君のやろうとしていることは、ファシストも軍国主義者もやらなかったことだ。諸君を憎しみはしないが、軽蔑する」と丸山が言ったと書いた。「軍国主義者も、ファシストも、ナチもやらなかった暴挙である」と丸山が言ったとも書いた（同書、一二三頁）から、前の引用の「ファシスト」は「ナチ」も含めて用いたのだろう。この丸山の言動の何が「こたえた」のか、藤原は説明しきれてない。どうやら丸山の「軽蔑」発言がショッキングだったようであり、学生を「軽蔑する」だけでなく、その不正を「憎む」必要を感じて、丸山とは違う道を歩むことにした（藤原『訣別する』79 12、一〇五頁）。

丸山発言は、暮の二四日の毎日新聞記事だけでは不可解だったが、六九年一月一八、一九日の機動隊導入による法学部研究室の破壊を含む安田講堂事件を経て、特定の意味を帯びた。その前日の一七日、吉本隆明が中央大学自主講座で「大学共同幻想論」を語ったことも大きい。この自主講座は、中大の社学同系学生が自主管理する学生会館で六七年から開いていた定員六〇人の講座であり、吉本はよく講演に来ていたという（亀谷彰の教示）。講演筆記

「大学共同幻想論」によれば、吉本が大学問題について講演を引受けたのは、「東大紛争の中で、加藤とか、坂本とか、大内とか、私と同世代の…戦中派の連中が非常にみごとな技術的狡猾さを示した、ちょうどその時に」依頼があったからだという。学園紛争のなかで「いわゆる戦後民主主義者――つまり市民主義者あるいは進歩主義者」が「戦争中から戦後にかけてみがいてきた自分の思想にいかに耐えるか、あるいはいかに対応するか」に着目していたが、「どたん場において、最もラジカルな部分を警察機動隊に売っておいて、学園紛争を収拾しようとする技術的な態度をとったことで、思想原理、つまり市民主義原理が完全に放棄された」、「戦後民主主義は、現在の学園紛争の中で、思想的に完全に終ったといっていいのではないか」と論じた。

吉本は、丸山を待ち構えていた。三年前の『現代日本の革新思想』で吉本らの「心情的ラジカリズム」を暗に批判した丸山の発言が「非常に私のカンにさわった」、「その発言の中には大学教授というものは社会的に偉いものだという無意識の思い上がりがあると思う」からだった。「丸山真男はたとえば――新聞記事だからこれは話半分に聞かなければいけないが――法学部の封鎖が起った時、こういう風な暴挙は、軍国主義者もナチスもやらなかった、という風にいったそうですが、とんでもないことだと思います。／日本軍国主義が、大平洋戦争中に丸山真男の書斎にふみ込まなかったことは確かです。そして丸山真男の思想を許容し兵隊として受け入れたということも確かです。／しかし問題は、そういう発言が自然に出て来る基盤で、この社会が通用せしめている特権に対して全く自覚的でないということだと思います」。そして「社会の秩序が容認するものを無意識のうちに容認するか否かという極めて感性的な問題の次元」から、「大学自体の旧態依然とした理念」を問い返した。吉本のこの講演筆記「大学共同幻想論」は、中大自主講座講演集『バリケードの中の発言』創刊号（69 03 31）に収められるとともに、情況社の阿由葉茂によって『情況』三月号に掲載された。同号の奥付には毎月二〇日発売とあるが、前後号の奥付には毎月一五日発売とあり、東京では二月一五日より早く出ただろう。

さらに吉本隆明「収拾の論理と思想の論理」を掲載した『文芸』三月号が二月一五日に発売された。この評論で吉本は、加藤一郎ら「戦後民主主義的な教授たち」が「戦後民主主義の思想原理を自らの手で最終的に扼殺した」と完膚なき批判を記したが、三年前に「しがない」「評論家」を揶揄した丸山のことから書き出した。新聞の報道では丸山は、封鎖する学生たちに「君たちのような暴挙はナチスも日本の軍国主義もやらなかった。わたしは君たちを憎みはしない、ただ軽蔑するだけだ」と口走ったが、大学教授の地位を無意識に錯覚した「大げさなせりふ」だと論じた。「しがない」「評論家」が図書館の入館者の長い列に入って調べ物をする文化的環境の貧困と、いわれのない「プレスティジ」の差別は、「戦後民主主義社会に特有な暴挙」の一つだという。「もし丸山の研究室を封鎖した学生たちの行動が、丸山のいうようにナチスも軍国主義もしなかった暴挙だとすれば、丸山の評価する戦後民主主義社会は、ナチスや軍国主義時代の社会よりも劣悪でなければならない」から、学生たちの行動が「ナチスも軍国主義もしなかった暴挙」だという丸山の評価も虚偽だとした。軍国主義者とナチとの両語の順序が違うことはともかく、研究室封鎖が両者より悪いと丸山が言ったとして、その価値判断を否定した。一月一八日の法研封鎖解除時の丸山の「文化の破壊」発言についても「ふざけたせりふ」とした。

それまで丸山発言の意味は、もやもやしていた。たとえば酒井角三郎が「戦後進歩主義の教祖的人物の一人丸山真男は、研究室が学生によって封鎖、破壊されるのを見て、「軍部もナチもあえてしなかった暴挙」と叫んだという」と伝聞を記し、ウェーバーのような「自己目的的な研究至上主義の破産」に気づかなかったと決めつけた（「エゴイズムのための血祭り」69 02 02『朝日ジャーナル』、一月二四日発売）ように、丸山発言を解釈しきれなかったし、封鎖時の発言と封鎖解除時の発言とを早くも混同していた。また、「丸山真男さんが先日の十八・十九の安田講堂攻防戦のあと、荒された研究室を見て「ナチスでさえ行わなかった暴挙」といわれたそうですね」と福田善之が語り、「ああいうのはちょっとおかしいですよ。ナチが何をやったか知らないいんじゃないんですか。ナチのやったアウシュビッツを見てみろというんです」と武谷三男が応じた（対談「否定すべき現代への問い」69 02 17『日本読書新聞』、二月一〇日発売と自記）ように、丸山発言を噂の種にし、不正確を極めていた。そのように安田講堂事件の衝撃のあとは、何もかも違って見えたのだろう、丸山発言も法研の破壊をめぐる発言として尾鰭がつくのが止まらなかった。

吉本隆明の読者は、法研封鎖時の丸山発言をもう少し正確に理解していた。二月一一日か翌日の東大駒場42LⅢ5B有志学生のビラ「「擬制」性の「民主主義」よりも「真制」性の「独裁」を！」（東大闘争資料集）は、題名のように理解を拒絶する文章だったが、次の記述を含んでいた。「法学部の研究室から時計台を見ながら「戦後民主主義」を享受していたリベラリスト丸山真男は封鎖時共闘会議に向って真面目に「君たちのような暴挙はナチスも日本の軍部もやらなかった。……」と語って吉本隆明にひどく嗤われた」。いかにも吉本を愛読する執筆者が『情況』[14]を早くも読んだのか、丸山発言の両語が吉本のままでないから、中大自主講座で聞いたのか、ともかく吉本の丸山批判が学生の間で語り草になっていた。

そのように二月中旬、もやもやしていた丸山発言の意味は、吉本の講演と評論によってかなり特定された。丸山の大学教授の特権と戦後民主主義の破産とを吉本が結びつけたからだ。十二月二三日に法研を封鎖する学生たちに丸山が「軍国主義者もしなかった。ナチもしなかった」と言ったことは、大学教授の地位を錯覚した行為であり、ナチの対極として戦後民主主義を守ろうとした行為となった。学生たちが「東京帝国主義大学解体」「東大解体」と叫んでいた当時、封鎖学生が「日本資本主義体制百年のにない手である官僚を生みだした東大の〝伝統〟と〝栄光〟を否定するためだ」（朝日新聞）と言った当日、東大が象徴する「体制」の側に立つ行為となった。そして「日本帝国主義のもっとも正統的な高等教育機関といわれた東大法学部の研究室」［春曙帖 123］と暮に振返った丸山自身が戦後民主主義の最も正統的な教授とみなされる行為となった。

しかし丸山は、戦後民主主義の正統を引受けるには自由主義者すぎた。もともと丸山が六四年に「戦後民主主義の「虚妄」の方に賭ける」と書いたのは、占領下の民主主義を一括して否定する言説を批判し、戦後歴史過程の複雑な屈折や個々人の多岐な歩み方を十分に吟味するためであり、戦後の民主主義を一括して肯定したわけではなかった。そこに「虚妄」が含まれていたことは百も承知であり、ただ「虚妄」を強調して貶すことに我慢がならなかった。それゆえ吉本隆明が「丸山の評価する戦後民主主義社会」と「ナチスや軍国主義時代の社会」との比較から、学生たちの研究室封鎖を暴挙とした丸山の評価を否定したことは、切り返して一本取ったと考えられがちだが、丸山が「戦後民主主義社会」を一括して評価していなかった以上、実は有効ではなかった。そもそも軍国主義者もナチもしなかったという丸山の発言は、軍国主義者やナチより悪いという評価ではなく、事実の指摘だった。ただ、図書館利用などの大学教授の特権をもたない「しがない」「評論家」を蔑んだと言われれば、丸山は反論できなかった。

六　批判の連鎖

法研封鎖時の丸山発言に対する吉本以後の批判を追う。山本義隆は、一月二〇日に逮捕状が出され潜行していたが、封鎖闘争を理解する声明を出した医学若手研究者や東洋文化研究所助手に「荒々しく厳しい知性の復権」を見て、「一年近く学生の闘いを無視し、また弾圧してきたことを何一つ反省せず、「ファシズムもやらなかった」と泣言を述べた高名の教授」と対比した（「攻撃的知性の復権」69 03 02『朝日ジャーナル』、二月二一日発売）。羽仁五郎は、二月下旬の講演筆記だろう「表現の自由と占拠の論理」（69 04『現代の眼』）で、丸山の言葉を「学生はかつて日本のファシズムも軍部もあえてしなかったような大学の破壊をあえてした」と引いて、「彼らの大学がかつて一度も日本のファシズムや軍部などに抵抗らしい抵抗をしたこともなく、あくまで学問の自由をまもろうともしなかったからこそ、その日本のファシズムも軍部も彼らの大学の内部に立入ってもこなかったのではないのか」と批判した。

そのように戦中の東大が権力に抵抗せず、むしろ協力したから無傷だったという批判は、やがて戦中の東大こそ加害者であり、それを被害者と錯覚しているという批判として丸山に向けられた。東大全共闘経済大学院闘争委員会『炎で描く変革の論理』(69 04)は、カバーに吉本隆明の評論を引用するほど共鳴したようだが、「たしかに「軍国主義者」は東京帝国大学の研究室を封鎖することはしなかった。理由はかんたんである。「軍国主義」におもねる教官が数多く跳梁し、軍国主義に対する批判のひと言も聞かれなくなった東大を閉鎖する必要はまったくなかったからである。…丸山真男教官、法学部教授会そして東大の全教官は、「軍国主義」の下においても、ひたすら研究室にこもりつづけて、「学問の自由」をまもったことによって、客観的には「日本軍国主義」に加担し、数多くの人々を戦争で死なせた〝加害者〟だったはずである。ところがかれらに加害者意識はなく、したがって戦争加担者としての責任を感ずることもないばかりか、みずからを「軍部ファシストの攻撃にさらされた」被害者と考えているのである」と論じた。東大法学部の戦中の抵抗は見事だったという六八年暮の丸山の記憶も成立つ余地がなくなっていった。

丸山が授業を再開した最初の教室で、学生からあの発言を問われたのは、二月二一日だった。丸山の加藤一郎宛書簡(69 02 25)によれば、学生「研究室封鎖に際し、「ナチも軍国主義者もやらなかった」といったではないか」、丸山「君はその場にいましたか」、学生「いなかったけれども新聞でよんだ」、丸山「君たちは平素ブル新などといいながら、都合のいいときだけ、ジャーナリズムの記事を信用するのか」。はぐらかすようなこの問答によって、ジャーナリズムの記事は信用できないと丸山は言いたかったのだろうか。軍国主義者もナチもしなかったと言ったのか、不明のままだった。学生は事実をたしかめようとしたのだろうが、授業を妨害する学生にまともに答えるつもりは丸山になかっただろう。それにしても「軍国主義者もしなかった」と毎日新聞が報じたのとどれも少しずつ違う丸山発言が、噺し言葉のように用いられた。もはや引用ではなく、というか最初からただの噂話でしかなく、とくに「ナチもしなかった」は、ありえない言葉として嘲られ、からかわれた。丸山にはそれを言うだけの歴史的経験があり、歴史的事実としても間違っていないと考える学生はほとんどいなかっただろう。

結局丸山は、「軍国主義者もしなかった。ナチもしなかった」と言ったのか、言わなかったのか。右の教室問答から推察すれば、丸山は言ったつもりはなかったかもしれない。しかし歴史的事実の指摘としては間違っていなかったし、研究室封鎖に形だけ抵抗した同僚と違って、本気で抗議した丸山が何を言ってもおかしくなかった。しかしナチより悪いと言ったわけではなく、ただ「好漢」杉井健二がそこにいるつもりで個人的に歴史的事実を言ったのだろう。それを毎日新聞に拾われ、やがて評価の言葉として批判され、嘲られるなかで、認めたくなかったし、触れられたくもなかっただろう。のちに安東仁兵衛の信頼について記した文章（「休刊号に寄せて」89 12）で、「日ごろマス・コミにたいする不信を常套言とする知識人たちが、あのときばかりは私にたいする一言の質問や疑義の表明もなしにマスコミが私の言葉として報道する片言隻句をそのままうのみにして、大学問題にたいする私の態度をなじっていたのと対蹠的に、安東君は私への信頼をすこしもゆるがせない数少い友人の一人であった」と回想したように、どうしても自分の言葉とは思えない「片言隻句」だった。

（1）　丸山は学部長辞退の理由として、自分は実は被爆者だと教授会で語ったという。三谷太一郎は、それが丸山と広島原爆投下との関係を知った最初だったという（「丸山先生についての断片的な回想」手帖69、一三七頁）。前々年八・一五記念国民集会の丸山発言もそれほど知られてなかったのだろうか。

（2）　海老坂武は、六八年末、東大で進行している事柄について「丸山がどう発言するか、どう行動するか、大げさにいえばそれは、戦後思想に関心を持っている者すべてがかたずを呑んで見守っていたことである。そういう人物であるからこそ、彼は「現代の偶像」になりえたのだ。しかし丸山は最後まで公的には何も発言しなかった」と回想し、「この沈黙を考慮の外において彼の著作を読むことはできない、と今も私は考えている」と述べた（『かくも激しき希望の歳月』0405、二一〇頁)。

(3) 山本達郎文学部長が六七年十二月一九日の評議会で仲野の行為を築島助教授へだけでなく複数教官への「学生にあるまじき暴言」として誇大に説明したうえで処分が決定されたことなどについて、清水靖久「東大紛争大詰めの文学部処分問題と白紙還元説」1903『国立歴史民俗博物館研究報告』第二一六集。

(4) 戦後50年番組「大学紛争　東大全共闘・二六年後の証言」(950902放送、一二一分すぎ)で、六八年七月に東大全共闘が結成された映像の途中に、法研封鎖時(681223)の「全共闘」の新しい赤旗(本書一八二f頁)の映像が挿まれたのは、それより前の時期の「全共闘」の旗の映像や画像がみつからなかったからではないだろうか。

(5) 68・69を記録する会「東大闘争資料集」全二三冊(9208f)は、一九六九年二月までのビラ類など約六〇〇〇点余を収め、国会図書館など二、三か所でしか閲覧できなかったが、増補改訂ＤＶＤ版(1906)が最近作成され、「評議会記事要旨」も収録され、目録が大いに充実した。そのビラ総目録には「全共闘」の三文字が六八年十月末までごくわずかしか見られない。

(6) このローマ貴族自認発言にしても、丸山はそれを伝えた安東仁兵衛に憤慨し、安東は筆者の中島誠に抗議し、藤田省三も中島を叱ったらしい(中島誠「『世界』『朝日ジャーナル』にみる戦後民主主義」7907『流動』)が、どうも抗議は的を外していたように見える。安東仁兵衛(『戦後左翼の四十年』8707、一三一頁)によれば、丸山が初期の「全共闘の運動をローマ貴族を亡ぼしつつもその文化を受け継いだゲルマンにたとえられたことがあり」、それを安東から伝聞した中島誠が「『朝日ジャーナル』に〝丸山は自らをローマ貴族に、全共闘をゲルマンの番族にたとえた〟と、継承と言う歴史的役割を抜きに〝公表〟しました」という(本書第八章注10)。これでは丸山がローマ貴族を自認しなかったのかわからないが、傲慢にも自認したかのような伝聞が公表されたことに丸山は憤慨したようだ。

(7) 法学部教授会議事録(東京大学情報公開室開示)、総長代行特別補佐の四人(福武直、植村泰忠、坂本義和、鈴木成文)が六九年四月前後に会議した「補佐の記録」(東京大学文書館の福武直関係資料中の「東大紛争回顧録」ⅠⅡⅢ)、加藤一郎と大内力と補佐四人が七〇年六月ころ討議した回想会議の記録(福武直関係資料および加藤一郎関係資料中の「東大紛争回想会議」、ともに東京大学文書館所蔵)など。

(8) 橋爪大三郎『丸山眞男の憂鬱』(1709、二九一頁)によれば、当時駒場の学生だった橋爪も「その場にいた」という。

約五〇年後、丸山の「覚悟の抵抗」を「見上げたもの」だと評している。「『日本政治思想史研究』に対する本格的な批評(批判)は、これまで、現れていない」という断案もある、八一頁。

(9) 内藤国夫は、一九六〇年の丸山の東洋政治思想史講義を受講し、丸山が保証人になってくれて毎日新聞記者となり、遊軍の東大担当記者として『ドキュメント 東大紛争』(69 04)を出した。しかし十二月二四日の毎日新聞記事を書いたと見なされて、丸山の周辺から猛烈に非難されたらしく、本記の東大担当記者の松尾に苦情というか愚痴を言いたくなったのだろう。

(10) 私清水は、二〇〇八年十二月に書いた「丸山眞男の秩序構想」(09 05『政治思想研究』)の追記で、それらのことを忽々に論じた。その前に、同年五月の政治思想学会で報告し、佐々木武の回顧的証言だけをもとに丸山発言に触れたが、ほかのことに関心を持つべきだという反応があった。

和田英二『東大闘争 50年目のメモランダム』(18 09)の第二部は、毎日新聞の丸山ナチ発言報道について詳細に検討し、丸山ナチ発言はなかったと結論している。しかし丸山が吉本隆明を黙殺すべき相手と仮に意識したとしても、丸山ナチ発言があったともなかったとも「言ってはならない」と丸山が磁力を発したとは考えられない。たしかに吉本の丸山批判は効いたが、丸山が「ナチもしなかった」と言って不思議はなかったし、松尾康二の証言を無視できないから、丸山ナチ発言を抹消するのは無理がある。

池田信夫『丸山眞男と戦後日本の国体』(18 07、一〇六頁)は、毎日新聞(68 12 24)も『文芸』(69 03)も見ないで、丸山発言は「吉本隆明の作り話である疑いが強い」と記しているが、吉本が生きているうちに言ってほしかった。「超国家主義」は丸山の「造語」だともいう(三七頁)が、朝日新聞(45 12 17)の神道指令記事などに見られる。

(11) たとえば山崎正和『劇的なる精神』(66 06)は、「私たちの現代は、ファシズムというものへ走ることなしに、どうやって近代の衰弱をのりこえることができるのか」と「あとがき」に記した(磯田光一所引、読売新聞69 04 29)ように、六〇年代にファシズムは大げさにではなく普通に警戒されていた。

(12) 続けて「それは結局今日から言えばいわゆる「国体」ということだったのですが、とにかく思索を進めて行くと、すぐその壁にぶつかって思わずハッとして立止まるのです。それは実に何ともいえないいやーな気持で、なにか絶えず目に見えない心理的圧迫感がある」。「日本人の道徳」(52 03)でも、次のような類似の告白がある。「戦争前にしょっちゅう頭のなかにモヤモヤしていて、さっぱり解決のつかなかったことは、やはり天皇とデモクラシーということで、…社会科学の根本問題について思索をすすめていくと、すぐギュッと国体という重い壁にぶつかる。」

(13)　前述の杉井健二書簡(69 11 03)をもう少し詳しく引けば、「法研封鎖の際、先生が一人で全共闘のデモ隊に対して肉体的抵抗を試みつつ、「軍部もファッショも行わなかった暴挙だ」と怒ったという語り草は、すでに伝説化されています。…あのとき、僕をつかまえて、説教することにより、全共闘に対する論戦を挑まれるつもりであったと、直接後でお聞きしましたが、僕が法闘委部隊をひきいて、斜めからいきなり法研玄関に突入していったのは、先生の言わんとする内容がすでにわかっていたので、そこに立ちどまって先生とやり合うことは、論戦ではなくて、たんなる慢〔ママ〕画的押し合いになってしまうことが必定であったからです」。そのように杉井は、丸山をよけて法研に突入していたので、杉井が目の前にいるつもりで言った丸山発言を直には聞いていない。ちなみに杉井は、卒業後は弁護士として活動し、「好漢自重せよ！」との年賀状が丸山から来ていたという(杉井啓子私信09 05 19)が、一九八九年八月イスタンブールで変死した。

(14)　吉本隆明を愛読する全共闘学生が沢山いたのだろう、六八年十月一四日に吉本の講演討論集会が東大駒場で最大の九〇〇番教室で開かれている(同日ビラ、東大闘争資料集)。

一九六八年十二月二三日の法研封鎖に立ち戻り、それから約一か月、安田講堂の鎮圧を経る丸山の思索を辿る。とくに六九年一月二四日の大学問題シンポジウムで丸山が、東大紛争で概念の解体を痛感し、ロマン主義を指摘した意味を考える。福武直ら総長代行特別補佐の四人(福武のほか、植村泰忠、坂本義和、鈴木成文)が六九年四月前後に会議した「補佐の記録」によれば、法研が封鎖された十二月二三日、午後五時半ころから一時間余り、赤門学士会館で丸山、福田、堀米と福武が話している。三人は強硬で、「入試中止、即休校という意見」だったというが、その中心は南原繁門下の福田歓一だろう。それは現状を凍結するだけであって意味がないと福武は反論し、少しでもストが解ける方がよいと議論した。さらに文学部処分を何とかしろと福武が意見を述べたのは、文学部評議員の堀米庸三に対してだろうが、文学部では林健太郎学部長らが強硬で、学生仲野雅に対する処分の再検討は難しかった(「暴力を絶対に認めない」「毅然とした態度」を加藤一郎総長代行に求めた十一月二〇日の要望書に、文学部教授会七一人中四〇人が署名していた)。丸山は、すでに十一月二六日の大学改革委員会の準備懇談会で加藤執行部から意見を聞かれていたが、十二月三〇日、大学問題シンポジウムの委員を依頼された。

加藤総長代行は、「学生諸君への提案」を十二月二日に発表し、全学集会による紛争解決をめざしてきた。十二月二三日の夜、共闘会議に最後の話し合いを申入れ、文学部処分を新制度のもとで再検討する用意があるなどの考え方を伝えたが、二四日夜、共闘会議から話し合い拒否の回答があり、同じ考え方を「「提案」をめぐる基本的見解」として二六日に示し、民青＋無党派の学生からなる七学部代表団との交渉に入った。この「基本的見解」については、二七日に福田歓一が福武に「無意味な譲歩だ」と強いことを言い、福武は反論したが、法学部は法研封鎖のあと強硬になり、加藤執行部とますます合わなくなってきたという[1]（補佐の記録）。その前後、十二月一九日には誰の御前か不明だが「御前会議」が開かれていたし、南原繁ら名誉教授連中が「入試をぜひやれ、中止したら東大は滅びる」「早く警察を入れろ」と口を出していた（七〇年六月ころの加藤執行部の回想会議の記録）。加藤代行は、十二月二九日の坂田文相会談で、入試を一応中止としながら実施に含みを残した。一月四日には声明「大学の危機の克服をめざして」で東京大学の「存亡の岐路」を訴え、「一月一五日頃までの半月間、入学試験実施のために、全学をあげて最後の努力をつくす決意」を表明した。一月九日には民青と共闘の乱闘を止めるため一時的な機動隊導入があったが、一〇日の秩父宮ラグビー場での七学部集会には、各学部の代表団学生約五〇人と教職員約一五〇〇人、その他の学生約七五〇〇人が集まり、確認書が作成された。

　東大紛争大詰めの収拾の動きを丸山は注視していた。十二月二六日の加藤代行の「基本的見解」は、東大パンフ「大学の自治と学生の自治」（65 11 01。当時丸山は同文書配布を総長に一任した評議会の一員）が教授会の自治の下に学生の自治を置いていたのを否定し、学生の自治は教育の一環ではなく大学自治の一環だとしたが、それを報じた毎日新聞（68 12 27）の紙面に丸山は、「これも教育過程ではないのか」と疑問を記し、「福祉国家観、参加（権利の享受）↓受益者意識の増大になるならば自主性が減退する」と書いており、学生を権利の主張者でなく享受者として福祉国家的に恩恵を与えるものと見て批判的だった。一月一〇日の確認書への各学部学生代表団の翌日の署名について丸山は、一二日（日）の法学部学生大会の「事後署名」承認を知る前の時点で、項目ごと学部ごとに署名不署名を記しており、法学部学生代表団が署名したのは全員一致した場合だけとして、たとえば文学部処分を新制度のもとで再検討するという細目5について「法懇は sign 説、民青は分れる、あゆみより、民青 non」とメモしている（文庫

959-41-1)。法学部学生懇談会(法懇)は、法学部闘争委員会(法闘委)からは右翼と言われた学生集団だが、彼らも文学部処分の再検討には賛成していたこと、民青が反対したので不署名となったことがわかる。

加藤執行部は、共闘会議の建物封鎖を警察力によって解除するのは三月末か二月中旬と見込んでいた(回想会議記録)が、入試復活の期限が迫ってくるにつれて、政府や警察から確認書問題を含めて批判や注文があり、機動隊導入を検討するようになった。その裏で林文学部長は、一月一〇日に佐藤首相を訪ねて大学問題を談じ、一三日にも「今の状態で入試を認める事は民青に力を与へ、将来の禍根となる」と電話で佐藤に注意した(『佐藤榮作日記』3、98 07)ように、加藤執行部の足を引張っていた。学生は、文医以外の八学部の学生大会でスト中止を決議し、民青が一部建物を実力で封鎖解除し、一〇日夜から翌日にかけて安田講堂を襲撃したが、共闘会議が一般学生の応援を得て挽回した。一五日の共闘会議の全国労学総決起集会に向かって緊張が高まったが、民青の武装学生は一四日に撤収した。加藤代行は、一五日夜に機動隊導入を決意し、一六日に警察に出動を要請したが、一七日は坂田文相との会談に終始した。一八、一九日(土、日)、機動隊が共闘会議学生と激突する。

一　安田講堂の鎮圧

機動隊が導入される前、丸山は、学生の武装解除を求める最後通牒案を福武(総長代行特別補佐)に示した。福武直関係資料によれば、一月四日の団藤、丸山ら八教官の討論を福田と塩野が整理した文書「『最悪事態』に関する意見交換の第二次中間的とりまとめ」を福田が一一日に福武に送り、法学部では入試ができない場合「直ちに休校、大掃除等の強硬手段をとれとの声が多い」と付記していた。そして一三日の丸山自筆の「丸山私案」(写真10)は次のことを提案した。「第一段階」として、「イ．全学共闘と民青への ultimatum(最後通牒)」、構内の建物から(二日以内に)ゲバ武器の全部撤去と、構内への「武器持込み」の禁止、警察に検問を依頼。「ロ．中核、革マル、反帝学評、

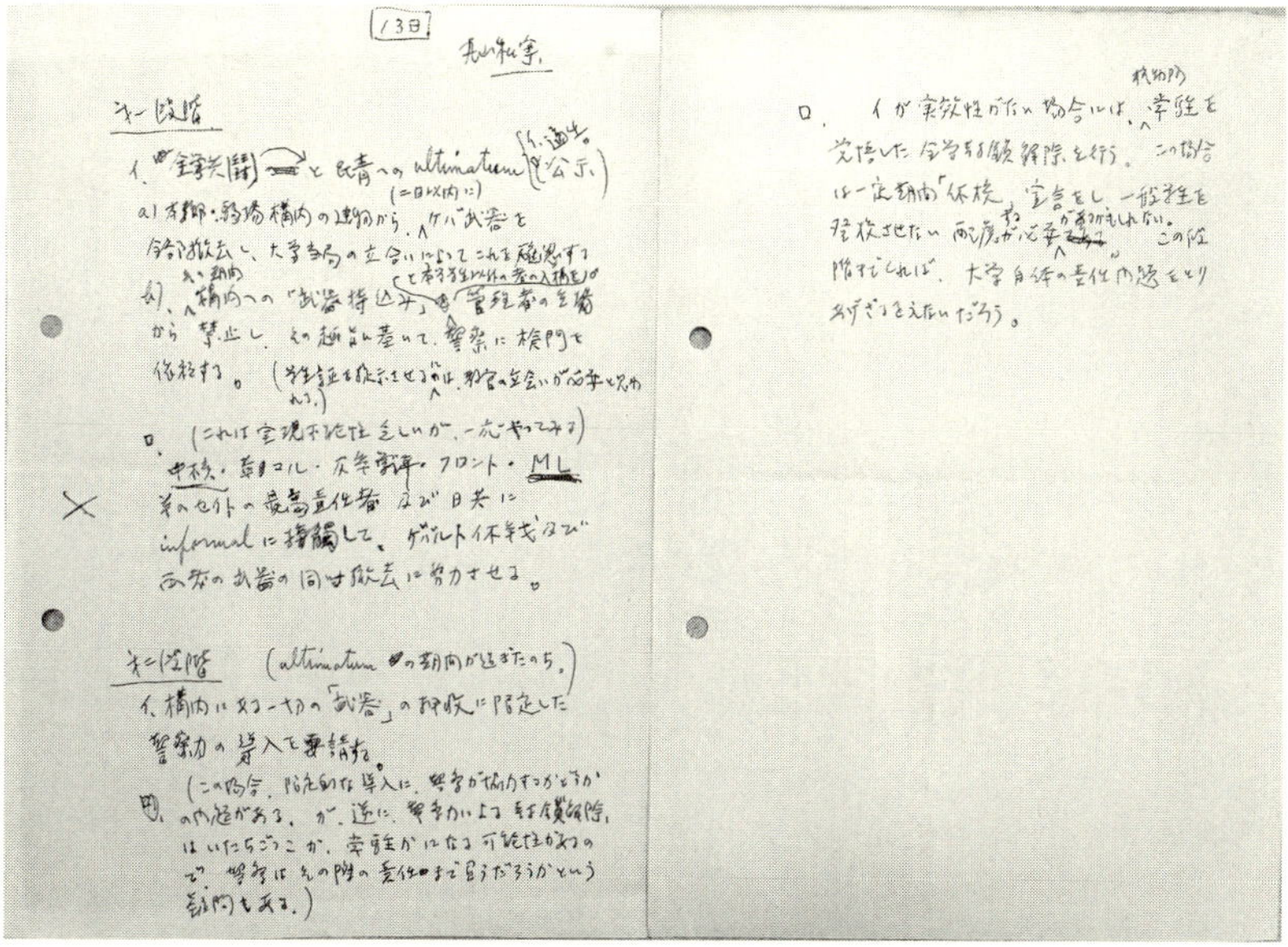

写真10：丸山私案、1969年1月13日。福武直関係資料F0013-S1-011「東大紛争」XI、東京大学文書館所蔵。

フロント、ML等のセクトの最高責任者及び日共にinformalに接触」、ゲバルト休戦及び両者の武器の同時撤去に努力させる。「第二段階」として、「イ．構内にある一切の「武器」の押収に限定した警察力の導入」、限定的な導入に警察が協力するかどうかの問題がある。「ロ．機動隊常駐を覚悟した全学封鎖解除」、一定期間「休校」宣言し、一般学生を登校させない配慮。「この段階までくれば、大学自体の責任問題をとりあげざるをえないだろう。」

この「丸山私案」は、法学部多数の強硬意見のように直ちに「大掃除」手段をとるのではなく、二日以内の武器撤去を求める最後通牒を出し、その後の警察力導入を限定し、最後の手段として機動隊常駐と休校を選ぶものだった。実際に加藤代行が一月一六日に警察に出動を要請したとき、機動隊八五〇〇人もの総動員を予想したか不明だが、結局実現したのは無限定の機動隊導入と常駐だった。丸山案も最後通牒の二日間が過ぎたら、最後は機動隊常駐を覚悟していた点では違わなかったが、まず学生の武器撤去と警察力の限定的導入を考えていた。たしかに各セクトの最高責任者が命令すれば党派学生は武器を撤去しただろう（実際に日共系学生は一四日に撤収した）が、無党派学生を説得することが考慮から抜けていた。この「丸山私案」を受取った福武がどうしたかはわからない。福武自身は、文学部教授会過半の強硬意見には反対だったし、法学部の福田らの入試中止即休校論にも反論したが、加藤執行部が年末に入試一応中止を決めたのちも入試実施をめざすなかで、福武だけが中止の立場で補佐の役をつとめたので、年初以来、何の役にも立たなかったという（福武の補佐辞表、加藤一郎宛69 01 20）から、丸山の提案を生かすこともできなかっただろう。

丸山は、共闘会議の労学総決起集会が東大で開かれた一月一五日、加藤代行に明治新聞雑誌文庫の保全措置を要請した。（東京大学法学部近代日本法政史料センター 加藤一郎関係文書）

御承知のことと存じますが、明治新聞雑誌文庫は、世界に一部しかない新聞類を多く所蔵しており、しかもその位置は、教育学部に隣接し、出口は電車通りに面した一個所しかありません。もし、この文庫の一部でも、毀損されますならば、故吉野作造先生、中田薫先生以来の苦心の蒐集にたいして、文庫主任としての私は、重大な責任を負うことになります。消火措置を含めまして、万全の措置をおとり下さるよう、念のため申し入れます。私は、こうした事情が続くかぎり、同文庫内に泊り込みをつづけます。／一月一五日／東大法学部明治新聞雑誌文庫主任／丸山眞男／総長代行／加藤一郎殿

それほど資料が大切か、人命よりもか、故人に対して負う責任とは何か。ともかくこれが法学部法制史資料室主任の石井紫郎の「適切な措置」、数学教室教授助教授全員の「必要なる措置」の要請とともに、機動隊の導入を促すものと加藤には判断された。

結果して加藤代行は、一月一五日夜、機動隊導入を決断したが、丸山らの訴えを考慮したからだと説明した(3)。約一年半後の回想会議の記録は長く非公表だったが、加藤が言うには、「法学部からも丸山さんなんかから、ここには

いまちょっとないのですが、早く入れろという趣旨の文書が来たと思うのです。大体明治維新〔ママ〕文庫関係の人だったけれども、丸山さん、石井紫郎君なんかも入っていた」。二〇年後の回顧では、一五日の共闘会議の労学総決起集会前後に破壊が進み、「放置してては困る」との法学部教官連名の書類が加藤に届いたし、（主観的には、入試の実施のためでなく）人命の危険を防ぐため、機動隊導入を決心したという（加藤一郎「東京大学の紛争」9108『「大学紛争」を語る』、初出8909）。一六日午前の大学院研究科委員長会議（学部長会議）で正式決定、午後警察に封鎖解除を要請したが、一七日警察は動かず、加藤は坂田文相に一札取られた。[4] 一八日、八五〇〇人の機動隊が出動し、安田講堂などに立てこもる共闘会議学生および応援学生と激突、法研などを封鎖解除、一九日安田講堂も封鎖解除、多数の者が負傷した。お茶の水駅周辺も含めた両日の逮捕者数は三二一人と四五六人、うち東大生は三〇人と六八人（加藤一郎関係文書）。二〇日入試中止最終決定。

一月一八、一九日の機動隊と学生との激突はテレビで放送された。「安田講堂にこもっていた学生たちがひとりひとり捕われて行く。放水にずぶぬれになり、ヘルメットのかげの幼いそのほおに血をしたたらせながら。何が彼らをそうさせるのか」と近藤芳美は書いた（朝日歌壇690202）が、同じ光景を全国の人々が見た。「大掃除」とは嫌な言葉だが、教官文書に散見されるその言葉を警察に要請すれば、機動隊は総力戦を挑むし、革命党派は総動員するし、占拠学生は断固抵抗し、凄惨な制圧と徹底的な破壊が生じるだろうが、あれだけの廃墟が拡がると予想した人がどれだけいたか。加藤代行は、警察に「責任をまかす」ことにしたのだろうか。二二日に学生の立入禁止が解除されたとき、検問教官のなかにいた丸山は一学生に「W君、ひどいことになっちゃった」と言ったという。二四日に丸山の研究室で雑談した大学院生の飯田泰三は、本などへの落書きを面白がっていた丸山の姿を伝えている[5]（『批判精神の航跡』9704、三二六頁、9612初出）。丸山は醒めていても、廃墟を前にして人々の意識は屈折し、昨日までとは違う時間が流れた。新聞テレビ雑誌の東大紛争の扱い方が「問題」的でなく「事件」的であることが「一月十八、九日の機動隊対安田トリデ攻防戦への集中的関心」に表現されていると丸山は冷静に観察した[137]が、まさに「事件」の衝撃が拡がり、その前と後とがつながらなくなる。一九四五年と二〇一一年に廃墟を前にしたときと似て、歴史の断層が生じる。やがて何か月も黙って見ていた学生のなかから安田後の全共闘が現れる。

一月一九日、安田講堂の学生の降伏をテレビで見たばかりの堀田善衛に、鶴見俊輔は言った。「今の東大の闘争は、まさに、いままでの進歩主義の終りという感じが非常にする」、加藤総長代行が重傷者を出しても結局は入学試験をやりたいというのは漫画的であり、「そこまで煮つめたというところに、三派全学連の意味があると思う」、「偉いものですよ」(「語りつぐ戦後史」69 03『思想の科学』)。一月二〇日に海老坂武が原案を書き武藤一羊が修正加筆した声明「国家暴力の秩序から東大の解放を」が二二日夜、鶴見俊輔ら六一人の賛同者とともに発表された(毎日新聞翌日「東大共闘会議派支持を声明／鶴見氏ら61氏」、全文は『朝日ジャーナル』69 02 02ほか。海老坂武『かくも激しき希望の歳月』04 05、一六九頁)。「加藤代行を筆頭とする東大執行部の諸氏、これに追従する多数の教官諸氏。政府権力の暴力の下に身をゆだねようとする貴方がたには、学問・研究の自由を説く資格はおろか、一人の教師としての基本的良心をも認めることはできない」と声明は訴えていた。

この声明のように教育者の良心を問うのを見ることは、丸山にとって最も頭に来ることだった。「大学紛争はナショナルには社会問題であり、東大についていえば、管理運営《ベトリーブ》の欠陥の問題だ。…「師弟関係の崩壊[6]」とか「研究者・教育者の良心」とか、あまりにもモラリスティックな発想が、まさに「良心」を自認する教官にも、またイデオロギー的にはそうしたモラリズムに全面的に否定的に立向う筈の共闘会議の学生にも氾濫している…。処分でさえ、道徳問題でない。そうであるかのようにいう「通説」を私は断乎否定する。…「人を見て法を説く」必要の問題がどうして「良心」の事柄なのか」と丸山は春曙帖に書きつけた[138]。さらに「非能率性─→非民主性─→非良心性という短絡、時代への不適合性＝倫理的悪という短絡」と追記したし、欄上に「機構及び決定過程の非能率性（道徳的誤りではない）」の要因を列挙し、「総長の権限の弱さ、機構の非民主性（民主的であることが必ずしもよいわけではないが、少くも非民主性は、やはりモラルの問題でないことはたしかだ）」と書いた。その追記部分は、頁の前後関係からして六九年三月の筆記かもしれないが、政治と道徳との連続的思惟を批判する丸山の思考からして、丸山が紛争中ずっと考えていたことだろう。「民主的であることが必ずしもよいわけではない」としても、大学問題を管理運営の能率の問題に限定して、のちのように総長権限の強化を進めることがよかっただろうか。

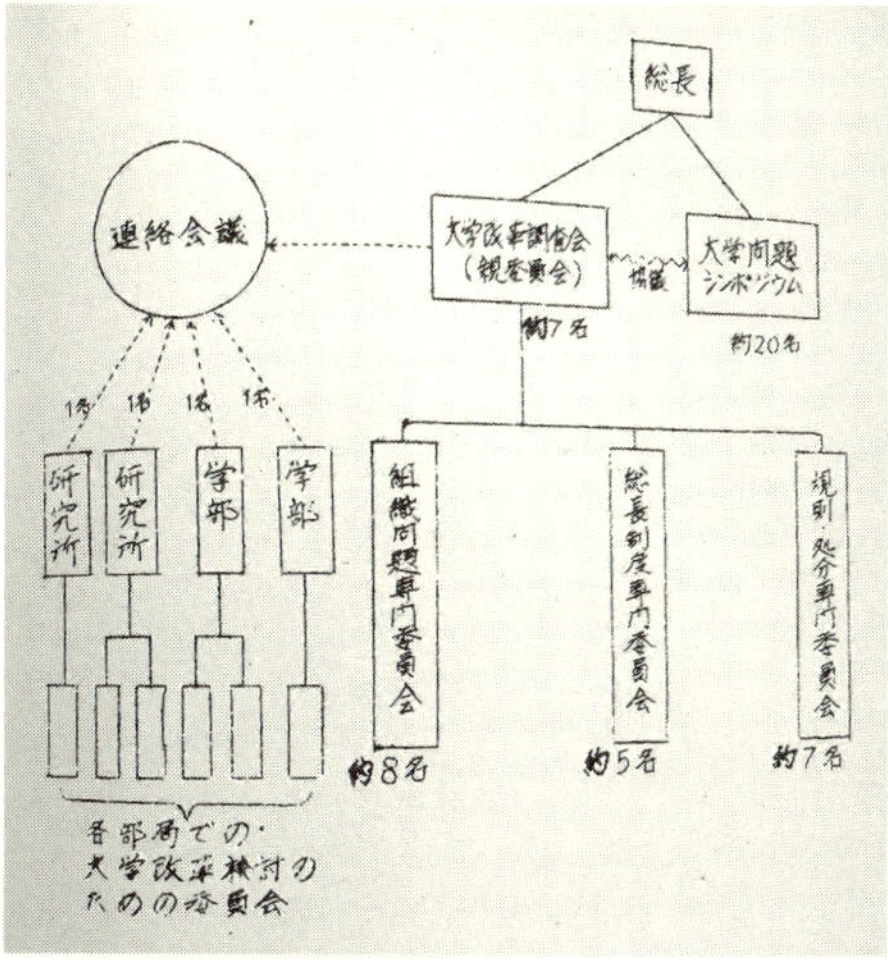

図1：「「大学問題シンポジウム」について」謄写刷、1968年12月27日。福武直関係資料 F0013-S1-010「東大紛争」X、東京大学文書館所蔵。

二　大学問題シンポジウム

六九年一月、東京大学の知性を選りすぐった二一名の委員からなる大学問題シンポジウムが開かれた。これは、大学問題について理論的考察を加えることを目的とした集まりであり、大学改革準備調査会と緊密に協力し、一月末までに各委員が総長代行に意見表明することが予定されていた（図1）。一月六日の初会合には、神田学士会館への会場変更のため、丸山が遅れてきたという（補佐の記録）。一七日の第一回（高橋徹、平井啓之報告）に続いて、催涙液臭が残る二四、五日に第二回（七人報告）、第三回（六人報告）が工学部五号館会議室で開かれ、丸山だけが両日とも、「法学部から見た現状」、「東京大学の将来」について報告した。それらは一度プリントされ、関係者に配布されたというが、九月に刊行された『大学問題シンポジウム報告書』では、丸山の報告抄録は削除され、わずかに要旨だけが掲載された。(7)しかし丸山が報告速記を添削した抄録原稿が丸山文庫に残されている(丸山が削除した部分も含めて『丸山眞男集 別集』3に収録)ので、安田講堂での激突と制圧の五日後、丸山が何を語ったかを知ることができる。

これよりさき、春曙帖[140]に丸山は、「東大紛争にちなんで(一九六八・十二)」という頭書で、「既述の関連テーマ」一〇項目を書き、参照頁を指示して索引化した(写真11)。多くは十一月までに書きためたことであり、加藤執行部から東大紛争について話すように委嘱され、整理したのだろう。その右頁[140-]では「東大紛争についての感想の項目」として一五項目(イロからルを抜かしてヨタまで。ほかに二項目)を索引化している。これらは大学問題シンポジウムに向けて春曙帖の既述項目を整理したものであり、実際に「イ.「概念の解体」と「共通なコトバの了解」の欠如。p148…」、「ロ.反対と敵対　p149」、「ハ.討議と交渉　p150」は、一月二四日の丸山報告の三つの論点だった。最後の「タ.良心の問題と「管理」の問題(紛争序論の一つ)p138」は、丸山が最も敏感だった問題であり、いつか東大紛争を論じるとき序論とするつもりだったのだろう。欄外には、「これはすべて「老いたるもの」のグチである。しかしそういうグチから発した論点がおよそ「東大闘争」についてのジャーナリズム論議にあまり登場しないことも事実である。(1968年11月以降)」とあり、十一月以降のジャーナリズム論議の盲点をつく自負があった。

丸山は、春曙帖の索引「イ.「概念の解体」と「共通なコトバの了解」の欠如。p148…」で指した頁に、次のように記した。「なぜ「概念」からはじめるか。もっとも初歩的には、問題の混乱を整理するためだ。たとえば運営の非能率性と教育者の良心問題との混同(p138)。しかしとくに評判のわるい概念からはじめる必要がとくにある。それは評判の悪い概念ほどムード的な、ステレオタイプのイメージが附着しているからである。しかもそういう概

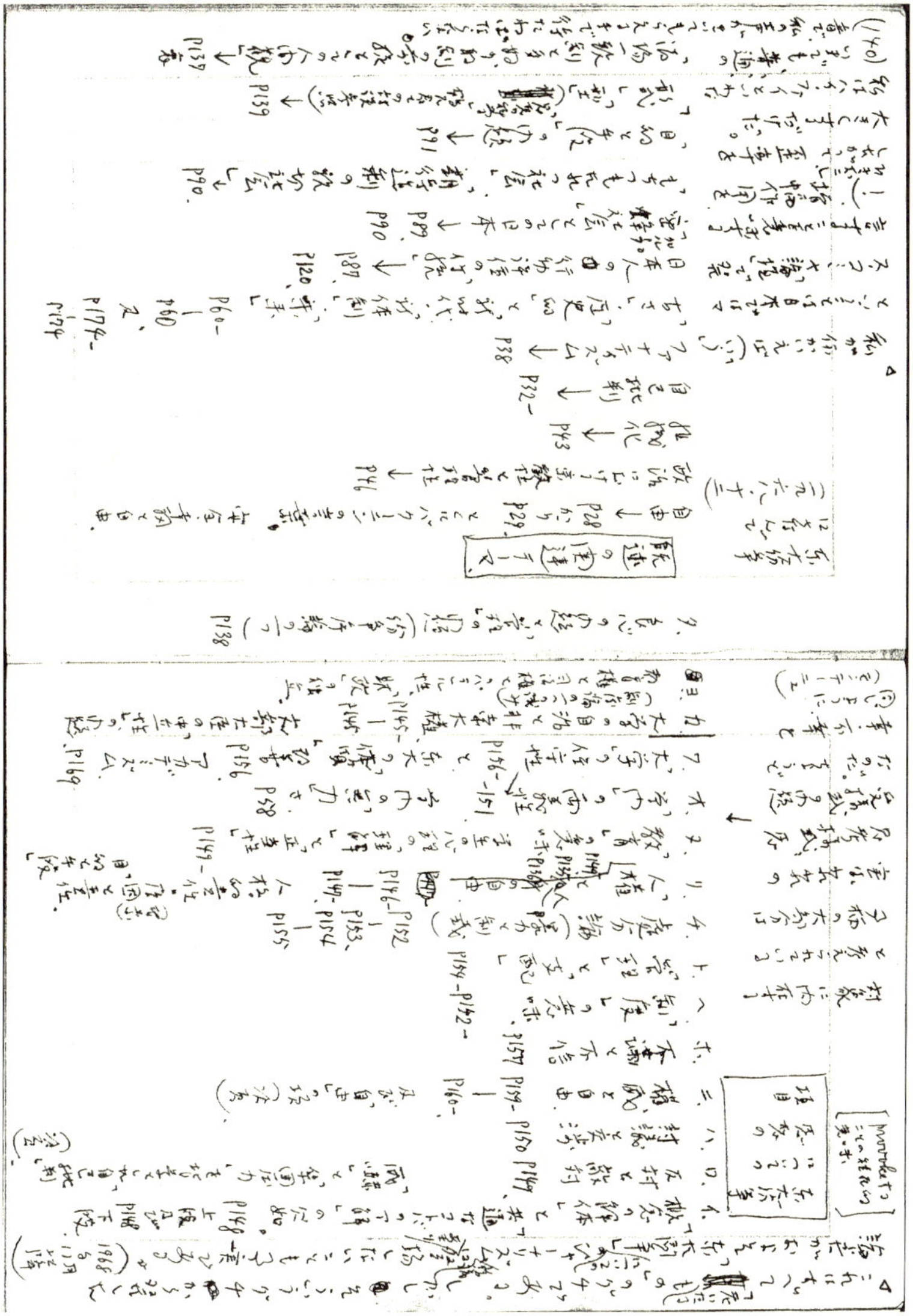

写真11：春曙帖 140-140ˇ頁。東京女子大学図書館提供。

念は実は永い歴史の試練を経て生きのこった概念である。逆に評判のいい概念は、その盲点――同じく歴史的に明らかにされた――がムード的に隠蔽される。たとえば「自由」「直接民主主義」「権威への否定」「古い世代から新しい世代へ」。ムードからの自由、考える自由は、接触のひんぱんな集団からカクリしなければ出て来ない。人間の意識やイメージは接触する人間によって制約される」[148]。ここでも丸山は、「運営の非能率性と教育者の良心問題との混同」を戒めるとともに、他者を他在において理解するために欠かせない人間集団や通念からの自己隔離を求めていた。しかし当時の学生はそれほど集団的ムードで動いていたのだろうか。集団で行動しても個々の学生は自立していたし、むしろ教授の方が全員一致で無責任だと批判する者もいたことは後述する。

学生は集団的雰囲気に弱いと丸山は見定め、甘ったれやダダッ子だという見方を強めていた。春曙帖[148-]では、「自治の最高決定機関」としての「学生大会」について、「国会」との皮肉な類似性として、大事なのは採「決」だけ、「一方における多数決万能(少数意見尊重の無視)と、他方における決定の拘束力の否定」、「民主的手続のおどろくべき不足」、「多数決決定の無内容」などおかしい点を列挙している(『自己内対話』は「多数決」を「多数派」と二度誤植)。大衆的「ムードの支配」、「学生だから仕方がない」という「子供あつかい」にも批判的だったし、「日本のグループ・マインデッド及びグループ的行動様式によって、以上の傾向は一層促進される」。さらに「権力にたいする自由」と「劃一性(コンフォーミズムとユニフォーミティ)からの自由と独立」「集団的雰囲気(ムード)からの自由と独立」とを区別して、「後者がなければ大衆ファシズムないしスターリニズムにたいする抵抗素にはなりえない」と記したように、タテの権力に対する自由よりもヨコの集団からの自由を重んじる思想から、大衆ファシズムを警戒していた。

そのような準備のうえで丸山は、一月二四日、「法学部から見た現状」という報告を「概念の解体」から始めた。報告速記によれば、「今回の東大紛争の過程を通じて《概念の混乱》を痛感した。東大紛争だけではなく、現代が概念の解体の時代なのであろう。このことは学生と議論するたびに痛感した。概念の解体―崩壊の時代である」。東大紛争では「団体交渉」「自己批判」「管理者的」「一方的」などについて（春曙帖では「大衆団交」「暴力」「教授会の自治」「理論闘争」「エリート」についても）共通な言葉の諒解が失われ、その正確な定義よりも視覚的イメージの比重が大きくなった。歴史的には「概念の解体」は、第一に、世界的に大きな歴史的変革のあと現れ、フランス革命後にロマンチシズムが現れたように、日本でも戦後二〇年たって現れた。第二に、日本では「言語の情緒的使用」と「コトバの物神崇拝」に加えて「概念の輸入」の歴史からも「概念の混乱」が特徴的であり、古くは漢語が、明治以後は欧米の言葉が入ってきたが、抽象的な概念と生活との間に有機的関連がなかったし、第二次大戦後の「人権」「民主主義」も「上からあたえられたもの」、古いものとの対決なしに「教えられたもの」だった。第三に、伝統的マルキシズムの解体から、また日共の権威の低下からも、マルクス主義の概念について主観主義的な解釈が横行したという。

丸山の報告によれば、「概念の解体」は、評判の悪い概念ほど特徴が著しく、ステレオタイプのイメージが付着していた。たとえば「権威」「管理」「処分」「暴力」「制度」（報告速記の添削時に「管理」「処分」→「管理者的」「身分的」）などは、本来の意味がほとんど無意味になるまで拡大解釈され、一〇〇％悪玉とされる。逆に「直接民主主義」「古いものから新らしいものへという発想」（→「古いものから新らしい時代の要請に適した大学へ」）など評判のよい概念は、その欠点がムード的に隠蔽される。「概念をあいまいなままにして集団的ムードの中に浸っていたのでは、主体的に自己を確立することが出来ない」から、「概念についてタカ派であることによって、学生に集団的なムードから自己を隔離する契機をあたえる」必要がある。「日本の社会は蜜蜂の集団であり、日本の政治はグループの寄合世帯だ。ここには独裁者はいないかわりに、行為の責任主体がアイマイになる」というヒュー・バイアスの戦争中の日本政治批判[8]が、学生運動にも当てはまるという。「かわりに、行為の責任主体がアイマイになる」は添削時の加筆であり、丸山は、戦中日本の独裁困難と無責任（超国家主義論文で丸山が批判したもの）と変らないものを学生運動に見ていた。

丸山は、一月二四日の報告「法学部から見た現状」の後半では、学生運動や紛争を論じた。春曙帖索引「ロ．反対と敵対」との関連では、1「学問的討議における反対」は真理のためだから多数決は不可。2「社会的紛争解決の過程における反対」は最後は多数決だが、討論の過程が重要。どちらの反対も必要だが、3「紛争はけしからんもの」とする反対党否認の考えもある（丸山自身は違うと自認）。そのような反対（opposition）に対して、敵対（antagonism）は対手を撲滅し打倒すべきものと考える（勝ち負け思考）し、勝つためのプロパガンダにすぎない「理論闘争」に走るから、「論争」と概念的に区別することが必要だという。索引「ハ．討議と交渉」に関しては、「学問的討議」とは異なる「実践的問題解決のための討議」に限定して、1「一般的意志への到達のための討議ないしは交渉」と2「異なった利害をもった団体の間の交渉」があるが、1では成員が特殊意志を抑制し、選出母体の利害に拘束されず、委任命令をうけないようにすることが前提とされる。2では代表者は選出団体の利害の代表者として、その意志に束縛され、契約の厳守か永遠の無秩序かに直面するという。この二つの違いは、代表制民主主義にも対応しており、アメリカ型は1に近く、「直接民主主義」とかに反映されているし、イギリス型は2に近く、被治者の同意による統治という考えだという。大学の管理運営への学生の参加について、「民青系」の学生は1に近い考えであり、「反代々木系」は2に近い考えだという。

そのように「反対」は必要だが「敵対」はだめ、一般意志に向かわない「討議」や「交渉」もだめと丸山が論じたのは、大学共同体の理念を失っていなかったからだろう。民青系学生が1に近い考えだというのは、速記の間違いではないかと一見思われるが、七学部学生代表団を組織して確認書の手続きを重視したし、運営協議会に参加するという意味で一般意志への到達をめざしていた。しかし民青は、自治会での多数派形成を多数決万能的に重んじたし、各個人の自主的参加をそれほど期待しなかった点で、「直接民主主義」からは遠かった。それに対して共闘は、非妥協的な闘争方針をとり、学生への不当処分の白紙撤回を主張しつづけたから、一部学生の利害代表と丸山には見えたのだろうか。共闘には、必ずしも「反代々木」でない無党派の学生が増えていたが、彼らも反対でなく敵対ばかりであり、学問的な真理や実践的な一般意志に到達する気がないと丸山は認識しがちだった。丸山が報告速記を添削する際、この部分を削除したのは、討議や交渉の二概念がぴったりしないことのほかに、無党派学生を[9]認識しきれなかったこともあったのではないだろうか。

丸山は、一月二五日の報告「東京大学の将来」では、東大の将来の組織機構を論じた。各学部を再編成した教育組織のスクール、教官が所属する研究所、プロジェクトのセンターという三者からなるフェデレーションに東大を変える、現在の教授会中心や評議会中心だと管理機関として非能率で無責任体制になりやすいので、それらを利益表出機関や統合機関にとどめ、執行機関としての総長の権限を強化するという。加藤執行部は非常事態での権限委譲だったが、どこまで権限を委譲したのか、評議会や教授会の権限が留保されているのか明瞭でなく、緊急権の規定が必要だとしたのは、加藤執行部が文学部や法学部に掣肘されたことへの批判だったのだろうか。「参加の底辺を拡大して「民主化」すると、ますます動きがとれなくなるというディレンマがある。民主化と集中化は矛盾するが、同時にその要求を満たしていかねばならない」とした。「民主的であることが必ずしもよいわけではない」としても、大学に関しては、民主化への丸山の熱意が一九四五年秋ころ（本書四一ｆ頁）に逆戻りした感じがする。

丸山が二五日に語った改革案は、東大解体論とされることもある。[10]法学部教授会のなかで学部学生問題に対処する第一班、通称「最悪事態委員会」で、大学改革のＡ案とＢ案をつくったのが丸山だという（回顧談。Ａ案Ｂ案に混乱あり）。福武直関係資料によれば、十一月一四日の法学部教授会で塩野宏が報告した「「最悪事態」に関する意見交換の中間的とりまとめ」では、「最悪事態」の類型として、「ア．国家権力による」「Ａ．廃校」、「Ｂ．閉鎖」に対して、「イ．大学の自主的措置による」「A．授業停止を中心とする自主閉鎖」「B．授業停止のみならず研究活動の停止を含む大学の自主閉鎖」が検討されていたが、イのB案は「大学の一切の機能を停止し（単純な管理機構のみは活動を続行する）、閉鎖期間中は、大学全体が新しい大学を作りあげることに全力を挙げる」、その際教官全員の辞表提出が前提となるという。学生に対しては全学集会で「学生自治にもどすことを明確にする」というが、一月一二日教授会で塩野が説明した「「最悪事態」に関する意見交換の第二次中間的とりまとめ」でも「学生自治にかえす」ことが強調されている。「学生にも甘えがある。東大の学生という身分を享受していて勝手なことを言うわけです。だから東大解体論です」と丸山が晩年回想したように、「東大解体」を叫ぶ学生の甘えを懲らしめる東大解体論を考えていた。

三　概念の解体

東大紛争で生じたのは「概念の解体」だろうか。たとえば「暴力」について、学生が暴力をふるったとして処分されたが、文学部のように教官と学生とが揉みあったら学生だけが「一方的」に処分されたり、医学部のように不在学生が誤認処分されたり、学生が実力で安田講堂を占拠したりしたので、暴力をめぐる議論が複雑になった。暴力的な手段による問題解決を総長が非難すれば、医学部教授会の「黙殺暴力」を非難する声も上がったが、それは暴力の概念の無制限な拡張だったのか、ヨハン・ガルトゥングの「構造的暴力」という概念が常識になった今日も、当時も明白でなかった(11)。学生が「暴力的に反抗してきても」「一歩も後退せぬ毅然とした態度を取るべきである」という総長代行宛要望書に文学部教授会の四〇名もが署名すれば、暴力とは何かという疑問がふくらんだ。武装部隊を先に導入した民青学生がある時点から「暴力反対」の一点張りになったとすれば、「流血回避、非暴力連帯」というもっともな運動との区別もつきにくかった。「全共闘学生を「暴力学生」と呼ぶことに、いささかのためらいも感じない日共（民青）教官と学生」には丸山も嫌になった［春曙帖 121］。そして正統な暴力を独占しようとする団体としての近代国家が八五〇〇人もの機動隊員を動員して占拠学生を鎮圧すれば、国家暴力をめぐる議論も変転した。

暴力をめぐる議論が難しいのは、暴力を否定する者が構造的な暴力に安住していることがよくあることや、暴れる他者への根本的好奇心を失いやすいこともある。しかも暴力については、評判の悪い概念の意味が拡大解釈され一〇〇％悪玉とされるとの丸山の指摘とは逆に、東大紛争では暴力を肯定する議論もあった。全学助手共闘会議「封鎖闘争宣言」（68 11 12、東大闘争資料集）は、「今こそ情況を剔抉する暴力の思想性を深く把握すべきである。「理性の府」を真に暴くのは暴力以外にない。またそれを倒すことも暴力のみがなし得る。そして我々の暴力を支えるのは、人間の抑圧、疎外に対する怒りなのだ」と訴えた。やがて革命党派間で暴力が暴力を呼ぶ連鎖が生じた。(12) 二〇年後の丸山の回想では、「東大闘争の後半期から主要なイッシュがもはや医学部の処分や大学管理問題ではなく、日に日に激化する内ゲバ問題になっていたにもかかわらず、論壇知識人も「新左翼」知識人も、一言半句内ゲバ問題を批判しないで、安田城の「英雄的」闘争を讃美していた」が、七二年の連合赤軍の妙義山事件以後「俺はもともと内ゲバに反対だった、という口吻に変貌した」という（「休刊号に寄せて」89 12）。しかし「東大闘争の後半期」の回想が六八年末から六九年にかけてのことであれば、誇張でなければ記憶違いだろう。早稲田から飛火した二党派間の内ゲバが十二月六日〜一一日の駒場であり、民青と共闘との乱闘が十二月二四日、一月九日（八日と丸山は記憶）、一〇日夜〜一三日にあり、駒場第八本館で一四日からあったくらいだった。七〇年以後の学生運動の暴力化は、六八—九年の学生の闘争の延長ではなく屈折だろうが、丸山は、大学紛争の延長として内ゲバを把握していた。

東大紛争では、大学の「自治」についても概念が問われ、相異なる概念が示された。学生たちは、「大学の自治」

は学生を排除した「教授会の自治」でしかないと批判し、民青は運営協議会による参加を求めたし、共闘は「大衆団交」で教官の責任を追及しようとした。それに対して丸山は、「学生の自治活動も教育過程の一環である」として、大学の自治についての責任は教授にあるとした十年前の考え（全学連幹部構内隠匿事件発言59 12 10）を変えなかったことは、前述の加藤代行の「基本的見解」記事（毎日新聞68 12 27）への書込みにも明らかだった。堀米庸三が「師弟関係の崩壊」（68 09『中央公論』）で、学生が処分権に挑戦して「教授会の自治」を批判したのに対して「学生自治の新しい解釈」として理解を示したのと比べても、丸山は伝統的概念を堅持していた。「ワ．大学の保守性 p156-」についての信念を強めていたし、永い歴史の試練を経て生き残った概念を大事にし、学生に対して概念の「タカ派」であろうとした。

丸山は、確認書の批准について評議会に慎重審議を求めた要望書（69 02 04）にも他の教官四五人とともに署名した[13]（写真12）。「補佐の記録」によれば、福田歓一が表面に名を出さないで、堀米や玉野井らと確認書反対署名運動をしたが不発に終った要望書であり、加藤執行部の回想会議記録（Ⅸ、八九頁）によれば、部局からの反撃としての「タカ派文書」だった。暗黙の争点の一つが医学部豊川・上田両教授の辞職撤回問題だったが、大学の自治の根幹に教授の身分保障があると丸山は考えたのだろうか。翌年の丸山の説明によれば、「私は、東大紛争の際に、もっとも問題だった医学部の豊川・上田両教授に評議会が辞職勧告をすることにさえ、反対でした。紛争の全学化にあたって両教授――とくに豊川医学部長――に大きな責任があることは自明です。にもかゝわらず、そうした方法で強制的に詰腹をきらせることは、大学自治に禍根をのこすと判断したのです。」（家永三郎宛70 10 06）

「民主主義」についても、さまざまな概念が提出された。全員加盟の学生自治会が多数決万能の「自治会民主主義」だったのに対して、闘う個人が自発的に結集した共闘会議は、代表者に任すのではない「直接民主主義」を掲げた[14]。「法共闘通信」２（68 11 27）は、「直接民主主義にもとづく大衆団交」によって「形骸化された自治会運動を学

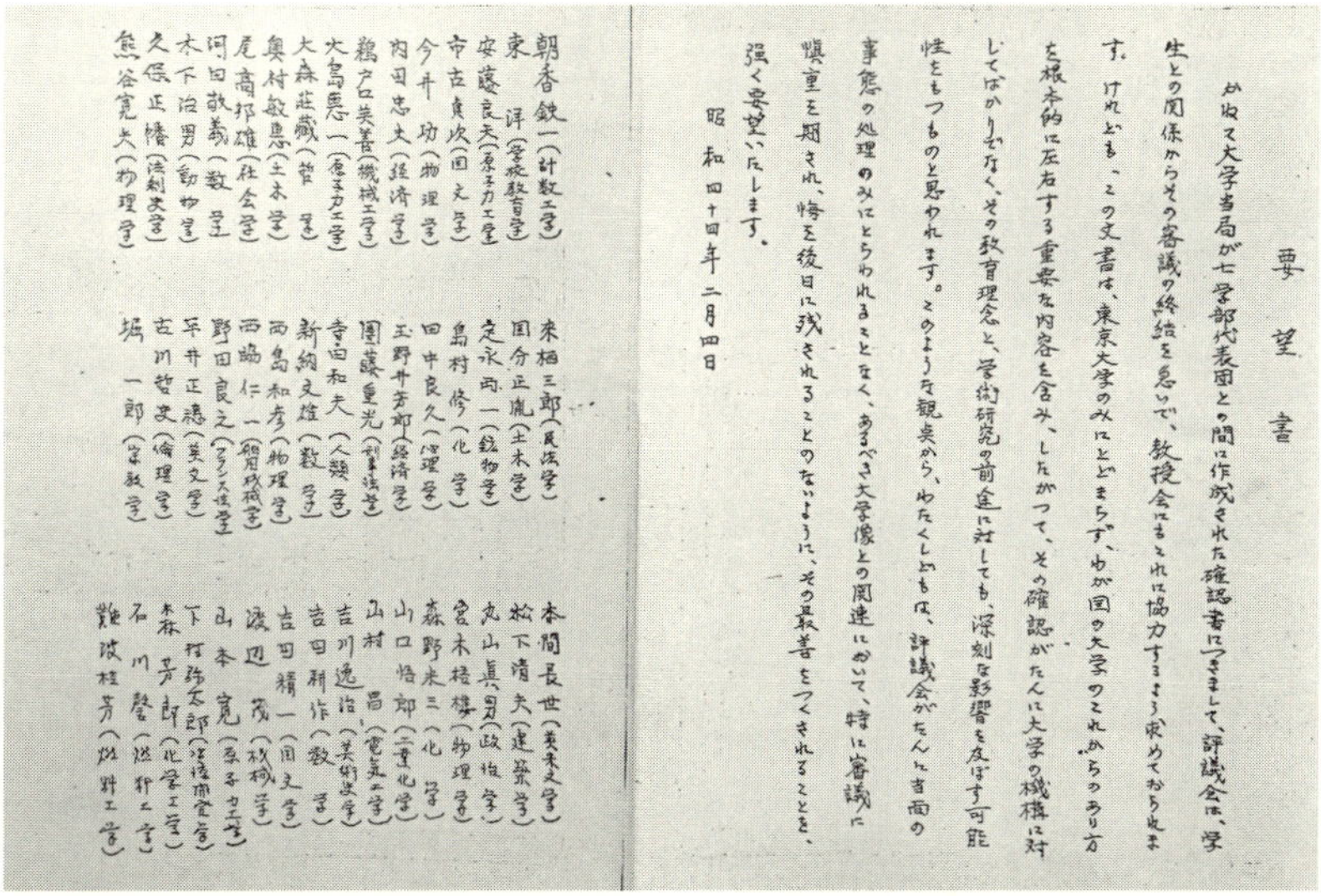

要望書

かねて大学当局が七学部代表団との間に作成された確認書につきまして、評議会は、学生との関係からその審議の終結を急いで、教授会はもとよりこれに協力するよう求めておられます。けれども、この文書は、東京大学のみにとどまらず、わが国の大学のこれからのあり方を根本的に左右する重要な内容を含み、したがって、その確認がたんに大学の機構に対してばかりでなく、その教育理念と、学術研究の前途に対しても、深刻な影響を及ぼす可能性をもつものと思われます。このような観点から、わたくしどもは、評議会がたんに当面の事態の処理のみにとらわれることなく、あるべき大学像との関連において、特に審議に慎重を期され、悔を後日に残されることのないように、その最善をつくされることを、強く要望いたします。

昭和四十四年二月四日

朝香鉄一（計数工学）
東　洋（学校教育学）
安藤良夫（原子力工学）
市古貞次（国文学）
今井　功（物理学）
内田忠夫（経済学）
鵜戸口英善（機械工学）
大島恵一（原子力工学）
大森荘蔵（哲学）
奥村敏恵（土木学）
尾高邦雄（社会学）
河田敬義（数学）
木下治男（動物学）
久保正幡（法制史学）
熊谷寛夫（物理学）
来栖三郎（民法学）
国分正胤（土木学）
定永両一（鉱物学）
島村　修（化学）
田中良久（心理学）
玉野井芳郎（経済学）
団藤重光（刑事法学）
寺田和夫（人類学）
新納文雄（数学）
西島和彦（物理学）
西脇仁一（舶用機械学）
野田良之（フランス法学）
平井正穂（英文学）
古川哲史（倫理学）
堀　一郎（宗教学）
本間長世（英米文学）
松下清夫（建築学）
丸山真男（政治学）
宮本梧楼（物理学）
森野米三（化学）
山口悟郎（工業化学）
山村　昌（電気工学）
吉川逸治（美術史学）
吉田耕作（数学）
吉田精一（国文学）
渡辺　茂（機械学）
山本　寛（原子力工学）
下村孫太郎
森　芳郎（化学工学）
石川　馨（燃料工学）
難波桂芳（燃料工学）

写真 12：要望書、1969 年 2 月 4 日。福武直関係資料 F0013-S1-012「東大紛争」XII、東京大学文書館所蔵。

生大衆自身の手に還元する」ことを主張した。民青は、東大闘争勝利行動委員会で活動していたが、『赤旗』号外「当面する大学問題の解決のために、日本共産党の主張」（68 11 13）が出た直後、全学協議会による大学運営の民主化と大学自治の破壊の克服という党提案に従って、東大民主化行動委員会に変身し、やがて各学部自治会での多数決という民主的手続きで七学部代表団を組織し、加藤執行部との確認書に漕ぎつけた。共闘会議は手続きを重んじるその民主主義を「形式民主主義」と呼んで唾棄し、民族派学生運動の「YP体制打倒」にも似た侮蔑語「ポツダム自治会」や「ポツダム民主主義」を投げつけた。「共通なコトバの了解」が欠如したというか減少したのは確かだが、それが「概念の解体」だろうか。ただ概念が相違し、混乱したのではなかったか。

　日本の民主主義は「上からあたえられたもの」「教えられたもの」だと丸山が一月二四日の報告で言ったのは、民主主義の自生について悲観的になったのだろうか。『現代日本の革新思想』（66 01）で「近代」民主主義は外来だと限定したのと比べれば、戦争直後に民主主義が「下から」沸騰した歴史を強調しなくなったし[15]、日本の民主主義が「内から」も生じつつあることを看過していた。学生たちが教えられた民主主義を自分たちのものにしつつあったのに[16]、丸山は、集団的ムードに弱いとか、大衆ファシズムへの免疫がないとか、他者を他在において理解する知性が欠けているとか、もっぱら否定的に見ていた。たしかに学生たちは、民主主義はいいことだと教えられてきただけに、六〇年代の日本の大学と国会の現実について、これが民主主義かと幻滅しやすかった。だから民主や平和という言葉を共闘学生が嫌ったとしても、彼らが形式的でない民主主義をめざしていたこと、右翼が民主主義を嘲笑するのとは違っていたことはわかりそうなものだ。学生たちが甘ったれ、ダダッ子に見えたのは、電車のなかで大の字になる子供をよく連想した六四〔本書二三、二七頁〕、五年ころからだろう。丸山が自分の子供たちに言うことを聞かせようとして、反抗の芽を育てていたことも無関係とは思えない[17]。

四　ロマン主義

丸山が「概念の解体」を指摘したとき、フランス革命後のロマンチシズムに触れたように、カール・シュミット『政治的ロマン主義』(一九一九年)を念頭に置いていた。「現代の状況は、シュミットが概念の解体と言っている、それを思わせる」、「全共闘の運動はロマン主義とある近似性がある」と言ったと晩年には記憶していた(回顧談)。一九世紀初頭ドイツのミュラーやシュレーゲルらの政治的ロマン主義は、一八世紀の古典的啓蒙的合理主義に反抗して個人主義や非合理主義を主張したが、カウサ(因果)を否定するオッカジオ(機縁)という「解体的概念」を特徴とする定義不可能な思想であり、主観化された機縁主義だとシュミットは論じた。自己客観化を欠いたイロニーとともに、歴史と民族のロマン化によって、可能性の留保と永遠の対話を繰返した政治的ロマン主義は、概念を解体するとともに、復古期の現実を美化する思想だった[18]。シュミットは、ド・メストルやボナールらカトリック思想家の政治的決断と責任を支持する立場から、およそドイツ自由主義に共通する非政治的な精神をロマン主義に見ていた。それを政治的ロマン主義と呼んだことのなかに、因果の強制や規範の拘束を拒否する気まぐれな思想に対する批判や軽蔑を表していた。

全共闘の運動はロマン主義に近いと丸山が感じたのは、シュミットの著作にもとづいていた。たしかに全共闘は、客観主義というよりは主観主義の傾向が強かったし、大学当局が二言目には「理性の府」と言うような合理主義を批判したり、学生自治会の形式民主主義を攻撃したりした。手続きを重視せず、妥協や裏交渉を嫌悪するなど、反政治主義でもあった。一人一人の個人の判断を尊重し、しかも大衆的に決定することを重視したからであり、そもそも不当処分の白紙撤回を求める運動だったからだろう。全社会的な変革をめざす運動でもあったから、ロマン主義の色彩を帯びることもあった。しかしシュミットが批判した政治的ロマン主義があっただろうか。イロニーによって概念を解体したり、ロマンによって現実を美化したりしただろうか。東大では多くの学生が卒業や進級のために自己肯定的に紛争収拾に走ったとき、全共闘は自己否定を唱えた。それはシュミット的な政治的ロマン主義が、現実を見下して嘲笑するロマン的イロニーを駆使しても、自己を批判する自己イロニーを欠いていて自己客観化ができなかったのとは違っていた。もっとも丸山から見れば、本来の「自己批判」とは異なる「自己否定」が合言葉になったことほど「大きなアイロニー」はなかった〔春曙帖32〕が、それにはあとで触れる。山本義隆や長谷川宏に政治的ロマン主義があったとは思えない。政治的ロマン主義に近かったのは、丸山の超国家主義論文にルサンチマンを見ながら「文化概念としての天皇」を提示した三島由紀夫（「文化防衛論」68 07『中央公論』）であり、彼を称えた磯田光一らだった。

全共闘の合理主義批判にロマン主義を見るのなら、何もシュミットに拠らなくても、ウェーバーでよかったのではないか。マックス・ウェーバーは、『職業としての学問』（一九一九年）で、科学の合理主義や知性主義からの解放を求めて体験や生命を探すことを非合理的なもののロマン主義と呼んだし、『職業としての政治』（一九一九年）では、政治家の三つの資質との関連で革命騒ぎの知識人の責任感なきロマン主義を批判し、責任倫理を説いた。それらは転形期や沸騰期に昂揚する若者の意識への批判としてぴったりだった。丸山は、レッドパージ反対集会（50 10 09）で、ウェーバーに触れながら「Gesinnungspolitiker は最悪の指導者である」と説いて「結果責任」を要求したし、全学連幹部構内隠匿事件発言（59 12 10）でも、活動家学生の立てこもりは「政治的判断に基く行動とは思えない。純粋な心情倫理であり、結果的に無責任である」と批判したように、学生運動を論じるときの十八番がウェーバーだった。責任倫理が困るのは、予想できる結果に責任を負うべきだとすれば、前例のない行為をしにくくなることだ。六六年ころから丸山は、「心情の倫理」と「責任倫理」との対比について、ウェーバーは「ぎりぎりのところでは「われここに立つ」という「心情の倫理」になるといっています」（「ロマン・ロランと私の出合い」66 11。『現代日本の革新思想』66 01、「丸山先生に聞く」68 04 24談でも）と述べたように、画一的な集団的雰囲気に抗する Gesinnung の重視からか、戦後の丸山の時論とは強調が「逆」になりつつあった。「善からは善だけが、悪からは悪だけが出てくる」と信じる政治的幼児への批判や、「責任倫理に従って行為する成熟した人間」への感動を『職業としての政治』から引くとしても、それにも「ここに立つ」が続いていた。

六九年一月の丸山がシュミットを強く意識したのは、フランス革命から一五年と敗戦から二〇年余りという時間的近似などよりも、全共闘の非政治主義と無責任への批判からだろう。シュミット『政治的なものの概念』（一九三二、三三年）の悲観的人間観や友敵の別を決断する政治観への共感、自称非政治主義や反政治主義も友敵の集団形成に奉仕するか逢着するかして政治的なものの帰結を逃れられないという結語への共感が増したのではないか。たしかに山本義隆らが座談会「'68年〜'69年越冬宣言」（68 12 28 f 談、『知性の叛乱』69 04）で、「すでにこれは百姓一揆型になっていて、弾圧されるべき存在として共闘会議運動は進んでいる」、「徹底的な弾圧しかあるまい」と語っていたのを見ると、かつて丸山が「「運動」というよりはむしろ徳川時代の一揆・打毀しなどの「騒擾」の直系」として日本の社会・労働運動の伝統があり、「軍隊・警察の組織的暴力によって鎮圧されることでケリがつく」と論じた（「忠誠と反逆」60 02）その轍を踏みはしなかったかと感じる。しかし彼らは「大学闘争から社会的な運動、そこから全社会的な変革を展望していく運動」をつくろうとしていたから、要求項目をどれだけ獲得したらよしとするとか、目的を達成するために手段を種々考慮し、時には悪魔と手を結ぶとか、行為の結果を予想して犠牲を回避するとかといったようには思考してなかったのではないか。[19]

シュミット『政治的ロマン主義』に拠れば、全共闘のロマン主義が強調され、「概念の解体」が痛感されるだろう。「概念の解体」がシュミットにとってどれだけ鍵概念だったかはともかく、[20]丸山は「概念の解体」に注目してシュミットの政治的ロマン主義論を読み、そのシュミットに拠って東大紛争に「概念の解体」を見た。シュミットに拠らざるをえないほど、東大紛争が頭に来ており、全共闘への怒りや軽蔑から自分を隔離できなくなっていた。若い丸山がシュミットから多くを学んだのは、[21]「敵ながらあっぱれ」（78 12 02談）に尽きない理由が何かあったのだろう。しかし東大紛争で若い学生が従来とは違う意味や価値を込めて言葉を使ったとしても、言葉について共通な諒解がなくなりはしなかっただろう。それを「概念の解体」と捉えるのは、他者の言語使用の自由を軽視することであり、ついには理性をもつ大人しか相手にしないことにならないだろうか。丸山は、そのどちらでもあっただろうが、名を正すというか概念を正そうとし、概念についてタカ派でありつづけた。

それから、六九年一月の丸山がシュミットを強く意識したのは、マンハイムの大学論をシュミットの要約によってしか知らなかったからでもあった（本書第四章参照）。そのころ丸山は、レーヴィットの「日本の読者に与へる跋」（40 11『思想』）をルーズリーフ二頁に書きとめた（文庫 467-3）が、次の頁でチェンバレン『日本事物誌』１（69 01）の訳文を引用しているから、六九年一月以後のことであり、二月の授業再開の準備の一つではないだろうか。「何か他のもの、知らざるものを体得するには、あらかじめ自分を自分から隔離することができ、それから、そのように自分から離れたところにいて、他のものを未知なるものとしてわが物にすることが必要である。…〔ギリシャ人は〕ヘーゲル的意味で、他在において自分自身の家にあるように自由だった」と柴田治三郎訳を修正しながら引用し、左頁に矢印を向けている。そこには、「カール・マンハイム　1945年ロンドンからの放送（Ex Captivitate Salus, p13）」、「学問的自由の前提条件は、自分のグループとちがった他のいかなるグループをも、また他のいかなる人間をも、それらの他在において把握しようとする根本的なNeugierdeである」と記され、「他在において把握しようとする」に「ナチズムの放射状的な世界像」が対置され、「Neugierde」には「未知のものを知ろうとする好奇心curiosity」と付記され、「歴史、とくに現代から離れた歴史認識の意味（昭44ノート、p3）」[22]とある。

そのように丸山は、マンハイムの「他者をその他性において把握する」社会学的な知性をなおもシュミットの要約によって受けとめ、英国大学式の民主的討論の提唱としてではなく、ナチの自己中心的な世界像への批判として理解していた。そしてレーヴィットの「他在において自分自身である」自由を通じて、ヘーゲル的な対話的知性に還帰した。他者と自己をAnderssseinにおいて捉える弁証法的知性が、自己の他在と対話しながら他者を理解する方向に進んでいった。それは、マンハイムが他者をAndersheitにおいて捉えようとする境界人的知性によって民主的討論を拡げようとした方向へも開かれていたが、その方向とは違う方向へ向かっていた。丸山は、その違いも知らないで、シュミットにつられて、ヘーゲル的な自己内対話に沈潜していった。シュミットにつられて、全共闘にロマン主義を看取するとともに、「概念の解体」を痛感したように。

六九年二、三月の授業再開の経験ののち、丸山は、「他者を他在において把握する」知性をヘーゲルのそれと明示した。『現代政治の思想と行動』の英語版（63）の増補版（69）に収めた「現代における人間と政治」の英訳の末尾で、「知性の機能」とは「他者をその他在において理解すること」だという一節に、「ヘーゲルの用語法を用いれば」と挿入することによって特定した。英訳者キャメロン・ハーストがit is the function of intellect to understand him by putting oneself in his placeと一節を訳した（文庫961-1）のは、他者の身になることだと理解したのだろう。それを丸山は、the function of intelligence consists in any age in understanding others — to use Hegel's terminology — as others (in ihrem Anderssein)と改めた。知性は、インテレクトではなくインテリジェンスだった。京都滞在中のハーストの丸山宛書簡（69 03 28、文庫883-6-6）には、オクスフォード大学出版会の締切は四月一一日とあるから、そのころ丸山が加筆したのだろう。ハーストが英訳について入院中の丸山と相談した（清水靖久宛07 05 26）のはおそらく四月中旬、武蔵野赤十字病院でだった。[23]

マンハイム的な境界人的知性によって痛切な社会科学的認識を示してきた丸山は、東大紛争のなかで、ヘーゲル的な弁証法的知性によって自己内対話を深めていく。丸山の「発言」が増幅や歪率なしで聞いてもらえない窮地にあると感じたからでもあった。春曙帖[140]の六八年十二月の索引頁（本書二〇九頁）の欄外に、「私が何かいえば（「いう」ということは日本ではマス・コミや「論壇」で発言することを意味する！）増幅作用をひきおこし、したがって、歪率を大きくするだけだ。私はハイ・ファイといわないまでも普通の音で、私の声がきいてもらえるまで待たねばならない」と丸山が記したのは、たぶん六九年三月上旬だろう。学生たちを「自律的人間としてきたえる」には、「「たたき台」がグニャグニャしていたら、とうてい刀はきたえられない。大学の教師は今こそ「たたき台」としてかたくなでなければならぬ」[139]と決意し、索引語として「形式」「型」を追記したときだった。

（1）ちなみに福田歓一は、福武直「自然承認の夜を学生とともに」（60 08『世界』）によれば、一九六〇年六月一八日、樺美智子慰霊祭後、国会への学生の抗議デモが翌朝無事終って、福武が東大に着いて「本郷のセンターである経済学部講師室に入ったとき、センターで活躍した福田助教授が、とびついてきた。長身の彼は、おおいかぶさるように私をだきしめ、涙を流して男泣きに泣いた」という。もっと引かないと意味不明だろうし、無気味かもしれないが、六〇年と六八年との違いがここにも表れていた。

（2）「東大闘争と学生の意識」(69 09『世界』)によれば、六九年二月初めの東大生の意識調査(無作為抽出の三四〇〇人中、一八〇〇人が回答)で、確認書の文学部処分問題について、支持は一九・五%に過ぎず、不徹底だがやむなしが一六・四%、不徹底なので反対が四四・一%もいた。多くの学生が文学部処分問題に納得していなかった。

（3）加藤一郎のその説明を丸山が知ることがあったかわからない。久野収「わが友　丸山眞男の生と死」(『週刊金曜日』96 09 13)は、親友を追悼する談話にしては粗雑だが、東大紛争での丸山批判には「世間の誤解がある」として、「当時の丸山君は、東大権威主義の象徴として東大当局に利用されていた。だから、全共闘学生に対する批判と同じくらい、東大当局への批判を持っていた」と語ったのは、そのようなことでもなければ不可解すぎる。ちなみに『丸山眞男集』別巻(97 03、15 07)の「年譜」には、一九六九年一月一八、一九日に「加藤一郎総長代行の要請により機動隊が安田講堂など占拠の学生を排除」とあるが、「加藤一郎総長代行の要請により」は第三者なら書くとは思われず、丸山自身があえて書いた年譜原稿の記述ではないか。「二二日、法学部研究室の封鎖解除」という不確かな記憶にもとづくらしい記述とともに。

（4）佐藤栄作首相は、一七日から入った人間ドックでテレビに見入り、「暴徒の連中は簡単にはおさまらぬ様子」などと一八日の日記に書いたが、「昨夜加藤代行総べてカブトをぬぐ。即ち当方に一任と決す。勿論十項目の覚書(確認書のこと)など守る考へのない事が明となった」とも見くびった。その一七日夜、加藤代行はどう兜を脱いだのか、坂田文相との会談で「政府、大学一体となり、協力のもとで警察力を導入して大学の正常化を図り、見通しが出来たところで入試問題をきめる事」「まづ安田講堂占拠の諸君に退去を命ずる事」を書面で確約したと一七日の日記に佐藤は書いている(『佐藤榮作日記』3、98 07)。これだけなら加藤代行が政治家から入試実施を材料にして手玉に取られたようだが、坂田道太の回想(「「文教の旗手」回想録」94 08 02『エコノミスト』、園田孝純の教示)はかなり違う。坂田─加藤会談の了解事項について、「昭和四四年一月一七日入試復活についての第一回協議の際のメモ／了解事項／一、大学における暴力の排除等事態の正常化について大学としては完〔萬カ〕全の努力を払う決意である。二、確認書については現行法の域をこえる問題までも東京大学として独自に行なおうとする趣旨のものではない。／一九六九年一月一七日／坂田道太／加藤一郎」。これとは別に第二回協議の記録があるなら見たいが、少なくともこれなら、加藤が政府と警察にすべて一任したとか、無限定の機動隊導入を要請したとかではなかった。

(5) 飯田泰三著によれば、全共闘の「大学解体」は実現不可能だろうし、「解体どころか、なんらかの大学改革の試みも、ほとんど実現はむつかしいだろう」と丸山は言ったという。

(6) 「師弟関係の崩壊」は、六八年夏に堀米庸三が発表した論説（68 09『中央公論』）の題でもあるが、堀米はモラリスティックな発想からではなく、師弟関係の崩壊を直視しながら文学部処分の解除を示唆していた。しかし多くの大学紛争論は、教育者の良心を道徳的に問題としていると丸山には見えただろう。丸山の高校以来の友人の堀米は、「今度の東大闘争に現われる共闘派の思想には、場合によっては、かつて日本の持っていたヒューマニズムの弱さを越えるようなものがある」（「変革期とは何か」69 07『別冊潮』）と語ったように、六九年八月に文学部長になる前まで、共闘派に「新しいもの」や肯定的なものを感じていた（その座談会に「作家」として出席している柴田翔が六九年四月から東大文学部助教授だったとは知らなかった）。

(7) 第二回「法学部から見た現状（要旨）　現代が概念の解体の時代にあることが指摘された。これの世界史的側面および特殊日本的側面について触れ、種々の議論においてこの点に起因する考え方の相異が述べられた。」第三回「東京大学の将来（要旨）　メガロポリス化してしまった現在の東京大学の組織機構をより小さい独立の単位の集りのフェデレーション組織とすることが提案され、これに研究所、スクール、センター（プロジェクト組織）の三つの基礎単位をあげ、ここにおける運営組織について種々の提案がなされた。」

(8) これは Hugh Byas, *The Japanese Enemy*, 1942 や「敵国日本」（46 01 f『世界』）からの引用ではなく、一九四八年四月九日の林茂の要約（「日記」文庫1、現在は検出しない。『自己内対話』三〇頁）を用いている。

(9) もっとも丸山は、のちのちまで無党派学生に対して厳しかった。「自分の行動を非政治的もしくは反政治的と思っているノンセクト・ラヂカルの自己偽瞞《(ママ)》」（69 04 f［春曙帖 121］）、全共闘運動は「結果論としてみても、大学を改革することに、変革することに、ほとんど役立っていない。結果においては、民青がほとんど主導権を取ったんです、どこでも。ノンポリとか、あの時のノンセクトの主張が通ったという例は、ほとんどないです」（80 09 15談）、「全共闘運動の中のノンポリ・ラディカルと言われてるものは、非常に美化されてる。ぼくは、セクトのほうがはるかにいいって言うんです」(85 06 02談)、「あらゆる「制度的」なものを嫌悪した日本の新左翼、あるいは全共闘的なノンセクト・ラヂカルが社会的な場では極端に「コネ」の人事に陥ることは日本のカルチュアの悲喜劇である」(87 03「春曙帖95-」)。

(10) 大学問題シンポジウムの委員だった宇沢弘文は、二〇〇二年の不確かな記憶をもとに、丸山を中心に「改革フォーラム」がつくられ、東大解体論が出てきた、しかし東大の全学部が拒否反応を示した、丸山は間もなく東大を去ったと回顧している。「語るには若すぎる」22、02 06 21『週刊朝日』。

(11) 大内兵衛の孫で大内力の子の大内茉莉子も「大学側は、講堂封鎖だけを抜出して暴力というけれど、医学部のあいまいな大量処分にみられるような大学の姿勢こそ、よっぽど暴力的ではないのかしら」と言ったという。「大内家三代の東大観」朝日新聞68 08 17夕。

(12) 革命党派間の「内ゲバ」で最初の死者が出たのは六九年夏、中大や芝浦工大でだった。東大でも六八年夏ころから党派間のテロ・リンチが陰であり、日共系と反日共系との間だけでなく、反日共のセクト間で始まっていたという。当時は気がつかなかった立花隆に、安東仁兵衛が証言している(『われらが青春』79 02、一二一頁)。無党派の学生もやられることがあったと聞くが、暴力が横行して発言の自由がない社会だったというわけではない。

(13) 他方で丸山は、加藤一郎宛書簡(69 02 07)で、「加藤執行部、すくなくもそのなかの数人が近々のうちに辞職するという噂さ」が今週(二月三日か六日)の教授会で言及されたとして翻意を促した。加藤としては、足元の法学部の教官から、確認書の内容の問題点を指摘した報告書(毎日新聞69 01 25)や、慎重審議の要望書などで足を引張られては、辞意を洩らしもしただろう。加藤は、他人から反対されても嫌な顔をするのを見たことがなく、ただ一度だけ怒られたことがあるという星野英一の回想(「加藤一郎先生の思い出」09 06 15『ジュリスト』)もそのときのことではないか。東大紛争で「法学部の意見と、他の学部、そして加藤総長(代行カ)を初めとする執行部の見解が食い違った」とき、法学部の誰かに言われ、星野が夜遅く加藤に電話したら、「さすがにご機嫌が悪く、「他学部がみんなそう言っているのですよ」と言われ、早々に撤退した」という。

(14) 「直接民主主義」は、直接行動を訴える者の合言葉ではあっても、巨大集団でどのように制度化できるかは難問だし、議会制の否定が独裁者の出現を容易にすることは、六〇年ころまで直接民主主義を説いたことがある丸山も懸念するところだった。後年の述懐（家永三郎宛82 08 17）では、「直接民主主義は補完的な役割にとどめるべきで、そうでないと人民投票的独裁制に途をひらきます。」

（15）開かれている精神《オープン・マインデッドネス》と「開けた《シヴィライズド》」精神とを対比して、「第二の開国であった敗戦後のデモクラシイにおいては、未曾有の国民的な経験から出発しているにもかかわらず、「開けた精神」（マルクス主義もふくめて）の洪水にくらべて、「開かれている精神」の声はあまりにも弱かった」と反省した［春曙帖31］のは、藤田省三らと「開けた」意識を論じた六七年だろうか。

（16）大学問題シンポジウムの一月一七日の討論でも、学生たちが一定の行動をしたあと理論的総括をすることについて、「総括というのは、六三制教育、とくに社会科教育の産物であろう。つまり、儀式的民主主義の所産なのだ」と平井啓之がやや皮肉に語ったのに対して、「たしかに、六三制教育を受けてきた今の学生は、集団討議などの面ではわれわれよりもうまい。そして、縦の関係よりも横の関係を重視した運営をしている」と肥田野直は観察した。『大学問題シンポジウム報告書』69 09、二二頁。

（17）Eテレ番組「民主主義を求めて　政治学者　丸山眞男」（14 07 19放送）の最も印象深い一齣、丸山が長男彰に「今すぐ独立しろ、一切面倒見ない」と言った一齣は、日大闘争に最後まで参加しても展望が開けない時期というよりも、日大闘争の昂揚期の六八年七月一九日、彰の母方祖母の喜寿を祝う翌日の会に出るように迫ったときだった。丸山が妻ゆか里に「育て方が甘かった」と言い、彰に「そんなわがまま許さない」「いやがるという自体に甘ったれたところがある」と言い、「『習慣論』とか『歴史の重み』なんて次元の高いものに論議をエスカレートさせた」のを二一歳の彰は冷静に観察して日記に書いた。「オヤジはもっと冷静に（あんなムズカシイことを研究しているから）ぼくを説得にかかると思ったのに、問答無用、出ろ、というのにはおどろいた。神様といわれた丸山真男もこんな非人間的なところがあったのかと、ヤユしたくなる。おそらく東大なんかでも学生の横暴さに我慢ならないような思いをした上、ぼくのようなことがあったので、自分の子供にまでそんなことさせてなるものか、という気持ちからああいうふうになったものと、うけとめられる」。丸山彰「1968年7月　日大闘争と丸山家のヒトコマ」（丸山眞男没後20周年記念会『抄録集』16 08、一三頁）。もっとも丸山はいつも独裁的に親権を行使していたわけではない。

（18）竹島博之『カール・シュミットの政治』02 08、二八、三二頁。現実を美化するロマン化と、現実を見下すイロニーが、ロマン主義の二つの相補的な手段だという。

(19) 山本義隆は、五年後に次のように記した。「六八年の湧き返るような大衆的昂揚」の時以来「私をとらえたのは、当時確かな手応えを与えてくれた非政治的政治であり、ほのかな予感をいだかしてくれた文化の問題であった。それは技術化された政治とも専門化された文化とも異っていた。最終的に「帝大解体」に登りつめた闘いは私にとっては「学の解体」であり、それがおそらくは「政治の消滅」のチャネルを開くのではないかという予感である。」(書評「東京大学　近代知性の病像」74 02 25『日本読書新聞』)これは政治学者がロマン主義とか無責任とかと言うのとは違う思考ではないか。

(20) 本文四段落前のオッカジオについての「解体的概念」auflösender Begriffという表現は、『政治的ロマン主義』一九二五年版序文で一例用いられているが、一九一九年の初版にはない。二五年版の大久保和郎訳(70 08)二三頁。また、ロマン派のBegriffsauflösung一例は、大久保訳三二頁で「概念解体」、初版の橋川文三訳(82 11)七頁では「概念化否定」と訳されているが、丸山は橋川訳の蔵書への書込みで「概念の解体」と改めている(文庫 0184406。同書八八頁、イロニーは現実を「無力化する」paralysierenを「解体する」と書き改めてもいる)。Begriffsauflösungは、概念の「解体」というよりも「分解」「溶解」「解消」という語感ではないだろうか。丸山があえてどぎつく「解体」と言った面がある。

(21) 若い丸山がシュミットから学んだのは、もう一つ、自分を対象化して認識しつくせば克服できるという考え方がある。マルクスらヘーゲル主義者は「予言者のように未来を予言できる」と信じているのではなく、「到来しつつある事物を今日すでに歴史的に終ったものの弁証法的対立物として認識する」から、「現在的なものにまで発展した過去のものを正しく認識し正しく構成するとき、それは認識しつくされたものとして、意識によって克服された段階に属し、その最後の時が到来した」と確信することができるとシュミットは『現代議会主義の精神史的状況』(一九二三、二六年、樋口陽一訳15 07七九f頁)で論じた。一九三八年九月に同書を三度め読了した丸山は、「後ろむきの予言者」意識を学んでいる(文庫 01825745, S.73)。やがて丸山が、日本思想の原型―古層―執拗低音を認識しつくして克服しようとすることは、マンハイムの他者理解(根本的好奇心論)を民主的討論の前提ではなく学問的自由の前提と受けとめたこと、政治的ロマン主義による概念の解体を全共闘に見たこととともに、シュミットの毒がまわったようなものであり、その三毒は八〇年代前半まで消えなかった。

(22)「昭44ノート」として思い当るのは、六九年二月の「昭44〔43〕年度講義」ノート(文庫402-3)だが、その三枚めに、日本の近代以前についての思想史研究をする「A.学問的理由」とは別に、「B.今日の実践的理由」が次のように自己内対話的に記されている。「自己から自己を「カクリ」すること、現代の風土・文化《カルチュア》とひとつづきになり、マイボッしている自己を自分からひきはがすことによる自己認識。現代を現代から隔離することによる現代認識。自己と現代の対象化。昭42年ノートp3。テキストp5(レーヴィットの自己認識)。とくに無自覚的なもの、下意識…を対象化して意識化することによって、これをコントロールすることが可能になる」。その「テキスト」は丸山の『日本の思想』Iであり、岩波新書五頁に「K・レーヴィットはかつて、日本的「自愛」をヨーロッパの自己批判の精神と対照させて論じた」とある。

(23) ハーストが入院中の丸山を訪ねたのは、英訳増補版の序文付記の六九年三月とかつて私は推定した(「丸山眞男と米国」0803、本書一〇三頁、修正ずみ)。しかし武蔵野中央病院は桜が満開だったというから、六九年の東京は三月四日と一二日、二度も雪が降り、ソメイヨシノの見ごろが遅れた(朝日新聞690406)ことからして、四月中旬だろう。遅ればせに気象庁のWebページを見たところ、六九年の東京の桜の満開日は四月一〇日。

第七章　授業再開と形式への固執

一九六〇年代末の大学紛争では、多くのことが問われ、論じられ、やがて忘れられた。よく問われたのは、大学とは何か、学問は何のためか、とともに、なぜ授業を受けるのか、だった。東京大学では、不当処分に抗議する学生がストライキを続けたが、六九年一月の安田講堂の激突ののち、二月に法学部などで授業が再開されたとき、激しい議論が交された。全学共闘会議（全共闘）の学生が教室に押しかけて、なぜ授業をするのか、教官に問いかけた。丸山真男も、授業再開で学生から問いかけられた。六九年二月二一日から三月七日までの丸山の五回の授業日に何があったか、どのような学生が集まってきたか、何が論じられたかをこれから考えたい。それは、丸山の思想の歴史において深刻な経験であり、大学と暴力、学問と形式、自由と他者などをめぐる思索から、丸山自身も思想的転機を迎える。またそれは、日本の戦後思想史のうえでも重要な事件であり、東大紛争による思想的断層に気づく材料としても貴重だろう。あったことをなかったことにするような記憶や記録のしかたが多すぎるから。

東大紛争で加藤一郎総長代行の特別補佐を務めた坂本義和は、法学部で授業が再開された初回から講義をしたと『人間と国家』（1107）で回想している。全共闘系の学生たちが来て糾弾を始めたが、多数の支持を得た代表として来るのでなければ民主主義でないと譲らなかったら、三、四〇分騒いで引き揚げた。次の授業にも全共闘系の一団が来て授業をさせなかったので、八時半からの一時限に変更したら、「全共闘は朝寝坊だから絶対に来ないだろう」という予想通り、誰も来なくなったという。「半分笑い話ですが」と、苦い記憶がのどかに変換されて埋められている。

東京大学広報委員会の「資料」には、かなり違う事実が記されている。四月一六日の三時限の坂本教授の講義の直前、「全共闘系学生十数人が同教授の紛争責任を追及すると称して、二五番教室の講壇を占拠した」ので講義中止が掲示された。その学生たちは三一番の英米法の教室にも乱入し、四時限の日本法制史の講義でも全共闘系学生五、六〇人が反対派学生約三〇人と乱闘して講義が中止されたという。二か月も続いていたのかと驚かされるが、同じような記事はその後も掲載されているのに、なぜかその前にはない。

三月末日までは東京大学弘報委員会（四月から広報委員会）が「資料」を毎週発行していた。それによれば法学部は、二月一四日（金）より授業再開にふみきったが、当日は一時限からすべての講義で、法学部闘争委員会（法闘委）の学生を中心とする全共闘系学生が妨害したので、事実上講義ができなかったし、翌日（土）も講義中止になったという。ところがその後、「最近の各部局での経過について」欄に法学部だけ記事が掲載されなくなった。理由はわからないが、二月一六日から四月一六日の前日まで、記録に空白が生じている。

法学部の授業再開には新聞記者も注目していた。記事によれば、二月一四日二時限の三一番教室では、商法の鴻教授が講壇に上がると、全共闘学生が十人ほどで自己批判を迫ったが、集まった約三百人の学生は「カエレ」「われわれは授業を受けに来た。じゃまをするな」と叫んだという（毎日新聞69 02 19）。同じ授業では、鴻教授を教壇の上で奪いあいながら、法学部の学生同士が「きさまたちはもう負けたんだよ。出て行け、帰れ」「なにいってやがんだ、このスト破り」と罵りあったともいう（朝日新聞69 02 18）。ある法学部教授は、授業をすると学生から追及されるので、二月一四日以来ずっと休講を続け、三月七日にやっと教壇に立ったという（朝日新聞69 03 10夕）。なお、授業によっては、卒業の邪魔だから全共闘は帰れと叫ぶ学生ばかりではなく、全共闘の学生が教官を追及するのを聞こうとする普通の学生がいた。

丸山真男の授業再開の経過は、当時全く報じられなかったし、その後もほとんど触れられなかった。私は、当時中学生で何も知らなかったが、その後も聞くに聞けなかった。丸山の没後、手記「春曙帖」を含む『自己内対話』が九八年に刊行され、『丸山眞男書簡集』１が〇三年、『丸山眞男回顧談』が〇六年に刊行されて、少しずつ明らかになってきた。加藤一郎宛書簡(69 02 25)と、三月中旬以後に春曙帖[73-79]、70-73]に書かれた「一九六九年二月、講義開始から、中絶までの経緯」が主な資料であり、両資料とも発表を予定した文章でないこともあって、不可解なことが多い(東京大学の近代日本法政史料センター原資料部の加藤一郎関係文書と東京女子大学の丸山眞男文庫に両資料の原物がある)。

丸山の五回の授業日に何が論じられたかを考えるには、丸山が書き残したものだけでは足らない。対立しあう一方の言い分だけ聞いて事件を論じてはいけないのは鉄則だから、丸山を追及した学生の言い分をもっと聞きたかった。とくに丸山が手記に名前を書いた法闘委のAとSから聞いていない(『自己内対話』で伏字の学生の名前は略称する)。また、本人の回想を真に受けてはならないのは右の坂本の例からも明らかであり、さまざまな資料を参照したかったが、ビラや立て看写真などにはなかなか巡りあえない。それでも授業再開で論じられた大学と学問、制度と暴力などをめぐる問題がやがて全く意味不明になる前に論じたい。

一　講義は日常的な制度

六九年一月一八、一九日の機動隊導入後、全共闘の学生は東大当局と教官の責任を追及しつづけた。全共闘が追及活動を強めると、機動隊や警察隊が出動し、二月四日は六名逮捕、一二日は一名が後日逮捕された。その一二日の大内力総長代行代理への再度の追及集会を受けて、加藤総長代行は一三日、声明「理性的な討論の回復のために学生諸君に訴える」を発表したが、そこで山本義隆全共闘議長(一月二〇日に前日事件とは別件の逮捕状が出され潜行中）が機動隊導入と闘争収拾の責任を追及する一七日の集会を一四日に申入れたところ、理性的な討論の保障がないので出席できないと一五日に回答した。全共闘と対立する代表団学生との確認書の処理を着々と進めて二月一一日には最終確認書まで漕ぎつけていた加藤代行が、全共闘の追及集会に出るとは思えなかっただろうが、全共闘は追及をやめなかった。

文系の各学部では、学生がストを十二月まで続ける文学部を除いて、二月に順次授業が再開された。全共闘の学生は、いわゆる正常化に抗議して授業再開を阻止しようとしたし、医学部処分と文学部処分[1]、六八年六月と六九年一月の機動隊導入の責任を追及した。東大紛争で丸山が標的にされたとよく言われるが、どの教官の授業も「粉砕」の対象だった。「粉砕」といっても物理的に粉砕するのではなく、質問と議論で粉砕しようとした。ただ、六〇年代の東大受験者の必読書『日本の思想』など、丸山の著述はよく読まれていたし、新聞が断片的に報じた丸山の発言も知られていたので、日本政治思想史の講義に集まる全共闘学生は多かった。二月二四日の文共闘ビラ「秩序回復＝教育近代化運動を粉砕せよ」（国会図書館所蔵「東大闘争資料集」）は、「粉砕カリキュラム」という時間割表を掲げ、丸山らの授業を「必修」としていた。二二日の法闘委ビラ、二六日の育闘委ビラ（『日本の大学革命4東大解体の論理』69 08、付録資料リスト。『日本読書新聞』69 03 10掲載は後者の一部か）は未見だが、丸山の授業へ学生を誘っただろう。

二月二一日の第一回講義日（金、三時限）。正式開講の一四日から二回おいた日の午後一時から法文一号館一階の二二番教室。一号館前に法闘委若干名がいて「講義の前にわれわれに質問をさせてください」と言ったが、丸山は、講義再開の意味を冒頭述べるから「それに関連する質問だけを受ける」と限定して応じた。二二番教室はすでに満員であり、横長の教室に二百人は入っていた。丸山は、冒頭五分間位で、学生ストと建物封鎖が除かれた以上、講義をするのは教官の義務であり、聴講は学生の権利であるから、他の学生の聴講権を妨害しないでほしいと述べた。

そこで立っていた法闘委のAが、授業再開の「客観的役割」「一八・一九日の機動隊導入」「加藤代行、平野学部長、その他の追及集会」などについて質問を始めたので、問答を交した。そのころには入口の近辺に数十人の学生が立っていて、次々に質問がとび出し、そのつど答えたという。

丸山の答えは、加藤宛書簡では九点記されているが、講義は「日常的な制度」であり、全共闘が抗議する「正常化」ではなく、「日常化」するだけだというのが要点だった（永久革命の定義について「トロツキーはどこで言っているか」と丸山が言った脈絡はよくわからない）。講義とは別の機会に討論したいのなら、いつでも日をあける。平野学部長も諸君との討論を拒否しない。一月一八、九日の機動隊導入は、孤立的に取上げるのではなく、「東大紛争〔書簡集誤植〕」の長い過程から論じるべきだ。「機動隊導入その他その他〔書簡集誤植〕に責任はないのか」との問いには、「私は東大紛争全体に重大な責任を感じている」。しかし「大衆団交やつるしあげによる「自己批判」の強要」は空しいし、「良心を強制することはできない」。学生に対する処分は暴力ではない。機動隊の行動には職権濫用がありうるが、学生のゲバは非制度的な暴力だから職権濫用がない。研究室封鎖は「ナチも軍国主義者もやらなかった」と言ったではないかという毎日新聞記事（68 12 24）への問いには、「都合のいいときだけ、ジャーナリズムの記事を信用するのか」。

そのように丸山は、学生の不当処分と機動隊導入の責任を問う声をかわしながら、はぐらかすような問答を一時間半続けた。後ろの席で取材した毎日新聞記者の原田三朗は、丸山が学生の主張の論理的根拠を次々と問いただし、「君たちも法学部の学生なら、その要求に根拠のないことがこれで理解できるはずだ」とにらみすえた気迫が勝っていた（小中陽太郎編『東大法学部』78 06）ので、次回も取材する必要を感じなかったという。丸山は、『日本の思想』をテキストとする講義（補注1）を一〇分ばかりして、一一〇分の授業時間一杯でやめた。法闘委Aが「これから討論を続けたい」と言ったが、講義を妨害しておいて虫がよすぎると思ったので、丸山は返答もしなかった。「講義をともかくはじめたというたてまえ」が貫かれたのでよかったと感じたようだが、返答拒否のことを両資料に書いているの

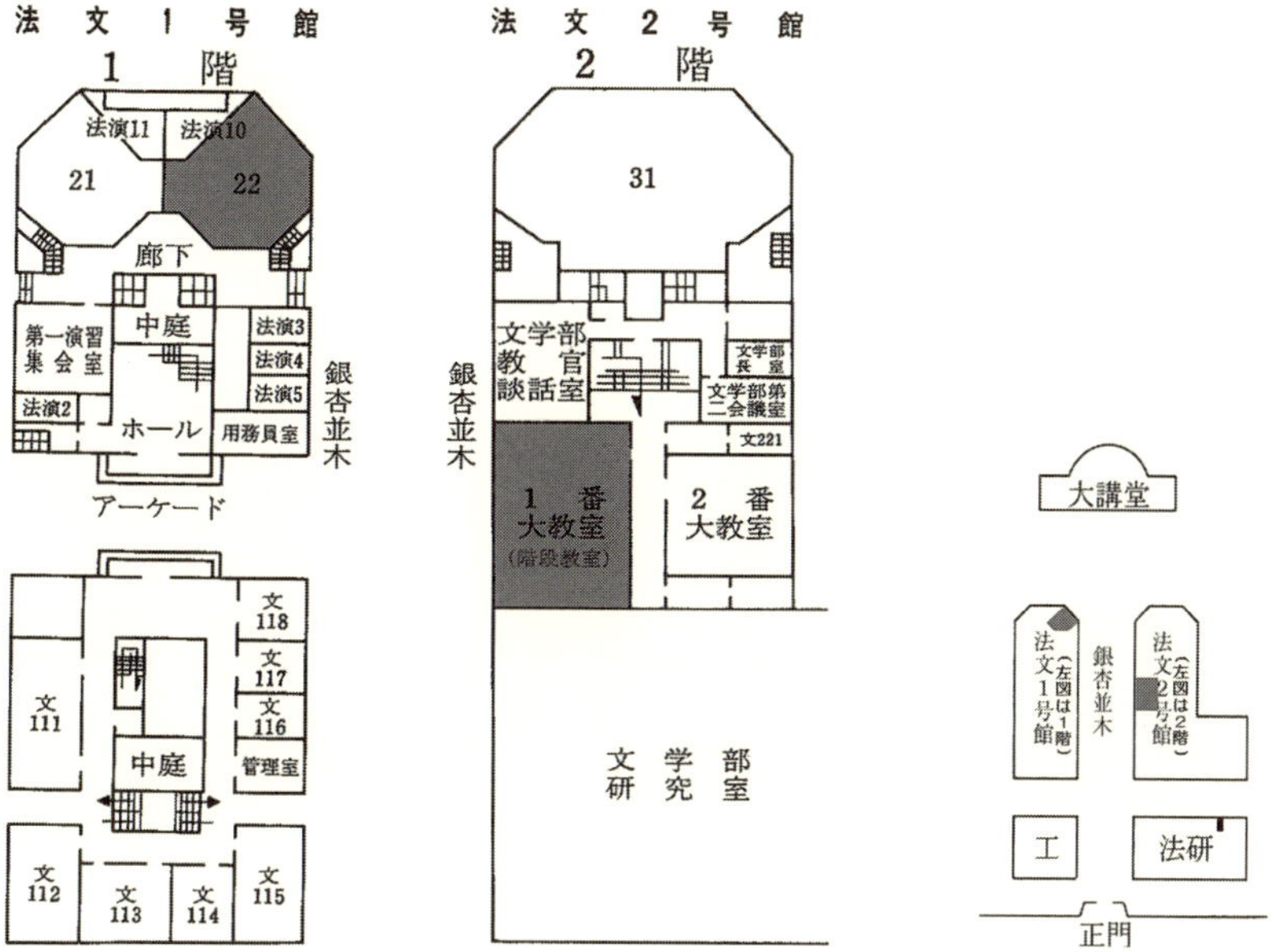

図2：『東京大学法学部便覧』1975年4月の教室配置図。薄墨ぬりの教室が法学部22番教室と文学部階段教室。右は建物配置図、法研（法学部3号館）2階の黒い長方形∎が丸山研究室の位置。

は、それが次回の導火線になったと感じていたからだろう。

二　機動隊導入の責任

二月二四日の第二回講義日（月、四時限）。午後三時ころ、銀杏並木で四、五〇人くらいの学生が、二二番教室に向かう丸山の両腕をとり、法文一号館から見て銀杏並木の向こう側、法文二号館の二階の文学部一番大教室に連れこんだ（図2）。二百余り座席がある横長の階段教室に、百五、六十人（加藤一郎宛69 02 25）あるいは百数十人［春曙帖74］の聴衆がいたという。昼頃から丸山ら「進歩的教官」を弾劾する立看板が銀杏並木に出ていたらしいが、それを見た文学部の学生らが集まっており、法学部の聴講学生も駆けつけてきた。法闘委Aが「授業再開を強行した丸山教授の追及集会をひらく」と宣言し、壇下の椅子に丸山を坐らせ、革マル（革共同の革命的マルクス主義派）とＦＬ（赤ヘルメットと春曙帖にあるから、書簡集注記のフロント〔社会主義学生戦線〕ではなく、たぶんＭＬ派系のＳＦＬ（学生解放戦線））が右に立ち、白ヘルメットの革マルの学生がマイクをつきつけた。

丸山は、「強制的につれてこられた状況では発言しない」という態度に終始し、黙秘を続けた。加藤宛書簡によれば、「不法に身体の自由を拘束された」以上、「自由な討論」とはいえないという原則論からだが、例外的に実質論に入った。「二六日の加藤代行追及集会に出よという要請があった」ことを加藤代行に伝える、しかし「私の思想は、私がどう考えているかは、こういう場では答えない」。前の座席の学生が「丸山教授は機動隊を導入しながら…」と言ったので、「機動隊の導入は私の権限ではありません」。学生「責任を逃れるつもりか。あんたは、権限でない、といって逃げることを日本の支配層の分析で書いているではないか」（丸山は内心苦笑）、丸山「権限がない、といっているだけで、責任がないとはいっていない」。五時すぎＡが「丸山教授が授業を停止して話し合いに応じない限り、話し合いを拒否する」「加藤追及集会に丸山教授をも、隅谷教授とともに引き出す」「今後の授業をフンサイし、構内で歩いているのを見付け次第、いつでも、どこでも教授を追及する」と宣言して閉会した。全共闘はもっと長く追及を続けたかったが、法闘委が五時に終らせると頑張ったようだという。

この階段教室で丸山は、「すり鉢の底に坐らされたまま、審問されているような感じ」だったが、階段席は「そそりたつ」（苅部直『丸山眞男』06 05）ほどではなかった。文学部の堀米執行部追及集会が九月二日に開かれたときの写真（左頁13）のように、緩やかに傾斜した階段教室であり、その演壇の下の椅子に丸山は坐らされた。真向いの法学部側の三階から団藤重光らが見ており、丸山の首の上だけ見えたというが、二月一〇日に総長代行代理の大内力がこの階段教室で追及されたときのような光景だっただろう。大内は一〇日午後四時から一一時まで追及され、一二日も約束通り午前一〇時前に現れたら、安田講堂にかつぎ込まれ、午後五時すぎ警察隊によって救出されたが、

写真 13：文学部階段教室での堀米執行部追及集会、1969 年 9 月 2 日。平沢豊『OTHER VOICES 東大全共闘・68-70』2004 年 12 月。

頭頂部にこぶがあったという。その前例もあって、銀杏並木の向こうの文学部階段教室を注視していた団藤らは、丸山が何か話をしている様子なので、不法監禁の構成要件が成立しないから、まずいなと判断し、午後五時以後も拘束が続いたら機動隊を要請する手筈だったらしい。しかし丸山自身は、「黙秘して警察を呼ぶつもりだろう」と学生から勘繰られたが、「はじめから、機動隊を呼ぶような暴行や長期監禁を予想していなかった」という。

丸山は、法闘委の学生とは事前に接触があった。岡義達評議員は二月上旬、丸山・芦部・三谷の三教官とともに法闘委および法学部学生懇談会(法懇)の一部の学生と非公式に懇談したし、平野学部長は二月一九日夕方、岡・伊藤両評議員および丸山・坂本両教授とともに法闘委代表六名およびその他四名と神田学士会館で懇談していた(法学部教授会議事録69 02 10、20)。「その他四名」は法学部連絡会議(有志連絡)の学生だろうが、二四日の閉会後、丸山が「法闘委をのけものにしないようにと、先日の会をひらいたのに、今日の事件は一体どういうことだ」となじったら、Sは「あれは有志連絡の諸君の希望で…」と言葉を濁したという。

法闘委は安田講堂で二〇人も逮捕されたという（島泰三『安田講堂』0511）から、AもSも、後事を託された切札だった。ちなみに文学部は革マルが多く、主にスト実に結集していたが、法学部は民青が多く、対立する法闘委には反帝学評（社青同解放派）とフロントが結集していた。彼らの間でも秘密になっている第一回非公式会合のことに丸山が触れると、Aは困った顔をしたという（二一日）が、そのような手管に屈して、教官に取込まれるわけには行かなかった。法闘委の学生は、一九日の非公式会合でも法学部長追及集会を申入れたし、この階段教室でも前述のように二六日の追及集会への加藤代行の出席を要請している。

追及集会と並ぶ実質論として、機動隊導入の権限と責任が論じられたのは注目される。加藤代行が一月に機動隊を導入して封鎖解除したのは、暮に一応中止とした入試を復活させる目的のためだったと報じられており、多くの者が負傷した惨澹たる結果からしても、是非の議論がくすぶっていた。丸山「軍国支配者の精神形態」（4905）で東京裁判被告の弁解の一傾向とした「権限への逃避」に学生が言及したとき、丸山が内心苦笑したのは、それくらいは読んでいるはずの学生を見くびっていたかのようだが、自分には機動隊導入の責任は一応あっても権限はなかった、権限を行使したのは加藤代行だと言いたかったのかもしれない。丸山は、二月七日の加藤宛書簡で「入試を実施するか中止するかというその問題を加藤執行部に全権委任したのでない」と保留しており、入試復活のために機動隊を導入した加藤執行部を批判していたのではないだろうか。

番組「東大紛争秘録——四五年目の真実」（140130放送）では、東大紛争で大学の自治が変質したと描くために、七〇年六月ころの加藤執行部六人の回想会議の記録（東京大学文書館も所蔵）を無理して使っていた。おそらく東大裁判対策のためだったその会議では、一月一五日夜の機動隊導入の決断が論じられている。六人は、もともと二月か三月に導入するはずだった機動隊による封鎖解除が入試問題と重なって、客観的には入試復活のために機動隊を導入したことになり、見方によれば悪辣、悪質だったと気づいていた。また、『佐藤榮作日記』には、一月一七日夜に坂田文相が加藤代行に、警察力を導入してから入試問題を決めると文書で確約させたこと、すべて一任させたことが書いてあり、加藤代行が入試復活の執念に駆られなかったら、政治家に手玉に取られなかったのではないかと考えさせる。ただ丸山も、一月一五日、明治新聞雑誌文庫の資料を守るために万全の措置を申入れる書簡を加藤代行に出している（加藤一郎関係文書、本書二〇四頁）。

なお、加藤代行が機動隊を導入したのは、全共闘が安田講堂占拠を続けたからであり、もし全共闘が十二月二三日の加藤代行の最後の話し合いの申入れを拒否しなかったら違っていたかもしれない。加藤執行部の六人は、その申入れの鍵として提案した文学部処分の再検討についても、回想会議で論じている。大内代行代理は林文学部長らの反対を押し切っても文学部処分を再検討する用意があったが、全共闘は再検討の提案だけでは交渉に応じなかった(2)。丸山が批判しつづけた全共闘の反政治主義ゆえだろうか。全共闘が二四日の代表者会議の結論として拒否回答するまで、誰がどのように討議したのか、明らかでない。一六四七年秋、イングランドで水平派の代表がクロムウェルらに挑んだパトニー討論のようなことはありえなかっただろうか。二〇一四年春、台湾の立法院を占拠した学生たちが二〇日めに立法院長の譲歩を得て撤退したようなことが、全共闘にできなかっただろうか。

三　人生は形式

二月二四日の文学部階段教室での事実について丸山は、翌二五日の加藤宛書簡で「記憶するかぎり」述べたが、その下書きがあるからか、三月中旬以後執筆の春曙帖では記述を省略している一方で、加藤宛では述べなかった記憶も書いている。その一つ、学生「丸山教授は形式的原則に固執して、われわれの追及への実質的な回答を回避している！」、丸山「人生は形式です」。二二番教室から駆けつけた宮村治雄によれば、「形式主義者！」とハンドマイクを持った文学部学生Nが罵声を浴びせた瞬間、「人生は形式です！」と丸山は応じ、その言葉を教室の最後列で受けとめた宮村は、言いようのない感動に襲われたという（「ある情景」96 10『図書』）。やはり駆けつけた飯田泰三は、ひと月前に丸山からワグナーの「形式の崩壊感覚」がいいと聞いたこともあって、丸山の言葉に感動もしたが驚嘆したという（「「丸山諭吉」をめぐるいくつかの光景」96 12『福澤手帖』）。ちなみにその学生Nは、全共闘の七項目要求中の文学部処分のNではないかと想像して、三〇年余り山里に隠棲するNを二〇一三年暮に訪ねたが、階段教室で丸山を追及した記憶はなかった。（補注2）

「人生は形式です」発言については、宮村がおそらく三月に入院中の丸山と話している。「あれは、言い足りなかった、正確には「人生は、そして文化は形式だ」というべきであった、とっさのことでそういえなかったのが残念だ」と丸山は言い、その言葉が若い頃読んだジンメルの『近代文化の葛藤』を念頭に置いたものだったことをつけ加えたという。晩年の『回顧談』では丸山は、「形式的なことに拘泥し」という学生の批判に対して、「文化というのは形式ですよ」と言ったとして、やはりジンメルの論文の示唆に触れている。そのように丸山自身が修正したのであれば、旧制高校の教養主義的な人生論議の跡をそこに見るとか、人生は形式だろうか、生命ではないかと問い直すとかは空しい。「生と形式」をめぐるジンメルの思想の理解については後述する。

また、丸山の眼前の学生は、文学部の院生が多かったらしいが、最もひどい言葉を使ったという。「そろそろなぐっちゃおうか」は、むしろ加藤宛書簡の方が詳しくて「「黙っているんなら、なぐっちゃえ」という声もとびましたが、この間肉体的な暴力は一切ありませんでした」とされている。これは、野次馬的に駆けつけた一〇年前の砂川闘争以来の運動家Lが「闘争の妨害者、反革命のファシストである丸山真男を、われわれは今こそ殴るべきだ」などと煽った言葉だろうが、連れの加藤尚武はその言葉の色彩感を評価している（「墜ちた偶像　丸山真男」86 12『諸君』）。その感覚は、全共闘運動の大きな流れからは外れたものだと、何人もの当時の学生から聞いた。(3)

「ヘン、ベートーヴェンかなんかききながら、学問をしやがって！」は、春曙帖だけにあり、そのような「むき出しの憎悪の表情にとりまかれたのは、これがはじめての経験である。その憎悪はむろん「期待」に基くもたれかかりが、つきはなされたところに発している」と記憶され解釈されている。文学部の全共闘学生は言葉使いが荒く、教官への敬礼など皆無で、あらゆる悪罵を連ねることは林健太郎も記している（「軟禁一七三時間の記」6901『文藝春秋』）。法学部学生の丁寧語に馴れた丸山には未経験だっただろうが、学生の憎悪についての丸山の解釈もわかりにくい。学生が丸山に「期待」したのは、全共闘の主張を理解し機動隊導入を批判してくれることだろうか。それなら丸山への「もたれかかり」かもしれないが、それほど見込みのない「期待」を抱くだろうか。

「ベートーヴェン云々」は、原物では右の通り、音楽についての丸山の趣味を特定できない表現であって、ベートーヴェンを貶めた言葉ではない。小さなことのようだが、『自己内対話』では「か」が脱落して、「ベートーヴェンなんかききながら」と誤植されており、ベートーヴェンに象徴される西洋古典音楽に対する憎悪を丸山の学問姿勢にぶつけたかのようになっている。一九三九年十二月四日の津田左右吉の出講最後の日に法文経二一番教室で原理日本社系の学生が質問攻めし、控室でも数時間糾問した事件を丸山が思い出したとするトラウマ説（竹内洋『丸山眞男の時代』0511）は、その誤植からも生じている。原理日本社系の学生は、東洋文化とくに日本文化の伝統と天皇の権威を確信しており、「国体」と「聖戦」に背馳する学問を排斥したが、全共闘の学生は凝り固まっていなかった。加藤代行が「理性的な討論」を呼びかけたその理性には反発したが、理性的でなかったわけではないし、ベートーヴェンを嫌悪することなく丸山の学問を問うていた。

この階段教室の問答を後方で聞いていた社会学科の学生が「全共闘のみが理性的だ！　疑う人は丸山の破産を見よ！」という見出しのビラを翌二五日に出している（国会図書館も丸山文庫も所蔵。写真14）。「彼は一貫して形式を守ろうとした。そして破綻したのだ。「強制された状態で答えるのは良心に反する」というのが彼の「原則」なの

全共斗のみが理性的だ！ 疑う人は丸山の破産を見よ！

昨日、丸山の講義阻止 → 追求集会貫徹！「正常化」策動は着実に粉砕されつつあり！

全東大の学友諸君！〈粉砕カリキュラム〉に参加せよ！ この斗いのなかに我々の学問があり、人間性があるのだ！ 丸山真男の破産は、我々が〈歴史としての現代〉を生きており、我々の斗いが思想的意義を痛感するに充分なものであった。

丸山真男はボクたちか？―いや違う。彼は一貫して形式を守ろうとした。そして破綻したのだ。「強制された状態で答えるのは良心に反する」というのが彼の「原則」なのだ。彼は自己の「原則」を貫くためには国家権力をも利用せんとする極めて立派な一貫性を持っているのだ。その彼が、我々との日を改めての討論を拒否したとき、形式を重視する彼の内容が誰の眼にも見えてしまったのだ。彼は、もしもなぐられたのなら、かえって幸せだっただろう。なぜなら「それでも私は形式を守った」とつぶやくことができたから。だがしかし、我々に軽蔑され、無視されふれた丸山は、何とみじめな姿をさらけ出したことだろうか！ 人生は形式ですという彼は、我々の斗いを理解することはできない。わかるとは自分がかわることなのだから。形式を整えることは体制にとって不能なのであって、我々には全てを自ら設定する力はないのだ。そして、形式論議は常に体制側が行うものなのだ。「多数決で決まったから」「東大教授としての義ムだから」なる形式的理由で講義を強行せんとした彼は、さらなる我々の追求に対してひどいことを言い出した。「18・19日の機動隊導入と講義再開とは直接の関係はないんだよ。君たちは単細胞だなあ。問題はもっと多尺的次元で見なければ」。私と君たちとは見解が違うというだけの内容に、君たちはバカだなる軽蔑を意識的に付加したものではないか！ 我々にとって丸山は痛ましいのではなく、いやらしい存在なのだ。鼻もちならない啓蒙家ぶりの仮と醜悪なことか！ 18・19日の導入が加ト収拾内閣のミステイクではなく帰結としてあったのだ、と追求すると、「それには東大紛争についての全般的討論が必要であり、それを今やる気はない」と答える。だが、昨日の追求で明らかになったように講義予定時間以外のときでも話す気はないのだ。要するに逃げているだけなのだ。彼は政治判断をした結果（？）自らの原理をも裏切らざるを得なかったのだ。逃亡者として自他ともに許した丸山は、衆目のあるところに公然と姿をあらわすことはできなくなったのだ。

「内面の告白を強要するんですか？ それは良心の自由に反します」と居なおり、しかも、「居直りだというのは君たちの主観的判断であって私は認めません」とくるから始末が悪い。だが諸君！ 彼の言う「良心の自由」とは、やりたいことをやっておいて、追及には応じない、都合の悪いことには答えないということではないか！ 先日の講義再開阻止行動のとき、（昨日より自信を持っていた彼は）「私は諸君の良心の自由をうばおうとは思わない。出席はとらないし、ドアにカギかけたりもしないから、ききたくなければいつ出て行っても結構です」と言った。彼の「良心の自由」とはこんな程度のものなのだ。「東大がそんなにイヤなら出て行け」と傲慢な権力者として斗う学生にドーカツを加えたある教授と少しも変らないではないか！「イヤなら出て行け」とは我々が与えられるべき言葉ではないのだ！

我々の追求は、「なぜ講義をやろうとするのか」（もちろん、なぜやるべきでないのかを我々は全面展開した。それに対して、それは君たちの主観だ、とはねつけて、自己の「主観」は言わないのが彼の手口だった）「なぜ、今、話そうとしないのか」、「再度の追及集会になぜ出てこないのか」を中心とするものだった。「答えられないということを答えています。」が形式主義者丸山の「原則」だった。では我々が再度の追求集会を要求したときいかなる形式を彼は必要としていたのだろうか？「授業時間だから」「強制的に拉致されたから」という「理由」がどう見ても通用しなくなり、彼は決定的ピンチに陥った。天を仰ぎ或いは頭をたれるなどした後に、「責任者が明確でない」なる「理由」をもち出した。だが大内追求集会のときの中心メンバーに逮捕状が出され、現に逮捕されていることをどう考えるんだ！ と言われてまたまたピンチ！「こういう集団的雰囲気では…」などとわけのわからぬ泣き言をならべはじめた。何を言ってるんだ！ 文学部一番大教室に結集していたのは共斗会議の学生だけではない。丸山さん！ あんたの「ファン」も「腰巾着」も「右翼」も居たんだぞ！ あんたを弁護する術がないから黙っていただけじゃないか！ そしてとうとうフテクサレテ丸山曰く、「これが学問的雰囲気ですか」と。我々は、明確に言おう。そうだ！ ここにこそ学問があるのだ！ タイムリミットだから多数決、などと言わずに、事実に基いて論理と論理とを斗わすことがなぜ学問でないのだ！ 学問は丸山の専売特許ではなく、常に彼の味方なのではない。学問は自分の側にある、といった思い上がりをこそ我々は一貫して否定の対象として斗ってきたのだ！「自己絶対化」しているのは君ではないか！

「腰巾着」とともにトボトボとバリケードから銀杏並木へ出た彼が目にしたものは、人間の未来をめざしてデモンストレーションを展開する我が共斗会議の圧倒的隊列であった。

追求貫徹！ 闘争勝利！

社会学科斗争通信 No.20 '69・2・25

写真14：社会学科闘争通信ビラ　1969年2月25日。東大闘争資料集。

だ」、「人生は形式ですという彼は、我々の闘いを理解することはできない。わかるとは自分がかわることなのだから」、「なぜ講義をやろうとするのか」「なぜ今話そうとしないのか」「再度の追及集会になぜ出てこないのか」と学生は問うたが、「『答えられないということを答えています』が形式主義者丸山の「原則」だった」。「一八・一九日の機動隊導入と講義再開とは直接の関係はないんだよ。君たちは単細胞だなあ。問題はもっと多層的次元で見なければ」、「内面の告白を強要するんですか？　それは良心の自由に反します」とも丸山は言ったという。「これが学問的雰囲気ですか」と丸山が言ったのには、「そうだ！　ここにこそ学問があるのだ」「事実に基いて論理と論理とを闘わすことがなぜ学問でないのだ」と反論している。

四　大学は暴力に弱い

二月二八日㈮の第三回講義日。この日は国立大学一期校入試の三日前であり、かなりの全共闘学生は京大へ向かっていて、凪のような日だった。ここからは春曙帖のみによるが、午後一時すぎ二一番教室は学生で満員、「前回はハプニングで休講して御迷惑をかけました」と丸山が言ってから、講義は無事に進んだ。しかし午後二時ころ数名の学生が入ってきてビラを配布し、丸山は「いがくり頭」の学生と論争した。「先日私の意思に反して私を強制的にラッ致したことを君たちはどう思うか」と丸山が口火を切り、「機動隊には職権濫用があるが、ゲバに、職権濫用ということがあるか」、いがくり「ゲバにも職権濫用はあります」。丸山が金嬉老事件や嫉妬に狂った妻の夫殺害事件というような例を出して、「原因論ないし背景論と人格的責任論との混同」を指摘しても、彼らは反論できなかったという。「この日の論争は彼等が圧倒された」というのが、見物人のほぼ一致した見方だったという。「全共闘かえれ」と叫ぶ学生もいたし、法懇の丸山ゼミ生Nrは「われ〳〵は丸山先生の講義をききたいんだ」と怒鳴っていたが、有志連絡系のゼミ生たちはついに動かなかったという。同僚教授が心配してつめかけたので、丸山は、一〇分早い二時四〇分に教室を引揚げたという。

このいがくり学生は、あとで医学部学生とわかったと丸山は記しているが、のちには疑っているから、右のビラを書いた社会学科の学生Kだろう。Kは、私の聞取りによれば、丸山がいる教室に行った記憶は二四日と二八日しかなかったが、ビラには二一日の丸山の発言も記されているから三回、そして当時スポーツ刈りにしていて、三月七日も先頭にいた角がりと同一人物と思えるから、四回すべてに行ったのだろう。駒場の見田宗介ゼミで民衆史や思想史に興味をもち、丸山の「忠誠と反逆」なども愛読したKは、なぜ授業を再開するのか丸山に聞きたかったが、残念な言葉しか聞けなかったので、ひどいと思ってビラを書いたという。全共闘には中央指令部などなく、「粉砕カリキュラム」の活動家もあちこちに散らばっていたが、文学部と法学部の五、六人でKは動いていたという。当日のKの手帳には、次のように丸山の発言が記されており、春曙帖の記述とほぼ一致する。

1. 強制拉致したことへの反省がない限り話し合うつもりはない。
2. ベトコンですら闘いのかたわらパリ会談に出席するのに、君たちはどうして闘いがすべてだと考えてしまうのか？
3. 制裁は暴力とは違う（制度が君らにはわかっていない）。
4. 〈黙殺の暴力〉などというと、物理的暴力が隠蔽されてしまう。
5. 目的と手段との緊張関係が必要だ。諸君を甘やかすような言葉はあえて言わない。
6. 原因と人格的責任とは区別されなければならない（社会的背景はあるが金嬉老が無辜の人を殺したことは責任あり）。
7. 六月の導入はまずかった。反省している。
8. 授業の妨害をしないのならば、いくらでも話し合う気はあったのに。

このメモからしても、丸山は、暴力の一点に絞って学生を非難したようだ。あくまで前回の強制拉致の反省を求め、学生の闘争的な姿勢を批判し、学生処分は制裁であって暴力ではないとし、精神的暴力や構造的暴力よりも肉体的暴力を問題とし、闘争手段の暴力化を批判し、暴力に訴えるかは人格的責任だとし、前年六月の機動隊導入は反省したが、一月の機動隊導入はまずくなかったのか不明だし、授業の妨害だけは許せなかったのだろう。原因論と責任論との区別は、不当処分や機動隊導入など大学当局が間違ったことを原因として、相手の責任を過度に追及してはならないことなのか（丸山が書いている妄想妻の夫殺害はこれだろう。林健太郎が「大学の騒ぎの中で」68 11『自由』で論じた「責任論の原因論への解消」と似る）、相手にどれだけ原因があっても、本人には人格的責任があり、暴力に訴えるのは無責任ということなのか（金嬉老の例はこれだろう。人格的責任という丸山の用語からしてもこれか）、区別されていないので、反論に苦しむものだっただろう。

丸山は、その自由主義的な大学観からも、暴力には厳しかった。春曙帖［143-144］では、コロンビア大学のカークやゲルホーンら大学論者の言葉を引いて、大学は「あらゆる種類の観念や学説が自由に相互交換される場」「思想・学説の自由市場としての大学」であり、「警察が介入すると想定されていない聖域」だと書いている。他方で学生らが大学の処置に反対して「思考力のかわりに筋肉の力に訴える」ことも大学の制度は許容しないし、「大学はとくに暴力にたいしては脆弱なところだ」と記している。六八年十二月の記述だろうが、「これだけ長期の占拠・器物損壊・研究教育機能の物理的な力によるマヒ、監禁、人身の自由の侵害、職員・学生への傷害・リンチ等々が、大学以外の他のいかなる場所で放置されているだろうか（警察力だけでなく、法的な告発手続をとられることさえなしに）」と慨歎したうえで、大学が暴力に弱い「特殊性」や大学の自治の「幻想性」にもたれかかってのみ学生の運動は可能だったのに、それを見ない自己欺瞞を指摘している。

丸山の大学観の根本には、戦中の東大法学部研究室の抵抗の記憶とともに、戦後のレッドパージ反対の法学部集会の経験があった。教授職員学生合同集会（50 10 09）で丸山は、「United we stand, separated we fall.（合すれば立ち、分るれば倒る）」と題して、「もし教授と学生がしっかり手をつなぎ合い、立場の異る教授相互、学生相互も学園の自由を守るという連帯感情に貫かれていたならば、いかなる外部権力も容易に介入しえないであろう」と説いた。「試験ボイコット、ストライキ、無届デモ」などの闘争手段を学生が選択したのに対して、「現在のような一方的なラヂカルな戦術が強行される限り、教授側と学生側の対立はます〱激化し、これによつていつしか手段の対立が事実上目的の対立に転じてしまう」と警告した（文庫 1070-7）。そのころ法学部学生大会に呼ばれた丸山が同じような演説をしたので、大勢の学生がスト反対に傾き、大会議長を悔しがらせた（土屋公献『弁護士魂』08 10）が、大学が分裂しないことに多くの学生も価値を認めていたのだろう。

そのような大学観は、戦後の知識人の「悔恨共同体」と深く結びついていた。丸山は、大学紛争当時完成できず『後衛の位置から』（82 09）に収めた「近代日本の知識人」で、過去への悔恨と自己批判とを原点とする知識人の連帯が戦争直後に拡がったこと、しかし六〇年前後から専門化と官僚化が進んで、「「民主主義」が否定の情熱を失って、理念や運動であるよりは、法律制度の中にビルト・インされた何ものかへと変貌した」とき、「悔恨共同体」という知的共同体が解体したことを論じている。八〇年代にはそのように距離をとって、大学を越えた知的共同体の形成と解体を論じた丸山も、六八―九年には、大学を知的共同体として守ること、警察の力も学生の力も介入できない「聖域」として擁護することに傾いていただろう。大学紛争に関連して「戦後民主主義への否定的言辞がひときわ高くなった」〔本書三〇八頁注8〕と六九年四月下旬か五月に春曙帖に書いたように、戦後民主主義とともに大学の自治が告発されることに苛立っていた。

八〇年代に至るまで、丸山にとって東大紛争の記憶で一番強いのは、学生の暴力だった。それは六〇年安保の素手の運動とは対照的であり、七〇年以後の党派抗争の陰惨な記憶とも重なっていた。「安田城攻防戦のときまでに、本郷・駒場の両構内における内ゲバによる重軽傷者は、「当局」が確認できた人数だけでも千名をこえていた」（「休刊号に寄せて」89 12）と丸山は回想したが、その当局文書は見当らない。毎日新聞（69 01 15）には「東大の本郷、駒場両構内で発生した反日共系と日共系の武力衝突は、昨年十一月二十二日〔十二日〕の本郷、総合図書館前の激突を初め、今月十一日朝までに両派の乱闘の大規模のものだけで七回もあり、負傷者は五百人にものぼっている」とあり、「千名」は誇大だろうが、たしかに十一月以降の負傷者は多かった。全共闘が、日共系の組織された暴力に対抗してであっても、暴力に訴えたのは問題が残る。

Kは、ゲバにも「職権濫用」があると答えたように、暴力の濫用を認めなかったし、およそ暴力には批判的であり、論理で闘っていた。授業を妨害していると丸山には見えただろうが、授業の進行が正常化につながるから、なぜ授業をするのかと問いかけた。「話し合う」といっても、東大法学部は研究室の建物入口で未知の来訪者を誰何する人員を雇用している日本唯一の学部であり、授業以外で教官に話しかけるのは難しかったから、教室で直接行動に及んだのだろう。私の聞取りでは、「ベトコン」（ベトナム解放戦線）が六八年十一月のパリ和平会談で米国代表と同席したことを丸山が引例したので、Kが「爆撃しておいてベトコン出てこいと言っているようなものではないか」と反論したら、「これで授業をやめる」と言って帰ってしまったという。それで講義が切上げられたのなら、この日の論争は学生が圧倒されたという勝ち負け論も揺らいでくる。Kが教室を出たら、授業妨害を制裁しようとする民青の学生たちに追いかけられ、かろうじて逃げたという。

弘報委員会「資料」には、この二八日、駒場で午後三時頃から全共闘学生約百名の集会があり、「デモののち、本郷で丸山・坂本両教授の追及集会を行なうとして出発」と記されている。丸山の授業にはもちろん、四時限の坂本の授業にも間に合わなかったのではないか。同「資料」には丸山の再開授業への言及があと一つだけあり、加藤代行は三月四日の声明「暴力的破壊行動について学生諸君に訴える」で、二月一三日の声明後も「法学部丸山教授

(二月二五日)[四]に対する拉致・拘束、法文二五番教室の破壊(二月二六日)および法文二号館の封鎖の反復などが行なわれてきた」と非難している。日付の誤りは『東京大学百年史』通史三(8603)でも踏襲されている。

五　奇妙な光景

三月三日(月)の第四回講義日。週末の京都で東大京大両全共闘総決起集会に参加した学生が、一期校入試の三日に東大で約五百名の総決起集会を開き、約百名が法学部研究室を再封鎖し、約一時間後に機動隊が導入された(夕方駒場に移動して教養学部教授会を缶詰にし、翌四日昼前に機動隊が導入され、四一名逮捕)。丸山は、二日の晩、明日研究室の再封鎖があるらしいと知らされており、三日昼前の教官控室では、「丸山第四回公判」という掲示が大きく出ていると聞いた。[補注3]金沢と丸山は「研究室に在室すること自体が危険」と言われたので、明治文庫に移動し、三時からの講義は休講とした。赤門の外でゼミ生Kkと出くわして、まずいなと思ったが、四時までには家に帰っている。電話で研究室の破壊の様子を聞いた丸山は、「『彼等』にとって自殺的行動ではないか!」と書いた。

三月七日(金)の第五回講義日。丸山は、前々日と前日に情況偵察したが、「坂本・丸山追及集会」という掲示が出ていたという。午後三時の講義開始後、五分もたたないうちに、三〇人前後の学生が押しかけてきた。「例の医学部(?)の角がり」が先頭で、法闘委Aの顔も見えたという。ゼミ生Iら一般学生と丸山と法闘委(全共闘)が三つどもえの形で議論し、法懇と有志連絡も加わって五つどもえにもなった。丸山は、一般学生に「もはや君たち自身の決断の問題だ」と迫ったが、ゼミ生Tnが「もうこうなったら機動隊にまもられて講義を続けるほかありません」と言ったのは本心か皮肉か、呆れるしかなかった。法懇のゼミ生Nrが「私たちの主催という形で討論集会にしていただけませんか」と言ったが、一セクトを特別扱いできないので即座に拒絶した。

そのような混乱のなか、押しかけてきた学生の一人が近づいてきて、丸山と懇談したいと言った。「何故君たちは一対一で話ができないのか、何故衆をたのまないと来られないのか」と聞いた丸山に、その学生は中国文学科三年のSwと名乗って、「一対一はともかく、二、三人で先生の家を訪ねたい」と言ったので、電話番号を教えあった。「こういう奇妙な光景が「東大紛争」なるものの実体なのである」と丸山は書いているが、追及にきた学生が懇談したいと言ったことが奇妙な光景だったのだろうか。むしろ面会の手順を踏む全共闘学生がいたことだろう。その後丸山が入院したと聞いたので、Swが丸山に電話することはなく、手続をとっても結局丸山とは話せなかったが。

私が会ったSwは、大手メーカーの社長をすでに退任してなお射抜くような眼光の人だった。当時は体育会系の完全なノンポリであり、全共闘の論理は実社会では通用しないとわかっていたという。しかし中国文学科は学生六人のうち二人が安田講堂で逮捕されており、鬱屈をかかえた全共闘残党として、正常化に反対する文共闘に加わったが、衆を頼む運動ではなく、互いに知らない者が集っていたという。相棒のOが追及する教官を選び、民青からの護衛役もしてくれ、二人一組で教室に行ったが、非武装が原則だったという。教官の権威を認めないSwは、授業をする理由を教官に質問し、相手が答える発言の矛盾を突くのが得意だった。機動隊を呼んで学生を殴らせたのはあなたが殴ったのと同じでないかと聞くと、多くの教官はしどろもどろになり、ときに感情を激発させたという。Swが丸山の授業に行ったのは三月七日だけであり、丸山が論点をはぐらかしながら論理的に議論したので、この教官は頭がいいなと感じ、もっと話してみたいと思ったという。

全共闘の学生がどかなかったから、機動隊導入はやむをえなかったとはっきり言ったのは、丸山だけだったとSwは回想した。多くの教官がそれほど頭脳混濁していたとは思いにくいが、大学は警察力に頼るべきでないという建て前にとらわれており、機動隊導入の惨澹たる結果があれば、やむをえなかったとは言えなかったのだろう。もっとも丸山が言ったのは、全共闘はあれだけ暴れたのだから、弾圧されてもしかたなかったというのとは違う。福田歓一は、「東大紛争と大学問題」（69 03『世界』）で、「「三百日を越える闘争」というコトバはまことに勇ましくても、そこに使われた手段が大学外では三日とは許されないものである云々」と論じたが、それとよく似た前引の丸山の慨歎も、一月一九日以後に公言されれば意味が異なっただろう。もちろんあの機動隊導入は間違っていた、加藤執行部が入試復活に執着したからだと批判する選択もあった。丸山はその選択はしないと決めていたようだ。

三月七日の講義後、丸山が保健センターに行くと、心電図に異常があった。一〇日には武蔵野日赤病院に入院し、六八年度の丸山の講義は中絶した。四月四日の岡義武宛書簡で丸山は、「このたびの入院は自発的というより、多分に他発的で、「一度目は悪意をもって強制ラッ致され、二度目は善意の人々によって強制ラッ致された」と周囲の人々に冗談を言っておりました」と書いている。検査で肝臓障害が発見されたが、四月二一日に退院し、六月一三日に癌センターに入院して慢性肝炎と診断されるまで、重病とは自覚してなかったように見える。七一年三月の東大辞職後、「ふりかえって見て、一昨年の三月、掛川さんが強引に武蔵野日赤入院の手筈をと、のえてくれなかったら、いまごろ命があったかどうか分りません」と掛川トミ子に書き送っている（71 08 23）が、掛川が善意で強制入院させたことが結果的には命拾いにつながった。銀杏並木の向こうから来る学生が増え、一匹狼的な新手も現れたら、丸山の周囲の人も放ってはおけなかっただろう。全共闘の学生が丸山を入院に追込んだわけではなかった。

六　形式を固執

春曙帖[139]には「前の授業妨害（六九年二月二八日）のとき、全共闘社会学科有志のまいたビラ」への反論がある。「丸山は「形式」と「原則」を貫き、そうして破産した」と要約したビラに対して、「教育者としての私は、彼等にたいして「形式」を固執しなければならない」と決意している。丸山が「形式」を固執しようと考えたのは、全共闘学生にとっては、人権の基本原則も、多数決も、他人の権利の尊重も、すべて「形式」にすぎず、したがって

「内容」の方が価値的に優位するが、それは「伝統的」な考え方であり、「内容主義」だからだった。「「手続」や「形式」は何のためにあり、いかなる存在理由をもつか、それが欠けたとき、人間生活は恣意の乱舞に陥り、リンチが日常化され、「ジャングルの法則」だけが支配する、という常識を、情けないことながら大学生の彼等に何度でもくりかえし強調しなければならない」。それは丸山自身の思想でもあったが、現代日本の状況に応じた「人を見て法を説け」的な教育方法でもあった。「西欧だったら、いな、たとえば「型」があのように社会生活に意味をもった江戸社会だったら、むしろ私は、逆に、「形式を大胆に破れ」、「型を突破せよ」と言ったかもしれない」。しかも既成の形式を破壊するつもりの彼らの行動様式（ヘル・角材・口手拭）はコンフォーミズムが強く、「グループで威丈高になり、一人ではひよわな人間！」。彼らを「自律的人間」としてきたえるために、大学教師は今こそ「たたき台」として頑なでなければならない。そのように丸山は決意した。いがくり頭の学生はヘルメットをしてなかったはずだが、彼にも同調的な行動様式を見て、見下げていた。

丸山が形式に固執するのは、生が非合理になるのを理性で枠づけようとする思考様式とともに長い来歴があった。ここでは出所も省いて要約するが、丸山は、三〇年代、ファシズムの進出に寄与した非合理的な生命主義、ジンメルのいう生命の「形式に対する反逆」を警戒していた。戦後、個人自由を「良心」に媒介し国家権力の「形式的妥当性」を意識する自由主義の立場から、日本の超国家主義を批判的に解剖したし、生命身体企業などの「実質的自由」よりも思想言論の自由などの「形式的自由」を尊重した。五〇年代には「政治的プラグマティズムの立場」から、日本社会の近代化と民主化を推進し、六〇年安保でも「制度の形式だけが民主主義」であるような議会政治を批判した。しかし六〇年前後、非近代的でありながら過近代的でもある日本社会のなかで、文化の問題では「ラディカルな民主主義」と内面的に結びつく「精神的貴族主義」に立って、「単なる形式に対する反発」にとどまる「内容主義」を批判するようになったし、やがて「ジンメルのような比較的合理的なの」ではない生の哲学が三〇年代のように再び流行すると予感した。

形式に固執する丸山の思想は、そのような合理主義や自由主義にもとづいていて、六〇年代後半に最も強まっていた。その核心にあったのは、国家権力によっても侵されない個人の「良心の自由」であり、それは学生が大衆的に「良心を強制する」のに抵抗する拠点ともされた。その基礎は形式的自由であり、形式は形骸ではないし、形式を蔑視してはならないし、型は学問でも大切だと丸山は考えた。日本政治思想史の講義では、「原型」的思考の克服をめざす余り、かつての丸山とは反対に、江戸時代の「型の洗練」を評価するに至った。明治以後の型の崩壊、大衆社会という「型なし社会」、それを加速した戦後の「民主主義の未成熟」を問題とし、「保守」を自称し、思想の科学研究会にも「型とか形式を蔑視する内容主義」を見て、「学問の型をしつける場所」としてアカデミーを擁護した（鶴見俊輔との対談「普遍的原理の立場」67 05）。その数か月前には、「form とは元来 chaos に形を与え、秩序づけるものである」「文化は混沌を形式にまで整序するところに成り立つ」と講義していた。文学部階段教室での「人生は形式です」発言改め「文化は形式です」見解は、当時の丸山の持論だった。

しかし「文化は形式です」は、ジンメルの思想の一面の理解であって、文化は形式であるとともに、形式の破壊によって変遷するものだという両面があった。ジンメルが『現代文化の葛藤』（一九一八年）で論じたのは、生と形式との対立によって文化の全道程が形成される弁証法であり、生が現実化されるためには殻としての形式を必要とするが、生は自ら生み出した殻を破ろうとするという矛盾だった。生が古い形式に抵抗するだけではなく、形式一般や形式の原理に反抗するところに現代文化の葛藤はあるとジンメルは考えたが、「強い様式感情の持ち主が現代の生活の至るところで強まっている「形式喪失」を嘆くのは正しい」としながらも、生が形式を破壊することを肯定した。さらに生が新しい形式を創造する「闘争」の絶対的意味も末尾で認めた。丸山は、ジンメルの「生と形式」の弁証法を理解していたが、生命主義や内容主義への反発から形式を保守しようとしたし、学生の闘争的な姿勢を批判したように、日本現代の形式の破壊を肯定できなかった。

丸山が形式に固執するのは、混沌とした状況を制度の形式で整序しようとする秩序観からでもあった。丸山は、まだ六七年ころには「混沌への陶酔でもなく、秩序への安住でもなく、混沌からの秩序形成の思考を！」と春曙帖に書いたように、「混沌への陶酔」も「秩序への安住」もともに戒めていたが、東大紛争では「混沌」の克服に重心を置かざるをえなかった。「「制度」（手続）の意味、ハプニング（偶然性）と反対。個人又は集団の恣意の乱舞をコントロールする」と丸山が記したのは、「1968.11.19（前日図書館前の両派のゲバ衝突あり）」との追記から、正確には十一月一三日だろう。しかし制度がなければ無秩序になるだろうか。手続や形式が欠けたら「ジャングルの法則」だけが支配するだろうか。それを常識とする形式的自由主義は、官僚的法治主義の別名かもしれない。それは「制度観の対立としての」日本政治思想の問題だった。処分制度に抗議して直接行動をとるKに、「制度が君らにはわかっていない」と丸山は言ったが、制度がわかっていたのは誰だろうか。

東大紛争を経て『政治』（7111）を著した岡義達は、状況の主体が制度とどのように関係するかを観察しながら、制度イメージを制約する政治政策を制度化と伝統化と状況化とに分類して、制度が必ずしも問題化しない事態を主に論じている。著者の意図がつかみにくい叙述を読む者は、そして政治学の講義を聴く法学部学生は、「価値実現につき、一般的通用力のある行動の型」としての制度を問題化するよりも、本人の価値実現のために制度を利用すること、そのために制度を目的化することを優先しただろう。そのような学生が集まったのが法懇（法学部学生懇談会）だろうが、今日でもWebページで三〇人の仲間が一人も欠けなかった結束を誇っており、うち一二名の経歴からしても、制度がわかっている人たちだったように見える。ちなみに岡は、全共闘が唱えた「自己否定」について、のちに政治学の試験問題に出したという（坂本義和『人間と国家』1107）が、成績評価権をもつ教官が学生の価値理念を試験してよいか、それこそ「良心の自由」を侵さないか、ちゃんと考えただろうか。

形式が欠けたら「ジャングルの法則」だけが支配すると丸山が考えたのは、秩序の対極を想像したからだろう。丸山にとって「ジャングルの法則」だけが支配する世界は、キプリング『ジャングル・ブック』（一八九四年）が描いた狼の群れにも「ジャングルの掟」Law of the Jungle がある世界ではなくて、ホッブス『リヴァイアサン』（一六五一年）が英国の内乱を理論化した自然状態において誰もが狼であるような無秩序の世界だった。その極端な世界をジャングルと呼ぶとすれば、おそらく丸山にとって銀杏並木の向こうはジャングルだっただろう。丸山が連れこまれて追及されたばかりか、そこから一匹狼が出てくるジャングル。しかしこれまで検討してきた丸山の経験からすれば、そこは形式が欠けていてもジャングルではなかった。(4) たぶんそうは考えられないほど、丸山は形式に固執していた。

丸山が「形式」を固執すると書いた前後、「人間観の前提」を春曙帖に書いているのも考えさせる。一人一人の考え方の違いを前提するか、意見の一致を想定するかは人間観の違いだとして、「自由とは他人とちがった考えをもつ自由だ」というローザ・ルクセンブルクの言葉を引いている。「ニュー・レフトを自称する全共闘はどこまでニューなのか。どこまで個人の自立の原則が貫かれているのか。これがこの紛争のはじめから私につきまとっていた疑惑の一つであった。（「民青」は何をかいわんやだ。）」と丸山は続けて書いた。六〇年の安保反対運動を経験した丸山が「永久革命」としての民主主義について初めて書いたように、六九年の丸山の授業再開の経験からは、「他者感覚」の自由主義がやがて結晶するだろう。

丸山は、六九年四、五月の春曙帖で、全共闘の「自己否定」の論理に苛立ち、東大紛争の「擬似宗教革命的な性格」を批判している。六八年暮には法闘委に「宗教改革者」的な誇りを認めて期待もしていたのとは反対に。丸山が擬似宗教革命を看取したのは、五月一八日の朝日新聞で山本義隆の手記と加藤総長の見解とを読んだときだろう。新聞の編集がおかしいのか、両者の議論は全く食い違っているが、山本は、加藤の後手の見解の矛盾を予め指摘したうえで、「私たちは単に制度を問題にしたのではなく、問題は先生方の権力との緊張の忘却、専門領域への埋没、権力的または無責任な態度、つまり人間の問題だったのです」と訴えた。その前もその後も、山本が繰返し語ったのは、全共闘は制度の手直しを求めたのではない、学生の参加の権利を要求したのでもない、まして東大の民主化のために行動したことなどないということだった。丸山は、すでに六八年十一月ころの春曙帖で学生の「制度的構想力の欠如」を指摘していたが、制度の問題を考えるのは主に教官の責任だろう。教官の多くが学生への不当処分を現行制度上適切だったとして、問題がなかったことにして機動隊を導入したから、その人間の問題を全共闘は訴えたのだろう。

七　三重の迷雲

これまで東大紛争中の法学部の授業再開において、丸山の五授業日に何が論じられたかを検討してきた。四月一八日の日赤病床で丸山は、「夜半にふと目覚むればいま見し夢は東大紛争のほかにはあらず」から「声あらくわれをなじりしも花もちて訪い来るも東大生にして」まで書いた間に、「花をもてわれを訪ぬる学生は口々にわれを罵る人と異なるというか」と書いて消している。講義は日常的な制度だとして日常に復帰しようとした丸山の授業が修羅場になったのは、そのように罵り詰る学生が押しかけてきたからだけではなかった。丸山自身が、言うべきことも言えなかったからではないだろうか。そのとき丸山には三重の迷雲がかかっていた。第一は形式への固執。これについては繰返さない。

第二は師友の恩愛。丸山が東大紛争で公的に発言しなかったのは、六七年二月の法学部長選挙で当選したのに辞退し、代りに学部長に選ばれた多年の友人、辻清明に負い目があって、「言うべきことも言えなかった」(回顧談)ことが一因らしいが、ここでは改めて触れない。丸山の恩師、七九歳の南原繁が堅持した大学自治論ゆえの機動隊導入論も無視できない。南原は、六八年六月一五日の安田講堂占拠のとき大河内総長に電話したので機動隊が入ったと次男の南原晃が回想している（『南原繁と日本国憲法』1108）し、大内代行代理にも朝早く度々電話して機動隊導入を督促し、六九年一月二〇日ころ機動隊導入が遅くなった責任を電話で問うている（大内力『埋火』0403）。丸山に対しては、六九年の年賀状で「いよ〳〵最後の関頭に立ち随分御奮闘願ひ上げます」と書いたことしか形跡はないが、三月二四日の丸山夫妻銀婚の日に国立劇場に招いており、行けなかった丸山が病院で感傷に耽ったのは「あたかも大学紛争の只中で、一教師としての已れの非力について恩師に心苦しい思いを抱いていた折」だった（「断想」7505）。丸山は、「どんなに仲の良い友達であろうと恩師であろうと誰であろうと、是は是、非は非とすべきである」（781208挨拶）というパーソナリズム否定を持論としており、それにもかかわらず師友の恩愛がのしかかったとすれば、迷雲の一つだった。

第三は機動隊導入の責任。六八年六月の導入が全学的憤激を招いたのと比べると、六九年一月の導入はしかたなかったように一見感じられるが、よく見るとさまざまな疑問が渦巻いていた。というのもあの機動隊導入の決断は、もともと二月か三月のはずだったのに、文部省に迫られた入試中止と復活のために一月一五日夜になり、学内紛争解決の手段として警察力を導入しないという代表団学生との確認書に違反したも同然だし、導入前日の一七日に加藤代行は佐藤政権にすべて一任させられたようだし、警察の武力行使に抵抗した全共闘学生が激しく弾圧される結果を生じ、しかも入試復活の目的は達成できなかったから、すべて全共闘のせいにしない限り、正当化しにくかった。しかし丸山は、紛争解決のための権限を加藤執行部に委任した一教官であり、明治新聞雑誌文庫の資料を守るための万全の措置を一五日に加藤代行に要請したことからも、機動隊導入の責任を感じており、あの導入は間違っていたとは言えなかったようだ。全共闘の学生が機動隊導入の責任を追及したとき、多くの教官は、警察力に頼るべきでないという大学聖域論もあって、言葉に窮し立往生した。占拠学生がどかなかったから、やむをえなかったとは、丸山が機動隊導入を否認しないで言えるぎりぎりの発言だっただろう。

六九年一月の機動隊導入は、それほど凄まじい暴力を見せつけ、非暴力の思想など空しくなるような廃墟を生じた。それは、抗議しつづければ弾圧される実例として、人々の意識を屈折させ、歴史の断層を生じただろう。もちろん加藤執行部の回想会議録などを見ても、この危機に対処した教官は少なくなかった。一月一四日の学部長会議で機動隊導入に反対した大田堯、一六日に機動隊導入中止を加藤執行部に働きかけ五月末に辞職した日高六郎、一八、一九日の安田講堂の激突を挟んで、入試復活に反対でも加藤執行部にとどまっていたが二〇日に特別補佐の辞表を出した福武直、二月六日に破産同然の非暴力原理の蘇生を追究する覚書を発した石田雄、二月一二日に全共闘支持を表明した藤堂明保、三月一七日に機動隊導入の責任問題のタブー化を一理由として授業再開を拒否した折原浩、そして入試復活は民青を利するからしないように一月に何度も佐藤首相に入説した林健太郎、その他の教官や個々の学生が分岐していったそれぞれの場合を検討しながら、丸山の場合をさらに考えたい。丸山は、なぜ授業するのか学生と論じあい、公開を予定しなかったとしても書きとめて、大学と学問について考える材料を残した。それは、戦後思想史の断層を見つめる手がかりだろう。

法学部の授業再開は、講義を中絶した丸山にとって修羅場だったと同時に、丸山を追及した学生にも苛酷な経験だった。全共闘の追及は、日常的な制度から見れば授業を妨害する行為であり、多数学生から支持されにくかったし、授業防衛学生からは攻撃されたし、警察も出動待機していた。土方健という活動家は、「解放大学」(69 08『情況』)で、東大全共闘が二月から五月上旬まで「授業再開という形での、「正常化」路線に真に対決しえなかったこと。罪深くも、この授業再開粉砕闘争を極く一部の学友にあずけっ放しにしたこと」を自己批判しているが、ごく一部の学生が孤立して闘ったのだろう。大学院進学が決まっていたある法闘委学生は、五月二二日からの学年末試験を前にして、闘いを裏切らないために「現時点での受験＝進学を拒否する」と五月五日に宣言したが、困難な闘いだっただろう。文スト実を支えたある学生は、少数になった法闘委学生が授業防衛学生に阻まれて教室にすら入れないのを加勢したことがあるが、「私が見たのは、圧倒的な秩序派と丸山親衛隊に囲まれながら、懇願するように丸山さんに問いかける法闘委の姿」だったと私信に書いてくれた。話しにくいことを話してくれた人たちに感謝する。

(1) 文学部処分とは、六七年十月四日の文学部協議会の閉会時に学生Nが助教授Tと揉みあいになり、ネクタイをつかんで「学生にあるまじき暴言」(『東京大学百年史』通史三86 03)を吐いたとして(無期)停学処分を受けたこと。医学部処分が主に不在学生の誤認処分の問題だったのに対して、文学部処分は先手後手の誤認問題も含んでいたが、教師と学生とが対等な人間だとすれば、争いあう一方だけが処分されるのはなぜかという教育的処分の問題として、全共闘にとって棚上げ不可能な問題だった。

(2) 小熊英二『1968』(09 07)は、六八年十二月二三日、七項目要求のうち六項目が受諾され、文学部処分も「白紙還元」が提案されたのに、全共闘は拒否したとして、佐藤誠三郎のいう「政治的には信じ難い愚行」の理由を縷々考察している(上、八九五頁以下)が、「白紙還元」が提案された事実はない。「白紙還元」の提案は、同書注記の内藤国夫『ドキュメント東大紛争』(69 04)にはなく、鈴木貞美「四半世紀ののちに……」(93 08『海燕』)にのみ見られる。提案の正確な内容は、七一年四月の法廷で加藤自身によって証言されている(折原浩『東京大学――近代知性の病像』73 11、二八五頁)。

(3) 東大紛争で丸山が殴られたという誤解が跡を絶たないので記すが、松本健一「ヴェニスの肉塊――丸山真男論」(73 10『辺境』)のコピーが丸山文庫にあり、「全共斗の学生たちが丸山真男の研究室に乱入し、怒号にちかい言葉でかれをつるしあげた」という箇所に「いつ?　まったくない」と丸山が書込んでいる。

(4) 文学部の院生だった長谷川宏は、丸山没後に刊行された『自己内対話』の書評で、文学部研究室封鎖の経験を回想している(98 05 01『週刊読書人』)。バリケードのなかで「わたしたちがしだいに共有するようになったのは、対等の人間関係にもとづく共同の場、といったイメージだったと思う。恣意の乱舞やリンチの日常化の危険に対峙しつつ、わたしたちは人間の集まる場はけっして「ジャングル」ではないと確信できていたように思う。」

補注1　この一九六八年度後期講義のためのノートが、前章注22で触れた「昭44年度講義」(文庫 402-3)だろう。そこで丸山は、次のように日本思想の「原型」の講義を振返り、民主主義の教育にも言及した。「私が「原型」とよぶもの──古代に胚胎したもっとも持続的な思考様式で、「古代思想」それ自体とは区別されるもの」について毎年冒頭で講義し、「普遍者の自覚としての仏教とその日本的変質過程──武士のエートスの展開──神道のイデオロギー化──キリシタン──近世儒教の発展──国学などがこの原型の上部構造をなして、原型との相互作用をしながら形成されてゆくさま」を四年がかりで追ってきたので、今年は「江戸時代の後半期から維新にまたがる時期」を扱う順序だが、状況が違うので、『日本の思想』のIをテキストに用いるけれども、「教科書は真理の体現ではない」、「教育勅語や戦前の修身教科書をテキストとして、民主主義とは何かの問題を考えてゆくことは十分可能であり、むしろ、その方が、民主主義を疑うべからざるありがたい真理として indoctrinate するよりも、本当の民主主義教育のためには有効だろう。否定を媒介としない an sich の肯定はもろい」。そのうえで前章注22のように、日本の近代以前の思想史を研究する「学問的理由」と今日の「実践的理由」とを自己内対話的に記した。

ちなみに「原型」という表現をやめたのは宿命論的な感じから、「古層」をやめたのは「上部構造」に対する「土台」と誤解されるからであり、「実質的に考えが変った」わけではないと丸山は後年説明した(「原型・古層・執拗低音」84 07、81 06 15談)が、この六九年二月には「上部構造」に対する「原型」と説明していることからして、その後「原型」を宿命的な決定因のように感じることがあって、考えが変った(「原型」に対して悲観的になった)から表現も変えた(それでも「原型」を克服しようとする表現に改めた)のではないだろうか。

補注2　文学部処分を受けた学生仲野雅は、長く綾部市故屋岡町の郷里に隠棲していたが、二〇一五年十月に死去した。そのことについては、本章の初出論文(「銀杏並木の向こうのジャングル」14 07)への仲野の返書などとともに、本書第五章注3の清水靖久「東大紛争大詰めの文学部処分問題と白紙還元説」19 03に追記した。

補注3　金沢良雄は、研究室主任として二月五日、警視庁第二機動隊を訪問し、「東京大学法学部教官一同」からの見舞金五万円を渡したと報じられた(東京新聞69 02 07)。「在室すること自体が危険」だったのはそれゆえだろう。

第八章　戦後民主主義ナンセンス

晩年の丸山が戦後民主主義の「原点」を語ったのは、一九八九年七月七日だった(「戦後民主主義の『原点』」89 08)。戦後長く続いた東西冷戦が終る気配があり、年初の昭和天皇の逝去で一時代の終りが語られ、五五年以来の自民党長期政権が揺らいで政権交代の予感があり、中国天安門広場の学生運動鎮圧の衝撃があった。丸山は、初対面の若い編集者に向かって、敗戦直後の庶民大学で民主主義を問い学問を求めた人々のことを語り、憲法草案の人民主権の原則に丸山らが驚いたことも振返って、「飢餓の中の民主主義の原点」を回想した。(1)そのとき不意に一九六九年の話になった。「戦後民主主義ナンセンスなんていう人がいますが、僕らから見ると逆にそれこそナンセンスです。そこでいっている民主主義というのは制度のことです。甚だしきは戦後政治の現実を戦後民主主義といっている。現実がどこまで民主主義といえるか、という「問い」が欠けている点で皮肉にもいわゆる新左翼と政府自民党の定義とが一致していたんです。理念と運動という民主主義の持っているもう二つの側面がまったく欠落している。敗戦当時は、憲法制定以前ですから制度はまだできていなくて、理念と運動という民主主義のイロハからはじまったわけですから、高度成長以後のいわゆる「民主主義」とちょうど逆ですね。」

一九六九年の丸山が「戦後民主主義ナンセンス」と実際に言われたかはわからない。三月一〇日から入院し退院後も静養を続けたから、学生から言われたとすれば、その前のことだろう。あるいは面罵されたのではなく、「異議ナシ」「ナンセンス」の二語しか言わない学生たちの発想を表したのかもしれないが、「戦後民主主義ナンセンス」の声を聞くことはあっただろう。ともかく二〇年後も、戦後民主主義ナンセンス論への反論が不意に口をついて出る(78 12 02談、80 09 15談でも)ほど丸山の意識に強く刻印されていた。八九年の丸山は、民主主義は「理念と運動と制度との三位一体」であり、制度はそのうちの一つにすぎず、理念と運動としての民主主義は「永久革命」だと久しぶりに持論を繰返した。もっとも丸山が民主主義を三つの概念(と政治の現実という四概念)によって整理したのは六九年よりあとのことだった。戦争直後には民主主義の理念と運動だけあって制度がなかったのとは逆に、高度経済成長以後は理念と運動が欠落して制度だけになったという三概念による対比も、六九年にはまだなかった。しかし政府自民党にも新左翼にも、民主主義の理念も運動もなかったという理解を丸山は二〇年後も変えなかった。そのもとになった六九年の丸山の経験を辿りたい。

この戦後民主主義ナンセンス論は、戦後民主主義虚妄論と似ているが、頭ごなしの全面否定であり、罵詈雑言だった。大熊信行が占領下の民主主義は主権がなかったから「虚妄」だと論じたのと比べれば、時期の限定もなく否定する理由も示さず、とにかく丸ごと罵倒し、貶した。民主主義は正しいことだと教えられてきた学生たちが、学生自治会で民主を名乗る党派がすることや、国会や政府で選挙時点の多数党がすることを見て、これが民主主義かと疑い、戦後体制への幻滅や憤懣を表したということだろう。戦後最初からその体制だったわけではない過去の歴史をもっと彼らに話せばよかっただろうが、丸山らにその余裕がなく、学生たちも聞く耳を持たなかった。それでも戦後民主主義を虚妄とする右翼は、民主主義をめざすのではなく嘲笑していたのに対して、戦後民主主義をナンセンスとする左翼は、本当は民主主義をめざしていたのに、それが実現しない現実に裏切られた思いから、戦後民主主義を漫罵した。そして戦後民主主義の旗手でもなく戦後民主主義に賭けたわけでもない丸山をその正統と見なしたのだろう、丸山に批判を集中した。

丸山が批判されるのを心配して見ていた元学生のなかには、丸山を応援する者も現れた。『中央公論』(2)の編集長の粕谷一希は、六八年六月、丸山からの編集長辞任勧告が中村智子から伝えられるなどして窮地にあったが、六〇年に丸山の講義を聴いた福田章二と座談会で顔見知りになっていた。六九年二月上旬の覆面座談会で論者Bは、「ばかばかしさの中で討ち死に」が起こり、丸山が足をひっぱられていると語り、全学共闘が「提起した問題が重要だからといっていきなり認めろというのは非常に危険である」として、ゲバルトの問題にこだわった（6904『綜合ジャーナリズム研究』）。福田章二が粕谷を手伝うと言ったのが二月上旬（粕谷『中央公論社と私』9911、二二四頁）、雪が二度降った三月の二四日に書き終った小説、庄司薫「赤頭巾ちゃん気をつけて」が四月一〇日発売の『中央公論』五月号に掲載され、高校生から大きな反響があったという。丸山を思わせる先生との会話を見物した主人公の高校生は、「知性というものは、ただ自分だけではなく他の人たちをも自由にのびやかに豊かにするものだ」と感じたという（同名の書籍6908にあるが、雑誌初出にはない）。庄司薫は丸山神話の黄昏に飛び立ったミネルヴァの梟だろうか、奇しくも二つの評伝（都築勉『戦後日本の知識人——丸山眞男とその時代』9501、苅部直『丸山眞男——リベラリストの肖像』0605）の最後のところに降りている。

同じく『中央公論』五月号に掲載された永井陽之助「ゲバルトの論理」は、「ゲバには論理がある（山本東大全共闘議長）」という出所不明の引用を冒頭に置き、全共闘の学生運動によって大学の反動化が進む二段階の結果を予想して、第一段階を次のように描いた。「東大教授の悪口を書くと、とたんに週刊誌の売行きがよくなるといわれるほど、これは大衆にアッピールする。反知識人主義のムードを増幅したマスコミは、やがて進歩派教授への風当りを強めていく。国立大学で給料をもらい、特権を享受し、反権力、反体制のポーズをとってきたのに、自己の既得権益を守るとなると、とたんに保守化する進歩派教授への嘲笑と非難が集中する。高い研究業績をもち、良心的に、戦後日本の民主化のため闘ってきた、多くの進歩派の教授は、国家権力と、学生権力のあいだにはさまれて、傷つき、一切の社会的発言力を失う。勢いづくのは、反動勢力と、それに加担する御用学者か、羽仁五郎氏のようなアジテーターのみとなる。一九七〇年の安保改定期を目前に、これを最もよろこぶのは何人であろうか。」

一　戦後民主主義への否定的言辞

戦後民主主義は、単なる戦後日本の民主主義ではなく、それを貶したり擁護したりするうちに特別の意味を帯びた言葉だった。一九六四年五月に丸山が「戦後民主主義の「虚妄」の方に賭ける」とタンカを切ったのは、大熊信行が占領下の民主主義を「虚妄」と貶すのが我慢ならなかったからだが、そこから始まって戦後二〇年めの六五年には守るも攻めるも戦後民主主義を論じたことはすでに述べた（本書第一章）。六八年夏にも戦後民主主義への批判が高まり、『中央公論』（68 08）が「戦後民主主義の再検討」を特集したし、国民文化会議の八・一五記念集会で「ナンセンス」の声が会場に飛ぶようになったという（吉野源三郎の前年回想、「戦後民主主義の原理を考える」69 09『現代の理論』）。鶴見俊輔が「「八月十五日」に思う」（毎日新聞68 08 16夕）で、「私は戦後を、ニセの民主主義の時代だと思うが、しかし、だからといって、それを全体として捨てるべきだとは思わない。…しかし、自分をほんものと規定しないかぎり、ニセものをニセものとして見て批判する運動には共感をもつ。…戦争中の軍国主義と超国家主義にない手がそのまま戦後の平和主義と民主主義のにない手であるような日本の現代が、ニセものでないはずはない。…私たちは日本政府のとなえる民主主義のニセもの性をはっきりさせるとともに、私たちの戦後民主主義のニセもの性をあわせて照らし出し、そのニセもの性とともに生きる決意を新たにしたい。ニセものであることのたのしみが、人生のたのしみではないのか」と書いたのは、丸山の「偽善のすすめ」（65 12）にも似て、ニセの民主主義を嘲笑することも焦慮することも戒めるものだった。

しかし当時の若者は、戦後民主主義の「ニセもの性」を捨てたいと辛抱不足にも焦慮する者が増えていた。選挙をすれば自民党が必ず過半数を得て五五年以来政権交代がない議会制民主主義、大学における相似形の自治会民主主義に苛立っていた。「議会制民主主義の〝形骸化〟が極限にまで達し、〝反体制の体制化〟が進行する現状」では、戦後民主主義を性急に否定する風潮が生じるのも理由があると、『世界』（69 06）「編集後記」も認めるほどだった（結局はその風潮を批判した）。六九年二月下旬の東大生の意識調査（無作為抽出の一二八一人中、九三五人が回答）では、「日本の現状で、政治的な主張を実現してゆくために、どんな手段がよいと思うか」という問いに対する答えは、「議会制民主主義の理念に基づいて政党活動に委ねる」四％、「議会制民主主義が十分機能を果たしているとはいえないが、平穏なデモや集会などにより主張を訴えてゆく」四七％、「議会制民主主義は機能を失っているので、問題によっては、暴力的な行動をとるのもやむを得ない場合もある」三四％、「議会制民主主義はもはや形骸化しているので、主張は暴力をもって貫く」一三％だった（NHK放送世論調査所「東大生の意識」[3] 69 08『月刊世論調査』）。そのように議会制民主主義の機能不全や形骸化が広く強く意識されたところに、戦後民主主義の欺瞞や偽善や神話や幻想や虚妄や空虚が批判される底流があった。

丸山は、戦後民主主義の「虚妄」の方に賭けるとは記したが、戦後民主主義に賭けるとは言わなかったし、賭けていなかった。ただ、戦後民主主義が貶され嘲罵されるのが我慢ならなかった。そもそも戦後の日本で民主主義が十分に実現したことなどないのに、その現実を戦後民主主義と呼ぶことが不可解だった。戦後の「型なし」大衆社会に丸山が見たのは「民主主義の未成熟」だった（「普遍的原理の立場」67 05）。春曙帖で戦後民主主義「虚妄」説に反発して「それなら私は日本帝国の実在よりもむしろ日本民主主義の虚妄をえらぶ」と最初に書いた六四年四月下旬の手記の頁[173]には、執筆時期は不明だが、（後記）がある。「戦後の「理念」に賭けながら、戦後日本の「現実」にほとんど一貫して違和感を覚えて来た私の立場の奇妙さ！　それは悲劇だか喜劇だか知らない。むしろたづねたいのは私は根本的に時代を表現しているのか、それとも反時代的なのかという事なのだ。私の実感としては後者としか思えない。／理念は自然的傾向性の「流れにさからう」ところにこそ存在意義があるという私の確信はゆるぎそうもない」。この「戦後」の理念とは、戦後民主主義とかの特定の理念も含むだろうが、むしろ日本を破滅的な戦争に駆りたてた内的な要因への問い（本書一三六頁）と反省だろう。[4]

さて、六九年一月一八、一九日の安田講堂の激突後、戦後民主主義を告発する声が相次いだ。吉本隆明がその前日の講演で「戦後民主主義は…終った」と語ったのがやがて活字となって流布したことはすでに触れた（本書一九一頁）。竹内静子は、丸山の研究室の壁の落書きを記し、全共闘学生と一般学生との争論を紹介し、「戦後民主主義」の規定は措くとしながら、それは「どんなものであったのか」と感傷的に問うた（「紛争で崩壊したもの――キャンパスに問われた戦後民主主義」69 02 04『エコノミスト』、一月二九日発売）。高畠通敏は、「東大事件は、戦後民主々義に止めをさすものだったと人はいう。私もそう考える。「平和」と「民主主義」のタテマエのもと、「職場の平和」「マイホームの平和」を保守し、「出世の民主々義」「話し合いの民主々義」を進めてきた結果が、学生を機動隊にリンチさせる組合、「東大の自由」を守るために国家権力に頼るリベラル教授たちを生んだのだ。…雄弁をふるった教授たち。この人たちが、ひとたび自分たちが抗議の対象となり、自分たちの政権（椅子）が危くなるや、たちまちにして暴力による圧殺をはかった」と丸山ら法学部教授を暗に批判した（「東大事件と声なき声」69 02 20『声なき声のたより』）。安田武は、学生の暴力の根源には「話しあい万能主義」という「戦後民主主義をおおう偽瞞《ママ》」があると論じた（「教育の不在と過剰」69 04『展望』）。

山本義隆は、一月二〇日から潜行中だったが、無責任な東大教授会と学生自治会を批判しながら、次第に戦後民主主義に焦点を絞っていった。「いま、こう考える」（69 03『中央公論』、69 01 30記）では、「戦後民主主義により市民としての権利を持った（持たされた）日本の大衆が、大衆内部の相互規制により反逆の手足を縛られ…、六〇年安保が最終的には「民主主義を守れ」によって敗北していった」のと同じ状況が大学管理にも貫徹したと論じ、「全員加盟の自治会の形式民主主義によって闘う者の意思を闘わない多数の意思に従属させる」ことを批判した。[5] 海老坂武との対談「近代合理主義を告発する」(69 03『情況』臨増、二月上旬談)では、「ファシズム批判の丸山真男をはじめ、戦後思想の中心となった近代合理主義が、東大闘争で破産を宣告された」、それなのに学生大衆のなかには「ポツダム自治会の幻想」が根強いと語った。「攻撃的知性の復権」(69 03 02『朝日ジャーナル』、69 02 10記)では、すでに触れたように、「一年近く学生の闘いを無視し、また弾圧してきたことを何一つ反省せず、「ファシズムもやらなかった」と泣言を述べた高名の教授」を批判した。

さらに山本は、「攻撃的知性の復権」掲載誌が発売された二月二一日の夜、日比谷公会堂の三五〇〇人の前に現れて、「権力と一体となってわれわれの闘争を圧殺し、われわれを権力に売りとばした大学当局執行部と、ある時は進歩的な顔をし、あるいはジャーナリズム等でそれなりに恰好のいいことを言っていたいわゆる戦後民主主義者とか」と徹底的に闘うと、火を吐くような演説をした(『知性の叛乱』69 04)。「東大全共闘」(69 06『東大全共闘』、69 02 17記)では、全共闘は個人の自覚と討論に依拠するとして、「全員加盟制」自治会の民主主義の「全員無責任」と「戦後民主主義の限界」を批判し、「大学共同体」の破産と「近代化路線」の危険な意図を指摘した。「生きのびた知性」(69 06『中央公論』、69 03 10記、庄司薫小説掲載で翌月廻しか)では、「六〇年の安保闘争において、「戦後民主主義」がその限界を暴露し」、「形式民主主義」が「民主主義的大衆操作」に用いられたが、「全共闘運動が多数派形成論によるポツダム自治会の限界性を乗り越えてゆく」と論じた。[6]

四月には評論界で戦後民主主義批判が噴出した。滝沢克己は、「いわゆる「戦後民主主義」に満足しきった「進歩的文化人」や旧来の左翼に欠けていた何か」を問いかけ、「ノン・セクト・ラジカル」の「自己否定」の思想に共鳴した(「破壊と創造の論理」69 04『別冊潮』)。鶴見良行は、「戦後民主主義がとくにベトナム戦争や大学問題に関連して、すでに形骸化したという批判が出されつつあるわけです。東大全共闘あたりには戦後民主主義を「ポツダム民主主義」というふうにとらえる学生がいるようです」と観察した(座談会「戦後民主主義の現局面と憲法」69 05

『展望』四月九日発売。ＸＹＺ「戦後民主主義は死んだか？」も同号）。永井陽之助は、「戦後民主主義は、自ら育んだ鬼子の手によって扼殺される日も遠くない」と前掲論文を結んだ（69 05『中央公論』）。『思想の科学』（69 05、四月二五日発売）には、大江健三郎「戦後民主主義は放棄されねばならないか」が掲載された。[7]聞き手の鶴見俊輔は、「戦後民主主義の持続」に賭けるし、「丸山真男さんなんかが代表してきたものが、必ずしもここで全部レイ点になって完全に破産したなんて思わない」、しかし持続の実質は変りうると述べ、大江も同意した。

さて、丸山は、六九年三月一〇日に心不全で武蔵野赤十字病院に入院したのち、戦後民主主義への否定的言辞が高まるのを見て春曙帖［131］に書いた。「このところ、東大紛争、いな全国的大学紛争に関連して、戦後民主主義への否定的言辞がひときわ高くなった。というより、事、評論界に関しては、戦後民主主義を正面から擁護する言論はほとんど見当らない、という珍現象が生れている。（そうした否定的言論の自由がまさに戦後民主主義の享受の上に成立っているのに！）　大江健三郎などは、そのなかの稀少例というべきだろう。／それにしても、「戦後民主主義」という場合に、戦後の憲法（及び憲法に準ずる自由権を保障した諸法律）体系をいうのか、また現実の政治体制（およそ議会政民主主義の理念から遠い保守永久政権下の「議会政治」）をいうのか、それとも、社会主義運動や労働運動をふくめた、民主主義を名とする運動の現実（したがって革新政党の現実）をいうのか、それとも、最後に、世界的にはじめて公然と否定する政治勢力が消滅したデモクラシイの理念をいうのか、その位は弁別して議論してほしいものだ。」（次頁写真15。『自己内対話』は議会政民主主義の「理念」を「現実」と誤植）

そのように丸山が書いたのは、四月二一日に一時退院したあと、毎日新聞の「今月の総合雑誌から」（69 04 24 f）がいくつもの戦後民主主義論を扱い、大江健三郎「戦後民主主義は放棄されねばならないか」が出た四月下旬か五月だろう。[8]ただ、大江が「稀少例」というほど「戦後民主主義を正面から擁護する言論はほとんど見当らない」というのは過敏な観察だった。『世界』（69 05）「編集後記」は「戦後民主主義の原理」を擁護したし、四月一二日の同

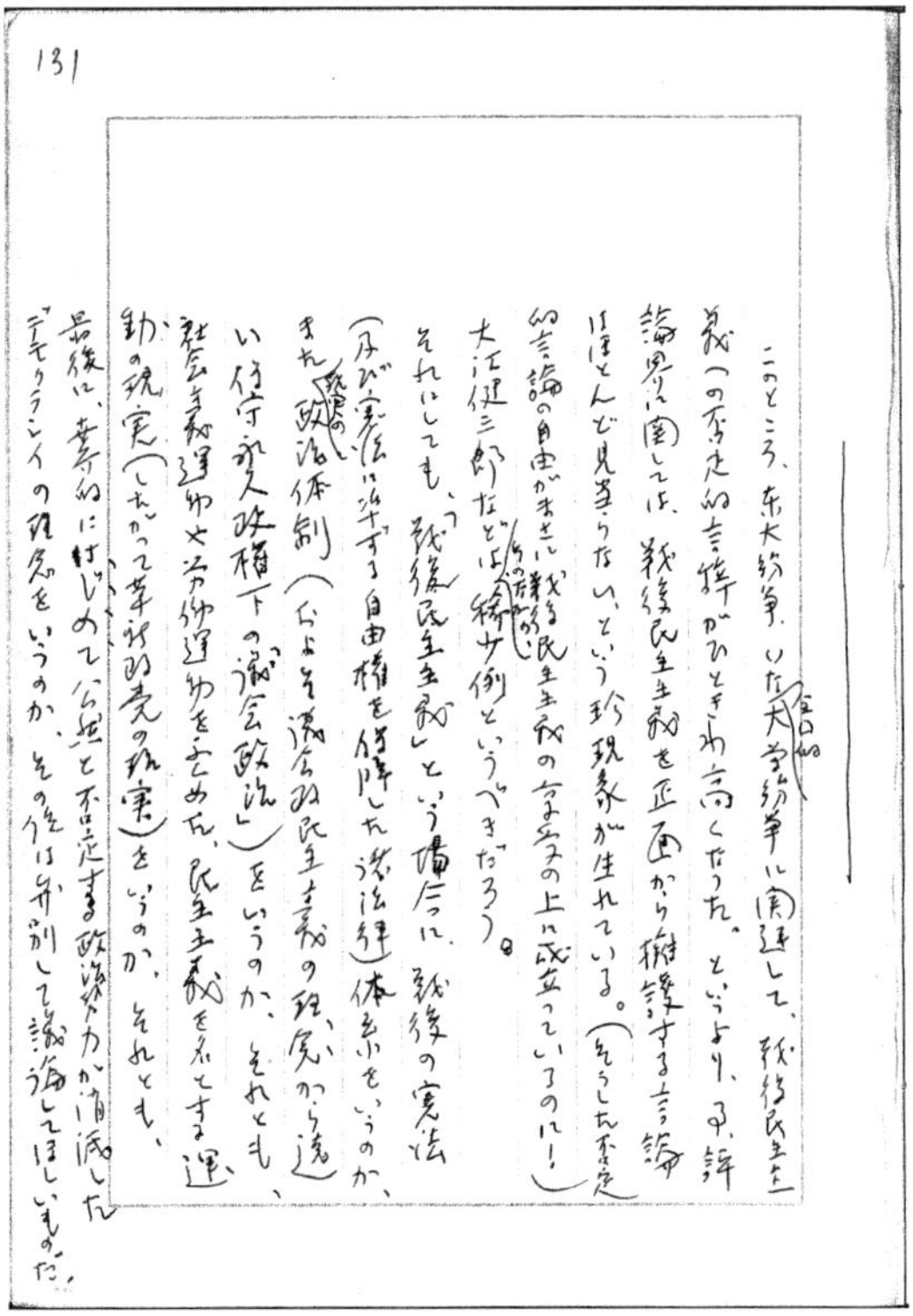
131
このところ、東大紛争、いや大学紛争に関連して、戦後民主主義への否定的言辞がひときわ高くなった。というより、予、評論界に関しては、戦後民主主義を正面から擁護する言論はほとんど見当らない、という珍現象が生れている。（そうした否定的言論の自由がまさに戦後民主主義の土台の上に成立っているのに！）大江健三郎などは稀少例というべきだろう。
それにしても、「戦後民主主義」という場合に、戦後の憲法（及び憲法に準ずる自由権を保障した諸法律）体系をいうのか、また戦後の政治体制（およそ議会政民主主義の理念から遠い保守永久政権下の「議会政治」）をいうのか、それとも、社会主義運動や労働運動をふくめた、民主主義を名とする運動の現実（したがって革新政党の現実）をいうのか、それとも、最後に、世界的にはじめて公然と否定する政治勢力が消滅したデモクラシイの理念をいうのか、その点は弁別して議論してほしいものだ。

写真 15：春曙帖 131 頁。東京女子大学図書館提供。

誌の誌上公聴会「戦後民主主義と憲法」では、吉野源三郎が「歴史としての戦後民主主義」を論じ、石田玲子や吉馴明子も戦後民主主義を継承する方向で発言し、長洲一二が「ポツダム民主主義」論をたしなめ、「今日、擬制化された〝戦後民主主義〟を問い直し批判する動きを生み出したところに、まさに戦後の民主主義の精神が力強く息づいている」と論じた（69 06『世界』、五月八日発売）。樋口陽一「憲法は抵抗の拠点となるか」（69 06『現代の眼』）も、戦後民主主義の憲法をファシズム化への抵抗の拠点と捉えた。丸山は、それらを目にする前だろうか、『週刊文春』（69 05 05、四月二五日発売）に長男彰が「日大全共闘の闘士」だと書かれたころ、戦後民主主義について四面楚歌的に、「ナンセンス」という否定的言辞が高まるのを感じたのだろう。

「それにしても」と丸山が春曙帖に書いたとき、痛感していたのは「概念の解体」だろうか。戦後民主主義とは戦後憲法体系か、保守政権の体制か、革新政党の運動か、デモクラシーの理念か、弁別して議論してほしいというのは、概念を分割して再構成しようとする理性の要請だろう。そこでは、戦後の憲法とともに確立した自由権、一九五〇年代に成立した保守と革新、第二次大戦後のデモクラシーの世界的正統性という「戦後」の歴史的枠組が保たれていた。というのも、それまでのように運動と制度との弁証法的統一の立場から、形式的制度に対して運動をつきつけ、急進的運動に対して制度をつきつけることが難しくなっていた。運動は混沌とし、制度は硬直していた。そのような現実に対して、理念をつきたてる方向があった。「現実の政治体制」と書いたあとの括弧内で、保守永久政権下の「議会政治」に対して、議会政民主主義の「理念」を対置したように、丸山は、理念への確信を強めていった。(9)

しかしこの概念の弁別は、戦後的枠組にかなりとらわれていた。戦後憲法の自由権、丸山がしばしば逆説的関係を指摘した保守と革新、戦後世界のデモクラシーの理念のどれも、もはや選択しにくくなっていた。とくに誰も公然と否定しなくなったデモクラシーの理念とは、人々が実現をめざすイデーではなく、正しいだけのイデオロギーではなかったか。かつて丸山が、民主主義は「激しい闘争のなかで、泥にまみれながら発展して行つた」思想だから、理路整然と分類したり規定すると「民主主義のもつ生命力がどつかにふき飛んでしまう」と語った(「民主主義をめぐるイデオロギーの対立と日本」5301)ように、その生命力を失いつつあった。戦争直後の丸山が「デモクラシーの精神的構造」として「間違つてゐると思ふことには、まつすぐにノーといふこと」と書いた(451104)ように、「ノー」といひうる精神」で運動しているのは学生たちの方ではなかったか。丸山が戦後的枠組を保持するのをやめて、民主主義の理念と運動と制度の三概念を弁別し、戦後政治の現実とも区別するのは、七〇年代後半だろう。

この六九年、戦後民主主義についてさまざまな議論があった。小田実は、「デモ行進とピラミッド」(6907『展望』)で、議会制などのピラミッドに対するデモ行進という「直接民主主義」のイメージを語り、若者たちが「戦後民主主義」の破産を主張するのには共感しながら、「戦後民主主義」という言葉には異和感をもつとした。「それは、一つには、そのことばが、あたかも私たちがかつて「戦前民主主義」をもったかのようなひびきをあたえるからである。…二番目に、「戦後民主主義」と言うとき、人は、どこかに完全で、純粋にすばらしい別種の民主主義が手つかずのままころがっているような印象をもつのではないか。そんなものはどこにもありはしない。素材となるのは、現実に私たちがそのなかで生きている民主主義で、私はそれを「戦後民主主義」というふうに他人事のように言いあらわすことはできない」。小田実は、かつて丸山の孤独な少数者意識に危惧を述べた〔本書二〇頁〕（「「難死」の思想」6501『展望』）が、ここではおそらく丸山と同じく、民主主義が「他人事」のように嘲罵されるのを危ぶんでいた。

六九年夏の座談会「戦後の政治状況とその思想」（7003『近代日本政治思想史』Ⅱ）も、六八―九年に生じた社会意識の大きな変化に触れた。松本三之介は、「六〇年安保までは、民主主義とか民主的という言葉は「価値あるもの」ということとの代名詞みたいなものだったのですが、学生との団交なんかで口に出すと学生の反撥を買ういわば「禁句」のようなものがいくつかあって、その一つが「民主主義」あるいは「民主化」という言葉なのですね。民主主義シンボルの下落というのも大変なものです」と述懐し、戦後民主主義が問われていることは認めたうえで、「戦後政治の批判と戦後民主主義論の批判とが、ごちゃごちゃになっている」と指摘した。鶴見俊輔は、「六〇年の象徴だった平和と民主主義というものが六九年になると、反戦と直接民主主義になったでしょう」と語り、砂川の農民が二五人残って基地拡大阻止という結果をかちとったことに「議会が民主主義を守らないときにわれわれはどうしたらいいかという闘い方の典型」を見た。「いまのような議会に対してあまり信をおかない」立場から、「少数意見を聞いて反映できるような種類の議会政治に変わっていく」ような「議会政治そのものの手直し」を求めた。

二　全共闘と自己否定

丸山が東大闘争全学共闘会議の学生を「全共闘」と呼ぶようになるのは、六九年二月ではないだろうか。春曙帖には六八年秋まで党派学生中心に「三派」「彼ら」と書いていたが、六八年暮からは「全共闘」一例以外は、「全学共闘」「共闘会議」と書いた（ほぼ同様だった新聞雑誌は、六九年一月の安田講堂の激突前後から、日大のみか東大にも

「全共闘」を用いるようになった）。春曙帖[137-]の「あるパロディ（東大紛争にちなんで）」には（一九六九年二月）と付記があり、自由民権運動と全共闘運動とを上下二段に記し、両者の昂揚拡大、当局の対策、自由改進両党の「内ゲバ」、博徒組織化と「外人部隊」導入など、民権運動急進分子の幹部批判と暴動化と自由党解党＝「セクト分裂」と、「全共闘の内部分裂と闘争手段の急進化、自己目的化（純粋性と結びつく）」とを類比している。丸山は、自由民権運動への評価がもともと高くなかったが、一八八四年の自由党解党と同じように、全共闘も急進化し純粋化し暴動化し分裂すると考えたようだ[10]。春曙帖に丸山が「全共闘」と書いていれば、後筆かもしれない六八年暮の一例を別にして、ほぼ六九年二月以後の筆記と推定できる。丸山は、法研を封鎖され機動隊導入で破壊されたことからも、授業を再開したら全共闘に追及されて入院したことからも、全共闘には厳しかった。

丸山は、おそらく入院前の三月上旬、全共闘について二つの手記を春曙帖に書き、「既述の関連テーマ」〔本書二〇九頁〕の索引[140]に「「形式」「型」（「思想の科学」鶴見君との対談参照）→p139」「「満場一致制と多数少数制の前提としての人間観」→p137裏」と二項目を追記した。「全共闘」社会学科有志ビラの「形式」〔本書二五一頁〕否定に対して「なんと「伝統的な考え方か」と呆れただけでなく、「彼等の行動様式（ヘル・角材・口手拭）のおどろくほどのコンフォーミズム」「グループで威丈高になり、一人ではひよわな人間！」との観察から、集団的同調主義の彼らを「自律的人間」としてきたえる「たたき台」であろうとした[139]。また、「異議ナシ」の満場一致制的人間観と多数少数制的人間観〔本書一六三f頁〕の違いを論じて、「ニュー・レフトを自称する全共闘はどこまでニューなのか。どこまで個人の自立の原則が貫かれているのか。これがこの紛争のはじめから私につきまとっていた疑惑の一つであった。（「民青」は何をかいわんやだ。）」[138-]と記したのは、全共闘に「個人の自立」を期待したが、失望したのだろう。しかし共産党の指示を受けて組織で動く「民青」は論外であり、「全共闘」は比較的に自立した個人が多いとも感じていたようだ。

東大法学部研究室に入って研究者になることを考える学生との相談用のメモ「この段階での choice と決断」が

ある（文庫 959-37-2-1、69 03 01カ）[11]。「イ．研究者・教育者としての choice ／ロ．東大法学部研究室にのこることの選択／ハ．専攻科目、指導教官の選択／ニ．助手と、大学院学生との選択」が列挙されている。続けて、「この段階とは「東大の既成の体制へのトータルな否定者が現われたいま、その挑戦に何で答えるか。自分自身の答えをもたないで、なかに入って内側から全共闘的な「思想」的自己変革＝他者変革をやろうなどと安易に考えることは許されない。（東大闘争とは何か？）／何を、どう、いかに、／a．内面の変革というのがしかし簡単に一年や二年でできるのか。／b．自己否定するに足る充実した自我があるのか。／c．ディレッタンティズム↔専門バカ――↓バカ、大学はたとえ、専門バカのいる場であろうと、ディレッタントのいる場ではない。」

相談学生は、全共闘的な「自己変革＝他者変革」をめざしていたようだが、それを東大法学部研究室のなかでやるのがなぜ許されないのか。それが「東大の既成の体制へのトータルな否定」だからか、研究室を封鎖したり授業再開を妨害したりした前歴ゆえか。しかし戦後民主主義が「否定をくぐった肯定」だったように、東大の体制も否定されてこそ鍛えられるのではないか。闘争手段は問題だとしても、全共闘の思想は「大学の本質」「学問の自由」と相容れないのか。全共闘の「専門バカ」批判にはのちに丸山も共感を示すが、当時はディレッタントよりは「専門バカ」がましだと考えていたし、安易な「内面の変革」や「自己否定」には批判的だった。自己否定と他者否定、自己変革と他者変革を同時にする全共闘の思想がいけないのか、自己肯定する研究者の卵ばかり集まるような「東大の既成の体制」でよいのか。丸山は、東大の「体制」の側に立って、全共闘の学生の挑戦を排除したようだ。人間一人一人の違いが基本的前提であっても、不寛容だけは寛容しないと決めていたのか。全共闘にも多様な学生がいただろうが、全共闘はとにかく悪いと考えたのか。丸山に相談して去った学生は、東大法学部研究室はあなたたちの専有物なのかと訝しんだのではないか。

三月一〇日に心不全で武蔵野日赤病院に入院した丸山は、二月二一日から三月七日まで五回の講義日のこと（本書第七章)を振返って春曙帖[73-79-, 70-73-]に書きとめた。『現代政治の思想と行動』英語版の増補二論文の英訳も仕上げただろう。「朝六時起床、夕食午後四時、就床九時という時間割」(岡義武宛69 04 04)では、多く書くことはできなかっただろう。四月二一日に退院するまでに丸山が春曙帖に記したのは、右の授業再開の記録のほか、三月一六日の教育者丸山の自己認識[136]、四月一八日の病床の歌五首[167]、「一九六九年三月」と付記した自己批判論[32-]がある。しかし日付はなくても、三月から四月にかけての筆記と思われるものはいくつかある。全共闘学生や全共闘支持者の発言について、丸山が記した感想をここで検討する。

折原浩は、「東京大学の頽廃の淵にて」(69 04『中央公論』、三月一〇日発売)で、全共闘の学生を弾圧したわれわれ教授会メンバーには、自己と自己の存在基盤を対象化して動的に認識を展開する「社会科学者」はいなかったと記した。しかも林健太郎教授の軟禁に人権問題人道問題として反応した教授たちが、学生同士の衝突の危険を回避しようとしたかと問い、注で「とくに、丸山真男教授のお考えをうかがいたい」と名指して、「教授の人権思想が、「教授」という存在とその利害状況に拘束された、きわめてパティキュラリスティックなものでしかなかった」ことを丸山の行動が証明しており、「利害状況からの個人の自立とそのユニヴァーサリズム」という丸山の中心思想の破産だと論じた。これを読んだ丸山は、自分の思想はそう要約できるか問うこともしないで、「おどろくべきことに、ウェーバーの専門家である筈の折原浩氏さえ、私の林健太郎監禁事件にたいする抗議の署名を、東大教授による東大教授のための、パティキュラリスティックな人権感覚――したがって当然に人権感覚の欠如ということになる――としてしか理解していない。まさにこういう否定すべからざる現実の状況こそ、いよいよもって、私の発言意欲を削ぐものなのだ。ああ、この悪循環よ!」と春曙帖[133-]に記した。

丸山のこの感想は、第一に、自分への批判を理解しそこなっていた。教授たちが林軟禁事件という教授の人道問題には抗議声明(68 11 08)で反応したのに、学生の人道問題には反応しなかったのは、教授会メンバーという存在に拘束されたからではないかと折原が批判したのは、マンハイムが『イデオロギーとユートピア』（徳永恂訳71 04、一八八頁）で区別した個別的に対する全体的なイデオロギー概念から、かつ特殊的に対する普遍的なイデオロギー概念からの当然の批判だった。つまり相手の個々のイデーの欺瞞を捉えて虚偽暴露するのでなく、相手の全体的な意識構造の存在拘束性をイデオロギー暴露し、かつ相手の意識だけでなく教養学部教授会の一員である自分の意識も普遍的に存在に拘束されたイデオロギーだと承認する知識社会学の立場からの批判だった。もちろん丸山も、自分の言動が「東大法学部の教授という私の立場によって制約されており、それなりの偏見に貫かれていることを私は寸毫も否定しない」と留保した限りでは普遍的なイデオロギー概念に立っていたが、「ただ、そういう資格、そういう立場からの発言としてしか受けとられないということ」に驚いていた[133]。つまり林監禁事件抗議署名を教授の存在拘束性のみからイデオロギー暴露されてはたまらない、林は戦後史の観方における丸山の論敵であっても、人権という普遍的なイデーによって監禁学生に抗議したのに、その価値理念をウェーバーの専門家が認めないことに反発していた。丸山は、知識社会学の立場をとらず、個別的イデオロギー概念の水準で人権理念の正しさを確信しており、教授会に所属する者に対する全体的かつ普遍的なイデオロギー概念からの批判を受けとめられなかった。

第二に、丸山自身の自己内対話の失敗があった。丸山の抗議署名は「パティキュラリスティックな人権感覚――したがって当然に人権感覚の欠如ということになる」と憤慨したことからして、丸山は、自分の人権感覚が特殊主義的ではないか、欠如がないか、ほとんど疑わなかったように見える[12]。「自己内対話は、自分のきらいなものを自分の精神のなかに位置づけ、あたかもそれがすきであるかのような自分を想定し、その立場に立って自然的自我と対話することである」[178-]と記した通り、自分が教授会の一員であることを嫌う自分、好きである自分と対話しただろうか。「インテリゲンチャが所属主義にならないこと、自分だけでなく他を見るのに大学の先生であるとか、どこかの会社員であるとか、何々グループだとかいう所属意識が中心になっちゃったらお終いだ」（「民主主義の原理を貫ぬくために」6506）とかつて語ったように、大学の教授という所属意識が中心にならないように気をつけていた丸山だが、戦中の教授会の自治こそが学問の自由を守ったという歴史的経験ゆえの東大法学部研究室への非合理な愛着もあり、戦後の反省と変革の不十分ゆえの愛憎もあったから、教授会メンバーを批判する他者を自分の精神のなかに位置づけにくかったのではないか。「他在において自分自身である」自己批判は、丸山が理解するマンハイム知識社会学の普遍的イデオロギー概念の特質だったが(13)、それが十分にできなかった。第三に、折原論文には「東大教授」の語は一語もなかったが、丸山がそれを「東大教授」批判と受けとめたことはあとで触れる。他者が自分を理解してほしいように理解しないからといって、発言意欲を削がれる「悪循環」に陥っていた。

さて、全共闘の学生が「自己批判」を集団的に要求したことも丸山には許せなかった。「自己批判」と「自己内省」との区別（普遍的経験と体験固執との区別）、「自己批判」と「他者への謝罪」との区別（自他を超越し拘束する絶対者や絶対規範の有無）を丸山が春曙帖[32-]に記したのは、「既述の関連テーマ」一〇項目[140]中に「自己批判」があるから六八年十二月以前だろう。「他者にたいして自己が自己を批判するというのは、Contradictio in adjecto である。全共闘の自己批判の「要求」と、これに呼応する「良心的」な教師の愚劣さはここにある。一九六九年三月」との追記が同じ頁にあるが、他者から正当な批判を受けて自己批判し謝罪することのどこが形容矛盾で愚劣なのか、その前の概念的区別に照らしても不可解だ(14)。さらに四月下旬以後の加筆だろう、「「自己批判」や「自己否定」が現代日本のパリサイびとたちの言葉になったことにもまして大きなアイロニーはざらにないだろう」。自己批判や自己否定は、丸山がヘーゲルから学んだ他者理解―自己理解の方法として自家薬籠中のものだったが、パリサイ的な偽善者がそれを唱えているとして、これ以上ないアイロニーを感じていた。しかし自己否定の思考を本領とする丸山がその言葉を用いる人々を嫌悪する以上のアイロニーはざらにないのではないか。

「自己否定」は、東大の不当処分や無責任や特権を批判するとともに、同じ矛盾が自分自身にもあるのを直視することだろうが、「東大解体」とともに東大全共闘の合言葉となった[15]。六八年秋に主に理系の学生が科学技術の進歩と研究の自由を無条件に肯定するような学問的営為を告発するなかで唱えられ、年末には東大生多数の自己肯定的な紛争収拾の動きに抗して、自己否定にもとづく対象否定の闘いが繰拡げられた。たとえば学生ビラ「42ＬⅠⅡⅢ１ＡＣ闘争委設立宣言」(68 12 12、東大闘争資料集)は、「東大闘争は自己否定の闘いである」として、「民衆の中の上昇志向性を巧みに吸いあげ体制内化する」日本の「支配秩序」とそのなかの東大の変革を訴えた。山本義隆が「攻撃的知性の復権」(69 03 02『朝日ジャーナル』)で、「自己否定に自己否定を重ねて最後にただの人間――自覚した人間になって、その後あらためてやはり一物理学徒として生きてゆきたい」と書いたことは強い印象を残した。折原浩は、日常意識のなかに「自己否定の契機をもたない」教授会メンバーのあり方への疑問から「既成秩序下の学問と教育の意味を問いかえし、自己否定の道を歩みつつ、われわれに問題を投げかえした全共闘の諸君」にこたえようとした(「東京大学の頽廃の淵にて」69 04 前掲)[16]。

東大法学部助手をやめたばかりの古川純は、「「研究者の論理」と知識人」(69 05『現代の理論』、発売日は四月一五、一八、一九日と広告三種)で次のように記した。東大闘争では戦後的な知識人や知性が問われたなかで、若手研究者は「自己の存在基盤を疑うに至って、「自己否定」の論理に到達した」、「若手研究者は「知的プロレタリアート」としての自己を認識したとき、「自己解放」への闘争に出発しなければならなかった。しかもなおそれは、自己の存在を賭けた一個の選択としてであった」。そのように論じた古川は、折原浩の「自己を問う」論理とそれがない法学部教授の「自己肯定」の態度とを対比し、法研封鎖抗議声明(68 12 23)に対する羽仁五郎「表現の自由と占拠の論理」(69 04『現代の眼』)の批判を引用しながら「「軍部ファシスト」がいかに「理性」的(！)であったかを、「学生諸君」に示して訓戒せんとするのであるのか」と記した。そして「「反政治」という姿勢が東大闘争のうちに感じられる。これは貴重だ」と海老坂武が語った(「近代合理主義を告発する」69 03『情況』臨増)のを支持した。

丸山は、おそらくこの自己否定論を念頭に置いて春曙帖［162］に次のように書いた。「「自己否定を賭けた若手研究者のたたかい」——よいかな言や。ただ一言問いかえそう〔「笑わせてはいけない」を抹消して以上一七字を加筆〕。その否定さるべき自己の中味に一体どれだけのものがつまっているのかと。無内容にひとしい貧しい中味を「否定」するくらい容易なことはない。それはいわば一個の風船玉をポンとつぶすだけのことだ。自己否定などというカッコいいことをいうなら、まず否定するに足るだけの学問的な蓄積につとめるがよい」。サウロ、親鸞、トルストイ、芥川や有島の自己否定は、「否定された過去のおのれの文化的充実のゆえにこそ強烈な感動を生み出すのだ」。欄上の追記では、「現代流行の「自己否定」とは、昨日までの自己の否定（＝したがって昨日までの自己の責任解除）と、今の瞬間の自分の絶対肯定（でなければ、なんであのような他者へのパリサイ的な弾劾ができるのか！）にすぎない。何と「日本的」な思考か」。一月の大学問題シンポジウムまでに「タ．良心の問題と「管理」の問題…p138」と索引化していた頁に加筆して、「研究者・教育者の良心」〔本書二〇六頁〕を「研究者・教育者の自己否定をかけたたたかい」と改め「あまりにもモラリスティックな発想」につなげたのもこのときだろう。

全共闘の自己否定は、「昨日までの自己の否定」＝「昨日までの自己の責任解除」と「今の瞬間の自分の絶対肯定」だったのか。「今の永遠」と丸山は見たのだろうが、自己否定が十分でない場合のことではないか。それは「あのような他者へのパリサイ的な弾劾」を帰結したのか。パリサイ人は、「禍害なるかな偽善なる学者、パリサイ人よ、汝らは白く塗りたる墓に似たり、外は美しく見ゆれども内は死人の骨とさまざまの穢れとにて満つ。斯のごとく汝らも外は人に正しく見ゆれども、内は偽善と不法にて満つるなり」（マタイ伝二三章）とイエスが批判した律法学者であり、「言ふのみにて行はぬ」「人に見られん為にする」偽善者だった。丸山は、全共闘の自己否定を「パリサイ的な弾劾」と受けとめたのなら、自己否定と称して他者を否定し自己を肯定する偽善と感じたということだろうか。三年半前に「偽善のすすめ」（6512）を説いた丸山にも、許せる偽善と許せない偽善があったのはアイロニーだろう。

しかし全共闘および支持者の丸山批判を「パリサイ的な」許せない偽善と感じたとすれば、丸山が「弾劾」を受けたことがほとんどなかったからではないか。しかも文化的に充実した者だけが(人に見られて)感動を生み出すとすれば、学問的に未成熟な者は、矛盾に満ちた自己を否定することもできない。当時の女子学生の言葉を引けば、「私には何もないの。それでは闘ってはいけないのでしょうか(17)」。

春曙帖には「目的と手段の問題」という筆記[91]があり、「手段の副作用の問題」が加筆挿入されて、副作用的な結果も予想しながら目的に対する手段を選ぶ問題に触れている。「既述の関連テーマ」一〇項目[140]の一つなので、六八年十二月以前の筆記だろうが、「革命的祖国を反革命からまもるという、政治的利害とのディレンマ」に触れたうえで、「ディレンマの感覚があるかどうか、いい気になって、得意になって、自己正当性(self-righteousness)だけでパリサイ人のように行動しているか、それとも、手段の犯罪性の重みの感覚があるか、――そこに政治的行動、「大義」のための行動の倫理性の規準がある」。そのように革命継続という目的のために犠牲が大きな結果が予想される悪どい手段を選ぶ者は、「手段の犯罪性の重み」を感じていればそれでいいのかはともかく、「自己正当性」だけで行動していたら話にならないだろう。これは、目的は手段を浄化するかといった「目的と手段」とは別の問題であって、「いい気になって、得意になって、自己正義感(self-righteousness)だけで行動している」と最初書いていた箇所に「パリサイ人のように」などが加筆されているが、パリサイ的な自己義認が他者への断罪につながることはよくあるだろう。とくに自己否定したと思う者が、自己否定してないと思える他者に対して、自己正当性の感覚から厳しく責任追及することはありうるが、「パリサイ人のように」と丸山が書いた問題はそれだろうか。

丸山が「パリサイの徒」など「いやらしいインテリ」一〇種を春曙帖[121]に書いた箇所は、『自己内対話』では折原浩と羽仁五郎が伏字にされているし、(困った存在)の位置もおかしいので、一頁全部引く。

東大紛争を通じて私の眼に映じたいやらしいインテリ。もしくはインテリの卵。
○自分の行動を非政治的もしくは反政治的と思っているノンセクト・ラヂカルの自己偽瞞〔ママ〕
○心情的に全共闘に追随し、最後の段階で見捨てた「一般学生」
○紛争を通じてついに被害意識しか持たぬ総長や教官。
○パリサイの徒（折原浩、羽仁五郎や、朝日ジャーナル的記者だけでなく、全共闘の「いい気になっている」指導者たち）
○自分の市場拡張のチャンスとして書きまくった評論家たち
○他人志向型、もしくは関係型の価値判断しかできない教授たち（無邪気かもしれない）。
○日共憎しという過去のまたは現在の体験がほとんど唯一の行動原理になっている前日共党員（困った存在）
○自分の職場での無力感を大学に投射《プロジェクト》し、補償作用を通じて全共闘を支持しているサラリーマンたち
○全共闘学生を「暴力学生」と呼ぶことに、いささかのためらいも感じない日共（民青）教官と学生。
○最後に、結局はこういうことしか書けない「教官としての」丸山
――ということは、結局日本に住むことがいやになったということかもしれない。（次頁写真16）

これを見ると、東大紛争のなかで丸山が、全共闘だけでなく、およそすべての教官と学生の知性を疑い、最後には自分自身と日本社会をも自己嫌悪していたことがわかる。マスコミについては別の頁[137]にもっと早い時期の批判が記されているが、「朝日ジャーナル的記者」がここに追記挿入されたのは、連載「教授会の少数意見」に書かないかとか接触してきたのか、「現代の偶像」や丸山に批判的な掲載記事への反感か、わからない[18]。それを除けば、折原、羽仁と全共闘の指導者たちを「パリサイの徒」と見ていたことになる。全共闘の指導者が「いい気になっている」というのは、たとえば潜行中の山本義隆が「アジトの中の全共闘リーダー」（69 05 02『アサヒグラフ』、四月二二日発売、大阪や北九州は二四日発売）に出たことだろうか。それにしても丸山は、『中央公論』四月号の折原、

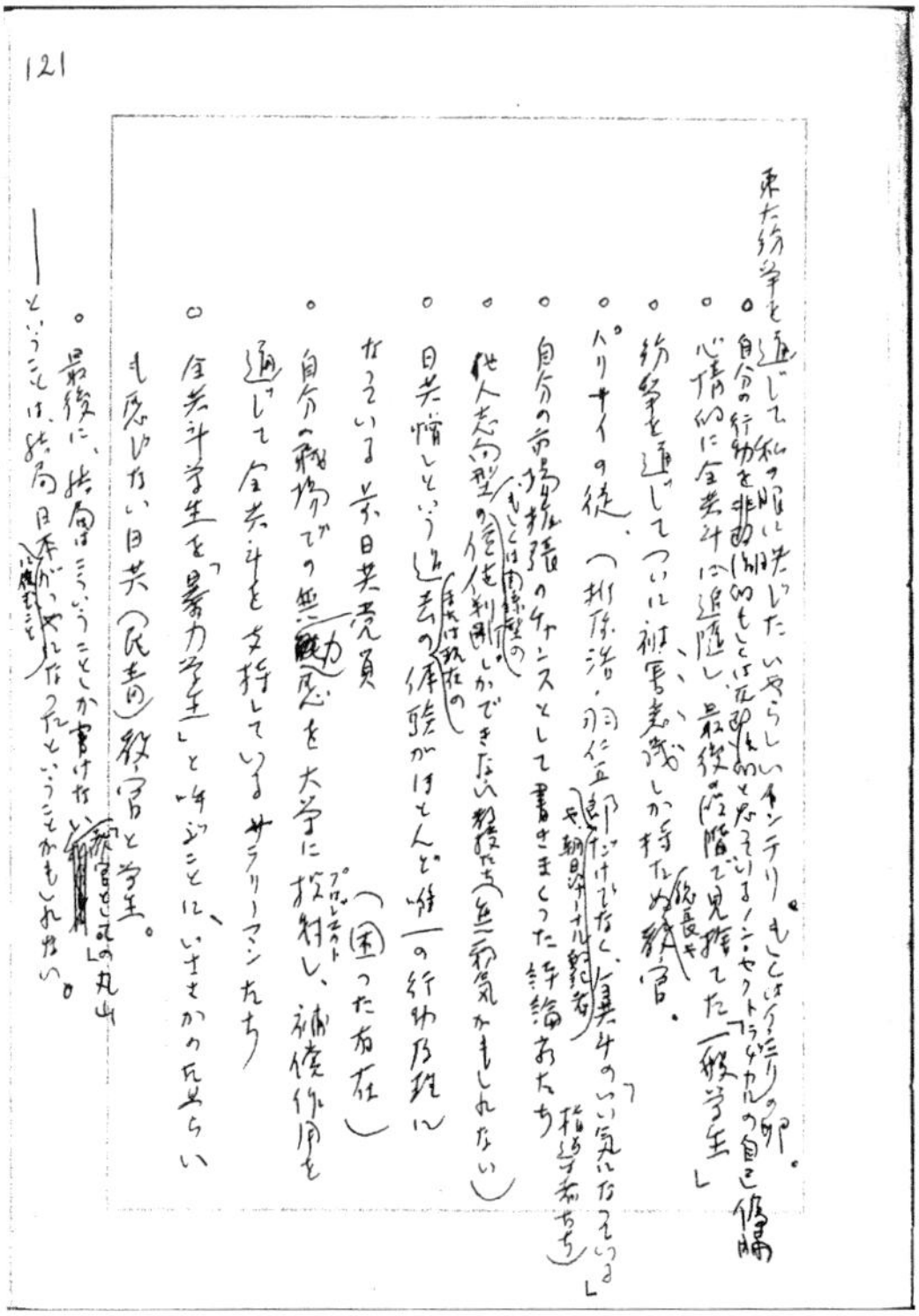

写真16：春曙帖121頁。東京女子大学図書館提供。

『現代の眼』四月号の羽仁、『現代の理論』五月号の古川くらいからしか「パリサイ的な弾劾」を受けたことがなかったのだろうか。しかしあれを「パリサイ的な弾劾」と受けとめたとすれば深刻だ。この「いやらしいインテリ」一〇種は、六九年秋の筆記ではないかとかつて想像したが、折原と羽仁が丸山を批判したときから間もない四月か五月の筆記だろう。(19)

さて、山本義隆は、「東京大学——その無責任の底に流れるもの」(69 06『現代の眼』、五月中旬発売、69 04 08記、『知性の叛乱』69 04所収)で、林文学部長軟禁抗議声明(68 11 08)を糸口に、『日本の思想』(61 11)とくに「「である」ことと「する」こと」に絞って丸山の思想を批判した。前近代的な天皇制を批判した丸山がそれに酷似した東大教授会の無責任体制と共同体幻想を批判できなかったこと、「する」論理によって丸山が批判した「日本は民主主義の国である以上、この秩序を破壊する行動は……」という制度の物神化の論理と同じ発想が「大学は理性の府である以上、この秩序を破壊する行動は……」として丸山自身のなかに潜んでいること、しかし丸山が学問文化の領域では「である」論理を肯定的に評価していることからして、林文学部長軟禁抗議声明への丸山の署名には「教授であることの肯定」があり、「学生と人間的には対等であるべき処分問題」にまで「法学部教授であること」をふりかざしたことなどを論じ、「彼らにとっては、いわゆる学問や思想は生き方とは無関係なのだ」と断言した。「「である」価値と「する」価値の倒錯」の再転倒への丸山の関心を読みとったうえで、その論理を逆手にとった批判だった。丸山の思想を近代合理主義などと頭から否定するのをやめて、丸山がその学問や思想を生きられなかったことを批判した。

五月には、このほかにも全共闘の主張が多く新聞雑誌に載った。今井澄「獄中からの手紙」（69 06『中央公論』、五月一〇日発売、69 04 20記）は「今、僕たちは議会制民主主義を軸とする戦後民主主義に別れをつげ、自分たち自身の日常生活の場から闘いを起す中で、真の生き生きした直接民主主義を打ち立てて行くべきではないでしょうか」と素直だったが、山本義隆「生きのびた知性」（69 06『中央公論』、69 03 10記、『知性の叛乱』所収）は「全共闘の運動が参加した個々人の自覚と意志一致に基づいてのみ行なわれ、それゆえに一切の行為に対して各人が全的責任を負って行なわれているのに反し、「教授会の自治」を有しているはずの教授会では、その決定は現実には雰囲気としての全員一致で行なわれ、かつ決定に参加した教授個人は決定に対して極めて無責任である」と論じ、丸山の学生批判にも似て、教授会こそ全員一致で無責任だと批判した。一三日には駒場共闘焚祭委員会と称する一握りの学生が三島由紀夫と討論会を開いた。山本義隆と加藤一郎の手記が朝日新聞（69 05 18）に掲載され、一九日に加藤総長の東大全学討論集会の試みがあった。二〇日に立命館大学で戦没学生記念わだつみの像が全共闘系学生によって破壊された。本書裏表紙「民主平和のきらい…」の落書きが東大駒場にあったのが二三日。大学の運営に関する臨時措置法案が二四日に国会に提出された（八月三日成立）。東大安田講堂事件の裁判が、統一公判ではなく分割公判で二七日から行なわれた。二九日には東大全学助手共闘会議と日大教員共闘委員会の共催（代表平石直昭、朝日新聞69 05 28）で全国大学教員報告討論集会「大学を告発する」が開かれ、聴衆三〇〇〇人、造反教員二〇〇人が集まった。

丸山は、「反体制」の言辞について厳しい観察を春曙帖[57]に書いた（「一九六九・五」と付記）。「これほど「反体制」の言辞がブルジョワ出版物に氾濫し、これほど「反体制」を標榜する評論家・大学教授たちが、そういう言辞によって原稿料をかせぎ、すくなくもペンによって生きること――もっと現代的にはテレビ・タレントとなって生きること――の容易な国があるだろうか。…「反体制」の言辞がこれほど氾濫しながら、「現実」をかえる力がおどろくべくないという日本の反体制思想運動の歴史的な問題性を自分の問題として考えないで、いい気になって、マス・コミの需要に応じて注文生産している「自由」評論家や大学教授によって、日本の「現実」がただの一インチも変革されないことだけはたしかである」。別の頁[162-]では、全共闘を支持する評論家が「全共闘のかかげる「革命」的言辞」は決して言わないでテレビに出ているとして「小中陽太郎・羽仁進・中島誠・加藤登紀子（！）・野坂昭如」（『自己内対話』では省略）を挙げている。丸山は、「「反体制運動」自体が体制のそとではなくて、なかに存在しているものです」（「丸山真男氏をかこんで」66 07）と語ったように、もともと反体制を気取ることに批判的だったが、とくに当時の反体制的言辞が浮わついていると感じていた。

全共闘の擬似宗教革命的な性格を丸山が春曙帖[69-]に書いたのは、六九年前半の丸山の全共闘理解の結論ともいえるが、五月末か六月だろう（海外から萩原延寿、フェアバンクの便りがあって知識人の国際的友情に涙ぐんだ五月二七日の手記[69]よりあとだと折返しからわかる）。約半年前の六八年秋、加藤執行部が全共闘の七項目要求のほとんどを容れるようになったころ、全共闘系が「問題は七項目をのむかどうかでなくてのみ方がなのだ」と言い出したが、あの時が「東大紛争の大きな転換期だった」。「東大紛争の擬似宗教革命的な性格はあの頃から露わになった」。のみ方がいいかどうかは「心構えや良心の問題」であって「大衆運動ないし社会＝政治闘争の問題」にはなりえないし、「内面性と良心にかかわることをいともたやすく大衆の目前で告白を強いる「自己批判要求」ないし「果しなき闘争」というまったく不毛な運動の思考形態」が拡がったのは「ノン・セクト・ラヂカルが安田城のヘゲモニーをにぎった時期」とほぼ一致している。「「良心の自由」の何たるかを知らない点だけでも、それは完全に戦前型を脱していない。一体何がニュー・レフトなのか！」と丸山は呆れた。

この擬似宗教革命的全共闘論には、かなりの理解しそこないがある。加藤執行部は七項目要求をほとんど容れたというが、文学部処分の白紙撤回の要求だけは呑まなかった。文学部処分は適法だったが処分学生は復権すると十二月二日に提案しようとしても、林文学部長らの反対でできなかったが、丸山もその内情は知っていて「ほとんど」と書いたのだろうか。全共闘が「のみ方」を問題としたと見えたのは、対等な人間が揉みあったのに学生だけが処分された「論理」を問うて謝罪を求めたからであり、「心構えや良心」を問うたのではなかった。七項目要求の何割を獲得したら闘争勝利とするような運動ではなかったから、たしかに「果しなき闘争」になりがちだった。それを「擬似宗教革命的」と見るのは、かつて丸山がファシズムを「擬似革命的」と見た（「ファシズムの諸問題」52 11）のと似るが、全共闘は「連帯を求めて孤立を恐れない」とか「自己否定」とか言っても、四半世紀後のオウム真理教とはもちろん違っていたし、丸山自身も六八年暮には法闘委に「宗教改革者」的誇りを認めて期待していた。もっと前の六八年十一月だろうか、「われわれの「革命」を制度論に矮小化する」ことに抗議する学生の主張との関連で「七項目が問題でなく、七項目ののみ方が問題だというい方」が登場してきたと春曙帖［155］に書いたとき、「彼等のまさにもっとも弱い点である制度的構想力の欠如」を丸山が指摘したように、宗教的との理解などかつてはなかったが、半年の転変を経て、擬似宗教革命的との結論的な見方が生じていた。

全共闘は擬似宗教革命的だったのか。ここ［69-］で丸山は、「のみ方がいいかどうかは心構えや良心の問題」であって「大衆運動ないし社会＝政治闘争の問題」にはなりえないと書いたのに続けて、「ポツダム宣言の受諾が問題でなくて受諾の仕方が問題なのだ」というのと同じだと書いた。しかし丸山が「超国家主義の論理と心理」（46 05）の末尾で、「今や始めて自由なる主体となった日本国民」に国体が運命を委ねた日として八・一五を振返ったとき、ポツダム宣言を人民主権的に受けとめようと受諾の仕方を問題としていた。それはまさに「良心の自由」を侵してくる戦前戦中の国家体制の反省と変革の問題だったが、丸山にとって最後の拠点だった「良心の自由」を六〇年代末の学生が重んじないからといって、「完全に戦前型」だったわけではないだろう。その「自己批判要求」が「内面性と良心にかかわることをいともたやすく大衆の目前で告白を強いる」ものとして丸山には我慢できなかったとしても、一九三〇年代の丸山がこの社会では生きられないと感じたのと同じことをたぶん六〇年代末の学生も感じていて、上昇志向を自己否定したり、学問や思想と生き方の関係を問うたりしたが、それが擬似宗教革命的だろうか。なお、「こうした思考形態は、いわゆる一括公判要求――思想と行動はきり離せないという被告側の要求――にも現われている」との追記[69]は、東大事件裁判でのグループ別の分割公判ではなく統一公判を被告の学生が要求して荒れた（朝日新聞69 05 27夕、69 06 12）ことを指すが、思想と行動との不可分離を被告が主張しただろうか、その跡は見当らない。

さて、潜行中の山本義隆は、全国全共闘連合の結成準備のための代表者会議（69 07 24）に向けて、小冊子「「立法粉砕」―安保闘争へ向けて〈全国全共闘連合〉を結成せよ‼――東大闘争の総括と展望」（69 07、写真17）を作成した（水谷宏編『全国全共闘』69 09所収）。そのなかで東大闘争の総括の視点として、六八年十一月以降の加藤執行部の近代化路線と日共民青の民主化路線との「民主主義的大衆操作」によって意識された「〈ポツダム民主主義〉のネガティブな側面」「〈戦後民主主義〉とそれに根ざした「平和と民主」運動の欺瞞」を強調した。「戦後民主主義者「進歩的・評論家的」教授達も大学の権力との癒着を支えていた。何故ならば、彼らは例えば丸山真男に代表的に見られるように、戦前の思想家の系図が主にアウトサイダーであったことにその敗北の原因を見て、積極的にインサイダーと自己を規定し、インサイダーの足場――端的には東大教授という肩書き――を行動の支点にしたのであった。従って「平和と民主」に依拠した大衆運動のエネルギー（「岸の暴挙」に対する「議会主義を守れ」等）が丸ごと体制に吸収されることで出来上った秩序に対しては、彼らは保守的にならざるを得なかったのである」。この政

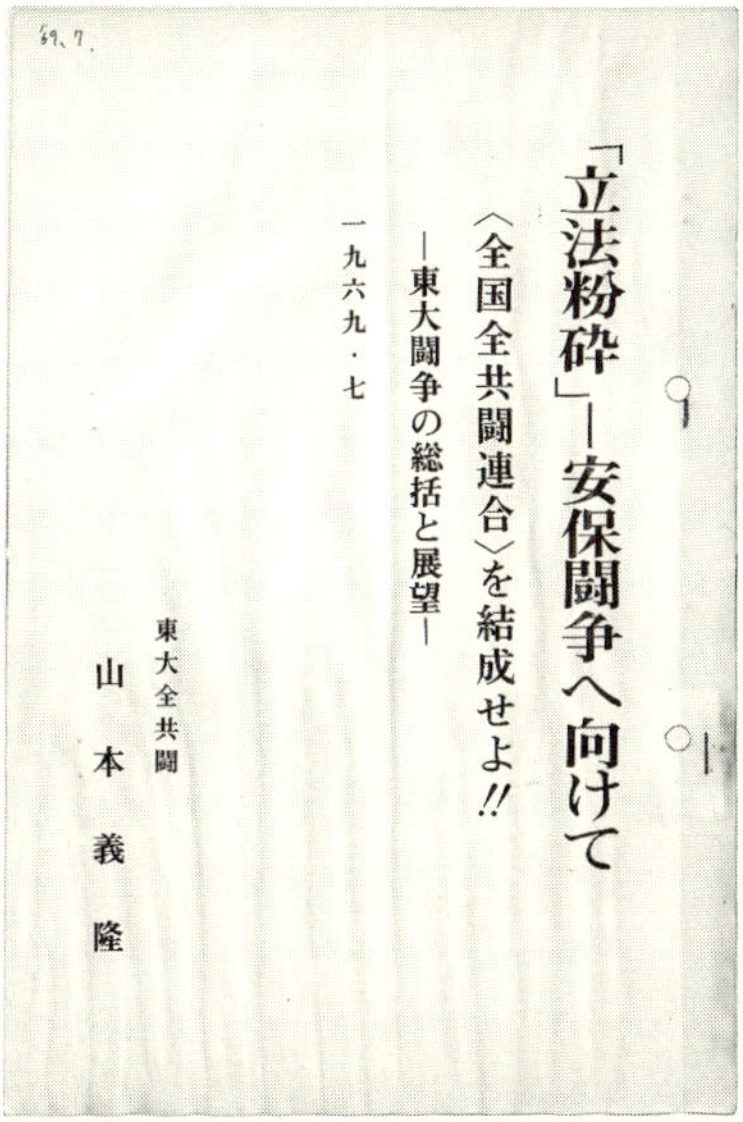
「立法粉砕」―安保闘争へ向けて
〈全国全共闘連合〉を結成せよ!!
―東大闘争の総括と展望―
一九六九・七
東大全共闘
山本義隆

写真17：「東大闘争の総括と展望」、2段組11頁の冊子。国立歴史民俗博物館所蔵。

治文書では「戦後民主主義」は「体制」であり、「秩序」そのものだった。「境界に住む」知識人であろうとした丸山は、六〇年代を通じて徐々に位置を変えていたが、山本から見れば「インサイダー」と自己を規定した保守的な体制的知識人でしかなかった[20]。山本は、九月五日、全国全共闘連合結成大会が開かれる日比谷野外音楽堂の入口で逮捕された[21]。

六九年の丸山は、全共闘をもっぱら否定的に見ていた。暴力的、制度的構想力欠如、ロマン主義、反政治主義、形式否定、集団的同調主義、東大の既成体制の全否定、自己否定ゆえの他者へのパリサイ的弾劾、反体制的言辞のみ、大衆の前での自己批判要求、不毛な思考形態としての果しなき闘争、ついには擬似宗教革命的運動。それを日本的とか戦前型とかと考えるのは丸山の思考形態だが、ともかく否定的だった。当っているところも多いが、一面的すぎるところもある。そもそも全共闘の学生はなぜあれだけ激しくしつこく闘ったのか。当事者でないからわからない面があるとしても、受験競争の制度に適応して知識によって立身出世階段を上昇してきた自分、科学技術の進歩を楽観して大学教授の権威を信用していた自分は間違っていたとどこかで反省し、戦争や公害によって大学の学問や科学の進歩の害悪を意識するとともに、そのなかにいた自分自身の害悪をも直視し、自己変革と社会変革の相互媒介的な運動に加わったが、大学当局や教授たちの無責任や欺瞞、他党派との抗争、国家権力の弾圧もあって、不当処分撤回の運動が大学解体の運動になり、何のために何と闘っているのか、七項目要求とは何だったたか、時にわからなくなっても、自己否定を重ねて闘いつづけたのではないか。悪を否定すれば善が生じるとは限らないし、欺瞞や弾圧で負けたというのは政治的に無責任だと丸山なら批判しただろうが、それでも自己否定の思想は丸山の思想と似ていたし、丸山から学んだ学生も少なくなかった。[22]

六九年の秋にも丸山は、今井寿一郎の度々の見舞いに答えた書簡[23](69 10 01)で、「東大紛争」について次のように記し、全体として理解することを拒否した。「一体私には、医学部問題とか、都市工学の問題とかそれぞれ特異で個別的な問題を通ずる「東大」一般の矛盾とか問題とかは何なのかということ自体がよく分らないのです。江戸の「ふりそで火事」のような所があるのです」と、恋煩いで死んだ娘の振袖から出火したという明暦大火の原因伝説のように不可解と見ていた。「むしろ私は、ゲバ学生よりも、世の「評論家」たちの態度――ろくに調べもしないで、マス・コミの断片的報道からの臆測や、安田城攻防のような「事件」のショックで、ひとのことをパリサイ人的にあげつらう軽薄さとコンフォーミズムに呆れています」と学生よりも全共闘支持の評論家を嫌悪した。[24] 杉井健二の論争文への返書[25](69 11 09)では、「「他者にたいする内在的理解能力」(これが精神的な子供と大人とを分つ指標です)のおどろくべき欠如」を杉井の文章に見て、「「自己否定」の名における自己への甘えと他者へのパリサイ的断罪という全共闘運動のあのおそるべき劃一的な特徴――ゲバ・ヘルという服装の劃一性だけでなく発想の劃一性――から、せめて自分の個性をとりもどしてほしい」と望んだ。そのように丸山は、自己否定ゆえの他者否定が許せなかったし、パリサイ的だと考えた。

三　東大教授であること

六九年三月に再開授業を中断して入院した丸山は、東大教授であることについても考えつづけた。もともと一九五〇年代から法学部のなかのことが嫌になって大学を辞めたいと思っていたという(回顧談)が、東大紛争では「発言」しないことを非難され、片言隻句が批判され、再開授業に押しかけた全共闘学生から追及された。「三月の病気入院と同時」(団藤重光宛70 09 06)に退職を決意したともいうから、もっと早く辞めておけばよかったと後悔する気持ちも生じただろう。三月一六日の日赤病院で丸山は、教育に対する自分の「矛盾した二つの面」に触れ、紛争を通じて学生と論争したとき、学生の主張は弱点を含むものか平凡な真理が多かったが、「先生は東大をやめて丸山塾をひらくべきなのです」「先生の言葉は、丸山塾の塾頭としてなら納得します。」が東大教官としては……」という批判が丸山の胸にぐさとつきささったと春曙帖[136]に書いた。「私は軍人としての死期を失した乃木希典のような姿で、「東大教授」として今日までとどまって来た。いまその不決断のむくいが来たのだ。」

丸山は、自分を東大教授としてしか見ないマスコミの眼に苦しんだ。春曙帖では、東大教授の「特権」「権威」「虚像」という批評が日本ほど通用することがあるか、英国のオックスフォード、ケンブリッジではありえない、どうして「東大教授であろうがなかろうが、愚劣は愚劣であり、正当さは正当さだ」という「当然の基準が通用しないのか!」(『自己内対話』は「愚劣」を「劣悪」と誤読)。その理由として、日本では身分的特権がないから地位肩書への羨望嫉妬が大きいのと、東大教授がジャーナリストや評論家の競争相手だったという事情を考察した[134]。「私のあらゆる発言は、とくにP134に書いたような日本の事情の下では、一個の丸山という人間の発言としてはきかれないだろう。必ずや東大教授丸山、あるいはせいぜい政治学者丸山の発言として、おそらくは、もっとも蓋然的にはその両者の資格の合体としてしか受けとられないだろう。たんに一般人だけでなく、「文化人」やジャーナリストによってさえ、いな、むしろそういう人々によって一層、私は「著名な東大教授」もしくは「有名な政治学者」としてしか取扱われない。」[133ˉ]

マスコミを批判する批評家も、丸山を東大教授としてしか見ないことに丸山は驚いた。右の筆記に続けて、前述のように丸山の林軟禁抗議声明署名に対する折原の「東大教授による東大教授のための、パティキュラリスティックな人権感覚」理解に驚き、一般的な留保を記したうえで、「日ごろマス・コミを蔑視する批評家諸氏が、吉本隆明から杉浦明平にいたるまで、そういうマス・コミの眼——もう一度いえば著名東大教授としてしか丸山の言動を見ないような眼——をそのまま自分の眼として批評しているということが、おどろくべき現象であり、日本の「論壇」なるものにほとんど私を絶望させるゆえんなのだ」。毎日新聞の内藤国夫に、どうして私の名前ばかり紙面に登場させるのかと問うたら「有名税ですよ」と答えたことにも憤った。「有名になろうとしないものが、できるだけそっとさせ《〔ママ〕》ておいてもらいたいと機会あるごとに話して来た私が、どうしてマス・コミが仕立てた有名性のために税金を払わねばならないのか。」[133]（『自己内対話』では折原以外の三名は伏字）

ところが「著名東大教授としてしか丸山の言動を見ないような眼」で折原も吉本も杉浦も丸山を批評したかというと、そうではなかった。吉本は、「しがない」「評論家」をかつて揶揄したと感じた「大学教授」丸山に対して、図書館利用の無特権や「プレスティジ」の差別を「戦後民主主義社会特有の暴挙」と指摘した。折原は、丸山の人権思想が「教授会メンバー」という存在に拘束されて、学生同士の衝突の回避につとめなかったのではないかと疑った。しかし二人とも「東大教授」としての丸山を批評したわけではなかった。杉浦は、「東大文学部の林学部長との大衆団交のさいには、丸山真男から三島由紀夫までが、「ヒューマニズム」の立場から、文学部教授たちの「人命尊重」「不法監禁をやめろ」「暴力には屈しないぞ」「林を返せ」の叫びに呼応したのは、ソ連軍のチェコ侵入以来の壮観だった」と風刺した（「擬制の終末」69 01『文芸』）くらいしか見当らない。三人とも「著名東大教授としてしか丸山の言動を見ない」マスコミの眼で批評したわけではないのに、丸山はそのマスコミの眼を内面化し、批評者に投射していたのではないか。それで驚き、ほとんど絶望し、発言意欲を自ら削いだのであれば、たしかに「悪循環」だった。

これに続く丸山の自己内対話が春曙帖[134-]に記されている。「しかしお前は安保のとき、ベトナムのとき、遡れば平談会のとき、まさにマス・コミを通じて発言したではないか、という反論がきこえる。そうだ。しかし私はそういう場合、いつ東大教授として発言したか。「東大教授の発言」、「著名な政治学者の発言」というレッテルはつねにマス・コミがはりつけたものだ」。一九六〇年の安保、六五年のベトナム戦争、五〇年の平和問題談話会のときの丸山の発言が著名になり、影響力をもったのは、「果して私が東大教授である故なのか。その肩書に、どこまで私の著書や発言が負っているのか、そのことを証明してもらいたい。でなければ、私は、私の上のような抗議を撤回しないだろう」。仮想の反論に対するこの証明要求によって「抗議」を保とうとしても、「抗議」自体が少なくとも三批評者に対しては錯覚にもとづいていた。もっとも東大教授としてでなく発言すればよいのではないかとの反論も考えたのだろう、「もしそれ、私が一教官であれ、当事者としてマス・コミに発言すべきだというなら、そうしないのは私なりの状況判断、つまり効果性の判断に基くとしかいいようがない」。春曙帖のこの頁[134]の欄上(『自己内対話』は位置がおかしい)には、「東大紛争についての私(丸山)の態度にかんする批評で、私自身に、事実をたしかめたり、直接フランクに批評を求めたうえで、書かれたものは一つもない。すべて犬の遠吠だ」。これが没後公表されて丸山の遠吠えとなった。

丸山は、ほぼ同年の旧友とは理解しあうことができた。野間宏宛(69 05 10)で、肝臓をやられて長期療養を強いられそうだが、ダべりたい、「ちょっとコミュニケーションがとぎれると、その真空をたちまちに埋めるものはマス・コミのイメージに無批判的に依拠した判断だという世の中ですからね!」。杉浦明平宛(69 06 09)では、「先日は久しぶりに声をきいて懐かしかった」と書いたように、電話で久々話した杉浦から蜂蜜を送ってもらい、近く癌センターに再入院して肝臓の精密検査を受ける予定だと告げた。「原爆被災で間一髪、生きのびたために、小林一茶ではないが、戦後は丸儲けだ、という気分がどこかにあり、したがってあまり命を大事にする気がなかったけれど、ちかごろになり、とくに大学紛争の渦中に立って、かえって、これはどうしても長生きしなければいかんというファイトが出て来た」。そのように電話さえもらえば、コミュニケーションさえとれれば、氷解する錯覚が渦巻いていた。一高で一年先輩の杉浦とはそのような理解に達することができても、吉本や折原には遠吠えするに任せるしかなかっただろうか。長生きするファイトをかきたてた丸山は、東大教授批判には反発しながら、東大教授であることについて考えつづけた。

丸山が「東大法学部への私のイメージの変遷」[130^{-}–131^{-}, 129^{-}–129, 127^{-}–128, 125^{-}–126]を書いたのは、六九年五月だろう。これは「「東大法学部にたいする私のイメージの歴史」のつづき」とも題されており、六八年暮の「「東大」と私」の続編だろう。丸山は、東大法学部入学時の講義の印象から書きはじめたが、高校二年の終り（三年の初め）に逮捕されて、「日頃の「知性」などというものの頼りなさ」を自覚した経験に触れ、大学に入ってからも「無気味な監察状態」が続き、「権力による思想的監視の目」をたえず意識させられ、「ほとんど本能的なまでのナチぎらい」にもなったが、「東京帝大の助教授という「地位」は大したもの」で、「あらゆる方面から縁談をもちこまれるのには、驚き呆れた」という回想に入り込んでいった（『自己内対話』では一六行省略）。六八年暮の「「東大」と私」と比べれば自己批判が弱まったのは、東大教授批判への反発が一因だろうか。

さて、丸山は、四月二一日に一時退院したあと、肝臓障害が悪化した。しかし外出できなかったわけではなく、五月九日にはリヒター指揮のバッハのロ短調ミサを聴きに病床から上野の東京文化会館までやっとの思いで行った[春曙帖86][26]。五月二二日からの法学部の試験を粉砕すると宣言した全共闘法闘委ビラ「法学部教授会への公開質問状」（69 05 13。文庫 959–29–5）も法研の郵便分布室で受取ったのだろう。法学部教授会には三月以来出席してないが、五月二九日の教授会では、丸山は肝臓がおもわしくなく自宅療養中と伝えられた。六月七日に木下順二や医師の吉利和と相談し、六月一三日に癌センターに入院した。七月一七日には小尾俊人に、東大紛争で「本当に強靭な知性とにせもののひよわなそれとが」透けて見えてきたと書き送った。肝炎は危険ではない慢性肝炎とわかり、八月九日に退院した。

丸山が入院するまでの経過は、その夏でも、ほとんどの新聞雑誌読者にはわからなかっただろう。安田武「「正常化」後の教授と学生たち」(69 07『展望』)の次のような伝聞的記述から想像するしかなかったのではないか。「丸山真男にたいする「追及集会」なるものが、両度にわたってくりかえされたと聞き及ぶにいたって…。「追及集会」とか称し、講義の「場」で、丸山の学問、思想を、しかも甚だ拙劣な論理を恥じる気配さえなく問いつめるといったようなことが、どうして「自己否定」になるのか」。鶴見俊輔は、座談「戦中・戦後をこえるもの」(69 08『展望』)でも、「丸山さんを全共闘のようなやり方で否定するということには、私は賛成できないんです。やはり仕事というのは偶像崇拝とちがって、そんなにポコンと全部捨てられるものじゃないですよ」と語ったが、その否定とは何を指すのか、読者にはもやもやしていただろう。対談「大学には何ができるのか」(69 09『世界』)で平井啓之は、全共闘運動が反体制の政治運動なのに実存的な姿勢を強調する矛盾から、「林健太郎には同感するが、丸山真男はあんなふうにつるしあげて当然だとする態度も出てくるのでしょう。やっぱりそれは僕はへんだと思いますよ」と語り、高畠通敏も「へんですね。一種の近親憎悪でしょうね」と同感したが、多くの読者には謎だっただろう。

癌センター退院後の丸山の書簡として知られる最初は、右の「「正常化」後の教授と学生たち」で丸山批判を批判した安田武に宛てた書簡(69 08 17[27]、消印は荻窪)だった。立命館大学でのわだつみの像の破壊を批判した安田の毎日新聞寄稿(69 05 29、69 06 16)への「共鳴」を伝え、像破壊を合理化し正当化する周囲の親しいインテリへの「オドロキ」を記し、軽信軽疑は「わが知識人の「知性」の通弊」にしても「昨今はひどすぎる」し、「反体制」を自称する人たちが「寵児」にされていると歎き、「新しい時代の鼓動」への感受性を説く「時局便乗」の徒を断乎無視しようと訴えた。たとえば鶴見俊輔が「像がこわされたといって怒っているわだつみ会員には、ひじょうに違和感をもつ」(座談会「戦中・戦後をこえるもの」右掲)と語ったのを指したのだろうが、丸山は完全に固まっていた。

丸山は、伊豆山にある岩波書店の惜櫟荘で療養し、熱海の国立病院に通ったという（岡義武宛69 10 02）。八月下旬には、教科書裁判で右翼から脅迫があると朝日新聞で報じられた家永三郎に激励の手紙（69 08 29）を伊豆山から送った。むかし軍隊でいじめられたとき「あゝいう奴らを人間と思うと我慢できないから、豚か猿にくいつかれたと思え」と上等兵から教えられ、それ以来、「憤慨よりもむしろ軽蔑をもって、こういう連中に対するようにつとめる修養」をしたと書いたが、丸山が学生を「軽蔑する」とよく言ったのも遠因は軍隊経験だろうか。東大紛争でマスコミを通じた丸山の「言動」「沈黙」をめぐる「イメージの増幅」に閉口しているとして、軽信軽疑の「評論家の体質」を批判し、「おどろくべきコンフォーミズムがインテリの世界をも支配する」という点で「戦後日本は「一個独立の気象」においてどれだけ進歩したのか」疑った。

丸山が東大を辞める決意をしたのは熱海滞在中という（回顧談[28]）が、その理由や経緯はよくわからない。六九年九月に熱海に来た木下順二にだけは、辞職の決意を内々に洩らしたらしい（木下順二宛69 10 17）。十月八日消印の法学部政治関係六教授宛の同文書簡で来年三月退官の意向を告げたが、「東大紛争にたいする責任とか、紛争の過程の出来事、ないしは紛争処理の仕方にたいする批判」は直接の理由でなく、「健康上の理由」が唯一の理由だという。東大紛争という「この問題で個人プレイはしない、というのは去年末からの一貫した私の考えでした[29]」というのは、「一個独立」を重んじた丸山の言葉としては意外だが、「紛争処理の仕方」などに対する批判があっても「発言」しなかったということか。ここ数年、「私の健康」と「私の現職にまつわる有形無形の負担」ゆえに「私の未完成の仕事」を進められない苦痛が増大してきたが、それを抑えてきたのは「戦前戦中の私にとって一種の国内亡命の地であった法学部研究室への愛着」だったという。「もうよい、このへんで放免してやる」と言ってくれと同僚に請うた。丸山は、翌年三月辞職は無理でも、翌々年（七一年）三月の辞職に向けて着々と手を打っていく。

丸山は、東大教授であることさえ辞めれば、未完成の仕事を進められると考えたようだ。春曙帖[61]には、祭祀行事と文学的情念との二つからのアプローチが日本の政治を解く鍵だが、気の遠くなるような課題であり、それなしには「私が数年来講義で言及して来た日本思想の「原型」の問題」も進まないだろうとある。このことだけでも「東大教官としての「義務」と私の学問的エゴイズムとは、もはや決定的に相容れない」とあり、それを学問的エゴイズムとみなす東大教授の義務感はさすがだが、このとき辞職を考えたのだろう。六七年前後のこの筆記に加筆して、「ところが、おどろいたことに、私が学問的エゴイズムのゆえに、東大を全共闘の攻撃から擁護し、東大教官をもやめないでいるという通念が「評論家」の間で、支配的なように見える。三十年前はたしかにそうだった。私は学問をやりたいばかりに、わずかに残された自由な場としての大学ににげこんだのだが……」。丸山は、十月二〇日の福田歓一宛書簡[30]では、「数年前なら別として、東大紛争以後は、辞職という形で学部を去ることは私の思いもよらないところでした」と記したように、数年前にも辞職を考えたが、東大紛争以後は意地でも辞めないつもりだった。日本思想の原型に関する未完成の仕事を進めたいという念願はもちろんあったが、それ以外にも辞職しない考えを改めさせるようなことが熱海であったのだろうか。

さて、春曙帖の巻末にはレポート用紙のような紙二枚が畳んで挿まれている。「一九六九年」とある一枚には三つの筆記があり、もう一枚は暮に広告(毎日新聞69 12 22)が出た本の感想であり、どれも六九年暮の筆記と考えられる。沖縄返還を掲げた佐藤首相が十二月二日に衆議院を解散し、二七日の総選挙で自民党が圧勝した年の暮だった(四八六議席中自民党二八八人、女性当選者微増で八人)。長期紛争校の閉校などを定めた大学運営臨時措置法の八月施行から四か月、大学当局が機動隊導入を躊躇しなくなり、紛争大学は三分の一に激減した(朝日新聞69 12 17、次頁図3)。東大では長く紛争が続いた文学部でも、十月の授業再開に学生が抵抗して二か月、十二月一五日の新学期からストは解除された。

一つめの筆記。「残念ながら、忙しい評論家やタレント教授ほどそそっかしい読み方をしたり、イメージとほん

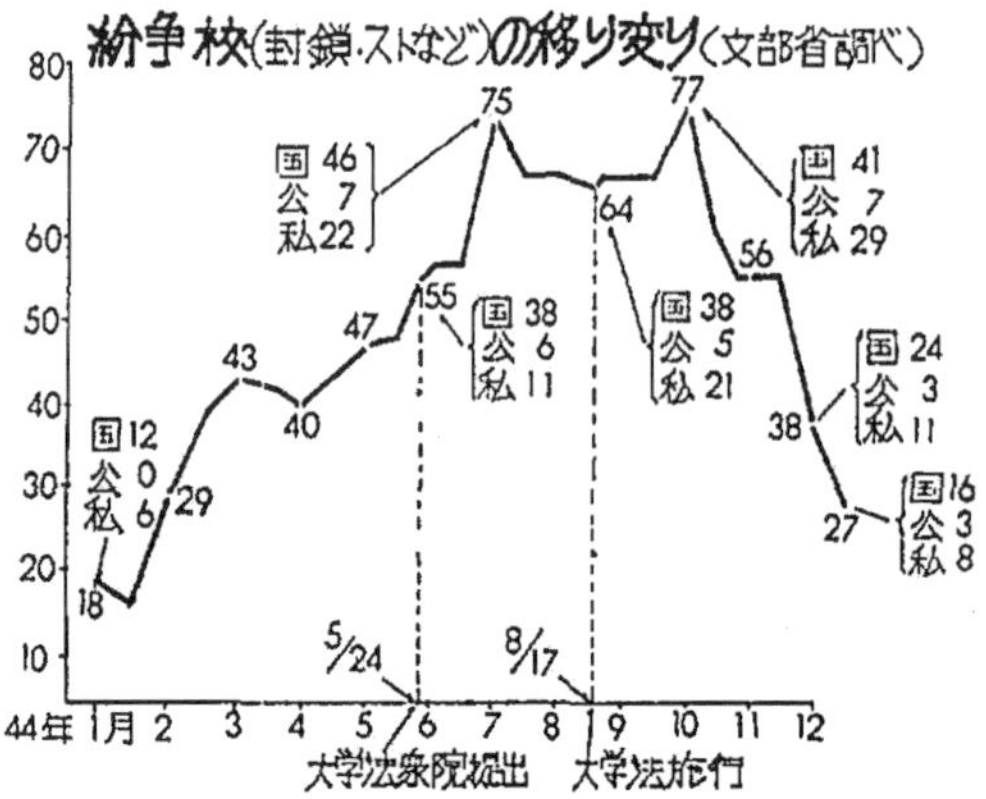

図3：1969年の紛争大学数の推移。朝日新聞1969年12月17日。学生がストか占拠か封鎖を続けている紛争大学は、文部省調べでは図のように8月65校前後と少なめ。朝日新聞調査(1969年8月4日)では8月3日時点で全国の四年制大学379校中110校が紛争大学。7月の読売新聞調査(69年7月30日)、警察庁調査(朝日新聞69年7月11日夕)でも111校、112校。

ものとのズレを検討する労をはぶいて、流通するイメージによって人を批評したりするものだ。むしろ本当の読者は、大部分は、無名の熱心な勉強家だ。そうしてそういう人々こそ著者にとって本当にこわい読者だ」。丸山門下のタレント教授、藤原弘達が『日本教育改造案』(69 09、一二二、一二三頁)で、法研封鎖時の丸山発言を「諸君のやろうとしていることは、ファシストも軍国主義者もやらなかったことだ。諸君を憎しみはしないが、軽蔑する」、「軍国主義者も、ファシストも、ナチもやらなかった暴挙である」と記して、ショッキングと書いた〔本書一九〇頁〕のを読んだのだろうか。「イメージ」批評に丸山は悩まされていた。

二つめの筆記。「反概念という名の概念——情念とか怨念とか(戦争中は慟哭とか、恋闕とかだった!)その他その他——をやたらにつかった最悪の概念的文章がいま氾濫している」。水俣病告発との関連で「怨念」がよく用いられたのはわかるとして、「情念」は、『討論 三島由紀夫vs.東大全共闘』(69 06)について三島の「日本的ラジカリズムの情念」と全共闘の「自己否定」とが共通項を持つとした磯田光一の書評(読売新聞69 08 01)や、『現代の眼』(69 10)の特集「現代を衝く反政治情念」などだろうか。共闘派を支持しながら八月上旬に中央大学文学部助教授を辞めた磯田光一は、その特集中の「日本的自己否定の屈折」(69 10)でも、保田与重郎の日本的「自己否定」の情念を「丸山政治学の見落していたもの」とし、全共闘の「自己否定」の基底にその情念の「残像」を探したし、丸山の「八・一五と五・一九」(60 08)の吉本読解をさらに曲げて、六〇年の政治的無関心派に対する革新運動派に「心情的ラジカリズム」を見た。また、反概念を名とする者がいたか不明だが、桶谷秀昭「近代・国体論・精神革命」(69 12 22『日本読書新聞』)が北一輝の思想の「根底にあるつかみがたい日本人の情念の混沌」とか論じていた。むしろ村上一郎ではないか、『浪曼者の魂魄』(69 11)は「恋闕」の文字から始まっていた(竹中英俊の教示)。丸山は、家永三郎宛(69 12 24)で、「大学紛争のため、とくに代々木と反代々木との「自己目的化」した抗争のために」、家永裁判の影が薄くなったのを残念と記すとともに、「日本ローマン派が復活したり、この間までの左翼文学者が、こういう日浪派と野合したり、いよいよ奇々怪々になって行くでしょう。まあお互いに長生きするようにしましょうよ[31]」と書いた。

三つめの筆記。「自己否定が叫ばれる時代に、祖国と民族と伝統への回帰を説く論調がめだって来た。しかもしばしば両者は「戦後民主主義」の告発において手をにぎりあう。無理もない。「自己否定」とは、孤独な自己にたえられなくなった者が他者との同一化をあえぎもとめるヒステリックな叫びだから」。この「論調」とは、三島由紀夫『文化防衛論』(69 04)、学生千二百人が参加した五月四日の全国学協の結成大会(読売新聞69 05 13)、八月の全国学協ゼミナールでの小田村寅二郎[32]「丸山真男氏の思想と学問の系譜」(『"憂国"の論理』70 05)など、民族派学生運動とその周辺の戦前回帰的な論調だろう。右翼の復古的な動きは、六〇年代前半に憲法改正論が挫折したのち、六〇年代末の左翼の動きに対抗して強まり、戦後体制としてのヤルタ=ポツダム体制の打倒を叫んでいた。丸山は、自民党が靖国神社国営化を求めて六九年六月に国会に提出した法案(審議未了連続六年で廃案)を憂慮しており、「靖国神社法案問題にたいする関心の低さ――それもマス・コミだけでなく、「学問・思想のあり方を根底から問うた」と自称他称する全共闘学生をふくめて――は、一体日本人が大日本帝国時代からどれだけ「新しく」なったのか疑わずにはいられません」(宮田光雄宛69 10 13)、「教科書問題と靖国神社法案問題にたいする、全共闘系の運動における無関心ほど、彼等のいわゆる「内面性」や「良心」の外面性をバクロしているものはないと思います。(民青がマシというわけでは毛頭ありませんが。呵々)」(松本三之介宛69 10 16ヵ)と十月にも記していた。

全共闘と民族派が「戦後民主主義」の告発で手をにぎりあうと丸山が観察した事実が本当にあったかはわからない。東大全共闘を名乗る学生数人と三島由紀夫との五月一三日の討論会に幻惑されたのではないか[33]。その討論を収録した『討論 三島由紀夫 vs.東大全共闘』(69 06)にしても、磯田光一が盛んに論じたくらいだろう。高橋和巳は「大いなる過渡期の論理」(69 11『潮』)で三島由紀夫と対談しても、手を結ぶことはなかった。右の靖国神社法案問題への無関心も、思想良心の自由の立場からは危険な徴候であっても、全共闘が民族派と手を結ばなかった証左だろう。もっとも丸山は、政治的判断の問題として、「戦後民主主義」を告発する左右からの動きをたえず警戒していたから、全共闘と民族派とが関係した事実がそれくらいしかなくても、傾向として手をにぎりあうと見たのかもしれない。それにしても全共闘の「自己否定」は、孤独にたえられない者のヒステリックな叫びだというのは、嫌悪にたえられない者の強引な心理分析だろう。そのような学生もいただろうが、孤独にたえて自己を否定し対象を否定しつづける学生もいただろう。

さて、毎日新聞社会部安保学生班編『安保 激動のこの10年』(69 12)は、社会部記者八人が執筆した十一章からなる書物だった。「知識人時代の終末」の章では、六〇年安保で丸山が「議会制民主主義を守れ」と訴えて市民運動を指導したが、東大紛争では「造反教官」が現れたように、「知識人の地位はこの十年間に大きく変わった。少なくとも六〇年の知識人が今も通用するとは思えない。…知的貴族主義の時代は過去のものになろうとしている」と論じた。「東大パンフとその崩壊」の章では、六八年末の法学部研究室封鎖で「ナチもしなかった。軍国主義者もしなかったよ。そんな暴挙だ」と学生に投げつけた丸山の言葉は(毎日新聞68 12 24の法研封鎖記事とは両語の順序が逆だが）、「冷静な丸山氏のイメージとは遠いものだった」という。「丸山氏にとっては、法学部研究室は生命にひとしかった。丸山氏が知識人の旗手となったアカデミズムは研究室にあった。学生たちのこのときの行動は、丸山氏のアカデミズムとそこから出てくる〝知的なるもの〟を真正面から否定しようとしてかかった一つの象徴的な風景であった」。松尾康二が書いたとわかりそうなものだが、内藤国夫が書いたと思い込んだ丸山は頭に来た。

春曙帖の巻末の紙もう一枚は、「毎日、内藤君らの「安保十年」を下田の書店で立読みして」（『自己内対話』で内藤は伏字）との頭書で次のように書いてある。「「使命が、あるいは役割が、おわった知識人」に何用があるのか」、丸山が嫌がっているのを知りながらジャーナリズムにひき出そうとし、「まるでジャーナリズムに書いたり発言しないことが責任を果していないような口ぶりを示しながら、今度は一転して、知識人あるいは大学教授が市民運動をリードする時代は終ったなどとぬけぬけと書くその無神経と無責任さ！　私はそういう連中のつき合いをするのはもう沢山だ。今度こそ私は、ひとのためのサービスは一切ごめん蒙って「研究エゴイズム」に帰る。今度こそ私は、自分の好きな、そうして本来の持場である思想史の仕事に専念できるだろう」。「勝手に人にイメージやレッテルをぬりたくって、そのイメージどおりに人が動かないことに失望したり、象徴だの偶像だのを頼みもしないのに、いや、つくらないでくれとたのみつづけていたのにでっち上げて、今度は偶像の顚落などと騒ぐあの手あいと永久に絶縁することができるだけでも、何と気がさばさばすることか。」

続けて書いた丸山は、東大紛争で自分の学問が試されたとは思っていなかった。「冷静に考えてみるがよい。今度の東大紛争で私の何がためされたのか。一教授としての大学全体についての管理能力が、というならば私は全面的に肯定する。しかし私個人の教育者としての欠陥や怠慢を誰が、どの学生が問うたか。ゼミ学生にきくのが一番てっとり早いだろう。いわんや私のこれまでの学問について、私はただの一度も胸にこたえる批判をきいたことがない。東大の学問、東大の教育とさわぐが、一体、私の学問と私の教育の何パーセントが東大教授たることから、それからのみ「流出」すると思っているのか！　私が東大教授であること、そのことが罪だというのか。何というおどろくべき東大権威主義的発想！」。しかし前述した限りでは、「東大教授であること」が罪だとか、言った者はいなかった。「教授であること」「法学部教授であること」を問うた山本義隆も、「軍部もファッショもしなかった暴挙を、自分の指導下にあった学生によってなされる教授」に論争を挑んだ杉井健二も、「知識人時代の終末」を論じた松尾康二も、「東大教授であること」を問いはしなかった。それなのに丸山はそのことに自縄自縛的に反論しつづけていた。丸山の学問は試されなかったかもしれないが、他者を理解する知性が試されたのではないか。

四　試された知性

一九六九年に丸山が経験したことを春曙帖を主な材料に辿ってきた。三月に再開授業中断と病気入院、四月に一時退院、六月に再入院、八月に退院して静養、十月に辞職決意内々表明、十二月に歳末を迎える日々のなかで、丸山の知性は十分に働いただろうか。ヘーゲルの精神現象学が、理解力と理性と概念を使って、自己と他者についての反省的な知 Wissen を客観的な学問 Wissenschaft へ鍛えあげる意識の経験の学だとすれば、その思考方法によって丸山が築いた学問がどれだけ立派でも、知性がよく働かなければ行き詰るだろう。マンハイムの知識社会学は、知 Wissen の社会学として、存在拘束性を認識する自己批判的な知性をもつ境界的知識人に、異なる立場や利害を媒介し相関させる役割を期待したが、病気入院した丸山には民主的討論もできなかった。それでも六九年の丸山は、これまで引いたように、旧制高校生の自分の「日頃の「知性」などというものの頼りなさ」、「日本のインテリの「知性」なるものの底の浅さ」、「「専門」さえもたない「インテリ」評論家の知性とは一体何」、「東大紛争の「評論」なるものの貧しさ、程度の低さ」〔春曙帖 131⁻、116⁻、162⁻、137〕、「本当に強靭な知性とにせもののひよわなそれ」（小尾俊人宛 69 07 17）、「わが知識人の「知性」の通弊」（安田武宛 69 08 17）と書いており、たえず知性を問うていた。戦後民主主義の否定について、全共闘と自己否定について、東大教授であることについて、他者を他在において理解する知性をどのように働かせるか、試されたということができる。

第一に、丸山は、戦後民主主義に賭けなかったとしても、戦後民主主義を否定する左右からの批判には敏感だった。戦後、民主主義に賭けて、日本社会の民主化を妨げる勢力とたたかってきた丸山には、歴史の分岐を無視した一括的言説としての戦後民主主義や、貶し言葉としての戦後民主主義は我慢がならなかった。民主主義を教えられて育った学生たちが「戦後民主主義ナンセンス」と漫罵したとき、また評論界で戦後民主主義への否定的言辞が高まったとき、丸山は、民主主義の概念を戦後的枠組でいくつかに弁別したが、相手の概念を問い返せなくて後悔が残った。おそらく戦後民主主義を否定する者には、民主主義理念を本気で求めるゆえに戦後日本の現実に失望して罵倒する者と、民主主義の理念をはなから馬鹿にして嘲笑する者とがいたが、丸山は両者の隔たりを見るよりも、両者が手を結んだと見た。両極の一致という論法からかもしれないが、ほとんど錯覚だろう。戦後日本の民主主義が本当に普遍的なものだったら、どれだけ攻撃されても、「否定をくぐった肯定」としていつか甦るだろうから、苛立つことはなかった。しかし新左翼や全共闘には民主主義の理念も運動もなかったという理解を丸山はずっと変えなかった。

第二に、丸山は、全共闘に追及されて病気入院した経緯もあり、全共闘を許せなかった。全共闘は暴力的であり、ロマン主義であり、反政治主義であり、集団同調的であり、自己否定ゆえにパリサイ的であり、擬似宗教革命的だった。とくに全共闘が自己否定を唱え、それゆえパリサイ的に他者を弾劾することに、この上ないアイロニーを感じていた。しかし全共闘やその支持者がそれほどパリサイ的に丸山を弾劾したわけではなかったのに、「偽善のすすめ」を説いた丸山にしては傷つきすぎた。全共闘の学生は、丸山から自己否定の思考と日本社会批判の論理を学んでおり、民主主義の思想を継承していた。たとえば東大全共闘結成直前の全学闘争連合ビラ(680704、東大闘争資料集）が「我々は、常に個人として主体的に活動しうる余地を持ちつつ、民主主義を活性化し、内実化していかねばならない。いいかえれば、集団が形式民主主義をやぶるモメントをも包セツすることこそ、まさにその生命性を証しすることになるのである」と訴えたのは、かつての丸山の発言（「民主主義をめぐるイデオロギーの対立と日本」5301、本書四〇頁）と瓜二つではないだろうか。思想の科学研究会の討議「「戦後民主主義」をめぐって」（690720、会報八月）では、見田宗介「全共闘は戦後デモクラシーの最も正当なる継承者であるわけでね」、鶴見俊輔「そう思うな」という会話があったが、全共闘を戦後民主主義の継承者と考えることが丸山にはできなかった。[34] その全共闘理解拒否ゆえか、丸山は多くの知人が音信不通になったと感じる苦境に陥る。[35]

第三に、丸山は、さまざまな批判を浴びるなかで、とくに東大教授批判に敏感になり、強く反発した。「「東大教授」として今日までとどまって来た」「その不決断のむくいが来たのだ」と三月一六日には自己批判的に書いていたが、六九年の暮には「私が東大教授であること…が罪だというのか」と八つ当りするようになった。丸山が東大を辞める決意をした経緯や理由は明らかでないが、東大教授批判に過敏に反応したことも一因だろう。著名東大教授の発言としてではなく「一個の丸山という人間の発言として」聞いてほしいという抗議と願望は、まさに人間の叫びだったが、「地位・肩書への羨望と嫉妬」が大きい日本社会では難しいことも知悉していた。丸山は、東大教授であることを批判されたわけではないのに、そう錯覚したことも少なくなかった。その錯覚は、「しがない」「評論家」吉本から「プレスティジ」ある「大学教授」丸山のナチ発言が叩かれた痛い経験から始まったのではないか。[36] 東大教授批判を受けとめてぼろぼろになったからか、東大教授丸山批判をした者をいつまでも忘れなかった。

そのように六九年の丸山は、戦後民主主義否定についても、全共闘の自己否定についても、東大教授批判についても、理解しそこなうことが少なくなかった。丸山のすぐれた知性をもってしても、「他者をその他在において理解すること」をしきれなかったのではないか。丸山がマンハイム的な境界人的知性を離れて、ヘーゲル的な弁証法的知性に帰っていったとこれまで論じてきたが、自分が嫌いなものを好きな自分を想定してその他在と対話するヘーゲル的な自己内対話にも失敗したのではないか。嫌いになった全共闘を理解しきらなかったのではないだろうか。なぜだろうか。

一つには、丸山が他者をその他在において理解する対象として、理性をもたない子供を除外していたからではないか。不可解な他者を理解し、自分を環境から隔離し、自分の他在とも対話し、自己否定によって自己に帰るような知性の対象は大人だけであり、だから時に学生をダダッ子扱いした。山本義隆が「攻撃的知性の復権」「生きのびた知性」を『知性の叛乱』（69 04）に収め、のちにも「理性の錯乱」（72 05『情況』）で近代の「知」を問うたように、また長谷川宏が「東大という特権的な世界に安住し、その特権性のうちにひそむ全社会的な差別と疎外に気づくことさえもない、矯められ馴致され無気力となった大学の知性が、知性本来の力づよさ、みずみずしさ、攻撃性、批判精神をとりもどす」ためには、これまでの研究は否定されるべきではないかと問うた（「学問批判」70 12ヵ、長谷川「抵抗の持続」83 10『批評精神』で言及）ように、彼らは彼らなりに知性の問題を考えていた。しかし丸山には、全共闘は反知性主義としか見えなかった。(37)

もう一つには、丸山が否定的な他者を戦前的日本的とみなす抜きがたい思考形態をしていたことがある。社会学科学生の形式否定に対して「なんと「伝統的」な考え方か」。全共闘の「自己否定」とは昨日までの自己の否定と今の自分の絶対肯定にすぎず、「何と「日本的」な思考か」。全共闘が「良心の自由」を知らない点は完全に「戦前型」であり、「何がニュー・レフトなのか」。不寛容への寛容について「日本的な「もの分りのよさ」はある場合には罪悪である」。そして世の評論家が他人を「パリサイ人的にあげつらう軽薄さとコンフォーミズム」に呆れていた。そのように六九年の丸山は、全共闘学生や全共闘支持の評論家を「伝統的」「日本的」「戦前型」「コンフォーミズム」と見がちだった。それほど大日本帝国の経験、軍隊の経験が根深かったのだろうが、その見方によって全共闘を理解しようとして理解しきらなかった。全共闘を戦前型と見ただけでなく、ロマン主義と捉え、自己否定をパリサイ的と感じ、戦後民主主義の継承者とは思えず、戦後民主主義ナンセンス論に的確に反論できず、全共闘と民族派とが手を握ったと見誤った。すぐれた知性も行き詰ることがある。

そのように丸山が全共闘を戦前的伝統的日本的と見たのは、丸山の日本思想理解が東大紛争中に深刻になったことと相関していた。丸山は、六〇年前後から「日本の思想的伝統を生かす」(「あとがき」6111『日本の思想』)ことを課題として、「たとえば自分がある集団に属し、それに忠誠をささげている場合、その集団が悪ければさっさと去るという淡泊な自由さ」と「あくまで諫争するという態度」とを対比して後者の思想的可能性を探求した(「思想史の考え方について」6111)が、東大法学部研究室については「淡泊な自由」を選択せず、「諫争」したようにも見えない。やがて江戸時代の「型の洗練」を評価して、近代日本の「型なし社会」の「民主主義の未成熟」を克服しようとするに至った(「普遍的原理の立場」6705ほか)。そして全共闘に戦前の伝統的日本的思考を見たことから、日本の思想的伝統(とりわけ「原型」)にも悲観的になった。逆に日本の思想的伝統に悲観的になった目で全共闘を理解しようとした面もあっただろう。

丸山の病気後最初の仕事は「歴史意識の「古層」」(7211)だった。後年の説明(「原型・古層・執拗低音」8407、8106 15談)によれば、「古来日本が外来の普遍主義的世界観をつぎつぎと受容しながらこれをモディファイする契機は何か」を問う試みであり、「「古層」の上に仏教とか儒教とかあるいはキリスト教とか、自由民主主義とかいろいろの外来思想が堆積してくるのですが、底辺には「古層」はずっと続いているわけです」と述べたように、自由民主主義も修正を受ける運命にあり、自生するとは考えにくかった。七四年に丸山は、九州大学で「「まつりごと」の構造」と題して講演した(741106談)。瓜生という学生が近代よりも古層が問題なのかと質問したのに答えて、「僕は、戦争直後はもう少しいい日本が来ると思いました。率直に言って解放感がありました。もちろんいろんなことありましたけど、焼跡民主主義ですね。焼跡民主主義が完全にレールに乗っちゃった、制度化された。だから戦後民主主義ってのイメージ自身が非常に違っている。…それはともかくとして、僕はそういう意味で戦争直後よりはペシミスティックになったと言える」[38]。戦争直後によくなると期待したのとは違った日本になった。東大紛争から五年の日本が丸山にはそう見えていたのか。

結びに代えて

丸山が戦後民主主義ナンセンス論をやや見直すのは、七六年八月にプリンストン・バークレー滞在から帰ってから、あるいは七七年五月に被爆地広島を三二年ぶりに再訪してからではないだろうか。みすず書房編の論集『戦中と戦後の間』(76 11)が新鮮な記録として読まれ、丸山にとって戦中と戦後の間が八・一五の一日ではなく半年余りの模索の日々だったことを振返ることもあっただろう。その書物が大佛次郎賞を受賞することを承諾したインタヴュー(77 09 25談)で丸山が、「民主主義というのは、多様な可能性からの選択でしょう」と逆説のかけらもなく語ったのは、政治学者としては破格な定義だが、立直りの宣言ではなかったか。それには前置きがあって、「多様な可能性が一つずつ削られていって、もう軌道が決まってしまっている時代、それはそもそも民主主義ではないのですよ」、「民主主義の理念・運動・制度、それから制度の現実の運用のされ方と、そういうレベルが全然区別されない。それで、戦後民主主義はよかったとかよくなかったとか、ワァワァ言っているのではないでしょうか。」

丸山が「民主主義の理念・運動・制度」の三概念をここで初めて提出したのは、戦後民主主義から距離をとったからだろう。六五年前後に制度と運動との統一を説いた丸山は、六九年に戦後民主主義に対する否定的言辞が高まったとき、戦後憲法・保守政権・革新政党・デモクラシー理念の弁別について書いたが、戦後的枠組を抜けてなかった。ここでは、民主主義の理念を高昇した目で、もっと抽象的な理念・運動・制度の三概念を用いて、戦後民主主義を見直した。「戦後の初期の、ある意味での混沌とした、極端に言えばアナーキスティックなものまで含んだ、多様な可能性を含んだ戦後初期の状況」を「原点」と呼び、「原点という言葉は嫌だな。出発点だな」と谷川雁的言葉を避けながら、「純粋戦後」「軌道が敷かれる前の戦後」と「高度成長期以後の戦後」との違いを強調し、「高度成長期の、全てにレールが敷かれ、全てがセメント化され、全てが…規格化され、その型が押しつけられ、それを民主主義として受け取っている世代が、戦後民主主義クソくらえと思うのは、もっともではないでしょうか」と語った。六九年とは異なって、「型」の押しつけに対する若者の反発に同感し、戦後民主主義ナンセンス論に理解を示した。

しかし丸山は、民主主義の理念と運動が全共闘の学生にもあったとは認めなかった。慶応学生ゼミ（78 12 02談）では「戦後民主主義ナンセンス論」は、本人に見えている制度の現実しか頭にない「現実主義」であり、そこに日本の basso ostinato（執拗低音）が現れているとして、「理念によって現実を裁く考え方が弱い。…民主主義の理念によって、民主主義の現実を変えて行く発想が弱い」と批判した。庶民大学の回想（80 09 15談）では「戦後民主主義ナンセンスとか、いやそんなことないと言うのは、こっちはその原点で考えているでしょ。片っ方は無理ないんですよ、完全にレールに乗っちゃった戦後民主主義で考えている」と対比し、完全に制度化された戦後民主主義を「否定するのは当り前だと思う」と述べた。それでも丸山は、六〇年代末の学生には「理念と運動という民主主義の持っているもう二つの側面がまったく欠落している」という本章冒頭で触れた見解を八九年まで変えなかった。

八〇年の庶民大学の回想は、知性にとって実存的な運動とはといった質問から白熱し、丸山の全共闘批判が炸裂した。全共闘は「政治音痴」であり、「パートタイムの政治活動をしているんだという意識があったら、それについては自分は政治的責任を負うという意識があるはず」なのに、「反政治主義」ゆえに責任意識が生じなかった。「政治的思考が成熟しないで、客観的には政治運動をしている。負けるに決まっている」。負けたときに「弾圧されたから」「機動隊を導入したから」悪いと「責任を他に転嫁する」。結果として、大学の変革に成果がなく、犠牲のみ多かった。「騒擾型」であって、「運動じゃない」。個人的に言えば「民青」は嫌いだし、「全共闘の方がはるかに感じがいいです。好きなんだ。けれども、どうにもしようがない、あの思考様式は」。「民主主義というのは、人民主権というのは、人民が統治能力を持つことなんですよ。人民が統治能力を持たなければ、官僚が持つんです」。人民金言だが丸山は、もし東大が六九年一月一八日に機動隊を導入して学生を鎮圧しなかったら、大学紛争があれほど屈折せず、戦後史の断層も深く生じなかったのではないかと考えもしなかったのか。

八〇年代の丸山は、マスコミに対してほとんど発言しなかったが、聞きに来る者には倦まず撓まず民主主義を語っていた（と没後わかった）。早稲田学生ゼミでは、「民主主義は新しいし、また、ある意味では不自然な考え方なんです。…民主主義というのは、みんなが天下国家のことを、少しは考えるということを前提にしているから非常に厄介なんだ」（83 11 26談）、「民主化によってかろうじて民主主義であり得るような、そういうものなんです、現実の民主主義ってのは。…民主主義という不自然な運動は、つい最近始まった、人類の長い歴史から言えば。だからそれは、とてもだめじゃないかと思ってはいけないんですよ。…戦後の民主主義運動について言えば、甘かったですね。自立した個人が出てくるという期待があったんです。…現代の日本の政治体制は政権交代のない民主主義、相対的に言論の自由があるところの一党独裁制じゃないですか」（85 03 31談）。中国人留学生の研究会では、「立憲主義と民主主義との関係づけ、自由主義と民主主義の関係づけというものを伴った民主主義でなければいけないし、そういう意味の民主主義だけが永久革命の名に値する。世界中どこにも民主化が完了した国はないし、これから永久に革命していかなければならない」（88 10 05談）。八九年四月の天安門広場の学生運動と六月の鎮圧についての感想など、引用すればきりがないくらい、知性は行き詰っても「立直ることができる」（「『君たちはどう生きるか』をめぐる回想」81 08）ことを示した。

八九年七月七日、丸山は戦後民主主義の「原点」を語った。庶民大学の「民衆の真剣な表情、質問」、憲法草案の「予想外」の「人民主権」など「飢餓の中の民主主義の原点」を回想し、その後「飽食の時代に民主主義が空洞化して行った」が、昭和天皇の逝去とリクルート問題や消費税の導入などで「人民主権意識の活性化」が生じていると見た。議会政治の前提として「政権交代」を説き、民主主義は「理念と運動と制度との三位一体」であり、「永久革命」「絶えざる民主化」だと繰返した。この談話が『読本　憲法の100年』3（89 08）に収められたとき、私は初めて外国に滞在していてすぐ読まなかったし、のちに追悼番組（96 11 18 f放送）で多用され『丸山眞男集』15（96 11）に収められてからも、誰がどのようにインタビューしたのか、誰に聞いてもわからなかった。知識人の純粋型として再び偶像化され神話化されつつあった丸山が、自由主義者の面だけでなく民主主義者の面をそれほどもっていたとは意外だったし、三島庶民大学で教えていたことは知らなかった（『週刊読書人』60 09 19まで読む愛読者以外には知りようがなかった）。丸山は、破滅的な戦争への反省から再出発した戦後の「原点」を保ちつづけ、「憲法が出たときの新鮮な感覚」「憲法の初期の瑞々しい精神」が国民の多くから失われたのちも、一貫して生きていた。「近代日本の知識人」（82 09）で思想の「一貫性」に触れたときも、「敗戦直後の悔恨や自己批判の原点を精神の内部に持続させている人々と、それを見事に忘却して変貌する今日の状況に適応している人々と」の区別に、「知識人の生き方の分岐」を見ていた。

（1）　もとのインタビューは、増子信一「一九八九年の丸山眞男」（13 02『すばる』）に全文が収められた。私清水が短文「戦後民主主義の原点としての人民主権」を添えた。

（2）　雑誌『中央公論』は、六九年春の日本社会の大混乱をよく表しており、三月号に堀米庸三、山本義隆、清水幾太郎、中嶋嶺雄、四月号に山崎正和、長谷川宏、折原浩、五月号に永井陽之助、尾高邦雄、折原浩、庄司薫、六月号に佐藤誠三郎、高坂正堯、山本義隆、今井澄が寄稿している。二月号の発売が十日遅れの一月二〇日になった背景には社内の紛争があり、嶋中鵬二社長が全員団交の場で辞意表明劇を演じたのは、法研封鎖と同じ六八年十二月二三日だったという(粕谷一希『中央公論社と私』9911。「発売日遅れた「中央公論」」690113中国新聞)。根津朝彦『戦後『中央公論』と「風流夢譚」事件』1302、二〇九頁前後。

(3) この六九年二月下旬の東大生の意識調査には、「東大紛争は、あなた自身にとって、どんな意味があったと思うか」という問いもある。「真剣に大学のあり方を考えたこと」六八%、「学問や研究のあり方を考えたこと」六六%、「人間や人生のあり方を考えたこと」五九%、「政治へ目が開かれたこと」三〇%、「社会改革へ意欲をもったこと」二二%、「勉学に空白ができたこと」二二%、残りは「師弟関係や友情にひびが入ったこと」「卒業延期などで生活設計がくずれたこと」などであり、多くの学生が得るものがあったと答えたのは、「ついに解せぬ問い一つありこの長き紛争のはてに残るは何か」(690418[春曙帖167])と詠んだ丸山には残るものが何もなかったのと対照的だった。しかし、学生がそれらのことを考えるために徹底的な破壊が必要だったのか、莫大な犠牲を払わねばならなかったのか、コストが大きすぎると丸山なら言っただろう。

(4) 丸山は「戦後」が終ったとは最後まで思わなかったのではないか。晩年、生活の問題として「戦後が終わったという実感」をいつごろ持ったかと再度質問されても明答しなかった(回顧談)ことからしても。一九四五―六年の反省の前後で「一身二生」だったのだろう。ちなみに篠原一が「丸山先生も八・一五から二生を生きたということですが、僕なんかは一身にして三生を生きているという感じなんです」、七〇年以降「高度成長以降の日本というところ」が「丸山先生の中には入ってない。欠けているんじゃないかという説もある」(手帖53)と評したことは考えさせる。戦前生まれの多くが「一身三生」を経験したのに、丸山は高度成長期も、高度成長期後も、戦後一貫して「一身二生」だったということか。

(5) 山本義隆「いま、こう考える」は、初出では「一・三〇記」と付記されていたが、『知性の叛乱』収録時に「二・一〇記」と変更された。同書の編集者が発売日を勘違いしたのだろうか。小熊英二『1968』下(0907、一〇二頁)が山本の最初の戦後民主主義批判とした日付も不正確になった(ついでに、同頁の吉本隆明引用も不完全)。

(6) 東大全学助手共闘会議編『東大全共闘――われわれにとって東大闘争とは何か』の副題通りの座談会では、「連帯を求めて孤立を恐れず」という谷川雁的な言葉を東文研助手有志声明(68 07 03)に書いたらしいA助手や他の助手院生学生らが語りあっており、「戦後思想のリーダーとして非常に華々しく、かつ馬脚の現わし方としてドラマチックであった教授、丸山真男」(A助手)について、「彼が営々と築き上げてきたあの学問体系というものから、それじゃ学ぶべきものはないのか」(H)、「丸山氏を戦後民主主義思想の代表的なひとりとして学ぶ」(G)、「丸山氏を否定的媒体としてほんとに越えなきゃいけない」(H)、「戦後二〇何年の民主主義体制のなかで、スローガンと化した民主主義ではなくて、ぼくの上の世代の人たちが、本当の民主主義を骨身に徹してこうでなくてはいかんと思ってやったか。やってないじゃないか。その欺瞞性をついているわけです」(B助手)と議論があった。B助手ら四一人が三月四日に駒場で逮捕勾留される前、おそらく二月下旬の座談会だろう。Hは、その逮捕に憤激してビラ「「人権侵害」神話の壁を突破しよう!!」(69 03 05)を発表したが、そのころの記憶は空白らしい。丸山が戦争直後の時期について「ぼくは、慌ただしく過ごしていて、何もはっきり覚えていないのです。覚えていても前後関係は滅茶苦茶」と語った(回顧談)のと同じくらい空白らしい。

(7)　思想の科学研究会は、「学園闘争によってまぷたつにひきさかれた団体」だと高畠通敏が言ったらしい(69 04編集後記、鶴見俊輔)が、三月下旬に開かれたシンポジウム「文化革命としての学生運動」(69 05)のほか、二月二〇日の評議員会の論議から三月一五日のよびかけを経て四月二〇日に特別シンポジウム「言論と暴力の有効性について」を開いた(69 06臨増)。七月二〇日の総会シンポジウム予備討議「「戦後民主主義」をめぐって」(会報八月)、八月三一日の総会シンポジウム「戦後民主主義の再検討」(会報十一月)と続く。

(8)　戦後民主主義への否定的言辞の高まりについての丸山の筆記は、三月一〇日から一か月余りの入院中とかつて私は考えた(「東大紛争と戦後民主主義」14 08、手帖69)。大江健三郎が「沖縄と民主主義への契機」(朝日新聞69 03 10夕)で「戦後民主主義は崩壊した」という考え方への反撃に触れたこと、「私の発言」(69 04 01『エコノミスト』)でも戦後民主主義について問いつめられつづけることを望むと書いたこと、とくに前者に注目しての想像だったが、考え直した。入院した日の朝日新聞夕刊が丸山の目に触れたとは考えにくいし、四月下旬の大江談話の「戦後民主主義は放棄され」てはならないという題名ほど明瞭な印象はなかっただろう。また、「全国的大学紛争に関連して、戦後民主主義への否定的言辞がひときわ高くなった」のは一月下旬からありうるが、評論界に関しては四月だろう。そのように推定した結果、春曙帖のこの記述[131]の前で折返している「東大法学部への私のイメージの変遷」[131^{-}-125^{-}]についても、執筆時期は四月下旬以後、おそらく五月と考え直した。

(9) 晩年の丸山は、今井寿一郎ら数人が囲んだ会合で『現代政治の思想と行動』「増補版への後記」の反語について振返った(88 11 27談)。「戦後民主主義の「虚妄」の方に賭ける」と六四年に書いたことを撤回する意思はないけれども、それが名文句だと言われて弱ったと回顧し、六九年の全共闘との議論にも触れた。戦後民主主義と一口に言うけれど、「戦後政治が果たしてどこまで、理念としても、いわんや運動としても、制度としてさえ民主主義であったかということさえ問わないようになっちゃって。その点では、自民党と全共闘は不思議に一致していると、僕はあの頃学生と議論してよくそう言ったんですけれど、あの時にその区別を書いたほうがよかった。戦後民主主義の虚妄なんて言うけれど、民主主義というのは何ですか、民主主義の理念を言うのか、運動を言うのか、制度を言うのか、それとも、戦後政治を言うのか。それをはっきりしてから虚妄とかなんとか言ってくれということを言えばよかったと思うんです」。ここで「あの時」は六四年、大熊信行の占領下民主主義「虚妄」論を暗に批判した時だろうが、「あの頃」の六九年、全共闘の戦後民主主義「ナンセンス」論に対しても言えばよかったと後悔していた。

(10) 安東仁兵衛が「二人の師・梅本克己と丸山眞男」(『戦後左翼の四十年』87 07)で回想したように、師の一人の丸山が全共闘運動について「騒擾の現代版」と語ったのは、そのように民権運動と類比した一九六九年二月ころか、もっと前だろうか。「運動の初発の段階で先生は全共闘の運動をローマ貴族を亡ぼしつつもその文化を受け継いだゲルマンにたとえられたことがあります。(ところが私から伝聞した或る進歩的評論家は『朝日ジャーナル』に〝丸山は自らをローマ貴族に、全共闘をゲルマンの番族にたとえた〟と、継承と言う歴史的役割を抜きに公表しました)しかし程なく先生は運動が非政治的、心理的な急進主義に傾斜しはじめたこと、組織的な大衆運動とは似て非なる伝統的な騒擾の現代版であるとの見方を示されました」。やがて丸山が全共闘を擬似宗教革命的な運動と見ることは本文で論じるが、その前のことだろう。

(11) 執筆年月日は富田武『歴史としての東大闘争』(19 01、四六頁)から想像した。

(12) ただ、丸山が自分の人権感覚を疑わないのも不思議だが、学生の流血を心配しなかったと決めつけるのもおかしい。「学生同士の衝突の危険(これがどうして人道問題でないのであろうか)をまえに「流血回避」につとめたり、駒場第八本館に監禁され、電気・ガス・水道・食糧搬入を断たれた学生の救出のため心をくだいた教授が一人でもいたであろうか」と折原は批判したが、十一月二二日の石田雄らの非暴力連帯の運動に折原自身も加わったように、何人かはいたのではないか。この一文に付した注で折原が批判した丸山も、一月一三日の「丸山私案」で各派に武装解除を求める最後通牒を提案したことは前述した。また、羽仁五郎も、「彼らは大学の内部に警察機動隊を導入して、学生の生命身体を危険におとしいれた事実には無感覚であり、無反省である。学生の安全に無関心であって、書物にしか関心がないというのは、人間に対する無関心であり、実は学問に無関心なのである」と丸山らを批判した（「表現の自由と占拠の論理」6904『現代の眼』）。激しい批判が反感や偽善者視を生んだとすれば、たしかに悪循環だった。

（13）　塩原光「丸山眞男の知性論」（1905『政治思想研究』）によれば、丸山は、新明正道『知識社会学の諸相』（3209、文庫0187845）からマンハイムの知識社会学について最初に学んだが、その普遍的イデオロギー概念の解説箇所に「他在において自分自身である　自己批判」と書込んでいるという。なお、「他在において自分自身である」がマンハイムの言葉でなく、ヘーゲル由来のレーヴィットの言葉であることは本書一四三頁以下で論じた。

（14）　のち一九八〇年前後の丸山がややおどけて過去の自分をよく自己批判したのは、他者から要求されてでなかったことを別にしても、形容矛盾には見えない。たとえば「戦争直後は、ぼくらはそういうふうに非常な被害者意識が強かった。今から思えば、そういう自分たちを自己批判しますけれども、被害者意識だけもっていて、加害者意識のほうはなかったわけです」（「『加藤周一著作集』をめぐって」800321談、別集3）。

（15）　本文に記さなかったことを少し膨らませて記せば、都市工学大学院スト実「研究者にとって東大闘争とは？」は、「我々が真の研究者を目指そうとするなら、我々の内部の批判的原理を自己の全存在に向けて、〈加害者〉としての自己の否定を目指す実践的変革、社会変革を追求していかなければならないのだ。…全学封鎖闘争が具体的な課題となった東大闘争の現段階に於いてこそ、全ての研究者は己れの存在そのものを鋭く問われている」と訴えた（立看板6810下旬、『東大紛争の記録』6901、口絵写真、二三八頁）。山本義隆は座談会「'68年～'69年越冬宣言」（681228ｆ談、『知性の叛乱』6904、三三二頁）で、「六〇年安保闘争は自分の存在というところから問い詰めていない。…〔六七年十月〕羽田以降の闘争はまさに自分自身を問い返し、自己否定を媒介に運動が起こってきている」と対比的に語った。最首悟「玉砕する狂人と言われようとも」（690119『朝日ジャーナル』）には、「自己否定の上に」という小見出しで、全共闘が「自分の「内なる東大」を否定し、そこから「東大解体」を吐き出すこと」から東大闘争の飛躍がはじまったとある。やがて山本義隆は、「自己否定」という言葉が最近一人歩きし「使うのにためらいを感じる」と記したが、「全人民的普遍性を得るために必要とされる論理と自らの特殊的立場・特権的立場とが矛盾する場合には、自らの存在基盤を否定しなければならない」、七項目要求について「「要求」の字面はのめても「論理」はのめないといった当局の欺瞞を私たちが許せない根拠」もそれだとした(滝沢克己宛69 06 07書簡「未だ見ぬ先達へ」69 06 29『朝日ジャーナル』)。

(16) 佐藤誠三郎は、勝利の機会を何回も逃した全共闘の「政治的には信じ難い愚行」を「思想運動」として理解しても、それは「もっとも無責任な政治運動と同じ意味になる」と論じ、「「体制」を打倒するかそれとも自殺するか以外に、「自己否定」を貫徹することは不可能となる」という両極的二者択一の論理から、「「自己否定」とは現世に生きる人間にはなしえない「不可能性の芸術」なのである」と結論した(「学生反乱の背景と可能性」69 06『中央公論』)。「体制」の内外で他者批判を続けながら自己否定を重ねる選択もありえただろうに、よく言われた「自己否定と言うなら死ね」という嘲罵と変らなかった。

(17) 小熊英二『１９６８』上(09 07)冒頭で引かれた名言。

(18) 『朝日ジャーナル』について「「ジャーナル」が私に不信感を覚えさせた経験は過去にはあります(もし関心がおありなら、機会をみて個人的にお話しします)が、現在の情況のもとで、「ジャーナル」がマスコミのなかで比較的によく頑張っていることは私も認めます」(石田祐樹宛88 10、手帖70)と丸山は記した。

(19) 春曙帖[116]、羽仁五郎が念頭にあるのか、「中年男が、――もっとひどい場合には白髪男が――助平面で「反抗する若者たち」にすりよって、彼等の感覚をくすぐろうとこれつとめることによって、かろうじて自分の存在理由を世の中に顕示している光景ほど、日本のインテリの「知性」なるものの底の浅さをあらためて証明したものはなかろう。…(一九六九年)」。「七〇」と最初書いていたのを抹消して「六九」。

(20) 三年後の松本三之介・今井寿一郎・安田武・安東仁兵衛の座談会「丸山理論と現在の思想状況」(72 05『現代の理論』)で、丸山の読者の立場から今井寿一郎は、丸山の抵抗の思想を通して東大闘争も理解できると思っていたが、「全共闘の人達が丸山さんを「否定」したと聞いたとき、実は大変おどろいたし、また意外だった」という。「山本義隆氏の「闘争の総括と展望」(六九年七月)などをみても、たしかに丸山さんを戦後民主主義の代表とみたて「インサイダーの立場に、行動の支点をおいたため保守化した」などと批判はしているが、これは、極めて性急な批判ではあっても別に丸山さんを丸ごと「否定」したわけではない」と考えていたので、「全共闘の諸君が丸山さんを丸ごと否定したと聞いたときは全く唖然としましたね。一体丸山さんの思想や理論をどこまで理解した上のことかと……」。

そこで今井が言及した「闘争の総括と展望」を読みたくて、二〇〇七年末に私が今井に手紙を書いたところ、今井はもはやわからないと電話をくれ、檜垣真澄に探索を依頼したらしいが見つからず、二〇〇九年三月に逝去した。この文書を今井のように丸山否定でないとは読めないが、たしかに丸山への期待や評価も感じられ、それなのに全共闘はなぜ丸山を否定するのか(むしろ逆に丸山はなぜ全共闘を否定するのか)というのが当時の丸山読者の素直な気持ちだっただろう。

(21)　山本義隆は、一年以上(70 10 27まで)保釈されなかった。著書『私の1960年代』(15 10、一二四頁)では、「現在の私は、丸山批判のようなものをあまり正面に出したくない気分でいます」、今では権力の側からの戦後民主主義批判が氾濫しているからだという。講演「近代日本と自由」(16 10 21)では、「一人の人間をそこまでおもちゃにしたいのか」というくらい書かれた、ノーベル賞候補だとか言われ、保釈後は周囲の自分を見る目が以前とは違っていたと振返ったが、山本がマスコミ嫌いになったのは丸山と似ていた。

(22)　一九六七年四月に東大に入学した相原亮司は、「受験生の時代に雑誌「展望」で丸山真男の論文「幕末における視座の変革」という佐久間象山論を読んで、このような学問をしたいと大学に入った」が、駒場で全共闘として闘い、七一年八月に三里塚に住みついた(七二年三月法学部卒業)。九一年から成田空港問題シンポジウムに参加し、政府の実質的な謝罪を引出した。丸山は「なお学ぶべき面がある思想家」と思うし、『自己内対話』を読むと丸山に対する全共闘学生の追及には異様な面があったと感じるという。相原『三里塚闘争に関する覚書』00 03。

(23)　今井寿一郎は山本義隆の「東大闘争の総括と展望」を丸山に送ったかもしれず、丸山は「インサイダーの足場——端的には東大教授という肩書き——を行動の支点にした」という批判を丸山が読んだかもしれず、それが六九年九月に東大教授を辞める決意をした一因となったかもしれないが、丸山の理解拒否の姿勢からして、ありえない想像だとも思う。

(24)　東大紛争における丸山は、ここでは評論家に呆れているが、実は大学教授もだらしないと考えていた。十一年後の談話（80 09 15）だが、「大学教授および知識人が、驚くべく自分のやっている学問についての根源的な反省がないということを暴露しました。…専門バカと言われると、みんな参っちゃうんだ。ということは、いかに自分のやっている学問について、日頃反省をしていなかったかということなんですよ。何のための知識か、学問は何のためにあるかというのは、ソクラテスと孔子以来問われているんですよ。…ハッと虚を衝かれたように、専門バカと言われると参っちゃったんだ。僕は、そういう大学教授に愛想が尽きた。そういう意味では、大学闘争には意味があった、逆説的だけれど」。そのように東大紛争を全体として理解して語るまでに十年かかったのではないか。

(25)　『丸山眞男集　別集』３（15 06、四一一頁）では、「一九六九年一二月一八日の消印がある」と解題されているが、「12-18」の時刻消印を見そこなったのではないか。（これが精神的な子供と大人とを分つ指標です）の挿入位置も疑問。

(26)　春曙帖の次（左から右へ書いたとして）の頁［85］に丸山は、「ロマン主義と「形式」」と頭書して、フルトヴェングラーの一九四八年の言葉（ヘッカー『フルトヴェングラーとの対話』薗田宗人訳67 10、一四七頁）を抜書きしている。「ロマン主義者は、ただ内容、「体　験《エルレープニス》」、自己の感情ばかりを語ろうとし、この感情（現代日本の用語でいえば情念！）を制御し、形式の中に高めるところにこそ、人間の創造力の本当の勝利があることを知らないのです。ここにこそロマン主義の本来の欺瞞があると思います。」

(27)　『丸山眞男書簡集』１で一九六九年六月二七日の丸山の安田武宛とされている書簡は、「ここがロードスだ」といえる古代からの日本思想史の「本格的な仕事」に集中したいが、現代は「イメージの時代」で「丸山についてのイメージがふくれあがって私をがんじがらめにして」いるので、「うしろむきの予言者」という「歴史家の宿命に徹する」ほかにないと告げた決意の書簡だが、入退院時期や天候からして七〇年のものだ（本書一三〇頁注22）し、消印も西荻窪／四五年／六月二八日／午後〇―六時だった。丸山は、一九七〇年と書くべきところを六九年と誤記したのだろうが、それほど丸山にとって六九年は長く、まだ続いていると時に錯覚したのではないか。

(28)　『丸山眞男回顧談』下（06 10二五一頁、定本16 08二二八頁と新注）では、丸山は七〇年二月に再々入院し五月に退院したあと、熱海滞在中に辞職を決意したと回想しているが、辞意表明の政治学関係六教授宛書簡を出した六九年十月の前だった。清水靖久「丸山眞男と米国」08 03、本書一〇七頁。

(29) 木下順二宛69 10 17では、「東大紛争で個人プレイはしないというのが最初からの小生の方針でした」と丸山は述べたが、法研封鎖に抗議した六八年末からではなく、実は六月から、あるいは辻学部長になった六七年四月からその方針だったのだろうか。時期の問題はともかく、家永三郎宛71 04 03でも、「タンカをきってカッコよくとび出すような単独行動は小生のとらないところ」と「個人プレイ」否定の思想を述べている。

(30) この書簡によれば、「辞めても、私にたいするイメージに由来する煩わしさは変らないのではないか」と福田から言われたようだが、それほどまでに東大教授丸山のイメージは悪かったのだろうか。

(31) 『サンデー毎日』に「お互に長生きしましょう」という「流行語」を「丸山東大教授までが」使用したと書かれ、「あ、、またしても東大教授です」と丸山は歎息している(家永三郎宛70 08 25)。なお、六九年の「日本ローマン派」の復活に対する丸山の憂慮は杞憂だったのだろうと感じるのは、たとえば晩年の「日本浪漫派」談義(90 09 16楽しき会)で、六〇年代末の動きなど全く回想されていないから。

(32) 小田村寅二郎(一九一四―九九年)は、一中一高で丸山の同級生下級生、東大では日本学生協会の活動家となり一九四〇年に退学処分を受けたが、戦後は五六年に国民文化研究会を設立、六〇年代後半には椛島有三や百地章らの民族派学生を感化していた(『祖国と青年』99 08)。彼らは七八年に元号法制化実現国民会議、八一年に日本を守る国民会議、九七年に日本会議へ合流した。

(33) 新潮社から発行された『討論　三島由紀夫vs.東大全共闘』(69 06)の著者は三島由紀夫と東大全学共闘会議駒場共闘焚祭委員会(代表　木村修)。誰が全共闘を名乗ろうと勝手だったかもしれないが、東大闘争全学共闘会議と似て異なる名称を用いたのは詐称だろう。二〇年後の回顧討論会の記録『三島由紀夫vs東大全共闘　1969-2000』(00 09)で、「私のような正式には全共闘とは言いえぬ者」と「あとがき」に書いた芥正彦は、「厳密に言えば焚祭委員会っていうのは、俺は木村一人だけだと思うよ」と発言し、木村修が「まあ七、八人ですけどね」と発言した。東大全共闘を詐称した興業的な学生集団に幻惑されるマス・メディアは今日まで絶えない(NEWS23　19 05 16放送、朝日新聞19 06 12夕)が、丸山も錯覚したのではないか。

(34) 全共闘が戦後民主主義の否定者だったという通念は、丸山の手記を一論拠とする傾向(たとえば小熊英二『1968』下、二〇九頁)があるが、その通念に対する塩川伸明の次の批判は説得力がある。「大人の説く価値観に反撥する中学生・高校生の多くは、その価値観そのものを全面否定するというよりは、「大人の言行不一致」「偽善」「押しつけがましさ」などに反撥するのだと考えれば、価値観の基本については暗黙に受容していることになる。「平和」とか「民主主義」とかいった価値観は全面的に退けられるのではなく、「それを説く大人だって、それを守っていないじゃないか」という形で反抗が表出されると考えれば、この時代の子供たちは、いろんな反抗をはらみ、個々には種々のヴァラエティを含みつつも、大きくはやはり「平和と民主主義の子」だったと言えるように思われる。」(「小杉亮子『東大闘争の語り――社会運動の予示と戦略』を読む」18 07、Web)

(35)　丸山は翌年夏、岡義武宛書簡(70 08 12)で「一昨年からの東大紛争の過程で、個人的にさまざまの体験をし、またジャーナリズムの道聴塗説に動かされた既知・未知の人から色々のヴァリエーションの批評を浴び、あらためてこの年になって、人の心の頼りなさと美しさ、優しさとを、二つながら垣間見る機会を得ました。これまで何かというと、かけこみ訴えとか相談とかをもちかけて来た人がプツリと音信不通になった(おそらく私が全共闘のシンパでも、「造反」教官でもなかった、というたゞそれだけの理由で、しかも、私に直接電話一本かけてきたゞす労もとらずに！)」と書いた。音信不通の理由が丸山にわかったのは不思議だが、杉浦明平宛書簡(70 08 25)でも「私には、肉体的にも精神的にも結核手術のとき以上に、つらくいやな思いをしたここ二、三年です」と書いた。

(36)　たとえば「松本健一君は大学紛争のとき全共闘側に立って、東大教授丸山眞男を批判しつづけて来た人です」と丸山は、松本と親しくなってからも、埴谷雄高宛(79 05 29)で書いた。松本健一が「ヴェニスの肉塊――丸山真男論」(73 10『辺境』)より前に丸山批判を公表したことがあるのか、探しても見つからない。なお丸山は、教えを請う者に懇切であり、松本健一にも次のように数多く書き送った。「学兄が「知識人」と対比してよく用いられる「民衆」というのは誰のことなのか、貴兄自身は一体知識人なのか、「民衆」なのか、何故に然るか、というエレメンタリーな疑問にお暇の析に御教示たまわれば幸いです」78 02 01。「人民が主権者の実を発揮するには、統治能力及び思考を自らのものとして身につけない限り、民衆運動は「騒擾型」を脱せず、終ると「もとのもくあみ」というパターンを繰返すのではないか、そのためには「権力」「反権力」という考え方だけでは不十分と愚考します」79初秋。

(37)　晩年の私的な会合(93 07 31丸山を囲む会)の談話記録では、戦前の日本では「擬似インテリの圧力」が非常に強かったことに触れて、「何のための学問か」という問いを丸山はからかっている。「そう言っては悪いけれど、全共闘運動もそうだと思うんだ。アンタイ・インテレクチュアリズム、反知性主義だし。学問の「が」の字もやったことないのに、何のための学問か、なんていう問いを発するということ。そういう磁力が非常に強くて、それにジャーナリズムが引っ張られちゃう。」

(38)　この講演の録音テープ(本書一三二頁)は、二〇一四年暮に九州大学法学部の倉庫でついに発見され、幸いに木村俊道から聞かせてもらった。本文中…で中略した部分は次の通りだが、民主主義の運動と制度、理念と現実という二概念の対立がそれぞれ語られており、民主主義の理念・運動・制度という三概念が確立する前と考えられる。「戦後民主主義がどうだとかこうだとか言うときに何を言っているのか。極端な場合は現代の政治のことを戦後民主主義と言っているんですね、よく話してみると。現代の政治がどこまで民主主義的なのかという問いはそのさい捨象されちゃう。つまり原理と現実との乖離が割合ない。したがって奇妙なことに極左と自民党とが一致しちゃう。戦後民主主義イコール現代政治であるというのは。これは民主主義ではないじゃないかという批判で言うべきところを、現代の政治はナンセンスというふうに言われることもある。もう一つは制度のこと、民主主義は制度のことか運動なのか、民主主義はいつもその二つの統一体なんだけど、それもよくわからない。政治の現実とまた制度と違う、制度とまた運動と違う、民主主義の理念と現実と違う。マルチ的な言葉だと思うんですよ、ワーワーいいとか悪いとか言っているのは。」

あとがき

丸山真男が戦後日本の民主主義について考えたことをこれまで論じてきた。丸山は戦後、廃墟のなかで民主主義に賭け、日本社会の民主化を妨げる勢力とたたかったが、一九六〇年安保で国会を取囲んだ人々に人民主権の発動を見た。六〇年代にも多岐な歩みをしたが、とくに二つの分岐を経験した。一九六四年には、占領下の民主主義を虚妄と貶す言説に我慢がならず、「戦後民主主義の「虚妄」の方に賭ける」と言い切って、思いがけず一括的概念による否定肯定の論争を招いたが、八・一五の出発点に返って、「否定をくぐった肯定」として戦後民主主義を捉え直した。一九六九年には、東大紛争で「概念の解体」を痛感して「形式」に固執し、戦後民主主義ナンセンス論に的確に反論できなかったし、全共闘が戦後民主主義の継承者だとは思えず、民族派と手を握ったと見誤った。「間違つてゐると思ふことには、まつすぐにノーといふこと」と一九四五年秋にデモクラシーの精神構造について書いた丸山は、「「ノー」といひうる精神」を体現したような学生たちを理解しきらなかった。すぐれた知性も行き詰ることがある。

これまで丸山真男と戦後民主主義を論じることによってその思想を批判的に継承することを試みてきたということができる。東大紛争における丸山については継承的批判に傾いた。民主主義の逆説を強調した丸山は、六〇年代後半に知性主義を強め、保守を自認するなど次第に変っていた。高度経済成長による日本社会の変化と、民主主義が名ばかりの建前になった議会政治の妙な安定と、一九四五年までの戦争と戦争直後を知らない若者の到来に直面したら、どれだけ知性ある人でも難しい経験だっただろう。戦前戦中に東大法学部研究室で呼吸した学問の自由の空気に固執したこともあって、東大紛争では、他者を他在において理解する知性が自己内対話的に空回りしたのではないか。六九年から五年間は立直れなかったというのが私の仮説だが、論証する材料が足りない。ともかく丸山真男と戦後民主主義について未解明のことを明らかにし、その思想を継承したい、ただ批判的に継承したいと考えて論じてきた。

日本の戦後民主主義は、一九四五年までの破滅的な戦争への反省から再出発した民主主義として、一九三〇年代の恐怖の持続に耐えた丸山の思想とともに、これからも語られるだろう。この言葉が流布した一九六〇年代には、まさに毀誉褒貶相半ばして、右からは嘲笑され、左からは漫罵された。「戦後民主主義の「虚妄」の方に賭ける」という丸山のタンカが、戦後民主主義に賭けるのかどうかわかりにくい高度に知的な反語だったことも一因だった。一九六九年に「戦後民主主義ナンセンス」と罵倒されたとき、戦後的枠組にとらわれた概念的弁別で反論しようとするのでなく、廃墟のなかで再出発した戦後民主主義の原点の経験を語っていたら、全共闘の学生も耳を傾けたのではないだろうか。しかし病気を別にしても、丸山は、貶し言葉としてはもちろん、一括的概念としても戦後民主主義に賭けていなかった。それでも戦後民主主義が漫罵されるのは我慢がならなかったし、全共闘が戦後民主主義の継承者だとはどうしても思えなかった。丸山が戦後民主主義の「原点」を語るのは一九八九年だった。何十年も戦争しなかった(けど沢山ひどいことはあった)日本の民主主義として、敗戦後の民主主義が元全共闘の人々によって継承されるまでにも長い時間がかかった。

さて、一九六〇年代末に中学生だった私がなぜこのようなことを調べるようになったか、少しだけ振返って述べる。「理性はないのか、大学生」という大見出しを当時の新聞一面で見た記憶があるが、朝日新聞を検索しても見つからないし、中国新聞も昨年広島で手分けして縮刷版を全部見た。理性とは何だろうかという疑問とともに、大学生がなぜ暴れるのか不可解で、嫌な気持ちが中学生の私に生じた。一九七三年に東京大学に入った私は、ドイツ文学でも研究するつもりだったが迷いだし、高校までほとんど知らなかった社会科学とくに政治学に興味をもった。七四年四月ころ、同級の沼野充義が一度だけ私の下宿を訪ねてきて、政治学者もひどいものだ、丸山真男が折原浩に出した葉書を見たかと言った。翌日コマバ書店で『情況』(7403)を買った私は、人をからかう底意地の悪さに息を飲んだ(一部を公表できないように縛ってある)。悪からは悪だけが生じるのでないとしても、日本の知性の歴史においてい小さくないことだった。政治学は悪い学問なのかと考え込み、迷路に入った。やがて数年前の東大紛争について読み、学生がただ暴れたのではないことを知った。そこに歴史の断層があることもわかってきた。

そのころ大学紛争の余燼はほぼ消えていたが、知識人の評判は悪かった。大学に入って最初の教室で、東大生は言葉の悪い意味で知識人だから嫌いだ、もちろん自分自身も嫌いだと自己紹介したのは誰だったか。「内ゲバ」と呼ばれた党派抗争に巻込まれて七四年に殺された四宮俊治という東大生も、「進歩的知識人には絶対なりたくない」とノートに書いた(720812、『何という「無意味な死」』7506)。七八年に癌で死んだ灰庭久博は、「七〇年代になってから大学にはいり、一方の側にある自己否定の神話に苦しめられてきた」が、「少なくとも、知的思考が全面的に拒絶されてしまったわけではあるまい」とノートに書いた(「六〇年代末に問われたものは何だったのか」761026、『紡ぐことば』8005)。二人より二年下の私は、自分も知識人か、知識人でないとすれば何か、考えながら大学院に入り、八四年に福岡に来て、大学で教えてきた。知の遠近法を学べとか、知の地殻変動の時代に目を閉ざすなとか唱える快闊な知になじめないまま、生と知性とが乖離しないことを念願してきた。大学教員として目立たないように生きてきたのは面目ない。

丸山真男に対しては、日本の超国家主義を批判した学者として尊敬する。民主主義や良心の自由についての思索は知るに値する。東大紛争から五年間のことは疑問が残る。七八年に大学院に入った私は、VG (Vergleichende

Geistesgeschichte 比較精神史）の会に出席を許されたが、その初回に丸山が休み、のちにも挨拶しなかったので、聞くに聞けないまま、ついに一語も交さなかった。丸山没後に刊行された『自己内対話』（98 02）には発見があったが、謎も深まった。誰も解明しないなら自分が試みることにして十年余り、ほとんど人目に触れないところに書いてきたので、大学をやめる前に一書にまとめることにした。やっとの思いで一九六九年の暮まで論じたが、春曙帖の解明に深入りするうちに、いくつかの既発表の原稿を本書から外さざるをえなくなった。「政治学と教養」（10 11『社会科学』）、「丸山眞男、戦後民主主義以前」（11 12『法政研究』）、丸山論が主題ではないが「民主主義」（16 09『政治概念の歴史的展開』9）など。「丸山眞男と米国」だけは、私が丸山論を始めたとき何をめざしていたか、何が明らかでなかったかの形跡として残した。各章の初出は次の通り。

第一章　戦後民主主義は虚妄か　初出「戦後民主主義と丸山眞男」18 06『思想』
第二章　永久革命としての民主主義　初出同題、17 12『地球社会統合科学』
第三章　アメリカの不可解さ　初出「丸山眞男と米国」08 03『法政研究』
第四章　他者を理解する知性　本書初出
第五章　東大紛争と研究室封鎖　本書初出
第六章　概念の解体とロマン主義　本書初出
第七章　授業再開と形式への固執　初出「銀杏並木の向こうのジャングル」14 08臨増『現代思想』
第八章　戦後民主主義ナンセンス　本書初出

そのように十年余り、丸山の思想を継承したい、しかし批判的に継承したいと考えて研究してきた。「おそらく「精神的貴族主義」の必要をいう（『日本の思想』）私なども、不徹底な民主主義者なのだと思います」と自認しながら、「政治ぎらいが政治をコントロールすることが必要」と考える（家永三郎宛82 08 17）人だったが、その丸山が民主主義を説きつづけたことから学ぶことは多い。民主主義はしばしば形だけ、名ばかりだが、歴史を見れば名を言えるのは新しいし、名を実にする不断の試みがあったと教えてくれる。学問とは何か、大学はどのようにあればよいか、知性をどう働かせるかについても考えさせる。ただ、残り少ない余生にしなければならぬ仕事が山ほどあると言った丸山がどれだけしたか見届けたかった。

二〇一九年八月

清水　靖久

清水靖久（しみず やすひさ）【Shimizu Yasuhisa】

1954年8月、広島県三原市に生まれる。

1984年3月、東京大学大学院法学政治学研究科退学。

1984年4月、九州大学教養部講師として社会思想史を担当。

現在、九州大学大学院比較社会文化研究院教授。

著書 『野生の信徒 木下尚江』(2002年2月、九州大学出版会)

Email shimizuy@scs.kyushu-u.ac.jp（2020年3月まで）

丸山真男と戦後民主主義

2019年11月20日 第1刷発行

著 者 清 水 靖 久
発行者 櫻 井 義 秀

発行所 北海道大学出版会
札幌市北区北9条西8丁目北海道大学構内（〒060-0809）
Tel. 011(747)2308・Fax. 011(736)8605・http://www.hup.gr.jp

アイワード

ISBN978-4-8329-6862-2

人名索引

あ 行

か 行

さ 行

た　行

ま 行

や 行

ら 行

わ 行

付録　丸山真男日録　1969年1－3月(付、前年12月下旬)

『丸山眞男集』別巻 新訂増補版(2015年7月)の年譜を参考にした。

1968年12月下旬

23月　共闘会議学生が法学部研究室を封鎖。主に丸山が抗議。
24火　丸山「ナチもしなかった」発言が報じられる(毎日新聞)。
26木　法学部教授会に出席(28日も)。
　　　このころ杉井健二ら少数学生と討論会。春曙帖に「「東大」と私」。
27金　加藤総長代行の「基本的見解」記事(毎日新聞)に批判的書込み。
30月　大学問題シンポジウム委員を委嘱される。

1969年1月

1水　正月か、風邪をひいたらしい(南原繁の丸山宛1/7消印年賀状)。
4土　法学部教官の学部学生問題班で最悪事態について討論。
6月　大学問題シンポジウム初会合、会場変更のため丸山遅刻。
9木　経済学部で民青と共闘が衝突、機動隊導入を丸山目撃か。
10金　秩父宮ラグビー場で七学部集会、丸山出席したか不明。
12日　法学部教授会に出席(13、16、19、20、21、22、31日も)。
〃　七学部学生代表団の確認書への署名の動向を丸山メモ。
13月　占拠学生への最後通牒案を含む「丸山私案」を福武直補佐に提出。
15水　全国労学総決起集会に参加した杉井健二と東大正門前で話す。
〃　明治新聞雑誌文庫の保全措置を求める加藤代行宛の丸山書簡。
17金　大学問題シンポジウムに出席か。
〃　この日までか、明治新聞雑誌文庫に泊り込む。
〃　吉本隆明「大学共同幻想論」講演(『情況』3月号)。
18土　機動隊導入、法研封鎖解除。丸山「文化の破壊」発言(毎日新聞)。
19日　安田講堂の鎮圧。
22水　学生入構許可初日のこの日か、正門で検問。
24金　大学問題シンポジウムで丸山「法学部から見た現状」。
〃　飯田泰三が丸山研究室訪問。
25土　大学問題シンポジウムで丸山「東京大学の将来」。
27月　大学改革問題幹事会に出席(2/6、14、19も。教授会内部の会か)。
30木　法学部教授会に68年度初めて欠席。

1969年2月
3 月　法学部教授会に出席(6、8、10、13、20、27日も)。
4 火　確認書の慎重審議を評議会に求める要望書、丸山も署名。
6 木　このころ法闘委・法懇の一部学生と丸山ら4教官が懇談。
7 金　辞意を洩らした加藤一郎総長代行宛の丸山書簡。
中旬　アイオワ州立大学タルボット宛丸山書簡、5月同大学滞在を断念。
14 金　法学部授業再開。
15 土　吉本隆明「収拾の論理と思想の論理」(『文芸』3月号)。
19 水　法闘委・連絡会議の学生10名と丸山ら5教授が懇談。
21 金　講義日1。13時から110分、質疑のち日本政治思想史の講義90分。
〃　山本義隆「攻撃的知性の復権」(『朝日ジャーナル』)、日比谷公会堂演説。
24 月　講義日2。文学部大教室で追及120分。丸山「人生は形式です」発言。
25 火　加藤一郎宛丸山書簡。
28 金　講義日3。講義60分、いがくり頭の学生らと論争40分。

1969年3月
1 土　メモ「この段階での choice と決断」を用いて学生と懇談か。
2 日　翌日の法研封鎖の情報を聞く。
3 月　講義日4。休講。学生が法研封鎖、機動隊が封鎖解除。
5 水　情況偵察(翌日も)。「坂本・丸山追及集会」の掲示あり。
6 木　法学部教授会に出席(13、17、27日は欠席)。
7 金　講義日5。講義5分、全共闘30人が追及、討論。心電図に異常。
10 月　心不全のため武蔵野赤十字病院に入院(4/21退院までに肝炎発見)。
〃　折原浩「東京大学の頽廃の淵にて」(『中央公論』4月号)。
16 日　東大教授にとどまってきた「不決断のむくいが来た」と春曙帖に書く。
24 月　丸山夫妻銀婚の日、妻ゆか里のみ南原繁の国立劇場招待を受ける。